FORMANDO MAIS QUE UM PROFESSOR

Série
PROFESSOR: TODA A DIFERENÇA!

Nossos livros de educação apresentam técnicas e reflexões para que os professores aprimorem o seu desempenho e levem seus alunos adiante.

AULA NOTA 10
Doug Lemov As 49 técnicas apresentadas por Lemov são resultado de muita pesquisa observação em sala de aula. O autor primeiro identificou os professores que faziam a diferença para os alunos e daí mapeou técnicas capazes de transformar a relação de aprendizado na sala de aula.

AULA NOTA 10 -GUIA PRÁTICO
Doug Lemov Totalmente baseado nas 49 técnicas, este livro identifica as ações capazes de servir como um guia para o autodesenvolvimento de cada uma delas por cada professor. O caminho é uma avaliação dos pontos fortes e fracos e a definição e exercícios para aprimorar-se.

A CORAGEM DE ENSINAR
Parker J. Palmer O livro trabalha a motivação e a necessidade do professor agir de forma integrada. Convida os mestres a avaliarem e refletirem sobre o caminho nem sempre fácil da tarefa de ensinar, apontando as recompensas e os passos para se estar no pleno potencial diante dos alunos.

Livros que não podem faltar na biblioteca pessoal dos bons professores.

FORMANDO MAIS QUE UM PROFESSOR

A essência do ensinar e como impactar a aprendizagem de todos os alunos

ELIZABETH GREEN

tradução: Isabel Marchezan

revisão técnica: Marcelo de Castro Ganzela
(Instituto Singularidades)

Da Boa Prosa

instituto península

Tradução: Isabel Marchezan
Revisão técnica: Marcelo de Castro Ganzela
Revisão: Nina Basílio
Diagramação: Nikolas Lorencini

Dados Internacionais de Catalogação na Publicação (CIP)
(Câmara Brasileira do Livro, SP, Brasil)

Lemov, Doug
Formando mais que um professor: A essência do ensinar e como impactar a aprendizagem de todos os alunos / Elizabeth Green - São Paulo: Editora Da Boa Prosa, 2015.
Título original: Bulding a better teacher.

ISBN 978-85-64684-43-0

1. Ensino 2. Performance 3. Reforço (Psicologia) 4. Sucesso 5. Prática de professores

15-03766 CDD-37102

Índices para catálogo sistemático:
1. Ensino e aprendizagem : Educação 371.102L

Alguns têm algo a dizer.
Outros a vontade do saber

um selo da:

A gente aduba, planta
e colhe palavras!

Livros de Safra
tel 55 11 3094 2511
www.livrosdesafra.com.br
Rua Simão Alvares, 663
cep 05417-030 São Paulo - SP

Para a minha família: pais, irmãos e Dave.

NOTA DA AUTORA

Todos os nomes de crianças neste livro foram trocados para proteger suas identidades. Exceto quando indicado na seção Notas, os nomes são pseudônimos.

NOTA DA TRADUTORA

Optou-se nesta edição por tornar os nomes mais próximos da realidade brasileira.

SUMÁRIO

PREFÁCIO À EDIÇÃO BRASILEIRA

Se pararmos para pensar nas pessoas que marcaram nossas vidas e nos inspiraram em escolhas fundamentais, certamente vamos lembrar de alguns dos nossos professores. Mas, afinal, o que faz um bom professor: talento individual ou uma boa formação? E que mudanças o ambiente atual marcado pelo amplo acesso à informação impõe a esse trabalho?

O Instituto Península possui a missão de contribuir para a educação básica de qualidade de crianças e adolescentes no Brasil através da formação, valorização e do fortalecimento do professor como agente multiplicador de modernos métodos de ensino e aprendizagem. Para transformar a educação brasileira, é fundamental que o mesmo acredite em seu potencial e encontre um ambiente propício ao seu aprimoramento pessoal e profissional.

A qualidade da educação de um país nunca será maior que a qualidade de seus professores. Nesse livro, *Formando mais que um professor*, Elizabeth Green nos leva à exploração de uma nova geração de profissionais que desvendam a ciência por trás da arte de ensinar. A partir de pesquisas de situações reais da sala de aula e de estudos de psicologia cognitiva, o livro traz elementos que mostram a realidade nas salas de aula e o que acontece diante das diferentes atitudes de diversos professores, com resultados positivos e negativos. Mostra ainda como o educador pode se preparar e o que deve saber antes de entrar em sala de aula.

Todos tivemos, em algum momento, professores que despertaram nossa curiosidade e prazer pelo conhecimento. Tivemos também aqueles que nos entediaram desestimulando a busca pelo aprendizado. Acreditamos que este livro é uma ferramenta poderosa para apoiar professores que estão verdadeiramente na busca de excelência. Esperamos que ele seja fonte de inspiração e reflexão para todos aqueles que buscam aprimorar sua pratica docente.

Ao contribuir para melhorar a qualidade da nossa educação esperamos ajudar a inserir o Brasil no caminho seguro para romper a principal barreira que nos separa dos países ricos: a barreira do conhecimento.

Boa leitura a todos!

Ana Maria Diniz
Instituto Península

PRÓLOGO

COMO SER PROFESSOR
(Parte um)

Abra a porta e entre. Permaneça de pé. Talvez devesse sentar-se? Esta sala cheia e retangular é toda sua. Até então tem uma lousa e 26 carteiras invadidas pela luz do sol do começo da tarde. Em poucos minutos ela terá 26 alunos do 6º ano. Os nomes das crianças estão no diário de classe: Ricardo, Carolina, Antônio, Eduardo, Vânia, Mitsuo, Flávio, Karen, Ruth, Anderson, Elena, Maicon, Letícia, Daniele, Everton, Andressa, Isabella, Sandra, Mariana, Ivan, Kelly, Ileana, Yuri, Michele, Júlia, Jandira e Moisés.

Seu trabalho, dependendo do estado em que você vive e da escola que paga seu salário, é garantir que, daqui a 50 minutos, os alunos tenham entendido o conceito de "velocidade". Mais especificamente: se um carro viaja a 90 quilômetros por hora, que distância ele terá percorrido em 15 minutos? E em duas horas? Ao final do ano, seus alunos terão que dominar também frações, números negativos, funções lineares, divisões longas, razões, proporções e expoentes. Você também deve ensiná-los a serem bons cidadãos, introduzindo sutilmente nas aulas (sim, nas aulas de matemática) princípios de democracia. No tempo que sobrar, lembre-se de ajudar as crianças a superar os obstáculos que a vida apresenta – raciais, econômicos, familiares, intelectuais. Traga a realidade para o mais perto possível do sonho da meritocracia norte-americana.

Está pronto?

A porta não abre. A porta é quase derrubada. Com a energia que restou do recreio, eles entram meio que arrumando as roupas e se acotovelando por um gole do bebedouro. Lá vem a Vânia. Ela é do Quênia, esguia e de pela escura. Mitsuo é japonês. Tem 1,20 metro de altura e quase não fala. Carolina é CDF e usa tranças no cabelo. Eduardo, sardento e hiperativo, vai sentar no fundão. Anderson mudou há pouco para o estado e não presta muita atenção a nada. Ele senta na frente, perto de você.

Não fique aí parada, ensine alguma coisa!

Ricardo senta na frente também, perto do Anderson. Os dois são novos na escola. No primeiro dia de aula, ao se apresentar, ele confessou que matemática era seu "ponto fraco".

Meia hora depois, os alunos estão todos virados para trás, cochichando e conversando entre si. Estavam trabalhando em um problema que você colocou no quadro durante o intervalo.

Situação: o carro A se desloca a 90 km/h. Faça um diagrama mostrando onde ele estará...

A. depois de 1 hora
B. depois de 2 horas
C. depois de meia hora
D. depois de 15 minutos

Você começa a pensar em como retomar o controle. Sobre a mesa ao lado, há um pequeno sino. Deve tocá-lo? Talvez seja melhor levantar uma mão e tapar a boca com a outra. Ou quem sabe algo como "minha mão levantada, sua boca fechada"? Decide tocar o sino. Ufa, funciona. Hora de propor uma discussão.

Quinze minutos se passam, a aula está acabando. Até agora, os alunos trabalharam no problema em grupos de quatro a seis. Você já circulou pela sala, espiou para ver quantos acertaram, às vezes falando, às vezes apenas confirmando com a cabeça, às vezes segurando a risada quando eles fazem algo hilário, mas adorável. E, todos juntos, vocês já chegaram à solução para A, B e C.

Na lousa, você desenhou uma linha reta horizontal, com a distância representada na parte de cima, e o tempo, embaixo. Na extrema direita, há uma marcação para 180 quilômetros e duas horas (B); no meio da linha, outra para 90 quilômetros e uma hora (A); e mais uma marca, menor, bem no meio entre 0 e 90: 45 quilômetros e meia hora (C). Mais ou menos assim:

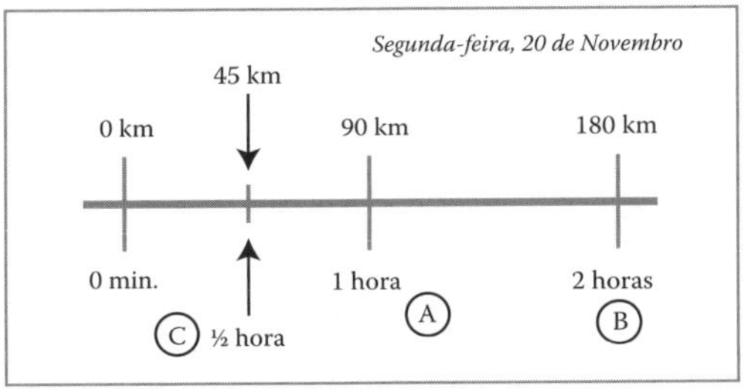

Você aponta para o quadro e pergunta: quem pode me mostrar onde estará a marcação do D no diagrama?

Um monte de mãos pra cima. Até que o Ricardo, bem na sua frente, levanta a dele. Você conhece os demais o suficiente para saber o quanto eles entenderam sobre "velocidade", ou pelo menos tem uma ideia de como eles resolveram o problema. O Ricardo, no entanto, ainda é um mistério. Depois do discurso do "ponto fraco", você recolheu o caderno de matemática dele no fim de cada semana, junto com os dos outros. Mas ele anotava bem pouco e muito raramente falava na aula. Agora, ele se voluntaria para resolver a parte mais difícil do problema – e você não tem a menor ideia do que ele vai dizer.

O que fazer?

Você olha para o relógio: só mais dez minutos. Há tempo para arriscar uma resposta errada? E o Ricardo, e se ele não passar nem perto de acertar? Se ele, um menino negro em uma turma multirracial, errar, será que não se isolará e nunca mais irá participar? Por outro lado, que mensagem passará para os demais se você não chamá-lo?

"Ricardo", você diz. Ele se levanta, vira o caderno para poder enxergar lá da frente e caminha devagar para o quadro. Todo mundo espera quietinho.

D: mostre onde o carro a uma velocidade de 90 km/h estará depois de 15 minutos. Procurando a linha dos quilômetros, em cima, ele pousa o giz no meio do caminho entre 0 e 45 km. "15 minutos", ele escreve. Embaixo, entre 0 minuto e meia hora, ele escreve "29". O diagrama fica assim:

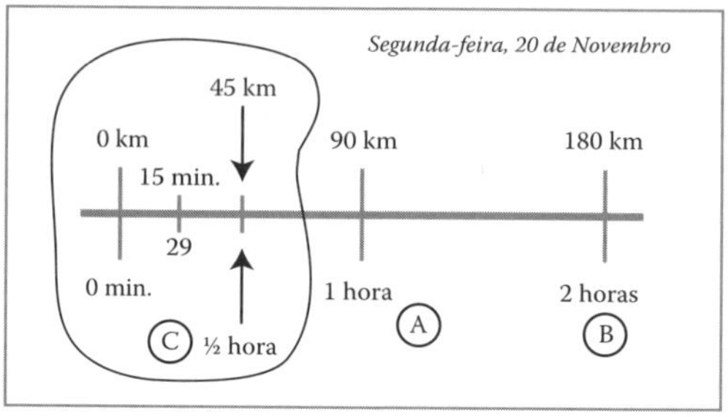

"Hmmmm", ele diz. "Vinte e nove".

Hã? Ele não apenas colocou o tempo (15 minutos) onde deveria estar a distância, como propôs outro número, 29, que não faz sentido. Um carro viajando a 90 quilômetros por hora não poderia se deslocar 29 quilômetros em 15 minutos. Que conta ele fez para chegar a 29? Não foi dividindo 45 por dois, muito menos 180 por quatro, nem nada relacionado aos números na lousa.

O que fazer? Corrigir a inversão entre tempo e distância, sem chamar muita atenção para o erro, assumindo que foi distração? Mas e se não foi? Você decide não deduzir nada. "Vinte e nove quilômetros", você arrisca, "ou vinte e nove minutos?".

Você esclarece: "Você escreveu 29 na linha dos minutos. Quis dizer 29 quilômetros e 15 minutos?" Ricardo concorda, apaga e reescreve.

Agora os números estão trocados: 29 quilômetros, 15 minutos. Mas ainda tem esse enigmático 29.

O que fazer? Ser simples e direto, "está errado"? Mas o que o Ricardo quis de fato dizer?

Você olha para a classe e pergunta: alguém pode explicar como o Ricardo chegou a esta resposta?

Mais um monte de mãozinhas. E você ainda precisa decidir quem está pedindo para falar e quem está apenas brincando com o lápis. Lembre-se, o Ricardo não é o único que precisa entender; há outros 25 alunos que precisam de atenção. O que estarão pensando? Estão aprendendo?

Você confere o horário, só restam alguns minutos, e isso vai demorar. Melhor desistir, deixar para amanhã. Volta o olhar para o Ricardo, que não parece desconfiar que está errado. Ele não sabe que não sabe.

Chama a estudiosa Carolina. "Hmmm", ela diz. "Eu discordo." Ela continua: "Hmmm...".

Pense. Ela quer dar a resposta certa, mas você perguntou quem poderia explicar o raciocínio do Ricardo, e não quais eram as respostas deles. Carolina sabe disso. Aquele "Hmmm...", olhando para você, pedindo permissão para desobedecer.

Você deixa? Talvez devesse. Basta um sinal e a resposta certa virá – conhecendo Carolina, será clara, concisa e no tempo perfeito para o fim da aula. Mas olhe para o Ricardo. Se a esperta Carolina, uma garota branca, for a salvação, que efeito isso terá sobre ele? Por outro lado, se você não deixar a Carolina continuar, como isso afetará o resto da turma? Em qualquer caso, o que a classe aprenderá sobre raça, gênero e – ah, sim, matemática?

Em uma segunda-feira, 20 de novembro de 1989, Magdalene Lampert, uma mulher austera e atenta, de cabelos lisos e loiros presos atrás da cabeça e mais de uma década de experiência como professora, tomou uma decisão. Apontou para o 29. "Alguém aqui *concorda* com essa resposta?", perguntou.

O senso comum sobre grandes professores é que eles nasceram assim. Como a ex-fuzileira naval de Michelle Pfeiffer em *Mentes Perigosas*, o James Escalante de Edward James Olmos em *O Preço do Desafio*, ou o inspirado Robin Williams entoando "carpe diem" em *Sociedade dos Poetas Mortos*, professores lendários transformam desordeiros em estudiosos, analfabetos em gênios, preguiçosos em poetas pela via do carisma natural. Ensinar é a sua vocação – não uma questão de formação e treinamento, mas sim uma espécie de alquimia.

Professores ruins, ao contrário, são retratados como deliberadamente sádicos (como o personagem de Sue Sylvester em *Glee*), congenitamente chatos (o monotônico professor de economia de Ben Stein em *Curtindo a Vida Adoidado*), ou ridiculamente lentos (o Sr. Garrison de *South Park)*. Esses são os recursos da narrativa tradicional, o que batizei de "Mito do dom de ser professor".

Mesmo nos raros casos em que professores fictícios se transformam – como em *Adeus, Mr. Chips*, o livro que virou filme no qual um insosso professor vira um homem extrovertido e instigante –, a mudança é o desvelar de algo que estava enrustido, e não o desenvolvimento de novas habilidades. Os outros pensam que Mr. Chips se tornou um "novo homem", mas, na verdade, sabemos que ele apenas podou "uma raiz seca da pedagogia" para deixar brotar o "senso de humor" que ele "sempre teve".

Essa ideia de dom de ser professor foi incorporada por décadas, em centenas de estudos. Repetidamente, pesquisadores tentaram explicar a habilidade de ensinar por meio de traços de caráter e personalidade. Os professores mais eficientes, pensavam, deveriam ser os mais extrovertidos, abertos a novas experiências, empáticos, socialmente ajustados, sensíveis emocionalmente, perseverantes, bem-humorados – ou tudo isso junto. Entretanto, todas essas pesquisas se mostraram inconclusivas. Grandes professores podem ser extrovertidos ou introvertidos, brincalhões ou sérios, flexíveis ou rígidos.

Até os responsáveis por capacitar os professores – pessoas que, por definição, deveriam acreditar que ensinar pode ser ensinado – acreditavam na história do dom para ser professor. "Eu acho que existe uma vocação ou habilidade inata para ensinar", disse-me a diretora da Faculdade de Educação da Universidade do Estado de Chicago, Sylvia Gist, quando nos encontramos em 2009. O consenso parecia ser: você nasce com isso ou não.

Antes de conhecer Magdalene Lampert, eu assinava embaixo dessas informações. Meus amigos professores pareciam ter nascido para a lousa. Dava para ver em suas personalidades e na forma como se dedicavam – a sensibilidade determinada e o comprometimento de um, a devoção confiante e lúdica do outro. Agregadores, encantadores e teatrais, eles atraíam a atenção onde quer que fossem. Não surpreende que tenham decidido ser professores, enquanto eu – timidamente séria, alérgica a palhaçadas e cética – me tornei jornalista. Eles tinham aquela qualidade mágica do "professorismo" – que Jane Hannaway, diretora do *National Center for Analysis of Longitudinal Data in Education Research* [Centro Nacional para a Análie de Dados Longitudinais da Pesquisa em Educação] e ex-professora, descreveu-me como "feitiço", "encanto".

Quando encontrei Magdalene pela primeira vez, seu talento era evidente, parecia mesmo uma espécie de feiticeira. Estávamos no inverno de 2009, vinte anos após o episódio em que ela ensinara matemática a alunos da antiga quinta série, entre eles, Carolina e Ricardo, e ela agora era professora no curso de Educação da Universidade de Michigan. Sentadas no seu bem iluminado escritório, na ponta de uma mesa comprida, passamos a olhar a lição de um outro aluno, chamado Bruno.

Ao tentar resolver um problema sobre o preço de balões, Bruno havia, equivocadamente, dito que 7/12 = 1,5. O que o teria feito pensar nisso? – Magdalene me perguntou. Essa foi provavelmente a primeira vez que ela leu meus pensamentos, coisa que sempre faz depois de uma pergunta: abaixa de leve as pálpebras, aperta os lábios e olha dentro de você. Eu não tinha ideia de como Bruno tinha chegado em 1,5, e ela sabia disso.

Mas, em vez de me dar a resposta, Magdalene queria que eu pensasse sobre o que poderia fazer sentido (assim como, em 1989, ela fez Ricardo pensar sobre o 29). Ela desenhou o sinal de divisão, aquela "casinha" de que eu lembrava da quinta série; colocou os números nos lugares errados: 12 fora e 7 dentro, à direita, como se estivesse perguntando quantas vezes 7 cabe em 12 em vez de quantas vezes 12 cabe em 7. Colocando 7 dentro de 12, o aluno concluiria que cabe uma vez, com 5 como resto (12 - 7). "1 e resto 5", ele teria escrito, na linguagem da quinta série.

Quando olhamos para o caderno do Bruno, foi exatamente o que vimos: o 12 fora da caixinha e o 7 dentro, e o "1 R 5" escrito ao lado. Bruno, explicou Magdalene, deve ter traduzido errado o seu "1 R 5" por 1,5 (a resposta, na verdade, seria 1 e 5/7).

Parecia um truque, um feitiço, como Magdalene foi capaz de perceber um erro e encontrar sua origem tão rápido. Em vez de apenas olhar a resposta final errada, ela traduziu as anotações do Bruno – quase sem sentido para mim – em um caminho lógico, ainda que falho, refazendo o raciocínio dele de trás para a frente para encontrar o ponto de origem do erro. Em menos de um minuto.

E quanto a todos os outros erros que Bruno poderia ter cometido enquanto tentava descobrir o preço dos balões? E os erros espalhados pelos cadernos dos colegas do Bruno? Sem contar todos os outros que não estavam nas anotações, mas poderiam estar? Essa, afinal, era a lição de *uma* aula, de *um* dia do ano, de *um* aluno de *uma* turma e de *uma* matéria. Eu assisti, encantada, a Magdalene percorrer mais cadernos, lendo a mente das crianças de trás para a frente, cada uma com seus próprios erros.

Quanto mais eu aprendia sobre Magdalene e sua didática, mais eu enxergava que o que pareceria leitura de mentes era na verdade o resultado de uma prática extraordinária, não talento inato. O sucesso dela não dependia de sua personalidade – introspectiva, reflexiva e metódica, bem o oposto dos míticos professores hollywoodianos. Ao contrário, o desempenho de Magdalene se baseava em conhecimento e habilidades que ela passou anos treinando. Ensinar, do jeito que ela fazia, era uma técnica complexa.

Magdalene me mostrou que a ilusão do dom de ser professor é, na melhor das hipóteses, uma versão mais educada do provérbio atribuído a George Bernard Shaw: "Quem pode, faz. Quem não pode, ensina". Ao ver o ensino como mágica, misto de carisma e paixão, estamos, essencialmente, dizendo que *Quem tem inteligência, faz. Quem tem charme, ensina*. Dei-me conta de que esse é um conceito perigoso. Se não entendermos como o ensinar funciona, não entenderemos o que é preciso para melhorar a educação, permitindo que, muito frequentemente, o ensino seja ineficiente.

"Aha!". A decisão de Magdalene Lampert de não corrigir o Ricardo em 1989 valeu a pena – pelo menos, parcialmente. Aquela resposta sem sentido, de que o carro viajando a 90 km/h percorreria 29 quilômetros em 15 minutos, ficou na lousa. Mas, depois que Magdalene perguntou à turma se alguém concordava com a resposta, enfrentando um silêncio desconfortável, Ricardo finalmente se manifestou.

"Posso mudar de ideia?", perguntou. Em vez de 29, ele "queria escrever 22". Bem melhor! O cálculo que ele deveria ter feito era: se 90 km correspondem a 60 minutos, então a metade disso, 45 km, correspondem a 30 minutos; e então um quarto de 60 minutos corresponderia à metade de novo: 22,5 km. Ele estava perto.

Mas Magdalene ainda não entendia por que primeiro ele disse 29. Ela precisava saber exatamente em que ponto o raciocínio dele falhou. Apontando para o quadro, onde antes estava escrito 29, ela perguntou a Ricardo por que ele havia mudado de ideia. "Porque", ele disse, "29 mais 29 não é 45".

"Ah", ela disse, se permitindo uma pequena comemoração. Ele entendeu quase tudo. Mantendo a mão na lousa para esconder a resposta errada, Magdalene se voltou para Ricardo e o resto da classe, pois queria que todo mundo a ouvisse. Ricardo tinha ido de um chute a um raciocínio matemático de que 29 não era a resposta, e ela queria que todo mundo prestasse atenção ao trabalho dele.

Na lousa se via o seguinte:

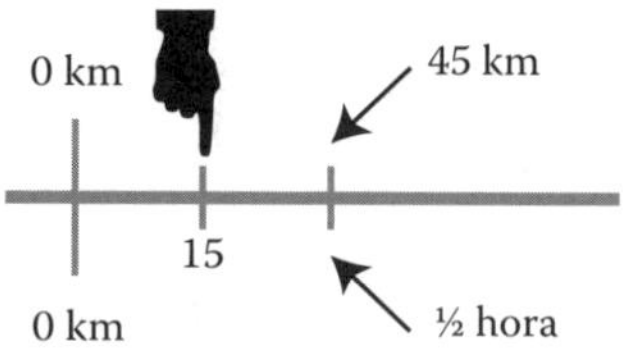

A resposta aqui, ela disse, tem de ser um número que, multiplicado por dois, fique próximo de 45.

No fundo da sala, os alunos cochichavam. "Não é próximo!", gritou um. Outro levantou a mão. Magdalene tinha visto, mas ainda não respondeu. Estava pensando no 45. O quadro, claro, tinha o número correto de quilômetros que é a metade de 90. Se quisesse precisão, Ricardo deveria ter dito 22,5. Mas se estavam falando de um carro de verdade, fazendo uma viagem de verdade, importava que ele calculasse os 0,5? Sim e não. Ainda assim, aprender a fazer aproximações era uma capacidade importante, e Magdalene estava satisfeita com o desempenho do garoto. Ele estava raciocinando matematicamente.

Ela não quis fazer Ricardo pensar que tinha cometido um erro, mas também queria ajudá-lo, e ao resto da turma, a chegar à resposta exata. Afinal, se não quisesse que eles lidassem com a divisão de números decimais, teria escolhido outros valores para o problema, e a divisão seria redonda. Mas um dos objetivos do ano era fazer os alunos aprenderem decimais e frações. Ela escolheu esses valores porque queria que a turma lidasse com esse tipo problema, exatamente desse jeito.

Como reconhecer o bom trabalho de Ricardo, mas ao mesmo tempo corrigi-lo? Ela avaliou o florescer de mãozinhas. Antônio, um menino pequeno que adorava falar, agitava a mão no ar. Flávio, um quietinho de caligrafia perfeita, levantou a mão também. Quem conseguiria manter a ambiguidade, aceitar a resposta do Ricardo, mas não se contentar e ir além? Magdalene escolheu Flávio.

Paradoxalmente, a instituição mais suscetível à falácia do dom de ser professor é o sistema de educação pública dos Estados Unidos. E isso apesar dos alertas sobre o nível decepcionante da qualidade do ensino nacional, que nunca foram tão graves.

"No momento em que nossas crianças pisam em uma sala de aula", disse Barack Obama em 2007, "o fator mais determinante em seu sucesso não é a cor da pele ou onde nasceram, não são seus pais ou o dinheiro que têm. É quem é seu professor". Obama era então candidato a presidente. Na Casa Branca, essa posição foi reforçada. Hoje, graças a políticas empreendidas por sua administração, distritos escolares em todo o país estão passando por um trabalho para revigorar a força de ensino. O debate em torno dessas reformas é feroz. Muitas pessoas, incluindo professores, são contra a iniciativa de Obama. Não contra a prerrogativa – eles concordam que os professores são fundamentais e que a qualidade do seu trabalho precisa melhorar. Mas discordam de como implantar a mudança.

O argumento de Obama se baseia em *meritocracia*. O problema com a educação americana, diz, é que, por muito tempo, tratamos todos os professores do mesmo jeito: com os mesmos reajustes salariais, as mesmas avaliações, o mesmo plano de carreira, sejam eles inspiradores como Robin Williams ou enfadonhos como Ben Stein. É fato que alguns professores são bons e, outros, ruins. Alguns levam seus alunos a aprender enquanto outros os atrasam.

"Há 300 mil professores na Califórnia", explicou Obama em um discurso de 2009. "Os melhores 10% são 30 mil, os piores 10% são outros 30 mil. O problema é que não temos meios de dizer quem é quem." Aí, continuou ele, é que "entram os dados". Medindo quais professores são bem-sucedidos e quais não, podemos premiar os melhores e descartar os piores, elevando assim a qualidade da força de ensino como um todo. Seguindo a receita de Obama, sistemas revisados de avaliação de professores estão sendo aplicados por todo o país, junto com as recompensas ou penalidades que vão determinar suas carreiras.

O outro princípio, chamado de tese da *autonomia*, preconiza exatamente o oposto. Enquanto os proponentes da meritocracia defendem testes constantes dos alunos e avaliações de desempenho dos docentes, os apoiadores da autonomia pregam que os professores são profissionais e devem ser assim tratados. Tanto quanto médicos ou advogados, só vão crescer se receberem a confiança, o respeito e a liberdade de que precisam para fazer seu trabalho bem. Recentemente, os defensores dessa tese fizeram comparações com a Finlândia. Um relatório do sindicato dos professores de Chicago descreveu o ensino de lá como "uma escolha de carreira respeitada, de alto nível; os professores têm autonomia em sala de aula, trabalham de forma coletiva para desenvolver o currículo escolar e participam da administração das escolas". Na Finlândia, conclui o relatório, os professores "não recebem pontuação; recebem confiança".

Enquanto descrições, os dois argumentos – meritocracia e autonomia – são em alguma medida verdadeiros. Os professores realmente evidenciam que precisam de liberdade para ensinar melhor, e por outro lado também de *feedback* adequado sobre seu trabalho. Mas enquanto métodos, sugestões reais de como melhorar o ensino, ambos falham. Nenhuma mudança, sozinha, vai produzir melhores professores. O problema com a meritocracia é matemática básica: dispense os 10% piores e, segundo o próprio Obama, são 30 mil professores que precisam ser substituídos – e estamos falando apenas da Califórnia. Nacionalmente, o número é mais de dez vezes maior. Autonomia, por sua vez, é um experimento que várias escolas tentaram por anos, e os mestres ainda têm dificuldade.

Em outras palavras, nenhuma das duas receitas é suficiente porque ambas endossam o mito do dom de ser professor. Nos dois casos, o pressuposto é que bons professores sabem o que fazer para que seus alunos aprendam. Esses bons professores deveriam conseguir fazer seu trabalho ou ser responsabilizados por não fazê-lo, para assim chegarem a melhores resultados. Os dois argumentos, portanto, partem de um princípio frágil: o professor médio vai descobrir como se tornar um professor ótimo – sozinho.

É uma aposta especialmente audaciosa considerando a grande quantidade de gente envolvida. Há mais pessoas dando aula nos Estados Unidos do que trabalhando no McDonald's, no Wal-Mart e nos Correios norte-americanos juntos. Em Nova York, onde eu moro, o contingente de 75 mil professores equivale a toda a força de trabalho da Apple no mundo. Amy McIntosh, a ex-chefe de pessoal do Departamento de Educação da cidade de Nova York, dizia que não havia construção, em nenhum dos cinco distritos da cidade, que abrigasse os 75 mil de uma só vez. Nem o estádio do Yankees* (que suporta 50.287 pessoas).

Entre as carreiras com as quais o magistério é normalmente comparado – as que requerem um diploma universitário e têm alto valor social –, nenhuma chega perto em número de empregados. Pense em um gráfico de barras mostrando o número de norte-americanos em diferentes profissões. A barra mais baixa representa os arquitetos: 180 mil. Levemente mais alta é a dos psicólogos, com 185 mil. Então há os advogados (952 mil), os engenheiros (1,3 milhão) e os garçons (1,8 milhão). As três grandes são: trabalhadores domésticos (3,3 milhões), secretárias (3,6 milhões) e, finalmente, professores (3,7 milhões). A onda atual de aposentadorias deve forçar o sistema escolar a contratar mais de 3 milhões de novos professores entre 2014 e 2020. Quando esses professores se despedem dos alunos, levam sua experiência e prática com eles. Cabe aos recém-contratados substituí-las.

* O New York Yankees é um dos maiores times de basebol dos Estados Unidos. [N.T.]

Em uma noite de dezembro de 2009, eu assistia a centenas de aspirantes à docência lotarem um auditório no Centro Cultural de Chicago, onde está a maior cúpula de vitrais criada por Louis Tiffany*, para ouvir o diretor de recrutamento do sistema municipal de ensino falar. Não havia mais lugares disponíveis, e o mar de gente era tão diverso quanto vasto. Havia uma mulher estrábica de cabelos brancos e toda desgrenhada; um recém-formado com dreads até à cintura; dúzias de jovenzinhas do Meio Oeste com suas mães, tomando nota de tudo; uma mulher baixinha com um blusão de Natal** cheio de enfeites bordados em quadrantes, incluindo uma plaquinha de velcro com seu nome no peito: RAQUEL.

Mesmo que todo mundo no auditório tenha se inscrito para dar aulas – até as mães –, a multidão não teria preenchido todas as vagas disponíveis. A cada ano, a cidade de Chicago contrata 2 mil novos professores. Em 2009, a crise econômica havia derrubado esse número, mas o município ainda precisava de 600 novos professores. Em nível nacional, quase 400 mil novos professores ingressam nos sistemas público e privado de ensino anualmente.

Quando toda essa gente assume seus postos nas salas de aula do país – dos trailers lotados do Queens, em Nova York, aos ranchos úmidos das reservas indígenas do Alabama, até as salas ao ar livre de Cerritos, Califórnia –, o que eles fazem? O que *deveriam* fazer? E como podemos garantir que todos eles façam o seu melhor?

A dura realidade é que meritocracia e autonomia, as duas filosofias dominantes na capacitação de professores, nos deixaram sem um plano de verdade. A autonomia permite aos professores terem sucesso ou falharem segundo seus próprios critérios, com pouca

* O artista Louis Comfort Tiffany (1848-1933) era filho do fundador da mundialmente célebre joalheria Tiffany & Co., mas preferiu seguir sua própria carreira artística a assumir os negócios da família. Ele dedicou-se a artes decorativas, principalmente vitrais, cerâmicas, vidros, esmaltes e joias. [N.T.]

** É tradição nos Estados Unidos e no Reino Unido tricotar blusões com motivos natalinos para o fim do ano, já que no hemisfério Norte o Natal é no inverno. [N.T.]

supervisão. A meritocracia lhes diz apenas onde acertaram, e não o que fazer para melhorar. Em vez de ajudar, as duas receitas preservam uma antiga cultura de abandono. Steven Farr, do Teach for America*, descreveu essa cultura quando me falou sobre a primeira vez que a orientadora dele foi observá-lo dar aula. Ela estava fazendo seu trabalho mas, quando entrou na sala, se desculpou como se fosse uma intrusa. Ensinar, disse ela, "é a segunda coisa mais íntima do mundo". Não era confortável assistir a alguém fazer isso.

O sociólogo Dan Lortie, no clássico *Schoolteacher* [Professor de escola], descreve a profissão na linguagem sexual da era vitoriana: uma "provação" íntima. Lortie rastreia a solidão dos tempos das escolas de uma única sala, quando os mestres trabalhavam isolados porque os outros adultos (e algumas das crianças) estavam trabalhando nas lavouras. Hoje, há mais pessoal e mais alunos nas escolas, mas cada professor ainda encara a sala de aula cheia de pupilos sozinho. O que eles fazem lá? O que qualquer um de nós faria: inventam.

Naquele dia de novembro, a jogada friamente calculada de Magdalene Lampert de chamar Flávio valeu a pena. Ele fez exatamente o papel que ela esperava, corrigindo a imprecisão de cinco décimos cometida por Ricardo sem diminuir o feito deste.

"Hmmm", Flávio disse, "eu acho que é 22,5". Ricardo manteve a compostura, e, nos minutos seguintes, Magdalene desatou uma série de nós pedagógicos. Chamou Antônio, que estava levantando a mão, mas não o deixou falar demais e até extraiu uma ideia clara e concisa da sua confusa, ainda que entusiasmada, colocação.

Ela então cedeu o palco a uma garota, Elena, para equilibrar os gêneros e combater a ideia de que só os garotos são bons em matemática, o que pavimentou o caminho para uma exuberante performance de outra menina, Iara, que construiu uma evidência lógica

* Teach for America (Ensine pela América) é uma ONG que recruta profissionais de alto desempenho para dar aulas em comunidades carentes dos Estados Unidos. [N.T.]

semelhante à de Ricardo sobre a relação entre dobro e metade. Tudo isso aconteceu em poucos minutos, mas já tinha passado da hora de encerrar a aula. A professora da próxima aula estava parada no fundo da sala fitando Magdalene.

"Sabem o que eu acho?", ela disse à turma, piscando para a professora lá atrás. "Acho que vamos reservar mais tempo para restos e divisões, porque estamos misturando várias ideias aqui e não temos tempo agora para analisar todas elas."

Nova pausa. Magdalene queria dar a chance para alguém muito confuso ainda fazer uma última pergunta. Os alunos tinham seus cadernos de matemática abertos, Ricardo na frente, Flávio no fundo, Carolina à direita. Todos eles estariam lá amanhã, e no dia seguinte, e no seguinte, até as férias.

"Certo?", ela perguntou, concluindo, como uma porta que se vai fechando. Ninguém disse nada.

Certo.

Os dois lados do debate sobre a qualidade dos professores tendem a pintar o desafio como um problema de transferência – como ajudar os malsucedidos, frequentemente alunos pobres (como os personagens das minhas matérias como repórter em Nova York) a ter acesso às experiências desfrutadas por seus pares mais prósperos (como meus colegas na escola pública de Washington D.C, em Maryland).

Segundo o argumento da meritocracia, escolas nos subúrbios* têm os melhores professores porque, com cofres cheios e prédios mais novos e bonitos, elas atraem os melhores talentos. Para equilibrar essa distribuição, Obama incentivou medidas para trazer professores de alta qualidade de volta aos distritos escolares que servem às populações mais pobres. Os defensores da autonomia, no entanto, argumentam que os professores que trabalham com os pobres têm

* Nos Estados Unidos, os subúrbios são os bairros mais ricos, afastados do centro. Quem mora no centro são as famílias menos abastadas. [N.T.]

paradoxalmente *menos* liberdade e os ambientes de trabalho mais restritivos. Faça essas escolas parecerem com aquelas dos filhos de ricos, e eles conseguirão prosperar.

Novamente, nenhuma descrição está errada, mas, enquanto receitas, estão incompletas. Professores em escolas públicas mais ricas, em geral, têm mesmo melhores condições de trabalho e flexibilidade. Mas também são vítimas da hipótese do dom de ser professor. De fato, quanto mais eu aprendi sobre ensino de sucesso, mais eu entendi como isso é raro, mesmo em escolas com bastante recurso. Há pouco tempo, fuçando no armário do meu quarto de infância em Maryland, achei uma caixa de papelão rosa com meus cadernos da escola primária. Nas melhores escolas que visitei como repórter, as crianças liam e escreviam no jardim de infância. Mas minha caixa não tinha cadernos do jardim de infância. O que será que coloquei neles? Naquele ano, eu não sabia ler.

Os cadernos da primeira série, no entanto, tinham pouca semelhança com o trabalho meticuloso que vi excelentes professores de leitura executarem em sala de aula. Meu arquivo continha palavras copiadas da cartilha e pouca escrita original. Lá pelo meio do ano, atingi o ápice: consegui preencher uma coleção de folhas de cartolina, grampeadas e etiquetadas – com uma letra de adulto –, o Diário de Escrita, cujos registros eram frases absolutamente sem graça:

Água é legal.
Eu ódio dias frios.
Eu gosto de brinqedos.
Eu gosto da Sara.
Eu gosto de tezoura.
O teatro foi legal.
Eu odio trabalho. É muito faciu.

Não me surpreendo que eu não soubesse ler até a primeira série. O trabalho *era* muito fácil, e, devido a isso, eu não aprendi nada.

Mesmo mais tarde, nos programas de reforço escolar que frequentei a partir da quarta série, o quanto meus professores realmente me ensinaram? Alguns mudaram minha vida para sempre, fizeram com que eu me apaixonasse pelo jornalismo, por cálculo e até por física quântica. Mas e os outros? Além daquele ano de sorte em física, minhas memórias das aulas de ciência não são muito diferentes das de uma mosca da fruta, – sim, eu estava lá, rodeando. Foi só no último ano do colegial que descobri que história tem a ver com evidências e argumentos e não apenas decorar as capitais dos Estados e as datas de guerras irrelevantes.

Frequentei algumas das escolas públicas mais badaladas do país (meu distrito escolar, Montgomery County, em Maryland, tem uma das dez maiores rendas médias familiares do país), e, mesmo assim, o ensino que tive era tão fraco quanto nas escolas que mais tarde visitaria em Newark, Nova Jérsei, Bronx e San Francisco.

Assim, quando eu percebi que o escopo do desafio da educação nos Estados Unidos é muito maior do que podia imaginar, também comecei e enxergar um caminho para abordar esse desafio. Para cada caso de progresso atrasado pela falácia do dom de ser professor que encontrei – e foram muitos –, também achei uma história de alguém que pensava diferente.

O coronel Francis Parker, por exemplo. Nascido em 1837 em New Hampshire, filho e neto de professores, Parker acreditava que ensinar também requer muito estudo. O magistério era, ele dizia, "a maior arte do mundo". Aprender a fazer isso direito podia levar uma vida inteira. Mas Parker não demorou para entender que esse era um ponto de vista um tanto impopular. Depois de servir na Guerra da Secessão*, a

* Também chamada de Guerra Civil Americana, foi travada no século XIX entre os estados do Sul, escravistas, que queriam se separar dos Estados Unidos, e os do Norte, contrários à escravidão, que venceram a disputa após quatro anos. [N.T.]

ele foram oferecidos vários empregos de prestígio, que o afastariam das salas de aula. "Quando eu dizia que seria um professor" – durante a guerra, ele passou noites em frente à fogueira, preparando aulas em sua cabeça, e não pretendia desistir delas – "meus amigos ficavam bem decepcionados comigo". Até um professor o chamou de tolo.

Parker percebia que seus companheiros professores refletiam o público em geral. Muitos deles não pensavam em seu trabalho como uma técnica que precisava ser estudada. Mais tarde, quando ele assumiu uma falida escola para professores em Chicago, a maior parte da cidade (incluindo alguns professores) questionava se ela precisava mesmo existir. "O cerne da questão é: a convicção de que jovens homens e mulheres deviam ser treinados para ensinar crianças pequenas só existia aqui e acolá", disse um de seus colegas. "O público em geral era contra."

Parker morreu sem ver seu sonho de ressuscitar a escola e a reputação dela realizado. Como disse o rabino Emil Hirsch nas homenagens póstumas, ele era "um outro Moisés", destinado a observar sua terra prometida à distância. O mesmo destino se abateu sobre o sucessor de Parker na Universidade de Chicago, o filósofo John Dewey. A partir das teses do coronel, Dewey escreveu eloquentemente sobre a "ciência da educação" que esperava desenvolver, e como ela ajudaria a prevenir o imensurável "desperdício" que resulta de permitir que o segredo dos grandes professores viva e morra com eles. "O único modo de evitar esse desperdício no futuro", escreveu, "é usando métodos que nos permitam fazer uma análise daquilo que um professor talentoso faz intuitivamente, de forma que algo acumulado pelo seu trabalho possa ser comunicado a outros". A ciência estava destinada a não se concretizar – pelo menos, não ainda. Durante meio século, a receita de Dewey permaneceu hibernando, vítima das mesmas forças contra as quais Parker lutou.

Mas, apesar de Parker e Dewey terem falecido antes de ver a "Palestina educacional", como Emil Hirsch definiu, seus projetos sobreviveram. Se hoje a ilusão do dom de ser professor ainda existe, graças a Magdalene Lampert e um crescente grupo de educadores como ela, o sonho de Parker e Dewey também está vivo.

Esse grupo inclui pessoas como Magdalene, antigos professores que se converteram em uma linhagem única de pesquisadores, estudando a própria arte enquanto trabalham para transmiti-la a outros. Envolve também gente que deu voz às conclusões de Magdalene sem nunca tê-la encontrado – às vezes, deliberadamente (como nos anos 1980, em uma ilha a 9.600 quilômetros daquela sala da quinta série), outras, não (no caso do movimento de educadores empreendedores que emergiu uma década depois). Juntos, esses professores são uma minoria. Mas, por uma série de razões, suas chances de concretizar a Palestina educacional de Francis Parker são maiores agora do que em qualquer outro momento da história.

Esse livro conta a história dessas pessoas, que também é a história do ensino, aquele engraçado e comovente teatro que se desenrola entre crianças e professores todos os dias. Um trabalho que, quando bem feito, com treinamento, pode induzir no aluno um sentimento mágico: a sensação de enxergar uma ideia onde não existia nada antes. Começa com um dos pioneiros – um homem tímido e muito trabalhador chamado Nathaniel Gage.

CAPÍTULO 1

OS FUNDADORES

Em 1948, quando assumiu seu primeiro posto acadêmico na Universidade de Illinois, Nate Gage já havia ajudado o Exército a selecionar e treinar observadores de radar na Segunda Guerra Mundial; também trabalhara com o College Board* no desenvolvimento de uma ferramenta nova, o Teste de Aptidão Educativa; e era coautor de um importante manual sobre educação: *A Practical Introduction to Evaluation and Measurement* [Uma introdução prática à avaliação e mensuração]. Segundo filho de um casal de judeus imigrantes da Polônia, Nate começou colando papéis de parede com seu pai e conseguiu chegar ao topo da carreira na área que escolheu, a psicologia educacional. Em Illinois, ele integrava o novo e prestigiado Escritório de Pesquisa Educacional. Mas a realização que se tornou sua descoberta mais importante aconteceu em uma sala de aula.

Nate era um tipo sério e amável, apaixonado pelo que fazia. Em congressos, os colegas ficavam vidrados ouvindo suas histórias em mesas de bar até tarde da noite. Mas, nas aulas, essa química não funcionava. Ele simplesmente não conseguia manter a atenção dos alunos. Não raro, um ou dois dormiam durante a sua explicação. "Ele não tinha aquele algo a mais", diz um de seus alunos, David Berliner. Apesar de todo o

* Organização sem fins lucrativos que reúne instituições de ensino norte-americanas para apoiar o ingresso de jovens na universidade. [N.T.]

sucesso – as várias publicações em revistas importantes; a ambicionada posição de professor titular de Educação –, os dados apontavam para uma conclusão incômoda: Nate era um péssimo professor.

Confuso, ele buscou a literatura acadêmica. Seus colegas de psicologia educacional haviam de ter revelado os segredos do magistério. Foi quando ele fez sua segunda descoberta: não existia pesquisa sobre o assunto – ou, pelo menos, nunca se havia concluído nada. Os pesquisadores vinham apenas acumulando uma série de hipóteses idiossincráticas, focadas basicamente nos traços de personalidade dos professores. Bons professores eram os mais carinhosos? Os mais animados? Os mais organizados? Os mais interessados pela matéria? Talvez os melhores professores fossem todos fora do comum, sensíveis emocionalmente, sociáveis. Talvez os professores medíocres demonstrassem radicalismo, ou mesmo "suspeições preocupantes". Outros estudos ampliavam ainda mais as pesquisas, investigando características que iam desde idade e experiência à cor dos olhos, estilo de vestir e força do aperto de mão.

Nenhum dos estudos chegou a qualquer conclusão. Um pesquisador publicava uma descoberta, outro concluía o exato oposto. Os poucos achados que podiam ser extraídos das pesquisas eram vagos e nada úteis. Um conjunto de estudos sugeria que bons professores deveriam ser "amigáveis, animados, simpáticos e moralmente virtuosos, em vez de cruéis, depressivos, antipáticos e depravados". Outro concluía que os melhores professores possuíam uma característica inutilmente chamada de "habilidade para ensinar".

Resumindo sua pesquisa, em 1953, Nate Gage escreveu:

> A questão é simplesmente que, depois de 40 anos de pesquisas sobre a eficiência dos professores, quando um vasto número de estudos foi realizado, podemos apontar poucas conclusões que um diretor poderia empregar com segurança ao contratar um professor, que uma agência poderia usar na certificação de professores, ou que uma equipe docente poderia aplicar no planejamento ou melhoramento de programas de formação de professores.

A ironia era dolorosa: naquele momento, os Estados Unidos tinham dúzias de programas universitários para recrutar, treinar e formar os professores do futuro – eram as chamadas escolas de educação. No entanto, todos esses professores não tinham aprendido nada sobre como ensinar, ainda que fossem os únicos que prestavam alguma atenção a esse assunto. Os de maior prestígio, a elite dos pesquisadores em educação como Nate, ignoravam completamente o que é educar.

Era impossível não se espantar. Como isso tinha acontecido? Como um segmento inteiro tinha acabado por negligenciar o trabalho que era seu próprio âmago?

Uma resposta possível é que eles o fizeram de propósito. A tradição começou com os primeiros professores de pedagogia, que lecionavam nos novos cursos de educação com indisfarçada relutância. "Psicologia educacional?", teria ironizado o filósofo William James. "Acho que tem umas seis semanas disso aí." James tornou-se o avô da disciplina. Aluno dele, Edward Thorndike, outro pioneiro, entrou no assunto apenas por necessidade. Depois de se formar em psicologia em 1898, a melhor oferta de emprego que conseguiu não era na área que estudou, mas sim em pedagogia, no curso feminino da Universidade Western Reserve, de Cleveland.

"A minha maldição é o curso prático onde me jogaram", ele escreveu a um amigo logo após começar a trabalhar. Mais tarde, quando se transferiu para o curso de formação de professores da Universidade de Columbia, ele passou o primeiro ano visitando escolas, mas em seguida abandonou a missão, pois a tarefa era muito "chata". Questionado sobre o que faria se confrontado com o dilema prático dos superintendentes*, debochou: "Nada. Eu pediria demissão!".

Em vez de resolver os problemas pedagógicos, Thorndike focou nos psicológicos e os incluiu na dinâmica da escola. Ele aplicou aos

* Nos Estados Unidos, o superintendente é o executivo que administra uma escola ou as escolas de uma cidade ou do estado (a abrangência depende da lei de cada unidade da federação). [N.T.]

estudantes as leis gerais de aprendizado que havia testado em experimentos com macacos, cachorros e gatos ("Não há melhor objeto de estudo psicológico do que um gato faminto", escreveu). Paralelamente, contribuiu na popularização de novas técnicas de mensuração para quase tudo, da inteligência à memória. Mas ele não estudou os professores.

Até mesmo John Dewey, que defendia a "ciência da educação", acabou retornando à sua disciplina original, a filosofia. Todos os pesquisadores de pedagogia que ele conhecia tinham seguido Thorndike e abandonado a pesquisa prática em escolas. Desencorajado, Dewey deixou seu trabalho com educação de lado.

O próprio Nate Gage nunca pretendeu estudar educação. O que ele realmente queria era ser psicólogo. Mas, depois da formatura na Universidade de Minnesota, quando recebeu a *magna cum laude* (segunda maior distinção para os alunos com boas notas), o aluno-prodígio do jovem B. F. Skinner foi rejeitado pelos dez programas de pós-graduação a que se candidatou. "Do ponto de vista das universidades, era inútil aceitá-lo em uma pós-graduação em psicologia e desperdiçar recursos treinando-o, já que era um judeu", explicou o coordenador do curso de psicologia da Universidade de Minnesota, Richard Elliott. É que os cursos de pós-graduação eram classificados pela sua capacidade de emplacar professores nas universidades, mas as instituições naquela época simplesmente não contratavam judeus. O único programa que fez uma oferta foi um para o qual ele não se candidatou – um curso novo em psicologia educacional em Purdue, cujo jovem diretor recrutava estudantes revirando as listas de rejeitados dos outros departamentos de psicologia.

Os primeiros professores em educação também ignoravam o ensinar por acharem o tema desinteressante. Dar aulas de composição não requeria um método, mas sim "uma mente limpa, consciência perseverante, entusiasmo elástico e enorme bom senso", insistia o professor de inglês LeBaron Russell Briggs. "Não existe uma ciência da pedagogia", escreveu Josiah Royce no artigo principal da edição de estreia da revista *Educational Review*, publicado em 1891. "Quanto a uma 'filosofia da educação' em qualquer outro sentido", acrescentou, "o Senhor nos fez a partir dela".

Ainda assim, a disciplina precisava ser oferecida: uma simples questão de mercado. Em 1890, o total de matrículas nas escolas elementar e secundária americanas era inferior a 13 milhões de alunos. Em 1920, eram mais de 20 milhões. No mesmo intervalo, o quadro de professores primários chegou a 400 mil. Outras 21 mil pessoas trabalhavam nas áreas administrativas. Quando Nate chegou à Universidade de Illinois, em 1948, o número de professores se aproximava de 1 milhão. Para uma universidade, o cálculo era simples: treinar professores fazia sentido economicamente, independentemente de haver algo a ensiná-los ou não.

A crueldade da história pode ter levado outro homem a se render. Se William James não havia conseguido desenvolver uma ciência do ensino, o que se poderia esperar do Nate Gage de Nova Jérsei? De qualquer forma, como Thorndike comprovara, era perfeitamente possível construir uma carreira respeitável na pesquisa em educação sem jamais tocar no problema do ensino. Mas, onde outros viram um beco sem saída, Nate viu possibilidades. Afinal, em ciência, as descobertas mais importantes não nasceram de respostas, mas de enigmas. Estudando os trabalhos pioneiros sobre magistério, ele vislumbrou uma falha comum e, suspeitava, fatal.

Nenhuma das características que os primeiros pesquisadores investigaram – cor dos olhos? força da mão? – vinha da sala de aula. Eles examinaram centenas de variáveis, mas ignoraram "os dados primários do processo de ensino", uma escolha que traía o padrão das grandes descobertas científicas. Johannes Kepler, Dmitri Mendeleev, Gregor Mendel, todos começaram escrutinando fenômenos bem de perto e só depois elaboraram teorias para explicá-los. Como "Kepler examinando as órbitas dos planetas, Mendelyeev (sic) raciocinando sobre as propriedades dos elementos, ou Mendel cultivando suas ervilhas", Nate concluiu, os pesquisadores da educação somente iriam desvendar os mistérios das salas de aula americanas se aventurando nelas.

Nate se pôs a elaborar a verdadeira ciência do ensino. Ele chamou seu método de paradigma do "processo-produto". Comparando o processo (ensinar) com seu produto (aprender), os pesquisadores poderiam concluir quais ações de ensino eram efetivas e quais não. Tal ambição não diferia da ciência das coisas "que o professor talentoso faz intuitivamente", imaginada por John Dewey. A diferença era que, enquanto Dewey optou por aprender sobre ensino no caldeirão prático de uma escola, Nate preferiu a experimentação formal. Para ele, um bom estudo processo-produto precisava simular o habitat natural da sala de aula, mas com controle das variáveis externas.

Em um experimento, Nate focou na explicação, o aspecto do ensino que, na opinião dele, era "a essência da instrução". Junto com seus estudantes, ele recrutou professores reais para ensinar alunos reais, mas segundo certos parâmetros. Um era que os professores poderiam falar e usar a lousa, mas não poderiam incentivar o debate, aceitar perguntas e nem pedir aos alunos que tomassem notas ("Para alguns professores, essas restrições significam um afastamento difícil de seus estilos", diziam as instruções, "mas esperamos que você aguente firme"). Outra restrição estava no conteúdo: cada aula correspondia a uma reportagem pré-selecionada da revista *Atlantic Monthly*. Os pesquisadores deram aos alunos um teste de interpretação ao final da aula para avaliar quais professores haviam explicado o texto melhor.

A equipe de Nate filmou cada aula e catalogou o comportamento dos professores. Um dos pós-graduandos, Barak Rosenshine, fez uma lista de 27 qualidades para se observar, desde o tamanho médio das palavras pronunciadas (talvez brevidade fosse a chave?) até a frequência de "referências aos interesses dos alunos", a quantidade de gestos ("movimento dos braços, cabeça ou tronco") e o ritmo (caminhar de um lugar a outro).

Outro grupo desenvolveu programas de computador para analisar o que os professores haviam dito. Um comparava as transcrições com um "dicionário de imprecisões", escrito especialmente para a ocasião (incluindo palavras como *quase, talvez, geralmente* e *maioria*). Em uma aula classificada como altamente imprecisa, por exemplo, o professor começou descrevendo o nome de um autor, que ele disse "não ser muito importante". E continuava:

> Vou escrever o nome dele na lousa, de qualquer forma. Mas não é importante mesmo. MIHAJOV (sic) – é assim que se pronuncia –, bom, Mihajlov escreveu esses textos. E alguém, ele fez uma coisa que é legal, já tinha feito bem parecido, um outro autor cujo nome, hmm, vamos apenas lembrar que tem outro autor, com um nome que é difícil de soletrar também. Dois autores, dois autores. Um a gente sabe que é Mihajlov, o outro já tinha escrito, em 1962. Ambos reclamavam das condições, especialmente na Rússia. E esse aqui estava na prisão porque escreveu um livro sobre conversas com Stalin, não sei se vocês já ouviram falar desse livro...

Na última etapa, comparavam-se os comportamentos gravados (processo) com o nível de compreensão dos estudantes (produto). Como era de se esperar, os alunos dos professores menos precisos demonstravam entendimento significativamente menor. O método de Rosenshine semeou outras fortes correlações: um alto número de gestos ajudava na compreensão, da mesma forma que um grande número de movimentos da direita para a esquerda. A pesquisa pode não ter sido exatamente o que Dewey imaginou, mas com certeza não era nada do que os contemporâneos de Nate Gage já tinham visto.

A pesquisa processo-produto engrenou rápido. Em 1957, dividindo o elevador com um colega durante a conferência anual da *American Educational Research Association* [Associação Americana de Pesquisa Educacional], Nate brincou que, se o elevador caísse, toda a pesquisa em ensino daquele ano iria abaixo também – ele e o tal colega eram os únicos do congresso a apresentar trabalhos sobre esse tópico. Na primavera de 1963, o livro de Nate Gage reunindo a pesquisa disponível em educação havia conquistado uma nova geração de pesquisadores. Oficialmente chamada *The Handbook of Research on Teaching* [O manual da pesquisa em ensino] – e, extraoficialmente, conhecido como "O manual Gage" -, a obra vendeu 30 mil cópias. Um capítulo, que explica como elaborar experimentos para estudar o ensino, gerou tal demanda que o editor, Rand McNally, o lançou separadamente em 1966. Em 1974, esse excerto já tinha vendido 130 mil cópias.

Talvez o mais importante, no entanto, seja o fato de que Nate se tornou, se não o professor mais envolvente, com certeza o mais amado. Estudantes universitários eram verdadeiros devotos, e até a Federação Americana de Professores, que representava profissionais de todo o país, aderiu. "Ele era chamado de Sábio Gage"*, diz Lovely Billups, membro da federação na época, que trabalhou com Nate para converter suas conclusões em lições práticas para os professores.

Então quando, em 1971, alguns jovens no recém-criado *National Institute of Education* – NIE [Instituto Nacional de Educação] foram incumbidos de viabilizar fundos para a nova geração de pesquisa em ensino, eles foram direto ao "chefe-mor" da educação, segundo um deles, Garry McDaniels. Logo, Nate tiraria uma licença da universidade – ele estava então em Stanford –, para ajudá-los a lançar uma nova etapa de financiamento com uma conferência sobre novos direcionamentos para a pesquisa.

Havia apenas um porém. Criado pelo novo presidente, Richard Nixon, o NIE recebeu a missão de não apenas apoiar a pesquisa existente, mas transformá-la. "Minha missão era mudar a área", diz McDaniels. Conscientemente ou não, Nate o ajudou nisso. O rascunho do programa da conferência que ele distribuiu em busca de comentários chegou a todos os seus colegas em Stanford, incluindo o homem que iria herdar a coroa de "chefe-mor" de Nate Gage, um jovem professor visitante da Universidade Estadual de Michigan chamado Lee Shulman.

* No original, Sage Gage, um trocadilho com a palavra sábio em inglês (*sage*). [N.T.]

"Lixo", foi o que Lee Shulman disse quando Richard Snow, outro professor de Stanford, perguntou o que ele achava do projeto de Gage – aquele que estava circulando sobre a conferência de planejamento do futuro da pesquisa em ensino. "A mesma bobagem de sempre."

Snow ficou chocado. "Por quê?"

"Não passa de um testemunho do passado", Lee respondeu. "Será que o Nate não percebe que o behaviorismo está morrendo?" Era verdade. A abordagem processo-produto de Nate dependia de uma escola de psicologia que estava cada vez mais obsoleta. Nate era um behaviorista porque essa era a teoria em voga na sua geração: B. F. Skinner, seu velho professor, havia sido uma figura seminal do behaviorismo (também chamado de comportamentalismo). O fundador da psicologia educacional, Thorndike, era outro expoente. Todo o amadurecimento de Nate Gage aconteceu durante o período mais proeminente do behaviorismo.

Os comportamentalistas sustentavam que o único método científico para pesquisar os humanos era a observação direta de seus comportamentos e as ações ("estímulos") que os desencadeavam. Mas a nova geração de psicólogos entendia que, ao focar em estímulos e respostas, os pesquisadores estavam ignorando a mente em si.

No modelo de Thorndike, a mente humana era apenas uma extensão da mente animal. Aprender significava responder repetidamente a recompensas ou punições. Se premiado por um comportamento um certo número de vezes, o sujeito aprenderia a continuar agindo daquela forma; se fosse punido repetidas vezes, aprenderia a parar.

Os críticos argumentavam que esse padrão podia explicar algumas formas de comportamento humano, mas nunca todas elas – especialmente o tipo de aprendizado que ia além de simples ações (ganharei comida quando acionar este pedal?), para conceitos mais complexos (qual a utilidade de calcular uma função primitiva?). Para explicar como as pessoas aprendem conceitos desse nível, a psicologia precisava reconhecer a cognição.

Lee, que havia começado na filosofia, nunca gostou do behaviorismo, pois essa corrente rejeitava, como se não fossem científicas, as questões que ele achava mais fascinantes – as questões da mente. Houve uma época em que essa opinião era impopular, mas, quando Lee chegou a Stanford, em 1973, os cognitivistas haviam libertado a psicologia da coleira do comportamentalismo. A revolução do cognitivismo se espalhou, voltando as atenções do comportamento para o funcionamento da mente.

Lee concluiu que essa virada deveria se aplicar à pesquisa em ensino também. O propósito da pesquisa processo-produto, a grande contribuição de Nate Gage, era compreender o ensino estudando os comportamentos dos professores. Mas e quanto às suas mentes?

"Por que não escrevemos ao Nate?", Snow disse a Lee.

"Pare com isso, o Nate é a *personificação* da pesquisa processo--produto!", respondeu Lee.

Mas Snow era insistente. Nate era um acadêmico sério, ele os ouviria. "Então eu escrevi um memorando de duas páginas para ele", diz Lee. "Provavelmente datilografei. Numa Selectric, eu educadamente critiquei a pesquisa dele, e ainda disse: 'Você não tem ninguém olhando a relevância do trabalho cognitivo, e eu aposto que esse é o futuro da pesquisa em ensino'".

Lee estava na verdade improvisando. "Eu não era realmente dessa área naquele momento. Eu lecionava para futuros professores... mas a pesquisa em ensino não era a minha especialidade." Então, quando o telefone tocou alguns dias depois e Nate pediu para usar o memorando como base para um dos dez painéis da conferência em Washington, Lee foi pego de surpresa. Nem deu tempo de pensar: soltou logo um sim.

A especialidade de Lee Shulman eram médicos. Ele começou a estudá-los em 1968, na Universidade Estadual de Michigan, ampliando uma ideia que o tinha acometido na pós-graduação.

Além de educação, Lee sempre foi fascinado pelo pensamento, pelo raciocínio. O termo técnico era epistemologia, a atividade de raciocinar sobre o conhecimento. Como seu ídolo John Dewey, ele se focava em níveis elevados de raciocínio, operações mentais que acontecem quando alguém vai de uma simples impressão ao questionamento e à compreensão. "O pedestre", escreveu Dewey, "*sente* o frio; mas ele *pensa* mesmo é nas nuvens e numa provável chuva".

A psicologia do raciocínio não era apenas fascinante; parecia ser também de absoluta relevância para a educação. Ao compreender o raciocínio complexo – o processo de criar conhecimento –, os pesquisadores não estariam apenas estudando as escolas, mas ajudariam a melhorá-las. Lee teve uma ideia para estudar o pensamento de uma forma que poderia fazer uma grande diferença. Outros pioneiros da cognição apresentavam problemas para solucionar e questões para resolver, mas Lee sabia que, na vida real, as questões não vêm embaladas. "Um problema bem apresentado já está meio resolvido", escreveu John Dewey. "Sem um problema, só tateamos no escuro." Para chegar perto de como o conhecimento é gerado, Lee queria estudar esse "tatear no escuro" em ação. Ele só precisava encontrar os objetos de pesquisa certos – pessoas para quem a solução de problemas é parte do habitat natural.

A ideia de estudar médicos havia surgido alguns anos após a chegada de Lee à Universidade de Michigan, quando um homem entrou em sua sala se apresentando como diretor da nova escola de medicina da universidade. "Sei que você estuda o processo de solução de problemas complexos", ele disse. "Bom, eu acho que medicina é basicamente isso, mas nós, médicos, não entendemos como esse processo funciona. Você não estaria disposto a dedicar metade do seu tempo para pesquisar a solução de problemas médicos?".

Médicos. Claro! "Foi uma epifania", recorda Lee. Médicos solucionam problemas o dia inteiro, é o cerne do seu trabalho. Por exemplo: Joseph Bell, professor de Arthur Conan Doyle no curso de medicina em Edimburgo e cirurgião com lendária capacidade de dedução, havia inspirado o personagem Sherlock Holmes, o maior resolvedor de problemas da história (pelo menos da ficcional).

Lee aceitou, e foi uma combinação perfeita. Observando médicos trabalhando, junto com seu colega e amigo de infância Arthur Elstein, ele virou do avesso o conhecimento convencional sobre a solução de problemas médicos e, em consequência, ajudou a melhorar o ensino de medicina. Lee e Arthur realizaram simulações das circunstâncias do diagnóstico cotidiano e pediam aos médicos que discutissem seu processo de raciocínio, enquanto estudantes atuavam como pacientes. Um laboratório virou o consultório, adaptado como uma sala de exames normal, exceto pelas duas enormes câmeras de vídeo no teto. Três casos reais serviram como base para as improvisações, e os pesquisadores compuseram um "banco de dados" com todos os exames de sangue e raios-X que um médico poderia pedir. Enquanto os doutores trabalhavam, os pesquisadores permaneciam atrás de um espelho falso, observando-os pensarem em voz alta, compartilhando as considerações mentais que normalmente seriam pessoais.

No primeiro dia, Lee, Arthur e seus colegas tiveram uma prévia do que encontrariam. Assistindo ao primeiro médico, um chefe de serviço, os pesquisadores esperavam que tudo corresse como nos manuais de medicina. Primeiro o doutor entrevistaria o "paciente", depois pediria alguns exames e, só então, com os resultados, iniciaria a construção de possíveis diagnósticos.

Mas o trabalho mal tinha começado quando o médico virou-se para os pesquisadores e anunciou seu primeiro diagnóstico. O que estava acontecendo? Primeiramente, a equipe achou que ele era um rebelde, um dissidente que seguia seus instintos. Mas, à medida que mais médicos vinham ao laboratório, cada um procedia de forma semelhante, sugerindo dois, três, até quatro possíveis diagnósticos sem sequer medir a pressão do paciente. Aquele não era um rebelde: a maioria dos médicos trabalhava assim, exatamente o oposto às tais árvores de decisão que os livros ensinavam.

Mesmo assim, o método parecia funcionar. Quando Lee, Arthur e sua equipe processaram os dados, viram que os médicos que apostavam em um diagnóstico mais cedo acertavam tanto quanto aqueles que esperavam mais exames. Parecia até que, quanto mais precoce era uma hipótese, mais provavelmente o médico chegava a um diagnóstico correto. Nada a ver com o processo "sintoma-sinal-síndrome-doença" descrito em livros acadêmicos. Com um estudo modesto, Lee e seu time tinham descoberto que o processo de decisão em medicina era bem mais complexo do que o apresentado nos manuais.

Lee achou que podia levar a pesquisa mais adiante. Era o que ele planejava fazer em Stanford: expandir as conclusões sobre solução de problemas e jogar luz sobre suas implicações na formação de profissionais. E foi o que ele fez. Só não sabia exatamente a transformação que seria.

Depois da conferência do NIE, ao escrever um relatório sobre seu painel, o primeiro impulso de Lee foi copiar trechos de seu próprio trabalho, trocando a palavra *médico* por *professor*. O gesto clínico do diagnóstico médico se tornou o gesto clínico de ensinar; as questões sobre quais exames fazer viraram questões sobre como agrupar os alunos, dispor a sala de aula e selecionar o material didático. Enquanto Nate pensava em cada professor como uma coleção de comportamentos, Lee, inspirado no projeto médico, os chamou de "processadores de informação".

Ele não tinha grandes expectativas para sua incursão no estudo do ensino. Cientistas cognitivos tinham começado estudando médicos, jogadores de xadrez e investidores porque raciocinar era um pré-requisito óbvio em suas atividades. Quanta informação era processada por pessoas que passavam os dias cantando com crianças pequenas "Um, dois, feijão com arroz"?,

Mas estudar professores a partir do raciocínio deles acabou se mostrando surpreendentemente produtivo. As conclusões do método processo-produto defendidas por Nate Gage podem ter sido estatisticamente significantes, mas frequentemente elas pareciam se contradizer. Era importante manter as crianças focadas, mas chamá-las randomicamente – o melhor jeito de mantê-las atentas – não era necessariamente a melhor forma de fomentar uma discussão em aula. A maioria dos bons professores, após fazer uma pergunta, esperava alguns segundos antes de aceitar uma resposta. Mas professores de sucesso também tendiam a ser os mais ativos, que despendiam menos tempo entre tópicos. Tirar uma única e direta resposta do método processo-produto era como tentar extrair leis da Bíblia: uma passagem é perfeitamente clara, mas a seguinte diz exatamente o contrário.

Lee Shulman, que fizera o ensino fundamental em uma yeshivá (instituição para o estudo do judaísmo), encarou a tarefa como talvez nenhum outro psicólogo pudesse fazer. "Pense nos comentários do Talmude, essa longuíssima tradição histórica de interpretação sem nunca se chegar a uma conclusão final", observa Gary Sykes, que trabalhou com Lee em Stanford. "É um trabalho intelectual brilhante em cima de um texto. Lee adotou a vida intelectual nas salas de aula tal qual o texto, e, a partir daí, tudo era comentário e interpretação."

Analisemos a questão da variação do tempo. Como poderia ser ao mesmo tempo benéfica a rapidez, ou seja, ir acelerando de tarefa em tarefa, e a vagarosidade, ou seja, fazer pausas antes de chamar um aluno para responder? Lee explorou esse problema examinando o que ele chamou de "anatomia do momento". Os pesquisadores do processo-produto haviam descrito os elementos visíveis de cada momento: professor faz pergunta; tempo; aluno responde. Mas, para realmente entender o momento, era preciso enxergá-lo do ponto de vista do professor.

A partir de outras pesquisas, especialmente o estudo de Mary Budd Rowe sobre o "tempo de espera" – a pausa entre fazer uma pergunta e selecionar uma resposta –, Lee apontou lógica em um aparente paradoxo. Para a professora, cada segundo que passa à espera de uma resposta contém ao mesmo tempo promessa e perigo. Por um lado, quanto mais ela esperar, mais tempo os alunos têm para pensar, o que é bom; de outro, quanto antes ela quebrar o silêncio com a resposta correta, menor o risco de expor a turma a divagações inúteis, o que também é bom. A sabedoria e o risco da pausa são ambos reais, e se você acha que isso não faz sentido, bom, é verdade também. Tempos de espera, Lee concluiu, eram "bênçãos mergulhadas em ácido".

A questão para os professores, bem como para os médicos, não era "qual o melhor comportamento?", e sim "como decidir qual comportamento escolher para cada caso?". Era um problema de diagnóstico. Professores deveriam localizar as patologias de seus pupilos, determinar a melhor intervenção e agir.

Com os médicos, diagnóstico e tratamento tinham começo, meio e fim. Mas, para os professores, as questões nunca paravam de chegar. Como as patologias – ou seja, tudo o que a criança não sabe – não eram físicas e sim mentais, como poderiam os professores diagnosticá-las? Como entenderiam o que a criança não conseguiu aprender? E, se ensinaram corretamente, como ter certeza?

Havia também um problema de escala. "O professor", concluiu Lee, "não é confrontado com um paciente, mas com uma sala com mais de 30 garotos". Mesmo se o professor conseguir determinar as patologias para todos os seus alunos, como conseguiria ele fazer todas as intervenções, ao mesmo tempo, com todo o grupo? "O único momento em que um médico pode encontrar uma situação de tamanha complexidade seria na emergência de um hospital, depois de um desastre natural", disse ele. Estudar os professores, portanto, era tão importante quanto pensar nos médicos; na verdade, "muito mais pertinente".

O congresso do Instituto Nacional de Educação foi curto. Lee moderou o próprio painel, entregou o relatório defendendo a importância de estudar as decisões dos professores, e logo estava de volta a Michigan, trabalhando com médicos. Ele teria esquecido completamente a viagem, se o NIE não o tivesse enviado uma convocação para apresentar uma proposta de um novo centro de pesquisa e desenvolvimento em raciocínio e tomada de decisão de professores.

Ele sabia que sua proposta seria um tiro na lua. A provável lista de candidatos incluiria a Universidade de Stanford e seu colega Nate Gage, que, desde a publicação do famoso manual, havia colocado Stanford na ponta das pesquisas em ensino no país. Comparada a ela, a Universidade Estadual de Michigan era uma universidade rural, mais conhecida por treinar professores do que pesquisá-los.

Mas Michigan venceu. Entre os derrotados, estavam diversas universidades que vinham há anos recebendo subsídios do governo para pesquisar a educação behaviorista, entre as quais a de Gage. "Nate perdeu sua verba, também", recorda Garry McDaniels. "Nos velhos tempos, ele ganharia. Mas o trabalho seguia a mesma linha há tanto tempo que eu estava convencido de que chegara ao fim."

Lee Shulman adora citar uma frase do psicólogo Jerome Bruner sobre narrativa. Um dos líderes da revolução cognitiva e acadêmico pioneiro em ensino, Bruner escreveu que a narrativa é fundamentalmente composta das "vicissitudes da intenção". O protagonista sempre sai com uma missão, mas, ao longo do caminho, algo imprevisível acontece, e ele decide fazer outra coisa.

Lee propôs estudar o raciocínio. Ao entender mentes, pensou, ele poderia ajudar na melhora da educação. O que aconteceu no caminho – o chamado de Nate Gage – o levou a mudar não sua intenção, mas seu método. Os médicos haviam mostrado uma fresta para a mente, mas um outro grupo de profissionais havia revelado uma enorme janela. Os professores não apenas tinham de pensar, mas tinham de raciocinar sobre como outros indivíduos pensam. Eram um exército de epistemologistas no dia a dia, forçados a constantemente considerar o que significa saber algo e então reproduzir essa transformação nos seus alunos. Ensinar é muito mais do que a "Hora do Conto". É a mais complexa forma de conhecimento.

Em uma universidade, tradicionalmente os mais graduados são chamados *mestres* ou *doutores*. Lee percebeu que "ambas as palavras têm a mesma definição: professores". Qual a melhor forma de mostrar que você domina um assunto, se não lecionando? E qual a melhor forma de usar a pesquisa para melhorar a educação, se não pesquisando o ensino?

Sem perceber o que estava fazendo, Lee Shulman havia tropeçado no projeto perdido de John Dewey. Educação era realmente a ciência de todas as ciências, a arte das artes, como o predecessor de Dewey, Francis Parker, dizia. E agora, graças ao cutucão de Nate Gage, ao investimento de Nixon e à sua própria obsessão, ele iria continuar o trabalho que Dewey e Parker nunca terminaram.

Lee havia escrito no relatório de conclusão do painel do NIE que "profissionais talentosos são capazes de performances que nossas melhores teorias ainda não conseguem explicar, muito menos reproduzir ou prever". A pesquisa futura em ensino, então, deveria explorar os talentos dos melhores professores – "a sabedoria da prática", como ele chamou. Tudo disso que Lee precisava era encontrar os grandes profissionais.

Lee Shulman não era professor, mas se tornou uma das duas figuras seminais para as modernas políticas de melhoria da qualidade do ensino; a outra também não era um professor. Mas, se Lee havia se focado em educação depois de passar um tempo trabalhando com isso (ou, pelo menos, trabalhando em uma escola de educação), Eric Hanushek caiu de paraquedas. Ele acabaria tendo tanta influência no magistério quanto Lee – talvez até mais –, mas nunca trabalhou em uma escola.

Hanushek adquiriu fascínio por escolas no verão de 1966. Ele estava terminando a pós-graduação em economia no Massachussets Institute of Technology (MIT), ainda buscando um tema para a dissertação, quando tropeçou em uma história memorável em um jornal:

> **Washington, D.C.** – O governo Johnson foi acusado nesta quinta-feira de ignorar os resultados de uma investigação federal sobre a falta de qualidade das escolas municipais por causa de implicações políticas...

> Após uma pesquisa com 600 mil alunos e 60 mil professores, o relatório concluiu que filhos de famílias pobres saíram da escola "com maiores deficiências" do que quando entraram...
>
> "Esse relatório significa que todos os nossos planos para a educação – aumentar o investimento por aluno, mais e melhores bibliotecas e livros – não resolverão a crise em nossas escolas", disse (o deputado por Connecticut Abraham) Ribicoff.

Dados os objetivos redistributivos dos programas "Grande Sociedade" de Lyndon Johnson, fazia sentido que o governo quisesse esconder o relatório. Se o estudo, encabeçado por um sociólogo da Universidade Johns Hopkins chamado James Coleman, estivesse certo, então uma das intervenções em educação mais caras da história havia falhado. De acordo com Coleman, dar às escolas mais recursos – incluindo mais investimento por aluno, o suposto antídoto para as médias baixas – não ajudava os estudantes pobres e negros a superar os obstáculos de suas comunidades.

Hanushek mal podia acreditar. "Se, na verdade, as escolas não fazem tanta diferença", pensou ele, "por que continuamos injetando mais e mais dinheiro para tentar melhorá-las?". Tinha de haver algo mais, uma variável disfarçada mascarando o impacto financeiro. Mas o que poderia ser? Percorrendo os dados reunidos por Coleman, um calhamaço com os dados de mais de 645 mil alunos e 3 mil escolas relacionando 93 variáveis, Hanushek não achou nenhum erro relevante. Um grupo reunido em Harvard para avaliar a mesma pesquisa tampouco localizou algum erro. As conclusões se sustentavam.

E quanto a outros dados? Hanushek reuniu as informações de um distrito escolar da Califórnia – um escopo muito menor do que a amostra de Coleman, mas com duas vantagens. Primeiro, em vez de capturar um instantâneo de um ano na vida dos alunos, os dados da Califórnia seguiam os estudantes a longo prazo. Em segundo lugar, além de separar os alunos por escola, as informações também os classificavam pelos professores que tiveram. Esses detalhes a mais permitiram a Hanushek ser mais específico do que Coleman: ir além da diferença que fazem as escolas e determinar se os *professores*, individualmente, tinham algum impacto.

O efeito dos professores não era uma coisa simples de medir, mesmo com os dados apurados. Incontáveis fatores influenciavam o desempenho dos alunos, da predisposição genética à amplitude do vocabulário de seus pais. Como poderia Hanushek discernir a influência dos professores em meio a todas essas variáveis?

A literatura sobre educação não ajudava, mas uma outra área da economia, sim: o estudo da produção industrial. Assim como os professores, as fábricas recebem material bruto (aço, carvão, plástico) e aplicam suas formas únicas para transformá-los em, por exemplo, um Chevrolet Camaro. Para medir a produtividade do processo de manufatura, os economistas tiveram de extrair o valor das matérias-primas do valor gerado pelas fábricas que os processavam, e fizeram isso procurando padrões. Qual era o valor da matéria bruta antes de chegar à fábrica, e quanto esse valor caiu ou subiu depois que a fábrica trabalhou nela?

Aplicando esse princípio à educação, Hanushek podia monitorar os efeitos das variáveis alheias aos professores, desde a rotina em casa até o desempenho no passado, procurando desvios. "Se você segue um menino individualmente, vê que ele está em um caminho de aprendizado e, de repente, em um ano, ele aprende muito mais ou muito menos do que no anterior", explica Hanushek, "o que lhe dá uma pista de que talvez haja algo específico dos professores, ou daquele ano, pesando. Então, se você percebe que todas as crianças em uma turma tiveram esse salto ou essa queda de desempenho, começa a acreditar que há algo na turma".

Os dados da Califórnia eram cheios desses saltos. Se o método de Hanushek estava correto, os professores faziam diferença, e uma diferença grande. Mais tarde ele conseguiu quantificar o efeito. Os alunos dos melhores professores, ele calculou, progrediam o equivalente a uma série inteira mais do que os alunos dos piores, de acordo com as notas médias das provas. Segundo o método de Hanushek, os professores realmente faziam o que o Relatório Coleman sugeria que as escolas não faziam: superar as desvantagens da pobreza.

A conclusão provavelmente mais importante de Hanushek derivava da comparação da "efetividade" dos professores (o equivalente educacional da produtividade) a outras variáveis, especialmente salário. A remuneração dos professores era baseada no número de anos de experiência e no grau de qualificação: uma pós-graduação garantia um aumento, e cada curso a mais, também. Ainda assim, o salário não parecia ter relação com a efetividade. Experiência importava, sim, mas só até certo ponto. Em termos de produtividade, não havia diferença entre uma professora que ensinava havia três anos e outra que dava aulas havia 13.

Ao redigir sua dissertação final, que acabou publicada em um livro chamado *Education and Race* [Educação e raça], Hanushek transformou a observação em uma sugestão, que reverberaria por muitos anos depois. Se os distritos escolares parassem de remunerar cursos e experiência, eles poderiam direcionar seus recursos para algo mais eficiente, que ele chamou de "meritocracia docente". A meritocracia vinha do método estatístico que Hanushek adaptou dos estudos da indústria. "Esse procedimento permite a classificação dos professores de acordo com sua habilidade de ensinar", explicou. Ranquear e depois premiar professores segundo sua efetividade poderia criar alguns problemas – incluindo, ele mesmo sugeriu, "problemas derivados de tentativas de ajudar nas provas" (responsáveis pelo desempenho de seus alunos nos testes, os professores poderiam dar mais ênfase aos temas dos exames do que a outros, também importantes). Mas, Hanushek escreveu, "enquanto não chegamos no ponto onde confiamos em provas padronizadas, tentar manter sob controle tentativas orquestradas de fraudá-las parece um problema solúvel". Uma década mais tarde, Hanushek batizou seu método de "valor agregado"*.

No mesmo livro, *Education and Race*, Hanushek faz outra análise intrigante. Como Coleman, ele tinha apenas examinado investimentos em educação e os seus efeitos – comparando, no linguajar econômico, os produtos inicial e final. Ele não havia estudado o vasto material no meio, "a caixa-preta do processo de produção", na definição dele, que é o processo de lecionar e aprender na sala de aula. Em outras palavras, Hanushek seguiu a trilha aberta por Nate Gage e Lee Shulman, observando não só as escolas, mas também os professores, mas só até aí. Estudou os efeitos dos professores, mas não o trabalho deles, o modo como ensinam.

Hanushek fez essa observação como um aparte, mas a decisão de ignorar a "caixa-preta" se mostraria tão influente quanto o novo conceito de "valor agregado".[1] Ao estudar técnicas de ensino, Lee Shulman e seus colegas chegaram perto de mandar pelos ares muitas ideias consolidadas sobre como isso funciona, incluindo o mito do dom de ser professor. Hanushek, entretanto, ignorou o ato de ensinar e, como resultado, ignorou a execução, a técnica. Ele apresentava sua pesquisa sobre valor agregado e chegava a uma simples conclusão que ia ao encontro do que todo mundo acreditava: alguns professores eram ruins, outros bons, e uns poucos eram maravilhosos – como se tivessem nascido assim.

1 Outro pesquisador que reivindica a invenção do cálculo do valor agregado para a efetividade dos professores é o estatístico William Sanders, que desenvolveu o Sistema de Avaliação do Valor Agregado do Tenessee.

CAPÍTULO 2

NASCE UMA PROFESSORA

Deborah Loewenberg Ball chegou à escola Spartan Village, na cidade de East Lansing, no Michigan, no outono de 1975. Ainda uma estudante universitária, Deborah nunca tinha dado aulas antes, e era apenas uns dez anos mais velha que os alunos da quinta série. Não demorou para que os demais professores fizessem seus julgamentos sobre ela. Mindy Emerson, que lecionava na sala em frente, percebeu na hora.

Para Mindy, havia dois tipos de professores: os que escolheram dar aulas e os que nasceram para isso. Para estes últimos, ensinar não era um trabalho, era uma vocação (Mindy, por sua vez, decidiu que seria professora no primeiro dia do jardim de infância: "Eu entrei na sala, com aquele cheiro de giz, e me senti em casa", diz). Desde o primeiro dia, Mindy viu que a novata também tinha atendido ao "chamado". Deborah terminou o ensino médio cedo e, com 20 anos, já falava quatro idiomas. "Ela poderia ter seguido a profissão que bem entendesse", disse Mindy. Mas estava visivelmente empolgada com a chance de dar aulas, e seu dom para isso era inegável.

Deborah foi contratada pela Spartan Village por meio do Programa de Estágios no Ensino Fundamental do Estado de Michigan, um curso de treinamento de professores que culminava com um ano de experiência em sala de aula em uma escola local. Outros professores do programa enfrentaram a liturgia típica do desafio: não conseguiam fazer os alunos escutarem, tentavam ser amigões demais, duvidavam de que todos na classe conseguissem aprender, lutavam para sentirem-se confortáveis no novo papel. Em um caso memorável, uma ex-colega de faculdade de Mindy voltou de sua primeira aula chocada: "As crianças *encostam* em mim!".

Mindy não os culpava. Ensinar, afinal de contas, não é como outros empregos, onde os recém-contratados começam pelas tarefas mais simples antes de assumir maiores responsabilidades. "Quando as crianças entram na sala, é tudo com a gente", diz ela. "Não importa se você tem um, 10 ou 30 anos de experiência. Se vira." E mais, você está sozinho. "Você se sente o cavaleiro solitário."

Se Deborah alguma vez se afligiu, nunca demonstrou. Era calma e gentil com as crianças e se entendia até com as que chegavam sem falar inglês (e eram muitas na Spartan Village, uma escola pública com mais imigrantes do que a média). Ela conseguia um raro equilíbrio: crianças felizes *e* bem comportadas. Mindy nunca tinha visto caligrafia melhor: letras de forma e cursivas de fazer o coração palpitar. E os planos de aula! Organizados e completos, não deixavam nada para o acaso. Tudo que Mindy pensava era: uau. "Uma professora nata", ela diria, sem sombra de dúvida, 36 anos depois.

Até a nova diretora da escola, uma moça chamada Jessie Fry, admitia que Deborah tinha algo de extraordinário. Se tivesse percebido qualquer fraqueza, Jessie teria chamado sua atenção. Era rígida, e nenhum professor escondia o descontentamento com suas regras: entregar os planos de aula com uma semana de antecedência; estabelecer objetivos individuais para cada aluno; visitar as famílias de todas as crianças no Dia de Ação de Graças. Ela ainda fazia visitas surpresa para observar as aulas, e tudo era sempre seguido de um bilhete assinado "Da sala de Jessie J. Fry".

Com Deborah, era diferente. "Ótimo!", "Obrigada!", "Você está indo muito bem" era o que Jessie escrevia, pois, quando assistia a suas aulas, não sabia o que poderia melhorar. Seu único conselho era para *ir mais devagar*. "Ela era empolgada e falava muito, muito rápido", diz Jessie. "Eu dizia, Deborah, você precisa diminuir o ritmo!" No final do primeiro ano, Jessie quebrou uma regra tácita do programa de estágios: pela tradição, os estudantes deixavam as escolas quando se formavam, para procurar um emprego e dar a vaga a outro universitário. Mas Jessie contratou a estagiária. Dois anos depois, Deborah pediu permissão à diretora para criar uma experiência inédita, uma turma reunindo alunos de primeira, segunda e terceira séries, junto com outra professora. E, por mais ingênuo que pareça, ela disse sim.

A parede entre duas salas de aula foi derrubada, e Deborah colocou lá uma geladeira e um forno que achou na rua, para aulas de culinária (durante o ensino médio, ela trabalhou em uma padaria, onde conheceu o marido, Richard, cuja mãe decorava os bolos). Fazer pães era um método de ensino e também de angariar fundos para uma viagem dos alunos até a fábrica de cereais Kellogg's. Juntos, ela e seus alunos abriram uma doceria – tocada, é claro, por crianças de oito anos.

Alguns dos outros professores, já antes irritados com Jessie, começaram a se queixar. Por que as outras salas não tinham forno? Como saber se essa turma especial não estava peneirando apenas os melhores alunos? Se Deborah era tão criativa, eles sugeriam, Jessie devia dar a ela os mais bagunceiros. Com o passar dos anos, no entanto, os críticos viraram seguidores. Reorganizaram os horários das aulas para que seus alunos pudessem usar o forno de Deborah. Pediam substitutos para ficarem com suas turmas enquanto assistiam às aulas dela, e às vezes a convidavam para participar das suas.

Em 1980, apenas uma pessoa na escola ainda duvidava do dom de Deborah –era ela mesma.

Mindy, Jessie e os demais haviam compreendido uma coisa: ensinar tinha se tornado a paixão de Deborah. Ainda assim, não era fácil. Ao contrário: do que ela mais gostava sobre dar aulas era justamente o quão difícil isso era. Antes de decidir ser professora, Deborah se formou em francês, com aulas de fonologia, cultura e filosofia. Parece que o tanto que ela gostava dos cursos era diretamente proporcional à sua dificuldade. Mas ela também precisava estudar alguma coisa que levasse rapidamente a um emprego (Richard, o filho do padeiro, era seu namorado desde o ensino médio, e, quando eles casaram, com 19 anos, Deborah deixou de ter apoio financeiro dos pais). O Programa de Estágios no Ensino Fundamental ofereceu ao mesmo tempo um desafio intelectual e um trabalho.

Deborah ficou particularmente fascinada pelo enigma de como ensinar crianças a ler – um mistério para qualquer adulto letrado, mas especialmente para ela, que havia aprendido a ler com quatro anos e não se lembrava de um tempo em que palavras ainda não eram sinônimos de sons e significados. O trabalho de um professor é explicar aos outros aquilo que ele já sabe de cor. Então, para ensinar crianças a ler, Deborah precisava entender o conjunto de coisas que fazem a tarefa ser difícil. Os adultos sabem intuitivamente todas as diferentes maneiras como um "c" pode ser pronunciado, dependendo do contexto. Mas os professores têm de ser capazes de explicar que em *casa*, *sapo* e *show* os sons são todos diferentes. O mesmo vale para os ditongos orais e nasais. Poucos adultos sabem explicá-los, mas as crianças com certeza confundem como pronunciar um "e" em sílabas que finalizam a palavra, sendo átona ou tônica. Os professores dessas crianças precisam saber como ajudá-las a entender isso, selecionando palavras para cada aluno estudar: *elefante, pé, dendê, grande, felicidade, ipê.* Cada grupo de palavras com um propósito, cada uma selecionada a dedo de acordo com o que a criança precisa aprender.

O próximo desafio foi ciências, outra matéria que Deborah lecionou naquele primeiro ano na Spartan Village (a escola era organizada em áreas, como no ensino médio, com professores diferentes para diferentes disciplinas). O Programa de Estágios no Ensino Fundamental não incluía um curso de ciências, e o conhecimento pessoal de Deborah sobre o assunto limitava-se ao que havia aprendido no ensino médio – onde o próprio professor de ciências era contra o ensino da teoria da evolução nas escolas. Na Spartan Village, Deborah teve de aprender o conteúdo e a didática simultaneamente. Como é mesmo que funcionam circuitos eletrônicos? Qual a diferença entre sistemas abertos e fechados, e como isso se aplica aos sistemas que os alunos vão estudar (clima, eletricidade, calor)? O que esperar de uma feira de ciências da terceira série? E por que o livro-texto recomenda que alunos da terceira série plantem feijões em algodão?

Para cada problema didático que Deborah resolvia naqueles primeiros anos, um novo emergia. O maior de todos surgiu em 1980, quando, lecionando para a quinta série, ela descobriu que seus alunos tinham dificuldade com matemática. Não apenas alguns alunos. Todos eles. Num dia, todos os 25 colocavam os números perfeitamente corretos em suas casinhas, enquanto ela os conduzia na resolução de divisões longas. No dia seguinte, ao tentar refazer os cálculos sozinhos, patinavam sem sair do lugar. Os finais de semana eram seus maiores inimigos. "Meus alunos iam para casa na sexta-feira sabendo resolver uma divisão longa, e, na segunda-feira, não lembravam nem por onde começar", escreveu Deborah em um ensaio sobre sua experiência.

O pior é que os estudantes se confundiam até com as os conceitos mais básicos. Tentando subtrair 55 de 72, por exemplo, eles invertiam, tirando 2 de 5 em vez de diminuir 5 de 2, e encontravam 23 como resposta. Deborah distribuiu palitos que representavam dezenas e unidades, e explicou repetidamente a ideia de "emprestar" – pegue uma dezena das 7 e "empreste" para o 2, vira 12, e desse se subtrai o 5 – mas eles ainda erravam. Ao ler um problema como "Fulano tem 12 e Beltrano tem 20. Quantos Beltrano tem a mais que Fulano?", os alunos liam a palavra *mais* e faziam uma soma, em vez de subtrair. Uma criança que soma quando lê a palavra *mais,* ou não entende o conceito de adição, ou não sabe ler.

Deborah não deixou de notar que um grande número desses alunos vinha da mesma turma de primeira, segunda e terceira séries para quem ela tinha ensinado matemática com aparente sucesso alguns anos antes. O que ela estava fazendo enquanto achava que ensinava? O que eles estavam fazendo enquanto ela pensava que estavam aprendendo?

Sua primeira providência foi pedir ajuda a outros professores. Mas quase tudo que eles sugeriam ela já havia tentado. Seguiu o livro didático, dividiu as crianças em grupos por habilidade, construiu explicações claras e usou recortes de cartolina para ilustrar ideias-chave. No entanto, ao corrigir as provas, viu que a turma não havia entendido nada.

Perplexa, ela levou o problema para um professor da Faculdade de Educação da Universidade Estadual de Michigan. Ele sugeriu que ela tentasse um novo currículo experimental para matemática no ensino fundamental.

"Experimental" era dizer o mínimo. Só para a primeira série (para onde Deborah retornou depois de lecionar na quinta série), o guia do professor tinha mais de 700 páginas. O programa era estranho. Sugeria que as aulas avançassem segundo discussões dirigidas sobre, por exemplo, um elefante chamado Eli. "O elefante Eli vive na floresta e está sempre com fome. Qual você acha que é a comida favorita dele?" era uma pergunta sugerida aos professores para iniciar uma aula sobre números negativos. Mas tão exótica metodologia começou a fazer sentido quando Deborah iniciou os estudantes nos "diálogos" que permeavam cada lição.

A ideia de uma aula de matemática como uma conversação, em vez de um conjunto de conceitos e problemas práticos relacionados com eles (subtração com reagrupar, ou contar, por exemplo), era tão improvável quanto usar um elefante para ensinar matemática. Deborah já havia promovido discussões nas aulas de leitura, quando os alunos falavam sobre as histórias, sobre os personagens e o que poderia acontecer depois, e nas aulas de ciências, onde eles tentavam adivinhar o resultado de um experimento. Mas ela nunca tinha conduzido uma discussão sobre matemática e, apesar das afirmações do guia, duvidava que os alunos teriam muito a dizer. Afinal, dois mais dois é sempre quatro. O que haveria para discutir?

Ainda assim, quando ela se rendeu, o roteiro começou a revelar sua sabedoria. Acontece que o elefante Eli, por exemplo, adorava amendoins, e os amendoins eram de dois tipos: os normais e os "mágicos", que eram como os números negativos. Quando um amendoim normal e um "mágico" se encontravam, era como somar 1 e -1: os dois desapareciam. Continuando a história, os alunos da primeira série pegaram rápido a ideia dos números negativos – um conceito que frequentemente confundia estudantes bem mais velhos.

Nas discussões, por outro lado, o desafio não era fazê-los falar, mas sim dar sentido ao que eles diziam. Quanto mais os alunos se aprofundavam na matemática, mais perguntas faziam à professora. Por exemplo: em um prédio de 24 andares, há quantas formas de chegar ao segundo andar usando o elevador? Infinitas, ou 25?[1] O que exatamente significa somar um número negativo? E subtrair (por exemplo, 3 menos -5)? Até ideias rudimentares suscitavam perguntas complexas, que Deborah não estava preparada para responder. Falar de matemática era muito interessante, mas para que a conversa levasse ao aprendizado, a professora precisava saber algo mais.

Mais uma vez Deborah voltou à Universidade Estadual de Michigan, mas não à Faculdade de Educação, e sim ao Departamento de Matemática. Enquanto aluna, ela havia fracassado redondamente nessa matéria. Agora, tinha de começar do zero, passando por álgebra elementar, geometria e cálculo, enquanto seus alunos estudavam adição, subtração e frações. Os cursos resultaram em alguns momentos de empolgação (ahá!), como quando entender limites e funções integrais ajudou a conduzir os alunos na resolução de um problema sobre área.

1 A resposta correta depende do pressuposto do problema, que não está dado. Se o passageiro puder parar um única vez, então só há 25 maneiras de chegar ao segundo andar.
Se a viagem puder incluir múltiplas paradas, então o número de possíveis viagens é infinito.

A revelação mais importante veio no último curso: Teoria dos Números. Lecionada pelo chefe do Departamento de Matemática, professor Joseph Adney, as aulas abordavam um conteúdo que Deborah não havia estudado antes (mas profundamente relevante para uma professora do ensino fundamental). E, o que é mais importante, Adney o ensinava de um jeito novo: em vez de apresentar uma lista de conceitos, ele convidava seus alunos a os descobrirem sozinhos. Adney escrevia algo na lousa e perguntava, muito sério: "Isso é sempre verdade?".

Deborah se pegava raciocinando sobre os problemas por horas. Às vezes, a afirmação na lousa tomava a forma de uma sentença – uma "conjectura", como Adney dizia. Uma conjectura era a versão matemática de uma hipótese; uma pergunta sem um ponto de interrogação. "A soma de dois números inteiros ímpares será sempre um número par", por exemplo, ou "a soma de um número inteiro par com outro inteiro ímpar será sempre ímpar". *Isso é sempre verdade?* Quando os alunos traziam argumentos – provas –, ele apresentava as respostas de todos, sem julgamentos. Eles então tinham de defender seu raciocínio para a turma. Se alguém encontrasse uma contradição, era o fim da conjectura.

Deborah sabia o que eram provas matemáticas. Mas nunca tinha precisado produzir uma do zero e nunca havia percebido quantas provas diferentes poderiam sustentar uma mesma afirmação. Adney se interessava especialmente pelas provas mais excêntricas (o tipo que Deborah, com seu conhecimento abreviado de matemática, costumava elaborar). Quanto mais diversos os conceitos costurados na busca de uma prova, mais profunda era a exploração da matemática.

As discussões nas aulas não eram apenas divertidas, mas também vitais para o trabalho de *produzir matemática*. Ao falar sobre os problemas e fazer conjecturas, eles estavam praticando. E, nesse processo, Deborah – o tipo clássico das ciências humanas, que nunca usou o hemisfério esquerdo do cérebro na faculdade – se apaixonou pela matéria. A matemática que havia aprendido na escola era tediosa, mecânica – "desinteressante na melhor das hipóteses, mental e emocionalmente aniquiladora na pior", ela escreveu não muito tempo depois do curso. A sucessão de regras e procedimentos acabava com qualquer prazer de encontrar a resposta final correta (*"Quantos a mais"* = *subtração*, ela tinha ensinado a seus alunos alguns anos antes. *Subtraia as unidades primeiro.* E sempre *subtraia para baixo*). Às vezes, o processo fazia sentido, mas quase sempre era só um caminho pré-determinado para a resposta certa. Adney apresentou uma disciplina completamente nova. Nas aulas dele, a matemática era poderosa, rica, até inspiradora. Um problema podia pairar sobre a turma por dias, até que alguém o visse por outro ângulo e de repente tudo fazia sentido.

Como seria ensinar matemática a crianças do mesmo jeito que Deborah estava aprendendo? Adney a tinha trazido até aqui, e agora Deborah precisava de outra fonte.

Alguns anos depois das aulas com Adney, Deborah decidiu lecionar em um curso de verão uma disciplina diferente do que estava acostumada. Recentemente, ela havia assistido a aulas sobre métodos de pesquisa, e o material tinha grande potencial para ser usado com crianças de oito e nove anos. Particularmente, ela queria ensinar estatística inferencial, um tipo de matemática que usa ferramentas como curvas e intervalos para analisar dados. Sem encontrar nenhuma pesquisa ou metodologia para ensinar o assunto para crianças, ela resolver criar o curso do zero. A tarefa se mostrou mais difícil do que o previsto, e Deborah foi em busca de ajuda. Não de um outro professor, pois a turma tinha 18 alunos, um número que não requeria mais do que uma pessoa. Deborah queria outro cérebro. Melhor ainda, uma dúzia de cérebros.

Recrutar professores foi fácil, já que participar do curso de verão era um adicional no currículo. Todos os dias, antes de as crianças chegarem, o grupo repassava a lição que Deborah havia elaborado, tentando resolver os problemas, imaginando como os alunos reagiriam, discutindo o que a professora responderia. Quando a aula começava, os demais professores trabalhavam como olhos e ouvidos extras para Deborah, observando cada aluno e o que eles entendiam ou não. Ao final do dia, os alunos deixavam seus cadernos para que eles pudessem estudá-los também. Então sentavam todos juntos para discutir a aula. O que pensavam sobre o que este ou aquele aluno disse? Que conceitos a turma ainda não conseguiu pegar? O que Deborah deve fazer na aula de amanhã?

De certa forma, esse método não diferia do seu procedimento normal. Na Spartan Village, ela com frequência trazia outros professores para suas aulas, para ajudarem-na a resolver problemas. Mas, na escola, esses momentos eram apenas favores cordiais de colegas ocupados. No curso de verão, esse era o foco estrito do grupo. Era como estar em um laboratório, não no ensino fundamental. Ou, como imaginava Deborah, numa sala de cirurgia.

Tecnicamente, apenas Deborah lecionava. Mas na realidade ela só representava o grupo, era a ponta de lança que testava as ideias em nome de todos. "Qualquer coisa que decidíssemos fazer", ela escreveu depois, "eu tinha de fazer decolar". O grupo, por sua vez, era a rede de segurança para garantir que os alunos não se tornassem vítimas do experimento. Eles aprendiam, e Deborah também. Hoje, ela diz que é impossível recordar um momento de epifania. Sua técnica de ensino estava evoluindo rápido, e ela nem tinha começado a registrar cada aula e as discussões que se seguiam. Anos depois, aulas públicas similares no encontro anual chamado Laboratório de Matemática Fundamental jogaram luz sobre o que ela e aqueles primeiros conspiradores anteviram no verão de 1984.

Durante uma aula em julho de 2012, um grupo de observadores tomava notas enquanto Deborah pedia a uma turma do sexto ano para observar um retângulo como este:

Qual fração do retângulo, perguntou, está sombreada? O primeiro aluno convidado a responder, uma menina chamada Ana, deu a resposta correta, ¼, explicando que tinha imaginado uma linha a mais para conseguir resolver o problema:

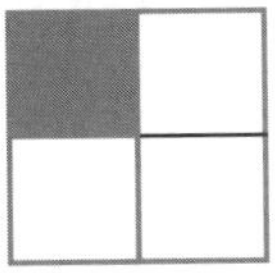

Quando Deborah pediu comentários sobre a resposta de Ana, um garoto chamado Luan, bochechudo e cheio de dreads, disse algo curioso: "Acho que a resposta é uma metade com 1 do lado". O mistério só aumentou quando Deborah o chamou à lousa para explicar. "1 ½", ele escreveu – mas continuava dizendo o número ao contrário, como se lido da direita para a esquerda. Metade primeiro, depois 1, que ele chamava de "resto".

O que ele estava pensando? Qual o pressuposto para 1 ½ fazer sentido? Escrutinando as respostas de Luan em um debate após a aula, sem a presença dos alunos, o grupo de observadores chegou a uma hipótese. Talvez ele tivesse invertido a pergunta. Em vez de olhar para a fração do retângulo sombreada, ele focou na parte em branco, enxergando a figura ao contrário:

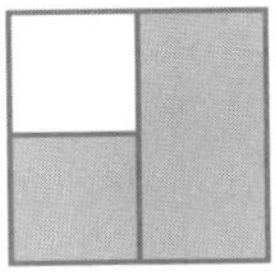

Outros focaram na descrição de Luan de 1 ½ como "a metade com 1 do lado", o que está mais para ½ 1 do que 1 ½. Talvez ele tivesse traduzido a imagem invertida nos números que ela significava: ½ à esquerda, 1 à direita. Se você vê a matemática como um conjunto de regras e procedimentos, como tantas crianças aprendem a fazer, você não pensa nas frações como algo que faz sentido. Elas são apenas números, com linhas no meio.

Qualquer que tenha sido seu raciocínio, Luan tinha obviamente se confundido em relação a um conceito que está no cerne das frações – um conceito que, ao longo dos anos, Deborah e aqueles que trabalharam com ela no laboratório vieram a compreender como um bloqueio típico em crianças (e em muitos adultos): a ideia de todo. Para resolver qualquer problema de frações, é preciso definir: "Eu quero conhecer uma fração *de quê*?".

Nesse caso, o todo é o retângulo maior, que tem formato quadrado. A resposta de Luan sugere que ele definiu um outro retângulo como sendo o todo – aquele mais alto, que se parece mais com a ideia infantil de retângulo (muitas crianças não entendem que todos os quadrados são retângulos também, apenas com todos os lados iguais). Se você estabelecesse aquele retângulo mais comprido como o todo, e aceitasse a inversão de Luan entre as áreas sombreadas e brancas, então 1 ½ faria sentido.

A confusão representava uma oportunidade. Enxergando a matemática pelos olhos das crianças, o grupo conseguiu entender o que precisava ser esclarecido. E, juntos, esses observadores poderiam descobrir o que Deborah deveria dizer e fazer para que Luan entendesse a importância de definir o todo.

Havia muitos caminhos possíveis: perguntas a se fazer, explicações a dar, problemas a propor. Ao longo de vários laboratórios de ensino, ficou claro quais eram os métodos e problemas mais produtivos. Uma boa abordagem era fazer os alunos apresentarem suas diferentes ideias ao resto da turma. Alguns deles com certeza compartilhavam de alguma forma a confusão de Luan (até adultos na sala poderiam esquecer eventualmente que frações são inúteis sem o todo). Escutar seus pares poderia ajudar os estudantes a organizar as ideias. Quando um garoto chamado Henrique se ofereceu para esclarecer, Luan pareceu entender melhor a própria ideia também. Então, quando Henrique explicou por que ele concordava com Ana em ¼, Luan decidiu mudar sua resposta.

O laboratório também analisou a forma como os alunos eram convocados a participar – quais alunos Deborah chamava, em qual ordem, o que ela pedia para cada um fazer. As decisões dela ganhavam peso com o passar do tempo, e, à medida que a professora compreendia as variações dessas convocações, tanto em dificuldade (fazer um cálculo *versus* fazer uma interpretação) quanto em risco social (ter de dar uma resposta mesmo sem ter levantado a mão é mais ou menos arriscado; ir até a lousa para descrever uma resposta incorreta é mais ainda).

Outras considerações também importavam. Para garantir que todo mundo participasse, era bom chamar aqueles três alunos que ainda não tinham falado – o que poderia não ser uma boa estratégia caso todos os três dessem a mesma resposta. A ordem também fazia diferença. Em alguns casos, era mais acertado chamar primeiro a Ana, por exemplo, antes do Luan. A resposta dele incluía uma ideia que Ana, ao desenhar a linha invisível, havia explicitado: que frações só faziam sentido se fossem partes *iguais* de um todo. A discussão seria mais produtiva se Deborah conseguisse colocar a resposta de Ana na mesa antes de atacar o problema de Luan.

Com o tempo, mais convenções foram incorporadas. Era crucial, por exemplo, assegurar que os alunos não falassem apenas para a professora, mas para toda a classe. Todo mundo tinha de saber o nome de todos os outros, para então, em vez de dizer "aquela resposta esquisita de um meio e um do lado", eles poderiam dizer "a resposta do Luan", ou, se o Luan tivesse defendido sua ideia, "a conjectura do Luan".

Deborah começou a perceber essas conjecturas de cada um como alicerces para um debate produtivo. No horizonte dos seus novos conhecimentos, os alunos podiam procurar e nomear os pontos-chave de compreensão e, assim, quando a próxima dificuldade surgisse, eles conseguiriam superá-la mais facilmente lembrando da ideia do Luan e de por que ela estava errada.

A construção exata das perguntas também importava, e o grupo passou horas debatendo as frases de Deborah. Naquele ano, tentando introduzir o conceito de infinito – um daqueles conceitos que confundem os alunos por dias –, ela havia proposto um problema com um sem fim de respostas. Ao perguntar à turma quantas soluções diferentes havia, ela acrescentou outra pergunta: "Depois de escreverem suas respostas, por favor escrevam também quanto tempo levaria para conseguir pensar em todas as possibilidades".

O grupo dedicou muitos minutos à discussão sobre o valor da questão extra. Ao pedir que escrevessem quanto tempo levaria para ter todas as respostas, ela não estaria sugerindo que escrevê-las todas era realmente possível? E assim, questionou uma professora de Chicago, ela não estaria, inadvertidamente, afastando as crianças da resposta certa? Mas a pergunta causou exatamente o oposto, respondeu outro grupo de professores. Os alunos poderiam ter pensado "Podemos ficar aqui escrevendo para sempre!", se aproximando assim da ideia-chave de infinito.

O laboratório também dissecava os problemas escolhidos por Deborah. No dia da confusão de Luan, outra questão emergira, não sobre o todo, mas sobre as partes. Contando a parte sombreada e as partes em branco, alguns alunos haviam respondido 1/3. Não haviam entendido que Ana imaginou mais uma linha para fazer as partes iguais. A turma discutiu por que dividir o retângulo em partes iguais era importante, mas alguns observadores do laboratório questionaram se todos os alunos realmente captaram a ideia. Um professor propôs que, na próxima aula, apresentassem um problema que obrigasse os estudantes a desenhar mais linhas, mais ou menos assim:

No dia seguinte, Deborah incluiu esse problema no início da aula.

De volta à escola Spartan Village, as lições dos primeiros laboratórios de verão – que começaram em 1984 e continuaram por anos – estavam se mesclando ao novo currículo e fazendo uma verdadeira mágica. Os alunos não só estavam conjecturando, raciocinando, argumentando e provando suas ideias, como também estavam construindo conceitos um a partir do outro. Às vezes eles esqueciam o que haviam aprendido, como qualquer estudante. Mas agora, quando tropeçavam, conseguiam se levantar sozinhos. Deborah percebeu isso um dia, algumas semanas depois de entrar no conteúdo de frações, quando dois alunos do terceiro ano se debatiam com um problema sobre biscoitos que envolvia o número 4/2.

> "Como podemos chegar nisso?", Bibiana perguntou a Janaína, apontando para a enigmática fração.
> "Não sei", disse Janaína.
> "Quatro *segundézimos*?", Bibi questionou.
> "A gente pega um e divide em duas partes... e pega quatro dessas partes?", Janaína sugeriu.
> "Não entendi", assumiu Bibiana.
> "Nem eu."

Nesse momento, chega Sabrina. "Quatro *meios*, não é?"

> "Sim!", grita Bibiana. "Quatro *meios*! Meios são duas partes. Então..."
> "Então a gente precisa pegar dois biscoitos, cortar os dois no meio, e aí teremos quatro meios", concluiu Janaína. "Um, dois, três, quatro segundézimos. Quer dizer, meios."

Enquanto Deborah trabalhava para ser uma professora mais efetiva, havia outra questão que não saía da sua cabeça: por que ela não havia aprendido nada disso antes? Formada duas vezes, em francês e em educação fundamental, ela nunca havia tido uma aula de metodologia, supostamente sobre como ensinar matemática. Mais tarde, ela cursou quase todas as disciplinas de matemática da universidade, mas nenhuma delas a preparou para ensinar matemática a crianças.

Essa aula não existia.

Ela suspeitava que o problema estava no tipo de conhecimento necessário para saber ensinar. Isso não se encaixava em nenhuma disciplina, muito menos na matemática pura, apesar de serem dois tipos de conhecimento igualmente importantes. Além da matemática em si, raciocinou ela, os professores têm de saber quais atividades e tarefas transformam a frágil intuição dos alunos em conhecimento sólido. Têm de dominar procedimentos, conceitos e o ciclo conjectura-argumento-prova, e, além disso, conhecer os alunos: do que são capazes, a necessidade de repetição para aprenderem, os tipos de representação (especialmente ilustrações de figuras, números e blocos) que melhor os ajudam a entender.

Não é surpresa que essa aula não exista. Seria uma disciplina sem nome. Nem Deborah (que a esta altura era professora na Spartan Village, consultora especial de matemática para as escolas de ensino fundamental de todo o distrito e doutoranda na Faculdade de Educação da Universidade Estadual de Michigan) conseguia estabelecer os parâmetros desse tipo de conhecimento. Mas isso começou a mudar em meados dos anos 1980, quando ela decidiu estudar o conhecimento de matemática dos professores em sua tese.

Sua hipótese era que a Estadual de Michigan ainda não capacitava futuros professores com o conhecimento e a técnica necessários. Para ter certeza, aplicou um teste a formandos em educação: um conjunto de problemas pedagógicos que professores de matemática deveriam saber responder. Uma das questões descrevia um grupo de professores do oitavo ano que "percebeu que muitos de seus alunos cometiam o mesmo erro". Ao multiplicar números grandes, como 123 x 645, os estudantes "pareciam esquecer de 'arrastar os números'". A resposta ficava assim:

```
   123
x  645
------
   615
   492
   738
------
  1845
```

Quando deveria ficar assim:

```
   123
x  645
------
   615
  492
 738
------
 79335
```

A questão continuava: "Os professores concordavam que havia um problema, mas não conseguiam concordar sobre o que fazer". Ela entregou o problema aos futuros professores. "O que você faria se fosse professor do oitavo ano e percebesse que vários alunos cometiam esse erro?".

Deborah estabeleceu que a resposta correta era identificar quais conceitos os alunos não sabiam. Dois eram particularmente importantes: o conceito de valor posicional, a convenção segundo a qual os números têm valores diferentes dependendo de onde estão, de forma que o primeiro 3 em 79.335 representa 300, e o segundo 3 é na verdade 30; o segundo conceito que falta é o da propriedade distributiva, que explica por que o procedimento na segunda figura funciona – por que, para achar o resultado de 123 x 645, você pode somar os resultados de três multiplicações (123 x 5, 123 x 40 e 123 x 600). Ao não arrastar os números, os alunos do oitavo ano seguiram um procedimento às cegas e caíram em um precipício. Para ajudá-los a entender o passo a passo, o professor teria de repassar com eles o funcionamento do algoritmo.

No fim das contas, dos 19 futuros professores que Deborah questionou, apenas cinco mencionaram algum dos conceitos. A maioria descreveu como eles recordariam os alunos dos passos corretos, especialmente aquele que uma professora chamada Tatiana chamou de "mudar (as coisas) de lugar". Alguns fizeram referência ao valor posicional, mas de forma indireta, sem lembrar o nome, o conceito, ou por que era importante. Uma professora chamada Raquel disse que "quando você está trabalhando com uma soma tão grande, tem de saber trabalhar com milhares, sabe, manter os números assim".

Eles haviam tido aulas de disciplinas pedagógicas e de matemática, mas os formandos da Universidade de Michigan não possuíam um conhecimento essencial para dar aulas: "conhecimento do conteúdo pedagógico", conforme a definição de Lee Shulman. Não apenas a metodologia de ensino nem as complexidades da matéria, mas a combinação perfeita dos dois.

Até futuros professores de ensino médio com formação em matemática tinham dificuldades de dar uma explicação clara. Frequentemente, só lembravam a razão de usar tal procedimento quando já estavam tentando explicá-lo, e aí tropeçavam nele, como um professor chamado Júlio. "Porque você vai pegar 5 vezes isso, e aí pega os 40, e aí 600, e aí está vendo de onde vêm os zeros", explicou ele a Deborah. Deborah via, mas será que os alunos dele veriam?

Havia questões tão intrigantes para os professores de matemática quanto para qualquer leigo. Um questionário pedia aos futuros professores para criarem uma forma de representar um conceito comum do currículo, a divisão de frações. Deborah escolheu um problema: 1¾ ÷ ½. Lembrou a seus entrevistados que professores muitas vezes tentam explicar problemas matemáticos relacionando-os com situações reais, ou "analogias que esclarecem o que algo significa". Poderia o entrevistado pensar em uma situação ou modelo que ilustre 1¾ ÷ ½?

Uma boa resposta ajudaria os alunos a visualizar e descobrir quantos ½ cabem em 1¾. Em sua tese, Deborah descreveu uma possibilidade:

"Uma receita pede ½ xícara de manteiga. Quantas porções é possível fazer se você tem 1¾ xícara de manteiga?". A resposta seria 3½ porções, porque 1¾ xícara de manteiga contém 3½ meias xícaras. A história não só ilustra o problema, ela também esclarece o conceito, oferecendo aos estudantes uma forma de imaginar a divisão (assim como criar grupos de um certo tamanho) e atalhando a dificuldade de definir o todo ao especificar a unidade. 3½ o quê? 3½ metades.

Mais uma vez, dos 19 entrevistados, só cinco criaram ilustrações que Deborah considerou matematicamente corretas. E, dos cinco, apenas um se saiu com uma representação decifrável, que mesmo assim não tinha a clareza do exemplo da manteiga (a professora disse que usaria uma régua para marcar 1¾ e ½, e então perguntar aos alunos quantos ½ cabiam dentro de 1¾).

Os demais quatro professores em treinamento deram exemplos que, mesmo corretos, deram um nó até na cabeça de Deborah, como o de um jovem chamado Sérgio. Ele disse que faria os alunos imaginarem três pizzas: uma inteira, ¾ de outra pizza e ½ da terceira. Então pediria que eles imaginassem colocar a ½ pizza em cima da primeira, e então a segunda pizza sobre elas, sempre tirando aquela quantidade de pizza. Quantas vezes eles teriam de repetir esse ritual até não haver mais pizza?

Deborah perguntou a Sérgio o que a resposta, 3½, tinha a ver com a história. Ele gaguejou. "A resposta", disse ele, "seria quantas vezes você teria uma metade inteira (se quiser dizer assim). Do... o que quer que tenha sobrado, que parte isso é da metade. Acho que poderia dizer assim". Ele obviamente sabia o que eram frações, mas, para explicar esse conceito a outra pessoa, ficava completamente perdido.

Outros cinco futuros docentes se saíram com histórias ou diagramas que não ilustravam corretamente o problema. Muitos inventaram problemas que dividiam 1¾ "pela metade", ou seja, por 2 em vez de por ½. Os oito restantes nem conseguiram responder.

Deborah não explorou o experimento na sua tese, mas o leitor não podia deixar de pensar: além da própria autora, quantas pessoas na

Faculdade de Educação teriam conseguido responder pelo menos uma das questões corretamente? E quantos professores da Spartan Village?

Em 1984, a Universidade Estadual de Michigan anunciou a chegada de uma nova professora com um cargo inédito. Magdalene Lampert (ou Maggie, como todos a chamavam) seria ao mesmo tempo professora assistente de Educação na universidade e professora de matemática para o quarto e quinto anos na escola Spartan Village. Ela era pesquisadora em educação e professora de matemática. E, como Deborah logo percebeu, ela não apenas teria gabaritado seu questionário; teria feito um muito melhor.

Magdalene tinha vindo de Cambridge, no estado de Massachusetts, mas poderia muito bem ter saído da imaginação de Deborah. Ali, com aquelas camisas de seda e coque loiro, estava a personificação da sabedoria. Magdalene falava de problemas como um joalheiro falava de gemas, revirando-os para ver para que serviam e guardando-os para usar na ocasião certa. Os melhores problemas, os que realmente forçavam os alunos para o terreno matemático, Magdalene classificava de "ricos", "abertos", "produtivos". Em sala de aula, ela incutia nas lições ideias e hábitos matemáticos, ensinando alunos do quinto ano a "discutir", "conjecturar" e "provar". Confrontada com uma conclusão errada de um estudante, ela descobria o que não fora entendido mais rápido que ninguém.

E, assim como uma boa equação matemática, ela não entregava nada. Lábios franzidos, sua expressão era indecifrável. Ninguém sabia qual era a resposta certa para a Maggie, disse Thom Dye, cuja sala do quinto ano na Spartan Village se tornou a casa da nova professora (e onde ela ensinaria Flávio, Elena e Ricardo sobre "velocidade", fazendo-os entender o quanto um carro a uma velocidade de 90 km/h viajaria em 15 minutos). "Ela era austera. E por isso os alunos tinham de recorrer a si mesmos para achar a resposta certa... Eles não poderiam jamais dizer 'Ah, essa é a resposta certa porque a professora disse que é'". Magdalene não dava escolha, eles tinham de pensar.

O fato de Deborah nunca ter conhecido Magdalene até esta chegar à universidade de Michigan fazia a semelhança entre o trabalho de ambas parecer inacreditável. Como podia ser possível que duas pessoas, separadas por centenas de quilômetros, tivessem desenvolvido a mesma abordagem – no caso de Deborah, ainda incipiente, e Magdalene bem mais avançada, mas com o mesmo espírito? Quando elas começaram a trabalhar juntas – Deborah aprendendo com Magdalene – o trabalho que desenvolviam, o tipo específico de ensino demandava um nome, um rótulo para ser referenciado em discussões, como os alicerces dos alunos de Deborah. Incapaz de criar algo mais adequadamente distinto, a universidade estabeleceu uma espécie de compromisso: "Esse Tipo de Ensino" – ETE (TKOT em inglês, de This Kind of Teaching) – ou, às vezes, "ensino para a compreensão", apesar de ninguém gostar do termo ("que outro tipo de ensino existe?" alguém inevitavelmente perguntaria). Outros títulos mais específicos não encaixavam. *Progressivo*, por exemplo, era um movimento político, não uma abordagem pedagógica; *construtivismo*, por sua vez, tinha a ver com uma teoria de aprendizado, não de como ensinar. Assim, elas ficaram com o proposital e ludicamente vago: "Esse Tipo de Ensino" funcionaria.

Deborah não queria um nome. O que ela e Magdalene praticavam era apenas ensinar, não uma disciplina ou metodologia específica. Elas ensinavam e as crianças aprendiam. Não era esse o ponto? Magdalene, por sua vez, reconhecia que seu modo de ensinar era uma espécie de evidência, prova viva de que era possível ensinar matemática do jeito que Deborah queria fazer.

Formada por uma das mais prestigiosas escolas de Educação – a de Harvard –, Magdalene Lampert recusou uma carreira acadêmica convencional. Depois de concluir seu doutorado, ela aceitou um emprego de professora de matemática do ensino fundamental na Buckingham Browne & Nichols, uma escola particular em Cambridge,

Massachusetts, que também funcionava como um programa de treinamento de professores, trabalhando com estudantes de uma universidade próxima. Lá, sua sala de aula, um espaço amplo sob a sombra de árvores, se tornou seu laboratório. As anotações em seu diário relatam tanto as ideias dela quanto as dos estudantes. Em Harvard, ela havia estudado a pesquisa formal em educação, mas nada daquilo harmonizava com sua própria experiência. Entre as aulas, ela fazia anotações detalhadamente, reunindo os acontecimentos do dia em uma narrativa reveladora das implicações de ensinar.

Ela estava feliz na escola e não pensava em sair de lá. Mas, com a verba do NIE, Lee Shulman havia criado um grupo de pesquisa na Universidade de Michigan que era perfeito para Magdalene: o IRT - Institute for Research or Teaching. Encarregados de explorar o que Lee chamava de "sabedoria da prática", os professores do IRT deveriam não apenas pesquisar e formar futuros professores; eles também tinham a missão de ensinar a escola. Em outras palavras, na Universidade Estadual de Michigan, Magdalene podia fazer tudo o que vinha fazendo na sua escola, só que com o apoio de toda a pesquisa universitária. Ela fora arrebatada, e logo recrutou Deborah para a sua causa – a transformação da Spartan Village em um laboratório de ensino completo, um projeto que transformaria as carreiras das duas mulheres.

Quem primeiro deu a ideia a Magdalene foi um ex-colega, que fez carreira capacitando escolas, professores e escrevendo sobre sua experiência, tudo ao mesmo tempo. Para conseguir revelar sua própria expertise como professora (o conhecimento de conteúdo pedagógico por trás do ETE), Magdalene transformou sua sala de aula numa espécie de placa de Petri pública. Na Buckingham Browne & Nichols, seus observadores tinham sido os professores com quem ela trabalhava. Na Spartan Village, um pequeno exército de professores em treinamento, estudantes de graduação e outros professores acompanhavam suas aulas. Em um dia qualquer, duas dúzias ou mais de estudantes de educação deixariam o campus da Michigan, iriam até o outro lado dos trilhos do trem e se amontoariam no fundo da sala de aula de Magdalene – e, logo, na de Deborah também –, para escrever suas observações.

Magdalene, no entanto, rapidamente percebeu que seus observadores não podiam captar a sutileza de seus métodos, como se tivessem microscópios embaçados. Só viam os detalhes menos importantes. No fim das contas, a parte mais importante do trabalho, as decisões que ela tomava momento a momento sobre o que fazer, permaneciam apenas na sua própria cabeça. Se interrompesse a aula para fazê-las visíveis – pensar em voz alta –, teria de parar de ensinar. Deborah criou a metáfora da sala de cirurgia. Só que, diferente das operações, o ato de ensinar durava um ano inteiro. Desse jeito, era mais como um romance: se pular um capítulo, você não entende mais nada.

Um estudante da Universidade Estadual de Michigan sugeriu que ela filmasse um ano inteiro de aulas, do primeiro ao último dia. Era uma loucura, Magdalene diria mais tarde. Mas eram os anos 1980, e a tecnologia estava evoluindo rápido (o tal estudante havia chegado à Michigan por meio de uma nova empresa chamada Apple). Tanto Magdalene quanto Deborah mantinham diários detalhados, mas o vídeo aumentaria dramaticamente o volume de informações, e ficaria mais fácil compilá-las também. A fita pode ser pausada e rebobinada, e, para rever um momento particularmente produtivo ou de incompreensão, bastava apertar um botão.

Junto com Deborah, Magdalene esboçou um pedido de verba e, no ano escolar de 1989-90, elas haviam recrutado dois times de estudantes de graduação, autodenominados equipe Lampert e equipe Ball, para filmar as aulas. Havia escalas determinando em que dias eles operariam câmeras e em quais fariam anotações. Suas bolsas pagavam 10 dias de trabalho por mês, mas, depois de um tempo, eles começaram a vir também em seus dias de folga, pois não queriam perder nada. O tal Esse Tipo de Ensino, ETE, podia ter um nome ridiculamente vago, mas era totalmente viciante.

"Elas não conseguiam se livrar de nós", ri Kara Suzuka, da equipe Ball. "Era muito difícil não estar lá, sabe, a história continuava! Digo, a aula termina, e eles ainda não chegaram à solução, as crianças estão confusas. Ou, eles *acabaram* de chegar a uma incrível conjectura, e você não sabe o que vai acontecer com ela, se vão usá-la. O que vem depois? Era uma história irresistível." Eles não tinham ideia do quanto.

Hyman Bass assistiu aos vídeos pela primeira vez em 1996, depois que uma caixa de fitas chegou para ele no campus da Universidade de Columbia, onde era professor titular* de matemática.

Aos 64 anos, tendo trabalhado com matemática por décadas, Hy era conhecido profissionalmente pela exploração de um novo campo da álgebra. Ele também havia, mais recentemente, se interessado pela forma como crianças aprendiam a sua disciplina na escola. Para ele, a matemática não era apenas linda e fascinante, mas também vital. "Uma das mais nobres expressões de humanidade", disse. E, mesmo assim, em vez de descobrir a beleza da matéria, as crianças se exauriam sobre um mero fac-símile.

Isso não é uma preocupação nova. A aflição em torno do ensino da matemática sempre teve muita atenção nos Estados Unidos. Em parte, isso se deve à crença do país no poder econômico dos campos da ciência, da tecnologia, da engenharia e da matemática. Outra causa foi o baixo nível dos testes. Os alunos norte-americanos normalmente ficam atrás dos canadenses, alemães e japoneses nos rankings, refletindo a aversão à matemática que já afetava inclusive seus pais. Como povo, os norte-americanos simplesmente não são chegados à matemática.

Tentando fazer alguma diferença, Hy integrou grupos de estratégia, comitês de ensino da matemática e consultorias. Apesar do progresso de Lee Shulman e seus colegas na Universidade Estadual de Michigan, as reformas mais significativas em educação nos anos 1980

* Nos Estados Unidos, apenas os professores universitários titulares (em inglês, tenured professors) têm estabilidade. [N.T.]

derivaram das ideias do economista Eric Hanushek sobre meritocracia – mais atenção aos resultados do que à capacitação, produção em detrimento do processo. "O senso comum sobre escolas públicas é que elas têm sérias dificuldades de desempenho e que melhorar as escolas requer dinheiro", escreveu Hanushek em um artigo de 1981. "No entanto, as evidências disponíveis sugerem que não há relação entre investimentos e o desempenho dos alunos." Em vez de investir em soluções tradicionais como turmas menores ou melhor treinamento para os professores, ele escreveu que "mais atenção deveria ser dada a desenvolver incentivos diretos de performance".

A defesa dos incentivos se travestiu de movimento pela elevação dos parâmetros educacionais. A falha mais grave do sistema público de educação, argumentavam, era o fato de que ele não acompanhava os resultados de seus estudantes e nem estabelecia quais deveriam ser os objetivos de aprendizado. É claro que as escolas desperdiçavam dinheiro. O sistema literalmente não tinha parâmetros!

Seguindo a tendência, as primeiras investidas de Hy em educação dedicaram-se a estabelecer melhores objetivos. Ele fazia parte de um comitê incumbido dessa tarefa quando foi apresentado a Deborah Ball, uma moça diferente de todo mundo que ele conhecia nessa área. Hy sempre acreditou no poder dos parâmetros, mas o esforço para descrevê-los parecia inútil. Todo mundo tinha uma ideia de como ensinar melhor matemática, mas ninguém conseguia explicar como seria esse processo – e certamente jamais o tinham visto na prática. Deborah era a única que realmente conhecia o lado escolar da equação. Também foi a primeira a perceber que Hy, com sua extensa bagagem de matemática, mas limitado conhecimento do magistério, poderia ajudar no projeto ETE. Quando ela o convidou a analisar os vídeos que havia gravado com uma colega, ele topou na hora.

Agora, colocando a fita no videocassete, ele tinha certeza de que seu instinto estava certo. O vídeo começava com uma sala de aula à primeira vista normal. Uma lousa larga e verde lá na frente, cartazes de cartolina pregados nas paredes, no meio as típicas carteiras com tampo de compensado lisinho em cima e lugar para guardar os livros embaixo. E, claro, havia crianças – 19 ao todo. Uma delas olhava indiferente para o chão, a cabeça atirada no encosto da cadeira; um menino, debruçado na mesa, parecia pensativo; outro procurava um lápis na pasta. Não poderia ser uma cena mais comum, mas Hy nunca tinha visto nada igual.

A voz de Deborah quebra o silêncio: "Mais algum comentário sobre a conferência?", ela pergunta, fora do quadro. Graças a uma transcrição, Hy sabia o contexto: no dia anterior, os alunos do terceiro ano haviam participado de uma reunião com os do quarto ano (alunos de Deborah no ano anterior). Foi a "Conferência sobre o Número Zero", na qual os mais velhos apresentaram, formalmente, suas conclusões sobre uma questão que os menores estavam apenas começando a estudar: zero é um número par, ímpar, ou, como algumas crianças argumentaram, nenhum dos dois?

Um dia depois, Deborah dava uma chance para tirarem dúvidas. A discussão, ela imaginava, não duraria mais que alguns minutos – eles falariam rapidamente sobre o que aprenderam (zero é par)[2] e então partiriam para a atividade do dia, pela qual Deborah esperava há semanas. Alguns dias antes, trabalhando em um problema que ela havia criado, os alunos elaboraram algumas conjecturas sobre as propriedades de números pares e ímpares. A soma de dois números ímpares, eles notaram, sempre resultava em um par, assim como a soma de dois pares também. Agora, ela queria ver se eles conseguiam fazer o que nenhum aluno do terceiro ano, que ela soubesse, já havia feito. Queria que eles provassem que a conclusão era verdadeira, não apenas para os números que já haviam testado, mas para *todos* os números.

---

2 Como todos os números pares, zero pode ser dividido por 2, é cercado em ambos os lados por números ímpares e, quando é subtraído de um número par, produz um resultado também par.

Não era para ser. Não naquele dia, pelo menos. Antes de conseguir começar a discussão, Deborah viu seu plano ser arruinado por um menino alto chamado Daniel. E ela não retomaria o controle por vários dias.

> "Daniel?", ela chama, reparando a mão dele levantada.
>
> "Não tenho nada a dizer sobre a conferência de ontem", ele diz, "mas eu estava pensando sobre o seis. Estava pensando que ele também pode ser um número ímpar, porque pode ter dois, quatro, seis e dois – três dois – que formam seis".
>
> "Arram..." diz Deborah.
>
> "E dois *três*. Então poderia ser um número ímpar e um par, os dois! Três coisas para formar uma, ou duas coisas para formar uma!"
>
> Deborah interrompe: "E as duas coisas que você juntou para formar uma eram ímpares, certo? Três e três são ambos ímpares?".
>
> "Arram", responde Daniel. "Mas os outros, os dois, são pares".

Talvez, pensou ela, Daniel estivesse respondendo ao comentário anterior, sobre como os números pares podem ser formados por dois outros números pares. Talvez ele estivesse tentando mostrar que alguns números pares, como o seis, eram na verdade feitos de dois números ímpares. Sabendo que eles chegariam nesse ponto em alguns minutos, Deborah resolve deixar a ideia de lado por enquanto. "Mais alguém quer comentar?", pergunta, tentando voltar ao debate anterior.

Mas Alessandra, uma menina alta com grampos amarelos no cabelo, levanta a mão. "Eu discordo do Daniel dizer que seis pode ser um número ímpar", disse ela, balançando a cadeira, "porque...".

Hy assistiu Alessandra levantar e caminhar até a lousa e pegar uma régua. "Olha", diz ela, levando a régua até a linha de números no alto do quadro. "Seis não pode ser um número ímpar, porque esse é, hmm" – apontando para o zero – "par". Ela passa pelos demais números, "ímpar, par, ímpar, par, ímpar", até chegar ao seis: "*par*." Alessandra vira-se para

Daniel: "Como poderia ser um número ímpar?". Mas ele insiste. "Porque", diz ele, "porque seis... porque pode ter três de alguma coisa pra fazer um seis, e três de alguma coisa é, tipo, *ímpar*".

Em seguida vem Cássio, com a mão para cima. "Isso não quer dizer que seis é *ímpar*", diz, seguido por um coro de aprovação da turma. "Só porque dois números ímpares somados dão um número par, não quer dizer que ele tem que ser ímpar".

Hy estava maravilhado. Esses alunos do terceiro ano – uma turma mediana, da escola pública e, como disse Deborah, de históricos e habilidades variados – estavam tendo um verdadeiro debate matemático. Um deles tinha feito uma afirmação, e os demais estavam tentando provar que estava errado. O argumento de Alessandra seguia uma estrutura clássica. Primeiro, ela invocou a definição de par e ímpar – números inteiros se alternam entre os dois – para mostrar que seis só podia ser par. Depois, ela estabeleceu um contra-argumento. Para ser ímpar e ainda se encaixar no conceito de alternância, ela mostrou, zero teria de ser ímpar também. Mas, ela concluiu triunfante, eles tinham apenas aprendido que zero é par. Resposta: a hipótese do Daniel era impossível.

Deborah tinha pedido a Hy que prestasse atenção à matemática no vídeo. E aqui estava: uma aluna do terceiro ano construindo uma prova matemática razoavelmente sofisticada.

Mais provas se seguiram, mas nenhuma ajudava Daniel a articular suas ideias. Janaína lembra aos colegas a definição que eles elaboraram para um número par: um que "você pode dividir em partes iguais sem ter que dividir nenhuma ao meio". Daniel concorda que seis se encaixa nessa definição. Em seguida, Naiara, uma menina da Nigéria, faz uma derivação de uma definição que a turma não tinha feito até então para números ímpares – "minha conjectura", ela chama. Se números pares eram aqueles que se podem dividir igualmente em dois, sem nenhum sobrar, então números ímpares eram os que "também têm duas partes neles, mas têm uma que sobra". Desenhando seis linhas, ela mostra que não havia nenhuma sobrando. "Já tenho todos circulados", ela diz.

A prova mais curiosa, entretanto, veio de uma menininha de faixa roxa na cabeça, que tinha começado a aula olhando para o chão: Nina. "Ah!", exclama ela, do nada, logo depois que a própria Deborah diz estar confusa. "*Eu* acho que entendi o que ele está dizendo! Ele disse que tem três grupos de dois, e três é um número ímpar. Então seis pode ser ímpar e par." Ou seja, poderia ser par porque 6 é divisível em grupos de dois, mas ímpar porque o número de grupos de dois é ímpar. "É isso, Daniel?", pergunta Deborah. Sim, finalmente!

Nina não tinha acabado. Ela esclarecera o raciocínio de Daniel, e agora iria destruí-lo. "Eu *discordo* dele", responde quando Deborah pergunta sua opinião. Ela já estava em pé. "Posso mostrar no quadro?" Antes de a professora responder, Nina estava marchando para a lousa. Daniel, ainda de pé lá na frente, dá um passo para o lado. "Não depende de quantos grupos tem", diz a baixinha de cabelos longos e pretos que se balançam enquanto ela pega o giz. Ela mal bate no cotovelo do Daniel.

Ela explica: "Vamos ver se eu acho...", diz, apontando o giz para a lousa e olhando para o lado, raciocinando. Sua voz é muito aguda, até para uma menina de nove anos. "Vamos supor, dez." Ela desenha uma linha de círculos. "Um, dois, três... aqui estão dez bolas", diz.

Daniel está apoiado no quadro, observando Nina desenhar de novo. Ela continua: "E aí você divide elas. Vamos dividir em grupos de duas. Um, dois...", ela desenhava linhas verticais separando cada dois círculos. O quadro ficou assim:

"Olha!", diz ela, apontando cada par com o giz no quadro cada vez mais rápido, "um, dois, três, quatro, cinco!". Nina se volta para Daniel, que observa com mais atenção.

"Então por que você não chama dez, como... uma..." Nina para um momento, e Daniel diz alguma coisa que ela nem ouve. Ela se volta para a classe, abaixa as mãos como uma advogada que encerra seu caso em um tribunal com sua sustentação oral. Assim como 6 dividido por 2 resulta em um número ímpar (3), 10 dividido por 2 dá 5 – outro número ímpar. Então por que Daniel não disse que 10 "é um número ímpar e par *ao mesmo tempo*?", pergunta ela, dando um passo para trás e coçando o nariz. Caso encerrado.

Havia escapado a Nina a sentença-chave, mas não a Hy. Bem no meio da argumentação final dela, Daniel murmurou quatro palavrinhas: "Eu discordo de mim". Para Hy, isso tudo era deslumbrante – um extraordinário episódio de raciocínio matemático, encenado por crianças de nove anos. Primeiro, Nina superou uma coisa sempre difícil, até para matemáticos. Ela ouviu a argumentação confusa de Daniel e a traduziu em uma explicação impecavelmente clara do pensamento dele. A análise da garota ajudou a turma toda, e também permitiu a Nina explicar ao grupo por que ela discordava.

O que a garota fez na lousa foi ainda mais incrível. Até aquele ponto, os argumentos contra Daniel seguiam um padrão: ele fez uma afirmação, e os outros alunos atacaram sua conclusão, dando diferentes provas de por que 6 é um número par. Nina se posicionou de forma bem mais sofisticada. Em vez de questionar a conclusão, ela questionou o raciocínio. Nesse processo, ela deu um salto que Daniel não tinha conseguido: ela mostrou que 6 não era o único número que se encaixava no critério dos grupos ímpares de dois. Dez também entrava, e possivelmente vários outros.

"E *outros* números?!", disse ela. "Tipo, se você continuar assim, e disser que outros números são pares e ímpares, talvez a gente acabe vendo que *todos* os números são pares e ímpares, e aí não vai ter sentido que todos os números sejam pares e ímpares, porque se todos os números forem pares *e* ímpares, e gente não estaria tendo essa *discussão*!"

Daniel não tinha escolha a não ser se recolher. Só que não foi o que ele fez. Depois de uma pausa – Nina fitando Daniel, Daniel fitando Nina, Nina coçando o nariz, Daniel se balançando para frente e para trás –, Daniel mostrou gratidão. "Eu não tinha pensado por esse lado", disse, sorrindo. "Valeu por explicar. Então, dez pode ser um número par e um ímpar."

Em vez de calar Daniel, Nina o havia libertado. E, pior ainda, logo outros alunos se juntaram a ele, listando mais números que encaixavam no tal critério (além de 6 e 10, 14 e até 2!). Quando Deborah tentou encaminhar a discussão para um fechamento – mais uma ideia, ela permitiu, "e aí teremos que parar com isso" – foi inútil. As crianças estão pegando fogo, pensou Hy, encantado.

Elas não apenas estavam construindo provas, mas tinham inventado uma nova categoria de números: "os números Daniel", batizou Deborah alguns dias depois, quando decidiu transformar o desvio de rota em um gancho para ensinar como fazer definições matemáticas (era preciso admitir que a divagação do menino oferecia múltiplas chances de abordar esse tema, junto com a nova definição de Naiara para números ímpares e a de Janaína para números pares).

Quando o vídeo acabou, Hy reconsiderou a pergunta que Deborah o havia feito. Que matemática ele conseguia ver na filmagem? Ele tinha visto matemática nas crianças, é claro, mas também na professora. Foi ela, e não Daniel, Nina ou Naiara, quem estabeleceu os dois momentos decisivos da discussão. Deborah conduziu os alunos de volta à definição de um número par, dando a base para o debate. Daniel, ao chamar 6 de "número par e ímpar ao mesmo tempo", estava na verdade postulando uma definição totalmente diferente. E aí houve o momento, logo após Nina sugerir que 10 se encaixava no critério dele, em que Deborah sugeriu às crianças pensarem no 14 – a faísca que fez uma garota chamada Raíssa elaborar mais uma definição matemática. Ela tinha mostrado que, se seguissem a lógica de Daniel, a cada quatro números, um poderia ser chamado "par e ímpar".

Outro matemático poderia olhar para os "números Daniel" como um erro. Afinal de contas, os números que se enquadram no critério dele são todos pares. Mas Hy sabia que definições eram tudo na matemática. Criar regras e restrições que fazem um número positivo e outro negativo, um primo e outro composto. A utilidade dessas definições determinava quais perduravam e quais eram descartadas. O conceito de Daniel, é claro, acabaria na lata do lixo, mas apenas por criá-lo as crianças haviam aprendido uma coisa fundamental ao se pensar matemática, algo que não teriam alcançado apenas aprendendo a diferença entre números pares e ímpares.

Deborah impressionou o professor. Ele só a tinha visto atuar naquele dia em particular, mas e quanto a tudo o que ela precisava saber para ter chegado àquele ponto? Os problemas que havia escolhido, os hábitos que havia ensinado, as decisões sobre quando deixar uma divagação continuar e quando interrompê-la... Cada epifania de um aluno em uma aula do ETE refletia a capacidade do professor de orquestrá-la, e a capacidade de Deborah era algo que Hy nunca tinha visto. "Ver Débora dar aula", ele disse, "é como ouvir música de câmara".

Ele gostou tanto que, logo depois de assistir à primeira fita, ele pediu demissão de Columbia e se transferiu para a Universidade de Michigan, onde assumiu um cargo duplo, no Departamento de Matemática e na Faculdade de Educação. Parâmetros, currículo e exames eram importantes. Mas o ensino da matemática, ele percebeu, não mudaria a menos que os professores aplicassem essas ferramentas no dia a dia. Ele e Deborah iniciaram uma investigação sobre que tipo de conhecimento era necessário para bem ensinar a matemática. Logo já tinham uma definição própria, com nome e tudo: Conhecimento Matemático para o Ensino, ou CME, o conjunto de "conhecimento matemático, habilidade, hábitos mentais e sensibilidade requeridos pela atividade de ensinar". A versão matemática do conhecimento do conteúdo pedagógico de Lee Shulman. A sabedoria da prática especializada.

Algumas partes do CME coincidiam com conhecimentos que qualquer adulto formado tem, mas outras, não. Por exemplo, saber analisar soluções incorretas ou fora do padrão, identificar que raciocínio fez o aluno para chegar à resposta errada, antecipar erros prováveis e entender qual a melhor ilustração para uma explicação. Até Hy, um profissional com décadas de experiência, não tinha essas habilidades. Mais tarde, aplicando um teste de CME, ele mostrou a Deborah (para seu desespero) que tampouco outros matemáticos tinham.

Com o tempo, o episódio Daniel viralizou e foi apresentado em congressos da Califórnia à Coreia. Enquanto isso, a turma de Magdalene Lampert tinha aparecido na revista *Life* e acabou inspirando um programa de TV no canal PBS: um programa sobre matemática para crianças chamado *Square One TV* [Quadrado um TV, em tradução livre], no qual os detetives George Frankly e Kate Monday, da "RedeMat", resolviam um novo caso toda semana. Além dos casos, havia esquetes de dois minutos que equivaliam ao "problema do dia", que Magdalene sempre apresentava na aula. No "Escritório de Números Desaparecidos", cidadãos desesperados registravam o desaparecimento de números para um policial, que os procurava entrevistando testemunhas sobre suas características; o "Clube Primo" era uma casa noturna que só aceitava números primos; um número musical parodiava a música *Climb Every Mountain*, do filme *A Noviça Rebelde*, com uma letra que falava sobre contar até o maior número.

As duas professoras, Deborah Ball e Magdalene Lampert, construiriam elas mesmas uma prova, uma evidência de que uma forma diferente de ensinar era possível. As pessoas começaram a questionar: se duas mulheres de Michigan podiam ensinar dessa forma, por que não podiam todos?

CAPÍTULO 3

TRAGÉDIA ESPARTANA*

Provar que ensino de excelência era possível era uma coisa; ensinar pessoas sem a extraordinária habilidade de Magdalene Lampert e Deborah Ball a fazer isso era outra bem diferente. Em 1982, depois que Lee Shulman trocou a Universidade Estadual de Michigan por Stanford, quem assumiu a tarefa foi a primeira cúmplice de Lee no IRT, uma ex-professora natural daquele estado chamada Judith Lanier.

Judy concentrou seus esforços reformistas em duas escolas onde ela própria havia sido formada – *escolas-laboratório*. Mesmo naquele tempo (ela ingressou no magistério no final dos anos 1950), essas escolas já estavam em extinção. Escolas-laboratório eram uma ramificação de uma instituição antiquada, a "escola normal", uma alternativa às faculdades que proliferou no começo do século XX, antes que as universidades assumissem a tarefa de formar professores.

Focadas em educar futuros professores e em criar métodos mais eficientes de ensinar, as escolas normais atendiam dois tipos de estudantes: alunos do jardim de infância à 12ª série e, simultaneamente, os universitários que queriam aprender a lecionar. Cada escola normal era, na verdade, duas – a parte "normal", de formação de professores, e a parte laboratório, onde as crianças e adolescentes aprendiam enquanto os futuros professores observavam, eventualmente assumindo as aulas para praticar.

* O título deste capítulo é uma alusão ao nome da escola Spartan Village, cuja tradução literal é Cidade Espartana [N.E.]

A escola-laboratório de John Dewey na Universidade de Chicago, herdada de seu mentor Francis Parker, seguia esse modelo. A própria experiência de Judy – primeiro, em uma escola-laboratório em Paw Paw, no Michigan, e, mais tarde, em uma escola de Milwaukee, no estado de Wisconsin – havia comprovado o poder do modelo. Em Paw Paw, ela e seus colegas aprenderam a manter registros diários das aulas. Mais tarde, se reuniam com pesquisadores para analisar o que haviam feito, assistindo a palestras em um prédio adjacente à escola. O laboratório em Milwaukee tinha até um mezanino de observação, uma passarela toda envidraçada de onde os estudantes de educação podiam observar, e até abrir o vidro para escutar a lição sem interrompê-la. Depois das aulas, os estudantes e seus professores repassavam os problemas pedagógicos juntos.

Trabalhar na escola-laboratório mudou a visão de Judy sobre o magistério. Ela havia assumido essa carreira por inércia. Quando terminou o ensino médio, no começo dos anos 1950, as mulheres tinham basicamente três opções: ser enfermeiras, secretárias ou professoras. Como Judy não gostava de sangue e achava escritórios um tédio, só sobrou ser professora. Mas, depois das experiências em Paw Paw e Milwaukee, dar aulas não era mais um trabalho no qual ela se acomodara. Era para ela uma arte, do tipo que se podia passar a vida inteira aperfeiçoando.

Com o passar dos anos, entretanto, as escolas-laboratório (e a visão de ensino que elas sustentavam) se tornaram obsoletas. A causa principal eram as universidades, que agregaram o lucrativo negócio de formar professores aos seus repertórios, deixando as escolas normais sem utilidade. Mas, ao assumir a formação dos professores, as universidades também marginalizaram a atividade. Em vez de formação, os professores universitários – homens mais parecidos com William James e Edward Thorndike do que com o ex-professor Francis Parker – priorizavam a pesquisa, que, por sua vez, "ignorava as escolas públicas", como escreveria Judy mais tarde. Na universidade, "professores de escola e jovens aprendizes, que deveriam ser o foco", se tornaram "atração preliminar antes da luta principal".

Um professor de Oxford chamado Harry Judge, de passagem por escolas de educação americanas a convite da Fundação Ford, descreveu a abordagem das universidades como "a doutrina do Qualquer Coisa Menos": as faculdades de educação eram "qualquer coisa, menos escolas de pedagogia", como descreveu a Judge um professor universitário.

A doutrina do "Qualquer Coisa Menos" começava com os professores. Em seu relatório final, Judge descreveu como era o recrutamento em uma universidade fictícia chamada Waterend – uma representação da elite das escolas de educação que ele visitara:

> A tática predominante era fazer uma investida nas turmas, rastrear aquele aluno brilhante de currículo impecável, ou a maior promessa, e conduzi-lo triunfantemente pelos portões de Waterend. Então, o professor explicaria, com muito cuidado, que esse seria seu primeiro cargo em uma faculdade de educação, que estava imaculado pelo contato com o submundo do magistério, que ele agora era antes de mais nada um Professor de Waterend – com pelo menos mais um cargo simbólico em outro departamento também.

Já as universidades mantidas com o apoio do governo*, como a Universidade Estadual de Michigan, foram parodiadas por Judge na forma da fictícia UHS. Lá, as mesmas práticas eram adotadas, mas em uma escala ainda maior, pois, em vez de um punhado de psicólogos imaculados, a faculdade de educação da UHS tinha sessenta deles.

Tanto na Waterend quanto na UHS, os professores de educação eram mais fiéis a suas áreas originárias do que ao estudo do magistério. Um professor da área de educação podia estudar, segundo Judge,

* Essas instituições são chamadas *land-grant universities*. São universidades fundadas com recursos federais (porém administradas por cada estado), no século XIX, com a missão de ensinar prioritariamente agricultura e engenharia. Até hoje, a maioria é financiada por dinheiro público, outras são particulares, como o Massachusetts Institute of Technology (MIT). [N.T.]

temas tão variados quanto "a história da família, ou o papel da mídia na formação da opinião pública, ou a estrutura do ensino superior, ou as mudanças na macroeconomia, ou a evolução da teoria organizacional", antes de sequer pisar em uma sala de aula. Tal negligência podia eventualmente ser benéfica (Lee Shulman, por exemplo, estudava médicos antes de conhecer Nate Gage), mas normalmente era completamente antagônica. Certa feita, um professor confessou a Judge que estava feliz por não ter de trabalhar com "professores retardados".

A doutrina do Qualquer Coisa Menos era alimentada pela perversa pressão de se tornar professor titular. Até os mais bem intencionados sabiam que o trabalho para se chegar ao cargo máximo da academia não necessariamente dava origem a bons professores escolares nem a métodos de formação eficientes. Uma jovem docente universitária podia ser imbatível na formação de professores primários, mas seu currículo tinha de exibir publicações como "Estereótipos Sexuais nas Disciplinas do Ensino Médio" se ela quisesse arrumar emprego depois da pós-graduação.

Assim, Judge concluiu que a tradição, apesar de indefensável, era imutável. As universidades dependiam da renda das faculdades de educação, e, portanto, evitavam mudanças. "Os departamentos de educação se tornaram quase uns depósitos de lixo", um professor lhe disse.

Quando Judy Lanier chegou à Universidade Estadual de Michigan para fazer pós-graduação, em 1964, a Faculdade de Educação era a caricatura da doutrina do Qualquer Coisa Menos. Era o "paraíso de velhos camaradas", disse ela a um historiador. A panelinha dos grandes intelectuais se encontrava no *lounge* do prédio da Educação, onde passavam horas fumando cachimbo e tomando cafezinho, para a fúria dos demais professores e alunos, já que raramente se apresentavam antes das dez da manhã.

Os "camaradas" tinham pouco interesse na pesquisa em educação. Na primeira vez que Judy apresentou seu projeto de pesquisa – um estudo das características que diferenciavam professores excelentes dos medíocres –, vários docentes antigos tentaram convencê-la de que o projeto era impossível. Não concordavam com a metodologia proposta, que consistia em entrevistar diretores, professores e pais e filmar os melhores professores em ação. Em meados dos anos 1960, antes de Nate Gage, a maioria dos estudantes ainda não conseguia identificar os ingredientes comuns ao bom ensino. A equipe da faculdade duvidava que Judy fosse capaz de identificar os melhores professores, e muito menos discernir o que os fazia especiais.

Os "educadores de professores" da Universidade Estadual de Michigan, por outro lado, formavam um grupo marginalizado. Se os "camaradas" gozavam de poucas horas-aula e muito tempo para se dedicar à pesquisa, os educadores encaravam turmas enormes, carga horária pesada e pouquíssima ou nenhuma verba para pesquisa.

E, para a formação prática em si, eram raros os programas rigorosos como o de Estágios no Ensino Fundamental (que levou Deborah Ball à Spartan Village). Em seu relatório, Harry Judge escreveu que, nos Estados Unidos, uma graduanda típica poderia cumprir todas as disciplinas necessárias para se tornar professora mesmo se tivesse sofrido de "um longo período de inconsciência".

Em vez de experiências guiadas em sala de aula, os alunos da Universidade de Michigan, em geral, cumpriam um currículo em três partes. Primeiro, um panorama geral das disciplinas acadêmicas, cursos básicos de pesquisa ministrados, segundo Judy, pelos pesos-leve do departamento. Então começavam os cursos de "fundamentos" em psicologia, história e filosofia da educação, ministrados pelos "camaradas" mais juniores (incluindo o jovem e recém-chegado psicólogo educacional Lee Shulman). Finalmente, vinham as aulas de metodologia, a cargo dos "educadores". Teoricamente, essas eram as aulas de "como" e não de "o que" fazer. Mas, frequentemente, acabavam refletindo o que Judy chamava de visão "botas e galochas". Uma ideia, de acordo com a pesquisadora da Universidade de Michigan Francesca

Forzani, de que "tudo o que os professores têm de saber é ajudar as crianças a se vestirem para o recreio"*.

Em seguida, os futuros professores embarcavam na experiência prática: dez semanas em sala de aula, apoiados apenas pelo aconselhamento, muitas vezes limitado, que o professor titular da turma conseguia prover. Às vezes, observou Judy, as escolas designavam seus professores mais fracos para orientar os estudantes, pois eram aqueles que tinham mais dificuldade de controlar as crianças e, portanto, podiam se beneficiar de alguma ajuda. Em seu próprio estágio, na Universidade do Oeste do Michigan, ela acabou dando mais aulas do que a professora titular da sala.

Em 1980, quando se tornou diretora da Faculdade de Educação, Judy solapou a doutrina do Qualquer Coisa Menos. Em vez de flanar por outras disciplinas, os docentes teriam de investir seu tempo em descobrir os segredos dos bons professores, submetendo assim toda a faculdade à abordagem que ela e Lee Shulman haviam desenvolvido no IRT, e transformando a Universidade Estadual de Michigan em uma versão moderna da sua escola-laboratório em Paw Paw. A Universidade de Michigan seria exemplo para universidades de todo o país, elevando o nível do ensino em todo o país.

O ácido relatório de Harry Judge para a Fundação Ford, entregue em 1981, poderia ter sido o roteiro para Judy. Primeiro, veio a faxina. Ela cortou os gastos do curso de educação em 40 por cento. Em troca, arrancou uma promessa do reitor: um *aumento* de 25 por cento na verba da unidade. Então, partiu para as contratações, recrutando professores que outras universidades teriam ignorado, para conduzir pesquisas em educação e formar professores, exatamente como ela e Lee haviam feito no IRT. O objetivo não era apenas educar futuros professores escolares, mas transformar esse treinamento. Até Harry

* No original "*dress for recess*", um trocadilho com a expressão "se vestir para o sucesso" (*dress for success*), muito comum no inglês, que quer dizer "se preparar para o sucesso". [N.T.]

Judge foi convencido a aderir à causa e, por cinco anos, manteve um cargo na Universidade Estadual de Michigan em paralelo a Oxford.

Judy encerrou a temporada de contratações em 1984 com Magdalene Lampert, que há muito havia jurado deixar o ensino universitário de educação e se exilado em uma sala de aula da Buckingham, Browne & Nichols. A experiência na Faculdade de Educação de Harvard tinha sido frustrante. De todos os cursos oferecidos por aquela universidade, apenas um tinha a palavra "ensinar" no título – e ela acabou casando com o professor dessa mesma disciplina, David Cohen. Mas nem ele, um historiador de formação, havia dado aula em uma escola. Apenas recentemente tinha deixado de estudar políticas educacionais e história para observar turmas em aula. "De cócoras", ele dizia.

Além disso, a Universidade de Michigan era uma universidade rural. Quando Magdalene e David visitaram-na pela primeira vez, um dos primeiros departamentos por onde passaram tinha uma placa, nas cores da universidade, que dizia "DEPARTAMENTO DE PESQUISA E EDUCAÇÃO DE OVELHAS". Em outra, "PESQUISA E EDUCAÇÃO DE SUÍNOS". O prédio Erickson Hall, onde funcionava a Faculdade de Educação (pesquisa e educação de humanos), ficava na Rua da Fazenda, a menos de um minuto de carro de uma lavoura de milho. Finalmente, eles passaram por uma placa familiar: "Escola de IA". "Bem, no MIT, isso significava inteligência artificial", lembrou David. Na Michigan, entretanto, IA abreviava inseminação artificial.

Mas Judy Lanier usou o que havia de mais estranho no Meio-Oeste – o tédio, os porcos – e transformou tudo isso em vantagens. Como a primeira universidade custeada pelo governo no país, a Universidade de Michigan se orgulhava de seu compromisso de produzir conhecimento para o campo, literalmente. Foi um professor da Michigan, no século XIX, quem criou a primeira técnica de hibridização de milho, ajudando a modernizar a agricultura.

Judy explicou a Magdalene e David que a Faculdade de Educação poderia fazer a mesma coisa pelo magistério. Com um corpo discente tão grande, os experimentos deles poderiam mudar as vidas de milhares de professores primários nas escolas do estado a cada ano. Capacitá-los com os conceitos e habilidades certos poderia transformar a educação.

Como Magdalene poderia recusar?

A ambição de Judy Lanier não era novidade. Desde o começo do século XIX, havia esforços para transformar a forma de ensinar. Em um discurso para um comitê de dirigentes escolares em 1830, um educador chamado Warren Coburn anunciou que queria extinguir o que chamou de "antigo sistema", no qual "o aluno era presenteado com regras, que o diziam como realizar certas operações com números. Mas sem nenhuma explicação para elas", escreveu ele. "O aluno começa e termina no escuro, e os resultados de seus cálculos parecem ter saído de uma operação mágica em vez de uma dedução racional."

O "antigo sistema" ainda persistia em 1911, quando o matemático Alfred North Whitehead descreveu a "estrada para a negligência" apresentada pela matemática escolar. Mal ensinada, com foco apenas na memorização tosca e não nos conceitos imbricados na matéria, disse ele, essa grande ciência se transformou no fantasma do pai de Hamlet: "Está aqui, está ali, foi embora!". Pouco havia mudado em 1957, quando o frenesi competitivo causado pelo lançamento do míssil Sputnik pelos soviéticos inspirou um novo currículo chamado de "Nova Matemática" – um programa de estudos que ajudaria "qualquer ser humano normal a ver a beleza e o poder da matemática", como resumiu Suzanne Wilson em sua história das reformas americanas em matemática. A situação em que Deborah Ball e Hy Bass encontraram o ensino da matemática em 1990 diz tudo sobre o sucesso da reforma.

A matemática tinha mais atenção (e mais verbas de pesquisa), mas não era a única disciplina escolar que inspirava e ao mesmo tempo resistia a mudanças. Uma pesquisa com turmas de Portland, no estado do Oregon, realizada em 1913, revelou negligência em todas as matérias. Em geografia, "as questões, quase sem exceção, pediam que se decorassem as sentenças do livro". Em gramática, a maior parte do conteúdo "não significava quase nada para as crianças". Já em história, "não havia o mínimo sinal de interesse na matéria; o único propósito era decorar as frases do texto indicado". Em 1970, o jornalista Charles Silberman ainda diagnosticava "insensatez" no ensino escolar. Essa é a história e, talvez, o destino, da educação escolar americana: sempre criticada, nunca modificada.

Mas Judy teve sorte. Colegas de visão semelhante à dela tinham ido e vindo no passado, mas nenhum em momento tão auspicioso para uma reforma do ensino como em 1980. Uma das vantagens foi o surgimento de pesquisas acadêmicas que, pela primeira vez, endossavam (em vez de ignorar) a noção dos educadores de que aprender era mais complicado do que o que o behaviorismo de Nate Gage sugerira. Estudando o funcionamento da mente, uma nova linhagem de cientistas cognitivos tinha concluído que o aprendizado não respondia a técnicas usuais de ensino.

Uma das pesquisas examinou a capacidade de aprendizado de crianças carentes no Brasil. Vendendo coco e melancia nas ruas, essas crianças calculavam preços e contavam dinheiro com facilidade impressionante. Mas quando os pesquisadores passavam os mesmos cálculos que elas faziam nas ruas para o papel, os meninos se perdiam. Repetidas vezes, os pesquisadores os observaram errar as contas do mesmo jeito: seguindo, incorretamente, rotinas que haviam aprendido, mas não haviam compreendido, na escola. Eles eram mais do que capazes de cálculos complexos, mas a escola parecia conspirar contra tal habilidade.

O padrão se repetia. Na rua, a criança improvisava uma matemática mental para dar o preço ao cliente. Mas, no papel, ela parecia desligar essa parte do cérebro, aquela onde multiplicações e divisões representavam transformações no mundo real, e tentava imitar (quase sempre de forma errada) os passos que havia decorado na escola. Era como se os dois problemas fossem coisas diferentes: um, a manipulação de números concretos; o outro, um passo a passo executado para satisfazer a professora.

Um garoto de 12 anos que acabara de facilmente calcular o preço de 4 cocos, a 35 cruzeiros cada um, em 140 cruzeiros, ficou completamente confuso quando os pesquisadores apresentaram a ele exatamente o mesmo cálculo em uma folha de papel. 35 x 4? Em vez de seguir o mesmo raciocínio que havia feito de cabeça minutos antes (dois cocos dá 70, mais um coco dá 105, mais 35, são 140!), ele tentou cumprir o procedimento da multiplicação que havia aprendido na escola, colocando um número sobre o outro:

$$\begin{array}{r} 35 \\ \underline{\times \quad 4} \end{array}$$

Ele posicionou os elementos principais corretamente, multiplicando o 4 por 5 para chegar a 20 e então arrastar o 2. Mas, em vez de multiplicar depois o 4 por 3, antes de somar o 2, ele somou primeiro e *depois* multiplicou por 4, e entregou o resultado – 200 – aos pesquisadores aparentemente sem notar a diferença em relação a seu primeiro cálculo. Esse estudo sugeria, portanto, que a escola não apenas falhava em ensinar os alunos, mas ainda por cima os confundia.

Além dos cognitivistas, um grupo ainda mais poderoso começou a influenciar as escolas nos anos 1980: a elite econômica e política. Assustados com rankings internacionais que mostravam os alunos norte-americanos ficando para trás em relação a seus pares em outros países, CEOs, parlamentares, filantropos e ativistas começaram a se preocupar com o que essa crise poderia significar para os interesses nacionais. Afinal, a economia estava guinando, naquele momento, da produção e operação de bens materiais (carros, comida, carvão) para o desenvolvimento do que economistas chamaram de "produtos de informação" (softwares, games, telefonia celular). Desorientados, os estudantes americanos não pareciam estar à altura dessa nova economia.

Um CEO chamado Alfred Taubman, empresário bilionário cujo império incluía a cadeia de *fast food* A&W, se apavorou com as escolas após um grande fracasso no lançamento de um produto. Para fazer frente ao Quarteirão com Queijo do McDonald's, ele lançou um sanduíche com 40 gramas de carne a mais, pelo mesmo preço do concorrente*. Mas, apesar de ganhar do Quarteirão em sabor e valor, o hambúrguer não vendia. Só depois de contratar uma empresa de pesquisa de marketing que fez estudos com discussão em grupo é que Taubman entendeu por quê. Metade dos participantes das discussões em grupo acreditava que o A&W cobrava mais caro. "Por que deveríamos pagar por um terço de libra de carne o mesmo que pagamos por um quarto de libra no McDonalds?", perguntavam. Alguns consumidores simplesmente achavam que um terço, por estar relacionado ao número 3, era menos do que um quarto, que remete ao número 4.

A capacidade matemática dos clientes, infelizmente, equivalia à dos trabalhadores. "Quando as empresas têm de gastar bilhões para prover instrução complementar em leitura, matemática e resolução de problemas, são taxadas duas vezes", concluiu o empresário. Pagam uma vez pela educação pública, via impostos, e pagam de novo por educação privada, pois o sistema é ineficiente.

Competitividade econômica também era a preocupação do primeiro secretário da Educação do presidente Ronald Reagan, Terrel Bell, quando ele solicitou um estudo sobre as escolas americanas em 1981. Intitulado *A Nation at Risk* [Uma Nação em Risco], o relatório descrevia a deterioração do sistema educacional nos Estados Unidos. Uma das maiores preocupações era que até estudantes com competências básicas falhavam nas "habilidades intelectuais superiores", fundamentais em uma economia pós-industrial. O relatório deu origem a dúzias

---

* Nos Estados Unidos, o Quarteirão com Queijo se chama Quarter Pounder, pois contém um quarto de libra de carne (113,4 gramas); o lanche criado pela A&W se chamava One Third Pounder, pois tinha um terço de libra de carne (151,2 gramas). [N.T.]

de outros documentos, um dos quais concluía: "Dentro de poucos anos, não será exagero falar de um movimento por reformas educacionais".

Os reformistas travavam sua luta em muitas frentes. Com o passar do tempo, a mais proeminente era a defesa de novos parâmetros de avaliação. Depois de *A Nation at Risk*, governadores começaram a se reunir para delinear novos parâmetros de aprendizado – uma iniciativa que foi a semente da lei Nenhuma Criança para Trás*, duas décadas depois. Enquanto isso, Judy Lanier aproveitou a crescente mobilização para construir uma coalizão em torno de sua agenda de reformas: transformar o ensino e o treinamento dos professores. Ela foi a Washington para a apresentação do relatório pelo ministro Terrel Bell, e, mais tarde, ele visitou a Universidade Estadual de Michigan, onde entregou uma homenagem a Judy e ao Instituto para a Pesquisa do Ensino. Os conselheiros da pesquisadora ainda incluíam Alfred Taubman, Jim Blanchard (o governador do estado do Michigan) e diversos líderes de organizações filantrópicas pelo país. Ao aproximar o movimento pelas reformas de sua causa, Judy não precisava convencer as autoridades sobre a importância de preparar melhores professores. Naquele momento, *ela* era a autoridade.

Mais tarde, Magdalene Lampert se perguntaria: o que exatamente os professores precisavam aprender, e como aprenderiam? Pouco depois de se transferir para Michigan (ela assinou um contrato de apenas dois anos, para que David não precisasse abrir mão de sua vaga de titular em Harvard, mas o suficiente para dar uma chance de verdade à universidade), uma professora chamada Ruth Heaton aderiu ao desafio do ensino de professores.

Estudante do primeiro ano da pós-graduação, Ruth conheceu Magdalene no meio do ano letivo, em um momento de tensão. Ela tinha entrado no curso para se tornar uma educadora de professores,

* A lei (em inglês, No Child Left Behind), de 2001, obriga os estados americanos a avaliarem periodicamente o desempenho dos alunos para receber verbas federais para educação. Os critérios e metas de pontuação são definidos por cada estado. [N.T.]

mas, apesar de seus nove anos de experiência no ensino fundamental, estava em uma crise de confiança na Universidade. Por toda parte na faculdade, escutava as pessoas criticarem as armadilhas de uma aula tradicional de matemática. E, horrorizada, percebeu que, havia nove anos, ela repetia aqueles mesmos erros.

Magdalene adotou Ruth como orientanda e a colocou na equipe Lampert, o grupo de estudantes que assistia a suas aulas no ano da gravação dos vídeos. Quando o ano letivo seguinte começou, Magdalene designou para Ruth uma turma do quarto ano na sala ao seu lado. Além de professora de matemática, Ruth era, informalmente, a estagiária de Magdalene. Duas vezes por semana, a veterana assistia à aula dela, fazendo anotações. Nos anos seguintes, as duas mulheres ensinaram uma à outra: Magdalene recebeu ensinamentos de Ruth sobre como lecionar matemática; Ruth recebeu ensinamentos de Magdalene sobre como ensinar a ensinar.

Uma das primeiras lições começou simples e foi se complicando. Observando Magdalene e Deborah darem aula, Ruth tinha entendido a importância de fazer os alunos falarem. Em suas aulas de matemática, ela dedicadamente importunava os estudantes com perguntas, muitas vezes imitando as duas mestras palavra por palavra. "Como você sabe disso?", "O que os outros pensam sobre isso?". Mas, apesar de fazer as perguntas certas, ela não estava segura sobre o que fazer com as respostas. Como resultado, as discussões em sala de aula, em vez de fluir, acabavam em becos sem saída. Cada comentário era como um baque – um enorme silêncio, sem ninguém pensando.

Em uma aula seguinte, Ruth introduziu o tema das funções, usando o mesmo currículo experimental que Deborah tinha testado com o primeiro ano. Seguindo o manual do professor, ela pediu à turma uma lista de números que caberiam numa função simples: $f(x) = x + 10 + 2$. Substitua X por qualquer número, e o que se obtém? Os alunos fizeram rapidamente uma lista: 99 e 111, 8000 e 8012, 250 e 262, 4988 e 5000, e por aí vai.

Em seguida, Ruth deveria perguntar-lhes que padrões conseguiam identificar nos números. O manual descrevia o rico diálogo que se seguiria. Os alunos fariam observações certeiras – "se o número na esquerda for par, o da direita também será"; "o número da direita é sempre maior do que o da esquerda" – e então, como em uma das aulas de Magdalene ou Deborah, eles avançariam das observações para a verificação ("Isso é sempre verdade?") e da verificação para um entendimento mais sólido. Quem sabe até inventariam uma nova categoria de números!

No entanto, o que se seguiu foi um triste desfile de ideias obtusas que não chegava a lugar algum. Tem dois "80", um aluno disse, olhando para 8000 e 8012. Outro apontou para 8000, 111 e 5000: "Aqui tem três zeros juntos, três uns juntos e depois três zeros de novo", disse o menino, chamado Ricardo. Mas qual é o padrão, perguntou Ruth, e ele respondeu novamente: "000, 111, 000".

Ruth se sentia um fracasso. "Parecia que eu estava boiando hoje", ela diria a uma colega naquela tarde. Mas, onde Ruth enxergava falhas, Magdalene via espaço para um progresso. Ruth sabia que seus alunos precisavam falar sobre matemática, mas não sabia como transformar o debate em aprendizado. Era o que Magdalene ainda precisava explicar.

A melhor estratégia para ensinar matemática a uma criança era apresentar um bom problema. Para ensinar o ETE, Magdalene precisava de uma oportunidade paralela, um problema *de ensino* para mostrar a Ruth a diferença entre a solução dela (repetir a questão do livro didático) e outras possibilidades melhores (uma forma mais fértil de responder às ideias dos alunos).

Uma boa oportunidade emergiu num final de setembro, quando Ruth passou para a turma do quarto ano o problema do dia:

Quais números inteiros podem ser escritos nas caixinhas?

$$26 - \square = \square$$

Em vez de mergulhar no problema, como os alunos de Magdalene sempre faziam, a turma divagava. "O que é um número inteiro?", perguntou uma menina. Desarmada, Ruth tentou responder a pergunta rápido para seguir adiante. Ela mostrou à garota a reta dos números na parede, com os números inteiros. Mas, em vez de voltar ao problema, a estudante retrucou: "Não entendi", disse ela, "o que *não é* um número inteiro?". Frustrada pela perda de tempo – eles deveriam estar elaborando as soluções, não debatendo os enunciados! – mas tentando ouvir os alunos, Ruth fez mais uma pausa, ajudando a turma a listar mais exemplos de números inteiros.

Observando a aula, Magdalene percebeu um problema didático clássico. Ruth não se deu conta de que a menina não estava pedindo *exemplos* de números inteiros. Ela queria uma *definição*. Por isso tinha feito a segunda pergunta, "o que não é um número inteiro?". Não havia solução fácil para esse problema didático (para nenhum, na verdade), mas Magdalene podia ajudar Ruth a pensar com mais cuidado na resposta. Poderia, por exemplo, mostrar à novata o valor de escutar o que os alunos estão realmente perguntando. Às vezes, uma professora precisa guiar os alunos para evitar perguntas que os desviam do tema, pois isso pode ser perda de tempo mesmo. Mas, nesse caso específico, esclarecer a confusão da turma sobre os números inteiros era crucial para que conseguissem trabalhar no problema. Eles precisavam saber o que um número inteiro é antes de pensar em quais números inteiros cabiam nas caixinhas.

Magdalene também podia ajudar Ruth a elaborar uma resposta melhor fazendo-a entender a matemática com que estava lidando. A decisão de apontar os números na parede tinha algum mérito, já que mostrava aos alunos uma lista pronta de números para usar no problema. Mas Ruth tinha confundido os numerais inteiros escritos com a reta, que mostrava não apenas os inteiros, mas frações entre eles. Magdalene entendia a confusão. "Na *matemática*, a importância da reta de números é que ela representa *continuidade*", escreveu

Magdalene em um bilhete para Ruth. "Ou seja, representa a ideia de que sempre há mais números *no meio* de outros números". O desafio dos professores é manter a linha tênue entre esses dois igualmente importantes usos da reta – um estoque de números distintos para usar e também uma expressão de continuidade – sem confundir os alunos nem cometer um erro.

Lendo o bilhete mais tarde, Ruth sentiu-se aliviada. Não havia vara de condão que transformasse as hipóteses dos alunos em um rico debate. Mas havia formas melhores e piores de responder a eles. Por exemplo, se Ruth tivesse prestado mais atenção ao que os alunos realmente queriam saber – uma *definição* –, ela poderia ter concentrado seus esforços em ajudá-los a elaborar uma. E, para isso, poderia ter explorado um movimento que Magdalene vislumbrou, quando Ruth sugerira que uma aluna discutisse o significado de número inteiro com outros alunos. Em vez de simplesmente deixá-los falar, ela poderia ter conduzido a conversa em direção à resposta certa. A chave para avançar no debate era ouvir as perguntas da turma, refletir sobre o que eles ainda não tinham entendido e construir uma resposta que lhes entregasse isso.

Quando Ruth finalmente entendeu, ela nem se deu conta de que vinha fazendo isso até Magdalene chamar a sua atenção. Magdalene sempre rascunhava comentários logo após assistir às aulas e os dava para Ruth ler, antes que analisassem a aula juntas. Desta vez, a anotação destacava um momento em que Ruth disse aos alunos "Quero mostrar uma coisa para vocês". Naquele dia, ela escreveu: "Você teve algum tipo de ideia genial sobre como amarrar tudo quando disse isso? Ou estava apenas seguindo o roteiro da aula? Me pareceu que você estava mais engajada, pensando mais nas crianças e na matéria do que lendo o manual".

Lendo o bilhete dentro de seu carro, no estacionamento da Spartan Village, Ruth inicialmente não entendeu nada. "Tive uma ideia genial? De que momento ela está falando?", pensou. Naquela mesma noite, em casa, Ruth pegou a fita que havia gravado da aula, encontrou o momento de "mostrar uma coisa" e apertou *play*. A lição começava como qualquer outra, Ruth disparando perguntas e os alunos devolvendo interrogações. Assim a aula se arrastava – nada era interessante, nada podia ser explorado – até que, mais de meia hora depois, um menino chamado Lúcio foi até a lousa. O problema era 2 x (3 x X), e eles estavam tentando resolvê-lo com diferentes números substituindo X. Nesse caso, X equivalia a 35, e um outro aluno havia proposto uma resposta, 210, calculando com um tabuleiro. Lúcio se ofereceu para resolver de outro jeito.

Mas agora ele estava parado na frente do quadro. O silêncio era desconfortável. "Estou confuso", disse Lúcio. "Por quê?", perguntou a professora. "Porque aqui a gente somou três 35 e deu 105, e eu achei que aqui a gente devia somar mais dois 35". Só que o outro aluno tinha somado mais dois 105.

Ruth então lembrou do momento, e Magdalene estava certa – ela havia tido uma "ideia genial". Enquanto preparava a aula, ela mesma havia confundido 2 x (3 x X) com 3 x X + 2 x X. Logo ela percebeu o erro: o problema pedia multiplicação, não soma; triplicar X e depois dobrar o produto. Era um erro comum em multiplicações em etapas. Quando Lúcio disse que achou que eram mais dois 35, Ruth viu que ele havia cometido o mesmo erro que ela. "Alguém quer tentar ajudar o Lúcio?", perguntou à turma.

Um menino chamado Beto se ofereceu, mas Ruth o cortou, e sabia por quê. Sabendo exatamente onde queria que a discussão chegasse – explicar a ordem das operações e as propriedades da multiplicação –, ela percebeu imediatamente que a resposta de Beto não os levaria para esse lado. Ele não tinha entendido a confusão de Lúcio, então seu comentário não acrescentaria nada.

Esse foi o momento em que ela disse aquelas palavras – "Quero mostrar uma coisa para vocês". Ela refez os passos da turma, começando com o 35 x 3 = 105. "Agora", ela ouviu sua voz na fita, "e é isso que está confundindo algumas pessoas, eu quero dobrar esse número". O número era 105, não o 35, ela queria deixar bem claro. Desenhou uma seta do 105 e escreveu 2x, o símbolo para multiplicação de um número por 2.

Um coro de "Ahhhhhh" preencheu a sala.

Escutando a fita, Ruth teve seu próprio "aha!" – não na matemática, mas na didática. "Eu entendi o que eles precisavam", escreveu em seu diário. "O ponto crucial era a conexão entre adição e multiplicação... eles não estavam vendo isso, e eu percebi".

Em seu caderno, naquela noite, Ruth parafraseou a lição aprendida com o bilhete de Magdalene. "Consegui amarrar as coisas naquela hora porque estava pensando na matéria, ouvindo os alunos e tentando entender o que eles estavam dizendo, e então agi". A discussão não funcionaria se ela deixasse a turma falar sozinha. As melhores trocas aconteciam quando ela descobria o que os alunos precisavam entender e guiava a conversa até conseguir ensinar isso a eles.

No final do ano, o desafio não era mais conseguir promover um debate em aula, mas sim encerrá-lo. Com frequência, a aula seguia até depois do sinal bater, e só acabava com os gritos das outras crianças indo para o intervalo. Ruth ainda tinha muito o que aprender, mas seu sucesso até agora era inegável. Sua dúvida então era: "Como faço para continuar assim?".

Na Spartan Village, Ruth não era a única se especializando na técnica do ETE. Uma professora veterana chamada Sylvia Rundquist estava estudando com Deborah Ball, da mesma forma que Ruth com Magdalene, e mudando sua forma de ensinar.

Sylvia era dezenove anos mais velha do que Deborah, e trabalhava como professora desde a década de 1960. Ela dava aulas para o terceiro ano, mas entregava sua turma para Deborah nas aulas de matemática. Sentada no fundo de sua própria sala de aula, uma hora por dia, Sylvia se tornava ela mesma uma aluna, cheia de perguntas. Zero era par ou ímpar? Por que -7 não é um número primo, se 7 é? 7 x 4 é mesmo diferente de 4 x 7? Uma manhã por semana, ela e Deborah se encontravam fora da escola para falar sobre as respostas (zero é par; números negativos não são primos porque todos são divisíveis por -1 além de por 1; e sim, apesar de a resposta ser a mesma, a diferença entre 7 x 4 e 4 x 7 é um conceito importante que professores de matemática precisam dominar).[1]

Ver Deborah dar aula fazia Sylvia questionar seu próprio modo de ensinar. Lá pela metade do ano, ela começou a se referir à sua antiga prática como ADB, "Antes de Deborah Ball". Um dia, durante uma formação profissional obrigatória em matemática, Sylvia se pegou entendendo tudo sem esforço – e até flagrando alguns erros. "A instrutora afirmou que 3 x 4 e 4 x 3 são a MESMA COISA!", escreveu ela, em um e-mail para Deborah naquele mesmo dia. "Val e eu discordamos, aí ela concordou que eram diferentes, mas no final o resultado era o mesmo... Amém e obrigada! Está funcionando".

Um grande desafio para Sylvia era dominar o medo. Deborah era sempre tão calma e séria. Mas, quando Sylvia abria um debate para as crianças exporem suas ideias, sentia seu coração acelerar, o estômago apertar e um calor nas bochechas. E se um aluno perguntasse algo que

---

1 Apesar de ser verdade que as duas expressões são equivalentes (ambas resultam em 28), professores de matemática precisam entender que 4 x 7 e 7 x 4 representam ideias diferentes: o primeiro significa quatro grupos de sete; o segundo, sete grupos de quatro. Imagine, por exemplo, sete carros com quatro pneus cada, versus quatro carros com sete pneus cada um. Ambas as frotas têm um total de vinte e oito pneus, mas são muito diferentes. A distinção fica ainda mais importante na divisão. O corolário da ideia de que 7 x 4 é diferente de 4 x 7 é o fato de que há duas formas de entender 28 ÷ 4. Uma, chamada divisão partitiva, questiona por exemplo: se temos 28 pneus e 4 carros, quantos pneus podemos dar para cada carro? A outra, chamada divisão equitativa, perguntaria: se temos 28 pneus, e sabemos que um carro precisa de 4 pneus, quantos carros podemos equipar com pneus novos? Nos dois casos, a resposta é 7, mas, novamente, a configuração é bem diferente. Munida desse conhecimento, Sylvia sem dúvida seria capaz de solucionar o problema de divisão por ½ que confundiu tantos universitários. Dividir por ½ não faz sentido da perspectiva da concepção mais comum de divisão (como montar ½ grupos?), mas faz todo o sentido se pensarmos equitativamente (é fácil fazer grupos de ½).

ela não sabia responder? O ETE obviamente funcionava, mas era um pouco assustador. Para fazer direito, Sylvia não tinha de aprender só matemática e como as crianças a compreendem – tinha também de reunir uma autoconfiança que nunca tinha encontrado.

Sylvia então mudou a forma como se preparava para as aulas. "Se antes usava alguns finais de semana para limpar sua mesa e corrigir provas", escreveram Sylvia e Deborah em um resumo da experiência, "agora ela procurava materiais, lia e organizava a sala de aula. Tentava imaginar os caminhos que os alunos poderiam escolher para investigar o que acontecia com as suas plantas, suas culturas de pão mofado ou seus ímãs. Procurava livros. Reunia revistas e jornais. Resumindo, ela percebeu que estava se *preparando*, em vez de *planejando*, para dar aula".

Assim como Ruth, com o tempo Sylvia foi ficando mais à vontade. Nunca deu uma aula inteira de matemática, mas tudo a que assistia respingava na forma como ensinava ciências, interpretação de textos e gramática. Ela deixou de usar livros didáticos com trechos de obras clássicas e passou a dar para a turma ler obras completas da literatura infantil. "O que os demais pensam?", perguntava, indo além do pingue-pongue de pergunta e resposta, para algo menos rígido. Era o que ela chamava de "facilitação".

Sylvia e Ruth não eram as únicas aprendendo com Magdalene e Deborah. Todos os dias, Magdalene convidava estudantes da Universidade Estadual de Michigan para observar suas aulas de quinto ano. Todas as semanas, ela se reunia com um pequeno grupo de professores da Spartan Village para trabalhar em problemas matemáticos e falar sobre ensino. E Deborah continuava incorporando a destemida da pedagogia, dando miniaulas para as turmas dos colegas.

As reações dos estudantes visitantes, no entanto, sofriam da mesma superficialidade que levara Magdalene a filmar as aulas. "A professora não fala muito, não faz nada para estimular as crianças que acertam a resposta", disse um deles. "Acho que essa é uma turma especial. A maioria dos alunos no quinto ano não fala desse jeito", observou outro. Percebendo que as crianças trabalhavam em apenas um problema por dia, um terceiro questionou: "Eles não deveriam passar por tudo o que precisam aprender no quinto ano? Como farão isso se só resolvem um problema de cada vez?".

Ao final do ano, depois de assistir aos vídeos e praticar sozinhos (escrevendo e resolvendo problemas, por exemplo), a opinião deles tinha mudado. Os universitários perceberam que a forma como Deborah e Magdalene davam *feedback* a seus alunos não era simplesmente declarando as respostas certas ou erradas. Elas sabiam que, em um só problema, a turma podia perpassar vários conteúdos do currículo. Eles viram também que erros que pareciam ignorados pelas professoras em um dia eram retomados e aniquilados no outro. Até mudaram de ideia sobre suas próprias habilidades. "Eu não sou da matemática", diziam no começo. No final, um deles escreveu: "Esse curso me revelou um mundo novo".

Com o passar dos anos, as ambições de Judy Lanier cresceram. Ela batizou oficialmente o modelo que Magdalene e Deborah estavam criando na Spartan Village de "escola de desenvolvimento profissional", uma escola-laboratório moderna. E, com verbas do governo do Michigan, começou a criar mais escolas como essa. Em meados dos anos 1990, mais de uma dúzia de professores da Universidade Estadual de Michigan tinham criado uma base em escolas locais e também embarcado em novas pesquisas sobre ensino.

Esses professores universitários eram apenas a primeira leva de recrutas que Judy e Lee Shulman haviam trazido. Em 1986, dois anos depois da chegada hesitante, Magdalene e seu marido, David Cohen, decidiram ficar, o que fez de David provavelmente o primeiro professor titular de Harvard na história a trocar a cidade de Cambridge por East Lansing (onde fica a sede da Universidade Estadual de Michigan). Com David no projeto, Judy conseguiu persuadir professores de todo o país a virem para a Universidade de Michigan.

Judy precisava ampliar a equipe porque pretendia uma expansão ainda maior. No mesmo ano em que Magdalene e David decidiram ficar no Meio-Oeste, Judy lançou uma campanha nacional com colegas diretores de outras faculdades de educação insatisfeitos. Eles se chamavam o grupo de Holmes, em homenagem a um diretor rebelde de Harvard dedicado à formação de professores. O primeiro relatório do grupo conclamava os cursos superiores de educação a preparar melhor os futuros professores, ou "render-se a seus privilégios". Entre as recomendações, estava a abertura de mais escolas de desenvolvimento profissional. No fim do ano, para a surpresa geral, mais de cem diretores de universidades do país inteiro faziam parte do grupo.

Naquele momento, parecia que a Universidade de Michigan era o centro do universo, o marco zero de uma mobilização nacional por reformas. Sentimento sublinhado em 1985, quando a Secretaria de Educação da Califórnia anunciou a intenção de adotar o "ensino para a compreensão" nas aulas de matemática em todo o estado. Um ano depois, David e um grupo de jovens pesquisadores da Michigan embarcaram para a Califórnia – incluindo Deborah e Ruth, mas não Magdalene, que preferia estudar ensino do que políticas públicas. Eles estavam animadíssimos – como seria se um estado inteiro se comprometesse a ensinar matemática com mais do que exercícios mecânicos e decoreba? Era o que eles iriam descobrir.

Pelos próximos anos, o grupo observaria salas de aula em todo o estado, assistindo a professores do ensino fundamental lecionarem matemática. Eles testemunharam algumas mudanças promissoras, como um professor que, apesar de desconfiar das reformas, aplicou o novo método de ensino de frações e relatou ter ficado estupefato pelo desempenho dos alunos. "Ele nunca havia imaginado que sua turma de quinto ano conseguiria raciocinar de forma tão avançada", escreveu a equipe em um relatório. Outra professora, identificada por David pelo pseudônimo de Sra. Olvida, orgulhosamente declarou que sua turma tinha passado por uma "revolução" como resultado das inovações.

Entretanto, examinando mais de perto, a equipe de Michigan questionava o alcance das mudanças na Califórnia. A "revolução" da Sra. Olvida – observada por David a partir do fundo da sala de aula, agachado entre crianças de oito anos – parecia ter limites. Obedecendo ao decreto estadual, segundo o qual as lições de matemática "deviam envolver experiências concretas" com números, a Sra. Olvida tinha substituído papel e lápis por itens "manipuláveis", como feijões ou canudinhos. Em vez de sentarem em fileiras, as crianças ficavam em grupos de quatro ou cinco, alinhadas com a nova ênfase daquele estado em "grupos de aprendizado colaborativo". Ela ainda incorporou zelosamente às lições novos tópicos considerados importantes, como estimativas.

Mesmo assim, os ajustes não ajudavam a cumprir os objetivos do governo. "Experiências concretas", por exemplo, deveriam ajudar as crianças a "desenvolver um senso do que significam os números e como eles se relacionam", conforme as novas diretrizes da Califórnia para a matemática. Mas a Sra. Olvida estava mais focada nas atividades em si do que na matemática que elas deveriam ilustrar. Em uma aula observada por David, as crianças usaram feijões e copos para representar o valor posicional. Mas a professora estava mais preocupada com a forma com que os alunos seguravam os feijões, às vezes pegando seus bracinhos para fazer os movimentos que ela queria. Quando chegou ao ponto matemático chave da atividade – o momento em que os estudantes deveriam representar a subtração com reagrupamento, tirando um número maior de grãos de um menor –, ela passou voando. Eles fizeram as trocas e seguiram em frente, sem nenhuma ênfase ou debate.

Os grupos de aprendizado supostamente colaborativos, por sua vez, deveriam dar aos alunos da Sra. Olvida a oportunidade de "especular, questionar e explicar conceitos para esclarecer sozinhos seu próprio raciocínio". Mas David não os viu conversarem sobre matemática nenhuma vez. "Na verdade, a professora explicitamente desencorajava as conversas entre os alunos, preocupada em manter a turma quieta e organizada". Para David, ela usava os grupos apenas como meio de chamar as crianças à lousa (por exemplo, para anotar sua resposta a uma pergunta do tipo sim ou não durante uma atividade sobre gráficos de funções), para distribuir ou recolher folhas ou materiais e para dispensar a turma para o recreio. "O grupo mais organizado e quieto saía primeiro", observou David.

Outra aula que David acompanhou era sobre estimativas. Assim como a lição sobre valor posicional, a atividade poderia render bastante. A Sra. Olvida perguntou aos alunos quantos clipes de papel caberiam alinhados em toda a largura da sua mesa, e, depois que eles anotaram seus palpites, ela os recolheu e copiou cada uma na lousa, sempre perguntando à turma se achavam o número "razoável". Mas sem debater o que define um palpite razoável ou ajudar os alunos a diferenciar uma estimativa mais ou menos razoável. Ela tratava todos as repostas da mesma forma, até aquelas que estavam obviamente muito longe da correta.

A Sra. Olvida não foi a única com quem a revolução não funcionou. A equipe visitou as turmas de quase quarenta professores e, como escreveu um pesquisador, "nunca vimos mudança radical". Os professores formavam grupos e até davam para cada aluno do grupo um papel no "ensino colaborativo", mas as tarefas não se traduziam em debates sobre matemática. Enfatizavam a importância de saber o porquê de um procedimento, mas só aceitavam um tipo de porquê como certo, mesmo quando havia mais de um. E, quando os alunos davam explicações que o professor não entendia, ele desviava do tema em vez de se aprofundar no raciocínio das crianças.

Deborah viu esse drama encenado em uma aula sobre um de seus antigos desafios didáticos: subtração com reagrupamento (ou com "empréstimo"). Depois de explicar a "lei matemática da Sra. Carvalho" - "nunca subtrair o número de cima do número de baixo" -, a professora insistiu tanto na importância de reagrupar, ou "emprestar", que um garotinho pegava emprestado em qualquer operação de subtração, mesmo quando não era necessário. Em vez de desfazer o erro do menino, a Sra. Carvalho (outro pseudônimo) o varreu para baixo do tapete. Depois de empilhar uma série de perguntas e obter a resposta desejada ("Você tem 4 biscoitos. Pode comer 3? ... Então não tem por que pegar emprestado."), ela seguiu em frente.

O que explicava escolhas tão preguiçosas? Alguns poderiam argumentar que o problema era a resistência à mudança. E provavelmente houve professores na Califórnia que resistiram mesmo à nova estrutura do ensino de matemática naquele estado. Um pesquisador da equipe da Michigan relatou uma visita a uma professora que simplesmente trocou as páginas sobre resolução de problemas do novo material didático adotado em sua cidade por folhas do livro antigo. Outra fazia piada com o termo *ensino para a compreensão*. "O que eles acham que a gente fazia até hoje? Ensino para a *incompreensão*?", disse ela.

Mas muitos professores, como a Sra. Olvida, abraçaram as mudanças. O que os impedia de implementá-las mais efetivamente não era falta de disposição, mas sim de clareza sobre o que fazer. Como Ruth e Sylvia, os professores californianos estavam fazendo força para entender as ideias dos alunos, descobrir o que eles não sabiam e usar essas informações para dar respostas. Eles achavam que apenas dar aos alunos a oportunidade de falar era o suficiente. No entanto, sem o treinamento matemático para responder aos questionamentos das crianças, não estariam aptos a transformar confusão em compreensão.

Também era difícil mudar sem bons exemplos. Na falta de orientação adequada, muitos como a Sra. Olvida acreditavam ter feito uma revolução. E, com tantas mudanças visíveis em sala de aula, como mais participação oral ou brincadeiras com peças de montar, eles tinham motivos para pensar assim. Mas, quando David perguntou à Sra. Olvida se ela tinha mesmo lido o documento que determinava as mudanças, ela não lembrava – resposta que foi repetida várias vezes. Fora do pequeno grupo de especialistas em matemática, que tinham suas próprias (e gastas) cópias do novo modelo, os professores declararam ou nunca ter lido o documento, ou sequer saber que ele existia. Os novos livros didáticos recebidos não provocaram a transformação que o governo da Califórnia esperava. E, apesar da insistência da Secretaria da Educação, as revisões nas edições posteriores foram mínimas. Segundo Suzanne Wilson, que conta a história desse período no livro *California Dreaming* [Sonho Californiano], pelas estimativas oficiais, "90 por cento dos materiais permaneceram essencialmente iguais".

As turmas de desenvolvimento profissional só tornaram as coisas piores. Suzanne Wilson assistiu a uma aula em que o instrutor, ao explicar o novo foco em problemas abertos em vez daqueles com respostas de múltipla escolha, enfatizava que os alunos precisavam comunicar seus raciocínios de forma clara – mas não mencionou que os professores também precisam obter respostas corretas.

A Sra. Olvida, por sua vez, se amparava em um livro escrito antes do novo modelo ser criado, um manual do professor chamado *Math Their Way* [Memática do Jeito Deles]. Ao lê-lo, David concluiu que o livro se baseava em um conceito estranho: crianças pequenas não são capazes de entender números abstratos, mas, se trabalharem bastante com as representações físicas (feijões ou canudinhos, por exemplo), os números em si virão "naturalmente" quando eles forem mais velhos. Um processo que "não exigiria esforço", dizia o livro.

Para a equipe de Michigan, a decisão da Sra. Olvida de usar *Math Their Way* era difícil de compreender. O livro não estava incluído nas reformas do estado e, pior, o raciocínio mágico que pregava era o oposto das conclusões de psicólogos sobre o quanto crianças pequenas entendem de matemática abstrata.

No entanto, a decisão da professora tinha sua própria lógica. Como Ruth e Sylvia tinham descoberto, mudar sua forma de pensar era um passo fundamental. Uma professora precisava rever tudo, do tipo de pergunta que fazia ao seu próprio entendimento da matéria que lecionava. Aplicar as atividades do *Math Their Way* era equivalente ao que a Sra. Olvida tinha feito com as classes: um redesenho, mas não uma retificação. O mesmo vinho em uma garrafa diferente, disse David. Ela conseguia conduzir novas atividades sem precisar reconstruir suas convicções.

E, mais do que isso, ninguém duvidou da lealdade da Sra. Olvida ou de qualquer outro professor da Califórnia para com as reformas. O diretor da Sra. Olvida elogiava as mudanças e inclusive apontou a turma dela como exemplo para as demais. Em vez de realmente proporcionar formação continuada à professora Olvida, dando a ela a oportunidade de aprender e demarcando o que ela tinha ou não entendido, o estado simplesmente dizia: aqui está o novo modelo. Boa sorte.

De volta a Michigan, os planos de Judy Lanier também não tinham decolado. O apoio para as reformas na Faculdade de Educação nunca foi universal, mas, no começo, os apoiadores de Judy superavam os céticos. Agora, a balança começava a virar. Contratar pesquisadores de educação que também formavam professores e lecionavam em escolas era uma meta linda, mas difícil de cumprir. Cargos como os de Magdalene e Deborah na Spartan Village haviam crescido organicamente, e construir relações entre escolas levava tempo. De acordo com a narrativa da pesquisadora Francesca Forzani, uma professora universitária teve de passar um ano zanzando por uma escola até que uma professora concordasse em colaborar com ela.

O tempo passado em uma escola de desenvolvimento profissional também representava um afastamento das tarefas usuais de um professor universitário, como publicar artigos e integrar grupos de pesquisa. Conforme Forzani, muitos jovens professores adiaram seu envolvimento com as escolas de desenvolvimento profissional para priorizar seus currículos acadêmicos.

Harry Judge, o observador sarcástico de Oxford, já havia previsto isso: a prática docente nos Estados Unidos, historicamente determinada não pelo tempo de trabalho em escolas de ensino fundamental, mas sim pelo número de publicações em revistas acadêmicas, acabaria minando os esforços por reformas nas faculdades de educação. Judy Lanier prometera que aqueles que a seguissem nas salas de aula não seriam punidos, mas, conforme um professor, os docentes mais novos "bem sabiam o que era preciso em termos de produtividade para chegar a professor titular".

Em vez de afrouxar suas metas, no entanto, Judy acelerou. Mesmo com mais escolas de desenvolvimento profissional em implantação, a maioria dos estudantes da Universidade Estadual de Michigan ainda fazia seus estágios obrigatórios em escolas selecionadas ao acaso. Simplesmente não havia escolas de desenvolvimento profissional suficientes para acomodar todo mundo.

Os planos de Judy também foram influenciados pelas pessoas cujo apoio ela investia cada vez mais tempo em buscar. Eram doadores em potencial, que poderiam garantir o dinheiro necessário para expandir as operações. Alfred Taubman, o bilionário dono do A&W, era especialmente influente. Ele havia começado as discussões com Judy sobre como levar o projeto das escolas de desenvolvimento profissional para todo o estado – um projeto de escalonamento inspirado na própria experiência dele com ampliação de redes de supermercados e restaurantes. O plano consistia em construir cinquenta ou sessenta escolas de desenvolvimento profissional pelo estado de Michigan. "A universidade tem apenas 140 docentes, e uma parte menor ainda dedicada a formação didática dos professores", disse um deles a Francesca Forzani. "É pouca gente para fazer funcionar." Por sua vez, Judy (conhecida hoje como Judith Gallagher) conta que ela somente seguiu adiante graças à insistência de colegas que mais tarde questionariam essa própria insistência. Qualquer que fosse a origem dos recursos para o projeto, a diferença de visão de Judy e dos outros docentes era necessária, tanto no Michigan quanto no restante do país, e esses recursos possibilitariam mudanças práticas.

Segundo um colega da Universidade de Michigan entrevistado por Francesca Forzani, Judy enxergava seu trabalho como o de Scheherazade em *As Mil e Uma Noites*. Assim como a rainha precisava cativar o rei com suas histórias todas as noites para se manter viva, Judy precisava apresentar planos cava vez melhores a potenciais financiadores. "Você tinha que fazer uma besteira parecer uma ideia visionária", ele contou a Forzani. "As pessoas aqui leriam os projetos dela e diriam 'O que diabos ela está pensando?!' Mas era necessário para a comunidade corporativa, era a história que você tinha de contar."

Cansados, outros membros do corpo docente levaram suas frustrações a público, criando um periódico cheio de "ensaios raivosos e às vezes satíricos sobre Judy, assim como charges que ilustravam, por exemplo, o diretor batendo com um martelo na cabeça dos colegas dela". No começo dos anos 1990, um grupo de professores particularmente irritados – muitos dos quais membros da panelinha dos velhos camaradas que Judy queria extinguir – começaram a fazer reuniões periódicas para discutir a resistência aos planos dela.[2]

Mesmo que Judy e companhia fossem incapazes de reformar o sistema universitário e as faculdades de educação, a Spartan Village ainda era um exemplo do que as escolas de desenvolvimento profissional, sozinhas, podiam fazer. É verdade que a relação de Deborah, Magdalene e Ruth com a escola tinha sido construída graças à Universidade Estadual de Michigan, mas o trabalho delas poderia continuar mesmo sem a Faculdade de Educação por trás.

No entanto, o trabalho na Spartan Village também se mostrou insustentável. Ela nunca contou a Deborah, mas a diretora Jessie Fry recebia muitas reclamações de professores que não queriam ter de observar as aulas dos outros. Inicialmente, o poder persuasivo de Deborah e a irredutibilidade de Jessie mantiveram as mudanças intactas. Mas, à medida

2 Judy, por sua vez, contesta a versão de que o movimento contra as reformas na Estadual de Michigan se dirigia a ela pessoalmente. Ela afirma que o apoio para as reformas foi grande até depois de ela se licenciar do cargo de diretora em 1989 (entrevista concedida por Judith Gallagher a Jessica Campbell em novembro de 2013).

que tentavam reformas mais ambiciosas, Jessie passou a topar com obstáculos ainda maiores do que o ceticismo de professores veteranos.

A evolução das reuniões de equipe conta a história. Tradicionalmente, as reuniões serviam para trocar informações não relacionadas diretamente à sala de aula, como orçamento, solicitação de material, o estado do prédio, prevenção de incêndios, abrigos contra tornados, reuniões de pais e mestres, calendário, eventos. Mas, à medida que a escola começou a mudar, as reuniões também. "Eu dizia, Fulano, eu estava na sua sala e vi o que você estava fazendo. Você poderia compartilhar o que você fez?", descreveu Jessie. No começo os professores ficavam tímidos, mas, com o tempo, mais gente começou a falar, até que as reuniões eram só sobre as aulas e não sobrava tempo para falar dos "negócios" da escola.

Encontrar mais tempo para se reunir não era fácil. Devido às políticas oficiais do município, aos contratos dos professores e de seus assistentes e ao calendário escolar, a semana estava cheia. A Spartan Village tampouco tinha espaço físico para reuniões – um pedaço do corredor fazia as vezes de biblioteca, e a sala de reuniões também funcionava como sala de aula. Assim, Jessie teve de negociar. Em reuniões com o sindicato, com a administração pública e a direção do colégio, ela conseguiu permissão para mudar o calendário da escola, encaixando tempo extra para "desenvolvimento profissional".

O acordo resolveu o problema de tempo para as reuniões, mas não o de conteúdo. Os professores queriam observar os colegas, mas não tinham quem os substituísse nas suas turmas. Determinada a dar a eles mais tempo de observação, Jessie negociou um acordo para trazer mais substitutos para a Spartan Village – e, como seus professores não deixariam os alunos com qualquer um, a diretora teve de negociar algo ainda mais delicado: autorização para que eles avaliassem seus substitutos, algo que o município nunca havia permitido. Ela também conseguiu doações para ampliar o prédio, e construiu uma nova biblioteca e uma sala de reuniões. Para melhorar o ensino, não bastava dar novas tarefas para os professores; era preciso também uma nova planta baixa.

Depois de todas essas acrobacias, ainda havia uma pedra no caminho. Assim como nas reuniões de equipe, a agenda de Jessie só tinha espaço para a parte "executiva" do trabalho. Sozinha, ela era responsável por definir o orçamento da escola, solicitar materiais, gerenciar a manutenção e lidar com os pais. Trabalhar com os professores em sua didática era simplesmente impossível. Ela começou a fazer ainda mais horas extras do que o usual. Durante o dia, ia de uma sala a outra, observando o trabalho dos professores, deixando bilhetes de *feedback* e planejando quais deles trabalhariam melhor juntos. À noite, ela fazia o trabalho de diretora, preenchendo a papelada sem fim que mantinha a escola funcionando. Raramente ia para casa antes das oito ou nove da noite.

As resoluções funcionaram por um tempo, mas logo os gargalos começaram a aparecer. Cada vez que um novo superintendente chegava – enquanto diretora, Jessie já tinha passado por pelo menos quatro –, ela precisava defender novamente as exceções da Spartan Village. Toda vez que apertavam o orçamento, a administração municipal se virava para ela. Aquela escola do outro lado dos trilhos realmente precisava existir? As longas jornadas de trabalho e o estresse crescente acabaram com a vida privada da diretora. Seu casamento acabou e sua saúde piorou.

Os professores, por sua vez, se ressentiam das demandas crescentes nas suas próprias rotinas à medida que mais gente da Universidade de Michigan participava das novas reuniões de desenvolvimento profissional. Alguns simplesmente se recusavam a participar. Outros brincavam que estavam sendo "grampeados", pois, para estudar as transformações na escola, os pesquisadores tinham começado a filmar as reuniões. Alguns professores nem deixavam Jessie assistir às suas aulas. "Havia uns dois ou três que não queriam saber de escola de desenvolvimento profissional", relembrou Jessie. "Não queriam fazer hora extra nem reuniões, só queriam dar as suas aulas. Faziam tudo o mais que eu pedia, os planos de aula, etc. Mas 'Não! Eu não quero que você entre na minha sala'."

Assim, quando Judy Lanier propôs que a Spartan Village se tornasse mais do que uma escola de desenvolvimento profissional, uma escola-modelo, formando não apenas futuros professores, mas outras escolas, Jessie e sua equipe recusaram. Ia atrapalhar demais. "Você não pode esquecer que isso é a universidade", disse Jessie, levantando uma mão, "e isso aqui somos nós", completou, apontando para o lado oposto com a outra. "As duas coisas não se encontram, e nós tivemos de aprender a trabalhar juntos e compartilhar nosso conhecimento e nossa expertise. Nós estamos de um lado, somos uma equipe, e eles estão do outro lado. É sempre nós e eles, nós e eles. Não estávamos todos juntos. Nós fomos crescendo juntos."

Até que não mais.

Logo, David e Magdalene anunciaram planos de trocar a Universidade Estadual de Michigan pela Universidade do Michigan, dando início a uma leva de saídas. Em 1992, o autointitulado "motim" contra Judy Lanier tinha se ampliado e já incluía até Taubman. Ele disse a Judy que ela precisava ser mais realista sobre o que conseguia cumprir, conforme a narrativa de Francesca Forzani.

Naquele outubro, Judy pediu demissão do cargo de diretora. Alguns anos depois, se mudou para Flint, no Michigan, para trabalhar com as deterioradas escolas públicas da cidade. Sete anos mais tarde, quando essas reformas também foram abortadas pela oposição, ela deixou o magistério de vez e foi morar na ilha Beaver, no Lago Michigan – a mais remota de todas as ilhas nos Grandes Lagos. E lá vive até hoje.

CAPÍTULO 4

SOVAR O PÃO

Encher o país de professores como Magdalene Lampert e Deborah Ball foi um projeto que não deu certo nos Estados Unidos, mas isso não significa que era impossível. Magdalene aprendeu essa lição em um dia de 1985, depois de dar uma palestra na Universidade de Chicago. Ela abrira sua fala com um alerta: os vídeos que a plateia estava prestes a assistir, registrados em sua sala de aula na Spartan Village durante lições de multiplicação, mostravam uma forma de ensinar muito diversa do tradicional ensino da matemática. Até onde ela sabia, nenhum professor no mundo lecionava da mesma maneira.

Esse comentário ficou martelando na cabeça de um membro da plateia enquanto ele assistia aos filmes. James Stigler, então um jovem professor de psicologia da Universidade de Chicago, sabia que Magdalene não estava totalmente certa. Sim, sua forma de ensinar era bem diferente da prática na maioria das escolas americanas. Mas, como ele revelaria a ela mais tarde, Magdalene não era a única no mundo que ensinava daquele jeito. Havia, na verdade, um grande grupo de professores que lecionavam quase exatamente como ela. Só que eles viviam no Japão.

Stigler os havia visto em ação pela primeira vez quando era um aluno de pós-graduação na Universidade de Michigan. Viajara ao Japão com Harold Stevenson, um professor de psicologia que pesquisava crianças japonesas e chinesas com dificuldade de aprender a ler. Stevenson e Stigler queriam usar a comparação entre crianças que aprendiam a ler em diferentes línguas para melhor entender o processo de uma forma geral. Mas o foco original da dupla mudou quando eles aplicaram aos estudantes um teste de conhecimentos em matemática.

Ao comparar capacidades de leitura, eles haviam encontrado algumas discrepâncias entre países. Mas, diz Stigler, "as diferenças em leitura eram mínimas se comparadas às diferenças em matemática". O Japão se destacava de todos os outros lugares. Comparando alunos das cidades de Minneapolis, nos Estados Unidos, Taipei, na China, e Sendai, no Japão, eles concluíram que 73 por cento das crianças japonesas de seis anos tinham mais acertos do que a média de todas as crianças norte-americanas. E a vantagem crescia à medida que elas ficavam mais velhas: aos dez anos de idade, 92 dos japoneses pontuavam mais do que os americanos em geral. Até as crianças com os piores resultados em matemática de Sendai pontuavam mais do que aquelas com as maiores notas de Minneapolis.

As conclusões dos pesquisadores ecoavam uma série de comparações internacionais que vinham resultando em estatísticas preocupantes para os Estados Unidos no campo da educação, especialmente nas áreas de ciências e matemática. Um estudo financiado pelo governo americano comparava o desempenho em doze países (Estados Unidos, Japão, Israel, Suécia e Inglaterra, entre outros) e mostrou que, em uma prova de matemática, o aluno japonês médio pontuava tanto quanto os um por cento melhores estudantes do mundo. Outra pesquisa comparando os alunos do ensino médio do estado americano de Illinois com os japoneses mostrou que o aluno médio do Japão tinha desempenho melhor do que 98 por cento dos americanos. Um terceiro estudo, encomendado pelo jornal *Dallas Times Herald*, mostrou que, em um ranking de matemática de oito países, o Japão era o primeiro colocado, e os Estados Unidos, o oitavo. "Não há dúvida de que os japoneses construíram seu sistema educacional da mesma forma que seu 'milagre econômico'", concluiu um repórter do jornal *The New York Times*, que visitou o Japão, logo após a divulgação do relatório *A Nation at Risk*.

Se a preocupação em torno do desempenho das escolas americanas crescia, proliferavam também explicações. Alguns especialistas culpavam fatores culturais, pois os japoneses valorizavam mais o esforço do que o talento. Os próprios Stevenson e Stigler argumentavam que a vida doméstica tinha influência nos resultados: no Japão, 98 por cento dos estudantes do quinto ano tinham uma escrivaninha para estudar em casa, enquanto a proporção entre seus pares americanos era de 63 por cento. Outros especulavam que as crianças japonesas tinham QIs inerentemente maiores, embora Stevenson e Stigler nunca tenham encontrado diferenças significativas quando aplicaram às crianças testes de habilidade cognitiva.

Analisando os resultados em matemática, Stigler concluiu que fatores extracurriculares eram importantes. Mas duvidava que eles sozinhos explicassem as diferenças. "Não são os pais que sentam com os filhos para ensinar álgebra. As crianças vão à escola, e quem ensina são os professores", diz ele. O que os professores japoneses faziam em sala de aula importava também. Então, cada vez que visitava uma escola no Japão, o pesquisador começou a pedir um favor a seus anfitriões: poderia ficar na sala para assistir a uma ou duas aulas?

Nas primeiras visitas, Stigler havia percebido diferenças superficiais. Em vez dos prédios térreos comuns nos Estados Unidos, no Japão as escolas de ensino fundamental eram fortalezas de concreto de três andares, com corredores abertos que circundavam o prédio. Pareciam os típicos hotéis do interior dos Estados Unidos, só que com mais andares (a propósito, cada escola tinha uma piscina, e normalmente não era no térreo). Atividades opostas eram alternadas. Em um minuto, as crianças corriam e gritavam numa algazarra caótica, se equilibrando em pernas de pau ou monociclos. No minuto seguinte, estudavam em silêncio. Antes de entrar no prédio, todos trocavam seus sapatos por chinelos (prática comum em qualquer lugar naquele país). As escolas usavam calefação com parcimônia, de forma que estava sempre meio frio. Quando o diretor tinha visitantes, sempre os recebia com chá quente.

Foi só quando começou a frequentar as salas de aula – não só espiando, mas sentando e assistindo a aulas inteiras – que Stigler percebeu as diferenças mais profundas. As professoras de matemática japonesas conduziam a aula com ritmo, estrutura e entonação diferentes das de outros países. Em vez de uma série de problemas, elas propunham apenas um, e em lugar de apresentar aos alunos os procedimentos para resolvê-lo, faziam-nos falar e pensar muito mais.

Assistir aos vídeos de Magdalene em Chicago levou Stigler de volta àquelas salas de aula em Sendai. Ela tinha o mesmo jeito lento e metódico de analisar o trabalho dos alunos, fazendo uma pergunta e dirigindo as respostas para a conclusão correta. Como podia uma prática pedagógica tão surrealmente semelhante ter se desenvolvido simultaneamente a um oceano de distância? E como os japoneses tinham conseguido fazer o que os americanos tinham mais dificuldade: formar aparentemente toda a classe dos professores no ETE?

Anos depois de conhecer Magdalene, Stigler ainda não conseguira chegar à resposta. O número de salas de aula que havia visitado no Japão era insignificante comparado à quantidade de escolas que havia em todo o país. E seu conhecimento sobre o que se passava nas salas de aula americanas também era falho. Muita gente achava que sabia como os professores americanos ensinavam matemática, mas ninguém jamais levou a cabo um estudo científico em larga escala para confirmar suas teses.

A oportunidade para fazer isso apareceu no começo dos anos 1990, quando o grupo por trás de novos testes internacionais preparava o até então maior estudo de comparação: o Terceiro Estudo Internacional de Matemática e Ciências, ou TEIMC. Desta vez, os países participantes (um grupo que havia inchado de doze para mais de quarenta) concordaram em examinar não apenas a pontuação dos testes, mas também outros parâmetros que poderiam jogar luz sobre as diferenças internacionais – incluindo a forma de conduzir as aulas.

Aplicando os métodos de amostragem que haviam sido usados para comparar desempenho, o TEIMC poderia dar origem a uma inédita pesquisa internacional da condução de aulas, usando câmeras de vídeo para registrar o trabalho de professores e alunos. Como a tecnologia ainda era relativamente cara, eles limitaram as filmagens a apenas três países. Além dos Estados Unidos, os pesquisadores escolheram a Alemanha (um grande concorrente econômico) e o Japão (o atual campeão dos testes internacionais).

James Stigler foi escolhido para liderar o estudo.

Stigler imaginava que encontraria diferenças entre os países. Mas não previa o quanto os professores se mostrariam parecidos *dentro* de cada país. Segundo o senso comum, havia uma enorme distância entre os melhores e os piores professores dos Estados Unidos. Mas, comparados a seus pares alemães e japoneses, os dois mais opostos norte-americanos pareciam idênticos.

As semelhanças se destacavam mais ainda quando Stigler reunia pessoas de nacionalidades diferentes para assistir aos vídeos juntos. Um dia, logo no começo do estudo, um pesquisador japonês pausou de repente o vídeo de uma aula nos Estados Unidos, bem no meio da lição. "O que foi isso?", perguntou. O professor no filme estava demonstrando um procedimento na lousa quando uma voz o interrompeu. "Por favor, atenção", disse a voz. "Todos os alunos do ônibus trinta e um hoje devem embarcar no portão dos fundos da escola, não no portão da frente. Professores, por favor orientem seus alunos."

Os americanos mal tinham notado a interrupção de utilidade pública. "Ah, não é nada", disseram ao japonês, retomando a exibição da fita. Mas o pesquisador oriental insistia. "Como assim, nada?", disse ele. Stigler tomou nota:

> Enquanto tentávamos pacientemente explicar que aquilo era apenas um anúncio de utilidade pública, ele ficava cada vez mais incrédulo. Quer dizer que para nós era normal interromper uma aula? Como isso podia acontecer? Tal coisa jamais teria acontecido no Japão, ele disse, porque isso arruinaria o ritmo da aula. E, à medida que ele falava, começamos a questionar se essa interrupção não era mesmo mais importante do que imaginávamos.

Mais tarde, tendo assistido a todos os vídeos, eles concluíram que o japonês estava certo. Trinta e um por cento das aulas americanas tinham algum tipo de interrupção, fosse um anúncio de utilidade pública ou alguém que entrava na sala para resolver questões administrativas (como fazer a coleta das autorizações de um passeio). Nenhuma aula no Japão era interrompida. E ninguém teria pensado em contabilizar as interrupções se não fosse pelo observador japonês. Às vezes, as características mais marcantes da educação em um país também eram as mais invisíveis aos nativos.

Um exemplo gritante era a forma como os professores estruturavam suas aulas. Os americanos raramente falavam sobre isso – a forma como a aula decorreria, no começo, no meio e no fim – e, mesmo assim, assistindo a cada professor separadamente em ação, Stigler sentiu como se todos estivessem seguindo o mesmo roteiro. "Uma receita cultural", ele definiu. Os roteiros americano e japonês não poderiam ser mais diferentes um do outro, como um soneto e um cordel humorístico. Alguns professores americanos chamavam o padrão de "Eu, Nós, Vocês": depois de conferir os temas de casa, os professores anunciariam o tópico do dia, mostrando um novo procedimento – *Hoje, nós vamos falar sobre como dividir um número de dois dígitos por um número de um dígito* (Eu). Depois, ajudariam a turma a resolver um problema – *Vamos fazer juntos 24 ÷ 6* (Nós). Finalmente, dariam um problema similar para os alunos resolverem sozinhos, normalmente em silêncio com suas anotações – *Olhem para seu caderno. Se tiverem dúvidas levantem a mão!* (Vocês).

Já os professores japoneses viraram o "Eu, Nós, Vocês" ao contrário. Poderíamos chamar a versão deles de "Você, Todos, Nós". Em vez da introdução, eles começavam com um problema que os alunos tentariam resolver sozinhos por dez ou vinte minutos – *24 bombons precisam ser divididos por X pessoas (sem sobras); quantas soluções você encontra para o problema?* (Você). Enquanto os alunos trabalhavam, o professor circulava entre as classes, observando as respostas e anotando para lembrar quem pensou o quê. Algumas vezes o professor convocava os estudantes a discutir o problema em pequenos grupos (Todos). A seguir, o professor voltava para o grande grupo e pedia aos alunos que apresentassem as diferentes respostas na lousa. *Mostre a solução e a justificativa para sua resposta.* Finalmente, o professor abria a discussão, guiando os alunos para uma conclusão conjunta. *O que vocês aprenderam com o problema de hoje?*, ou *que outras questões vocês têm?* (Nós).

Tais padrões não ditavam absolutamente tudo o que todos os professores faziam, é claro, e os pesquisadores encontraram alguns casos de dissidência. Mas até esses casos seguiam o mesmo espírito dos roteiros, incentivando certos movimentos mais do que outros. Vejamos, por exemplo, o tipo de pergunta feito pelos professores de cada país. Os americanos faziam perguntas simples e esperavam respostas rápidas. *Quanto é 1 - 4?* Já os professores japoneses, seguindo o ritmo mais lento ditado pelo trabalho em torno de um único problema, usavam as perguntas não só para saber se as crianças conheciam a resposta, mas também para enxergar dentro da mente delas, discernir entre o que elas entenderam ou não. *Quem pensa da mesma forma? Quem tem alguma coisa para acrescentar ao raciocínio? Alguém fez de outro jeito?*

Em um miniestudo de quatro aulas, duas americanas e duas japonesas, Stigler contou os tipos de pergunta feitos em cada uma. Nas aulas dos orientais, a pergunta mais comum era do tipo que ele chamou "como ou por que": *Como você achou a área desse triângulo?*, por exemplo, ou *Por que a área é 17?* Os problemas, por sua vez, pareciam elaborados com extremo cuidado, pois eram produtivos o suficiente para preencher uma ou duas aulas de quarenta e cinco minutos cada. Além disso, eram feitos para levar os alunos até um novo conceito importante. Eles encadeavam uma aula à outra, com os resultados do problema de hoje originando o problema de amanhã. Sozinha, a tarefa de encontrar a fórmula para calcular a área de um triângulo seria muito para um aluno do quinto ano, mas, vindo logo após uma aula sobre paralelogramos, as crianças conseguiam usar as mesmas fórmulas com que haviam trabalhado alguns dias antes (frequentemente fixadas às paredes da sala) para chegar à resposta.

A segunda pergunta mais comum dos japoneses era o que Stigler chamou de "checagem": *quem concorda?,* perguntavam para mensurar se outros alunos estavam convencidos pela ideia de um colega. Ou, para ver se os alunos estavam seguindo a linha de raciocínio: *alguém tem dúvidas?* Nas aulas dos americanos, entretanto, a pergunta mais comum era a que ele batizou "identificação": que *tipos de triângulo nós já estudamos?* era uma pergunta típica de revisão, ou *qual é o comprimento dessa figura?* A segunda pergunta mais comum era do tipo "cálculo": *quanto é 90 dividido por 2?* Nenhum dos exemplos japoneses incluía "cálculo", e nenhum dos americanos envolvia "checagem".

Diferentes tipos de pergunta levavam a diferentes formas de participação. Os estudantes japoneses falavam mais e diziam coisas diversas. Era muito mais provável que eles propusessem um método para solucionar um problema do que os americanos ou os alemães, por exemplo. A equipe de Stigler descobriu que, enquanto os alunos propunham soluções em apenas 9 por cento das aulas americanas, no Japão isso acontecia em 40 por cento das aulas. Os estudantes de diferentes nacionalidades também faziam exercícios bem diferentes. Os pesquisadores descobriram que 95 por cento dos trabalhos dos americanos ficavam na categoria da "prática", enquanto que os japoneses passavam só 41 por cento do tempo praticando. A maior parte dos exercícios se encaixava na categoria batizada por eles de "inventar/pensar". Em nada menos do que 53 por cento das aulas, os alunos japoneses formulavam provas matemáticas, aquelas demonstrações que comprovam os enunciados. Juntando todas as aulas dos americanos, os pesquisadores não acharam nenhuma prova matemática.

O TEIMC revelou uma vastidão de abordagens diferentes para ensinar o mesmo conteúdo. Lições sobre o difícil problema da adição de frações com denominadores diferentes (como ½ + ⅕) exemplificam o abismo entre elas. Os professores americanos eram incentivados a conduzir o desafio passo a passo, começando com denominadores comuns (⅕ + ⅖), e depois partindo para os denominadores diferentes mais simples (½ + ¼), não sem antes chamar a atenção dos alunos para a importância de não somar os denominadores e demonstrando exatamente o que era correto fazer. Os professores japoneses, todavia, davam aos alunos as frações diferentes sem nenhum comentário. Quando as crianças inevitavelmente erravam (somando os denominadores, por exemplo), os professores usavam o erro como um gancho para mostrar por que faz mais sentido igualar os denominadores.

Até a arquitetura da sala de aula refletia as predileções nacionais. Para complementar visualmente suas lições, os professores norte-americanos costumavam usar projetores, mas, no Japão, todos os professores observados usaram a lousa. À primeira vista, parecia uma diferença banal, mas, analisando com mais atenção, os pesquisadores puderam ver que cada equipamento criava um ambiente específico. Nas salas de aula americanas, onde os professores pareciam valorizar mais a atenção do que outras formas de participação (Olhem pra mim!), o projetor iluminava tudo o que a professora havia escrito, e uma folha de papel era posicionada para cobrir tudo menos o último problema sendo trabalhado. Conduzindo os alunos passo a passo, os professores atraíam todos os olhos para a próxima ideia e impediam qualquer reflexão sobre o que foi feito antes. No Japão, onde os professores se preocupavam em primeiro lugar com a atenção dos alunos à evolução dos conceitos, uma lousa que exibisse a trajetória de 45 minutos de conclusões era mais útil.

Reunidas, as descobertas confirmavam a suspeita de James Stigler: muitos professores americanos declaravam conhecer as ideias de reforma da matemática que David Cohen e Deborah Ball tentaram na Califórnia. Assim como a Sra. Olvida, muitos disseram ter adotado essas ideias em suas aulas. Mas os vídeos desmentiam o discurso. Em alguns casos, a reforma até tornou as coisas piores. Uma professora do oitavo ano, seguindo a orientação de usar calculadoras para problemas onde a prática da contagem não era o ponto central, acabou instruindo seus alunos a usar a máquina para calcular 1 – 4 ("Peguem suas calculadoras", ela disse. "Agora, me acompanhem. Apertem o um. Apertem o sinal de menos. Apertem o quatro. Agora, o sinal de igual. O que apareceu?"). Não surpreende que pais e alguns matemáticos começassem a reclamar que as reformas eram "matemática frouxa". Do jeito enviesado que os professores interpretaram, era frouxa *mesmo*.

Houve uma descoberta surpreendente que não apareceu nos vídeos e nem no relatório final de Stigler, mas sim em entrevistas informais com professores e autoridades em educação no Japão. Questionados sobre quando e como eles aprenderam a ensinar dessa forma, todos deram a mesma resposta. Disseram que as mudanças haviam começado em 1980. Antes disso, as aulas de matemática eram mais parecidas com o que Stigler via nos Estados Unidos – mecânicas, repetitivas, tediosas. Depois da reforma, os professores japoneses se inspiraram em três fontes principais: em John Dewey, o filósofo americano; em George Polya, um matemático de Stanford cuja tese sobre resolução de problemas havia influenciado Magdalene Lampert; e no "NCTM", a sigla para o conjunto de procedimentos desenvolvido pelo *National Council of Teachers of Mathematics* [Conselho Nacional de Professores de Matemática], inspirado por Magdalene e parcialmente redigido por Deborah Ball. Como os educadores japoneses aprenderam a ensinar desse jeito? *Vocês*, eles diriam aos americanos. *Aprendemos com vocês!*

As trocas lembraram Stigler de uma conversa confusa que frequentemente se repetia quando ele ia ao Japão. Questionados a explicar o sucesso das prósperas empresas japonesas, os orientais diziam com reverência o nome de um especialista em gerenciamento: De-Ming. "Nossa", Stigler pensava. "Duvido que o trabalho desse cara tenha sido sequer traduzido para o inglês!" Mais tarde, ele descobriria que De-Ming era na verdade William Edwards Deming, um estatístico norte-americano e consultor de administração que começara sua carreira nos Estados Unidos após a Segunda Guerra Mundial, mas cujas ideias só vingaram no Japão (tempos depois, com a fama de Deming no Japão se espalhando, empresas americanas pagaram quantias substanciais pelos seus conselhos sobre como competir com os asiáticos).

Assim como o trabalho de Deming, as diretrizes do NCTM tinham mais seguidores no Japão do que no país onde nasceram. Os japoneses não só descobriram o procedimento americano para matemática, como realizaram o que a Califórnia nunca conseguiu. Transformaram uma população de professores obstinados, porém medianos, em inúmeras Magdalene Lampert.

Como fizeram isso? Enquanto Stigler ponderava essa questão, Akihiko Takahashi se viu obcecado por outra. Filho de um policial de Tóquio, Akihiko havia entrado por acaso na área da educação. No outono de 1991, ele e a esposa estavam em Chicago, a meio mundo de distância.

Oficialmente, Akihiko se mudou por ordem do Ministério da Educação do Japão, que enviava professores a outros países para lecionar em escolas japonesas onde estudavam os filhos de executivos transferidos – no caso de Akihiko, na escola Futabakai, em Chicago. Na verdade, ele havia pedido para ir para os Estados Unidos. Em 12 anos de magistério no Japão, ele havia se tornado um discípulo dedicado dos educadores americanos, especialmente de George Polya, John Dewey e do NCTM. Agora, queria ver as escolas que eles construíram. Com a determinação do ministério, ele não só poderia ir para lá, mas moraria na cidade que sediou a primeira escola-laboratório de Dewey, na Universidade de Chicago.

Na escola Futabakai, Akihiko dava aulas, é claro, mas também tinha permissão do diretor para dedicar parte do tempo à visitação de escolas americanas. Não demorou para os outros professores se queixarem. *Por que o Takahashi está sempre viajando?* Ele estava em busca das salas de aula que só conhecia pelos livros.

Mas a peregrinação de Akihiko não acabou em Meca. Em uma escola de ensino fundamental fora da cidade, a professora dizia o tempo todo "Sshh!". Devem ter sido uns cem "Sshh!". "Eu pensei, ah, deve ser essa turma", lembra o japonês. "Vim ao lugar errado." Mas o "Sshh!" acabou se provando a regra. As aulas de matemática, que era a especialidade dele, não eram nada do que o NCPM descrevia. Eram repetitivas, chatas e cheias de erros. Um funcionário do Ministério da Educação do Japão, viajando pelos Estados Unidos alguns anos depois, assistiria a uma professora de matemática calcular que 2 + 3 x 4 era igual a 20, somando 2 e 3 primeiro para então multiplicar 5 por 4. Estupefato, o enviado do ministério pensou por alguns minutos se por acaso naquele país eles seguiam uma ordem diferente de operações, na qual a adição precede a multiplicação (ele rapidamente confirmaria que matemática é igual no mundo todo).

Até a escola-laboratório de Chicago, sobre a qual Akihiko tanto tinha lido, não revelava qualquer traço de seu fundador. "Fiquei chocado. Eu li John Dewey!", diz Akihiko. "Mas eles não fazem nada daquilo que estava nos livros." Os americanos produziram um maravilhoso trabalho intelectual sobre o que deveria ser o ensinar, mas tinham falhado completamente em implementá-lo. O professor tinha pedido ao diretor tempo para pesquisar as salas de aula americanas, mas, diz ele, "em vez de conclusões, só encontrei charadas. Boa documentação, boa pesquisa, bons materiais... que de alguma forma desaparecem na sala de aula. Como isso acontece?".

Não muito depois da visita à escola-laboratório, Akihiko viajou até o campus da Universidade de Illinois em Champaign, naquele estado. Um colega japonês o havia apresentado a um professor de lá e sua esposa, Jack e Elizabeth Easley. Elizabeth era nipo-americana, e dez anos antes o casal havia vivido quatro meses de imersão em uma escola de ensino fundamental japonesa, onde Elizabeth traduzia enquanto Jack observava o estilo de ensinar japonês. As visitas ao Japão inspiraram Jack a tentar melhorar o ensino de matemática e ciências nos Estados Unidos, mas ele não tinha conseguido implantar as ideias em escolas de verdade. Pensava que o problema era a falta de comunicação entre dois mundos: pesquisadores e professores. Assim, com alguns colegas, ele criou um grupo que pretendia preencher essa lacuna. *Dialogues in Mathematics Education* [Diálogos em Ensino de Matemática] foi o nome escolhido, ou DIME – um workshop permanente para professores universitários, escolares e até diretores. Quando fez contato com Akihiko, Jack o convidou para participar de uma das reuniões do DIME.

O japonês ficou fascinado com o encontro. Gente de todo o Meio-Oeste apresentou os trabalhos que vinha realizado em sala de aula, originando debates riquíssimos. Mas uma coisa se destacava: a reunião parecia ser a única chance de cada participante para discutir seu trabalho e, pelo que Akihiko entendeu, eles só se encontravam duas vezes por ano. Era esse mesmo o melhor mecanismo dos americanos para transformar teoria em prática? O mais impressionante era o fato, confirmado por membros do grupo, de que os debates eram só isso mesmo – conversa. Os professores descreviam as aulas que davam e o que os estudantes diziam, mas ninguém *via* na prática. Eles simplesmente não tinham oportunidades de assistir uns aos outros lecionarem. De fato, para os pesquisadores e professores já era um triunfo se encontrarem pessoalmente. Para Akihiko, tal peculiaridade saltava aos olhos. O que era rotina diária no Japão (reuniões entre professores da universidade e das escolas), nos Estados Unidos era um ato revolucionário.

Essa revelação ajudou a explicar uma outra coisa que o vinha atormentando. Quase todas as vezes em que visitara uma sala de aula nos Estados Unidos, Akihiko recebera o mesmo e frustrante tratamento. Em vez de deixá-lo assistir discretamente à aula, os professores paravam tudo para recepcionar o convidado japonês. Muitos minutos eram perdidos enquanto ele se apresentava e respondia perguntas. Depois da aula, as conversas com os professores não passavam de distração. Qualquer pergunta que ele fazia sobre o conteúdo da aula era rebatida com algum tópico em nada relacionado a educação. Era como se, em vez de colegas de profissão, eles fossem estranhos em uma festa. O que você pensa dos Estados Unidos? Onde você mora? Eram amabilidades, não uma conversa profissional. Quando uma conversação finalmente enveredava por algo interessante – "como você ensina esse conteúdo no Japão?", uma professora pergunta, começando a discussão que Akihiko tanto procurava – sempre acabava muito rápido.

Teria sido uma experiência inacreditável se não tivesse se repetido tantas vezes. Depois de visitar um punhado de aulas de matemática, ele compreendeu: os professores não o deixavam ficar quieto no fundo da sala assistindo porque *ninguém* nunca havia ficado no fundo da sala assistindo. O mesmo valia para as conversas. Eles não conversavam com Akihiko sobre sua forma de ensinar porque eles não conversavam sobre isso com ninguém.

O professor japonês se deu conta de que os ocidentais não tinham *jugyokenkyu*. Traduzido literalmente como "estudo de aula", *jugyokenkyu* é um conjunto de práticas que os professores japoneses usam para afiar suas capacidades, seja observando uns aos outros trabalharem, seja debatendo as aulas, seja estudando currículos e apostilas com os colegas. Essa prática é tão disseminada nas escolas do Japão que equivale aos anúncios de utilidade pública nas escolas americanas: praticamente invisíveis. Para um observador japonês como Akihiko, perguntar se as escolas tinham *jugyokenkyu* era o mesmo que perguntar se tinham alunos.

E aqui repousa a resposta para a charada. Claro que o trabalho dos professores americanos ficava aquém do modelo criado pelos melhores pensadores – Polya, Dewey e o NCTM. Sem *jugyokenkyu,* as aulas dele também teriam sido vazias. Sem *jugyokenkyu,* como alguém podia sequer dar aulas?

Akihiko não era um professor nato. Ele se tornara um professor principalmente porque a universidade que o aceitou, a Tóquio Gakugei, era especializada em educação. Até os anos finais de faculdade, ele era bastante indiferente ao magistério. Mas, no terceiro ano do curso, ele pisou na sala de aula de Takeshi Matsuyama, na escola de ensino fundamental Setagaya, e isso mudou tudo.

A escola ficava no final de uma ruazinha de paralelepípedos no rico distrito de Setagaya, uma área residencial famosa até na inescrutável Tóquio por suas ruas labirínticas. O amplo espaço era raro para uma escola da área central, mas o prédio era comum: concreto, três andares, piso de madeira, ventilado demais e frio. Setagaya, entretanto, era diferente de qualquer outra escola de ensino fundamental japonesa. Era uma escola *fuzoku,* que significa "ligada" – querendo dizer que era parte da universidade ou, no dizer americano, uma escola-laboratório. A Setagaya fazia suas contratações com a diligência do RH de uma grande empresa, pinçando os melhores professores do país. Eles precisavam ser verdadeiros mestres, pois, como professores *fuzoku,* eram responsáveis por educar tanto as crianças quanto os futuros colegas. A cada outono, durante três semanas, estudantes universitários marchavam para a escola Setagaya e se dividiam em grupos de cinco por professor. Enfileirados nos fundos da sala, bloquinhos em punho, não sabiam bem o que esperar.

Matsuyama se destacava entre os mestres. Suas aulas abertas atraíam tantos professores que, para acomodar todos, precisava dar aula na cantina – o que fazia a tarefa de seus orientandos especialmente intimidante. Para se formar, os universitários tinham de assistir a seu mestre e, além disso, substituí-lo, atuando primeiro como observadores e depois, na terceira semana, como uma versão quíntupla do professor em si. Funcionava como um revezamento. Cada estagiário ficava com uma matéria e tinha de planejar cinco dias de aulas em gramática, ou matemática, ou ciências ou história. Então cada um ficava responsável por um dia. Para passar o bastão, você tinha de dar uma aula em cada uma das matérias: a que você planejou e as outras que não planejou. E tinha de fazê-lo independentemente de o professor antes de você ter cumprido todo o conteúdo no dia anterior. E, claro, tinha de acertar na frente do seu orientador. Ao final, todos – o mestre, os universitários e eventualmente algum outro observador externo – sentariam à mesa para debater o que viram.

Durante as semanas de observação, os estudantes ficavam na sala de Matsuyama até os alunos irem embora, às 3 da tarde, mas não deixavam a escola antes de encerrar as discussões sobre os eventos do dia, o que terminava pelas 8 da noite. Eles analisavam o que Matsuyama tinha dito e feito, mas dedicavam mais tempo a debater como os estudantes haviam respondido: o que haviam anotado, as ideias que tiveram, certas e erradas, o rumo da discussão em grupo. O resto da noite era dedicado ao planejamento. Às vezes, esses professores-estagiários não iam para casa antes das 10 da noite. Era intenso, exaustivo, assustador – e excitante. Assistir a Matsuyama dando aula, com todo o rigor intelectual que isso requeria, era inspirador. Os universitários começaram a elaborar suas próprias ideias. Akihiko percebeu pela primeira vez o que significava ser professor. E estava fisgado.

Akihiko escolheu se especializar em matemática, como Matsuyama. Era 1977, e Matsuyama, um ex-aluno de John Dewey e George Polya, era um pioneiro na defesa de mudanças que começavam a chegar ao ensino de matemática do Japão. Sua técnica encantava Akihiko. Nos tempos da escola, ele adorava matemática, mas odiava as aulas de matemática, pois os professores sempre agiam como se houvesse apenas um jeito certo de resolver um problema. Matsuyama era o exato oposto. Ele não só valorizava os alunos que elaboravam suas próprias soluções – ele dependia deles.

Admirar o estilo de ensinar de Matsuyama e ser capaz de reproduzi-lo eram duas coisas diferentes. A primeira aula que deu, e da qual Akihiko ainda lembraria trinta anos depois, começou tranquila. Naquela semana, as turmas do sexto ano de todo o Japão estavam sendo apresentadas ao conceito de relações proporcionais – se 5 biscoitos custam 300 ienes, então quanto custam 2 biscoitos? Uma lição típica teria introduzido o assunto para depois demonstrar como calcular o valor unitário (60 ienes por biscoito), e então usá-lo para achar a resposta (120 ienes). Mas, sob a orientação de Matsuyama, Akihiko tinha preparado um problema que levaria as crianças a descobrir uma série de relações proporcionais. Então ele guiaria uma discussão sobre a linha que haviam desenhado, mostrando a relação entre o número de biscoitos e o quanto custam:

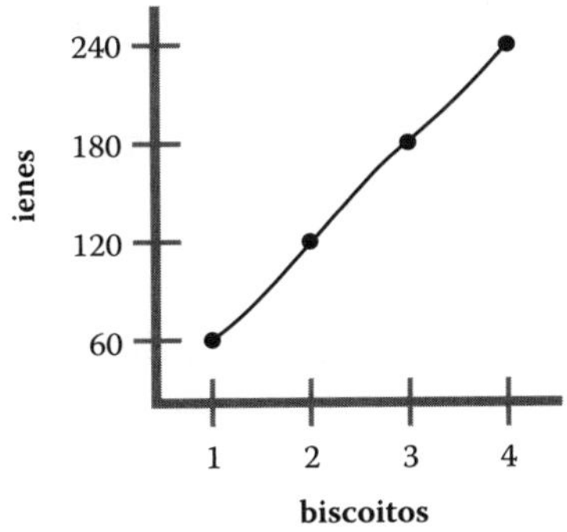

Tudo ia muito bem, quando um estudante levantou a mão para fazer uma pergunta. Por que eles não podiam ligar os pontos da linha até o zero? Outra aluna trouxe uma dúvida diferente: o que significa essa linha conectando os pontos?

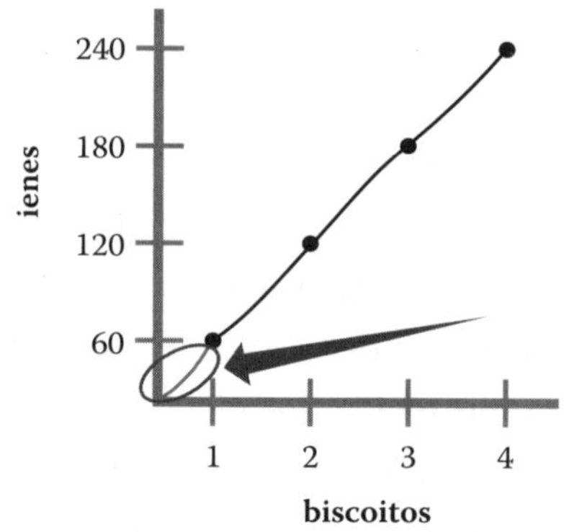

Akihiko travou. Ele sabia que, geralmente, um gráfico representando relações de proporção deveria ligar o zero a todos os outros pontos. No entanto, as quantidades no problema dos biscoitos eram diferentes, pois não existia a possibilidade de comprar menos do que um, ou mesmo zero biscoito por zero ienes. Como explicar isso ao sexto ano? "Lembro até hoje da sensação", disse Akihiko. "Apesar de saber a resposta, eu não conseguia explicar. Era como estar à beira de um abismo e não poder voltar." O professor não tinha a resposta, mas não responder não era uma opção. Como um aluno chamado a comentar um livro que não leu, ele blefou – mesmo achando que todo mundo perceberia. Naquele momento, ele entendeu que ensino não seria apenas um tema para estudar antes de encontrar sua verdadeira profissão. Seria o trabalho de uma vida.

Nos seis anos seguintes, depois de se formar e ir trabalhar em outra escola de ensino fundamental na região, Akihiko testou mais aulas no estilo Matsuyama de ensinar. Ele sabia que não podia fazer isso todos os dias, porque desviar das lições do livro didático requeria um tempo de preparação que ele nem sempre tinha – além de não haver garantia de sucesso. Então, ele escolhia e preparava algumas aulas específicas, dedicando tanto tempo a elaborar os problemas quanto a imaginar como os alunos responderiam a eles. Mesmo assim, não importava quanto tempo tivesse trabalhado no planejamento, a aula sempre começava como um passo no escuro; os alunos adoravam surpreendê-lo. Akihiko começou a fazer um diário, queria se lembrar de cada aula. Quando pais começaram a reclamar do jovem professor que usava seus filhos como cobaias, ele passou a transformar suas anotações em uma correspondência, enviada uma vez por mês às famílias (ao final do terceiro ano, já era diária). Para ajudar as crianças – e ajudar Akihiko –, os pais precisavam entender a matemática também.

Ano após ano, as aulas melhoravam, e a confiança dos pais foi aumentando. Em seu quinto ano, Akihiko estava dando quase todas as aulas no modelo de problema único. No sexto ano, ele foi surpreendido pela notícia de que seu mentor, Matsuyama, fora promovido pelo município. Seu cargo de orientador na escola Setagaya ficaria vago, e o veterano foi instado a sugerir um substituto. Ele indicou Akihiko.

Para um americano, Akihiko Takahashi parecia mais um diamante a ser lapidado, um equivalente precoce do *madogiwa* ("observadores de janelas"), que é como os japoneses chamam os empregados menos competentes. Quando chegou a Chicago, ele estava tão famoso quanto Matsuyama, dando aulas abertas que atraíam centenas – chegando, uma vez, às mil pessoas. Ele parecia ter um efeito mágico sobre as crianças.

Mas Akihiko sabia que não era um virtuose do magistério. "Não sou só eu", ele sempre dizia, em inglês. "*Muita* gente." Afinal, fora seu orientador, Matsuyama, quem o tinha ensinado aquela nova abordagem para ensinar matemática, e Matsuyama tinha desenvolvido essa metodologia com outros professores de matemática de Setagaya e também de outros lugares. O grupo se reunia regularmente para discutir seus métodos inovadores, em uma versão japonesa do ETE. No final de cada debate, eles convidavam uns aos outros para assistir a suas aulas e analisar os resultados. Olhando para trás, essa foi a lição mais importante que Akihiko aprendeu com Matsuyama: não como dar uma aula, mas como estudar a aula de alguém, usando o ciclo do *jugyokenkyu* para olhar seu trabalho com lupa e assim melhorá-lo.

Aquelas três semanas de estágio na escola *fuzoku* Setagaya haviam sido um miniciclo *jugyokenkyu*: planejamento antecipado baseado no currículo e nas potenciais respostas dos alunos; observação de outros professores (primeiro Matsuyama, depois os outros estudantes); dar uma aula aberta; e, finalmente, discutir os eventos observados. Cada aula aberta trazia uma hipótese, uma nova ideia sobre como fazer as crianças aprenderem. E a cada debate, se analisava se ela havia ou não funcionado.

Um debate pós-classe típico começava na escola, em torno de mesas dispostas em U, com uma xícara de chá para cada um, e continuava regada a cerveja em algum *izakaya* (a versão japonesa dos *pubs*). Além de suas próprias anotações, cada observador tinha uma cópia do plano de aula dos demais. O plano descrevia o que o professor pretendia fazer na aula e por que, justificando a vantagem de usar 12 – 7 em vez de 13 – 6 para introduzir a subtração com reagrupamento. O plano também dava o contexto: "até agora, todos os alunos entenderam o conceito de subtração *sem* reagrupamento, menos o Keigiro". Esse detalhamento incluiria uma lista das técnicas que os alunos dominavam – por exemplo, contar nos dedos, usar peças ou calcular mentalmente.

Na discussão, os melhores comentários eram os microscópicos, relatos minuto a minuto do que acontecera com observações. Estas iam desde dicas práticas (já que os alunos têm dificuldade de demonstrar os cálculos visualmente, por que não distribuir os tijolinhos em grupos de dez em vez de individualmente?) a propostas que ultrapassavam os limites da sala de aula.

Depois de uma lição sobre o cálculo da área do losango, por exemplo, um observador lembrou de um momento significativo, quando uma aluna perguntou a outra por que ela havia calculado de certa maneira. Normalmente, os professores precisavam insistir para que os alunos debatessem entre si, em vez de só perguntar a eles, e frequentemente tinham de forçar a barra, chamando as crianças à lousa para apresentar suas respostas à turma, ou pedindo a um aluno que respondesse à dúvida de outro. Mas esse tipo de debate espontâneo – uma aluna perguntando à outra sobre seu raciocínio – era bem mais difícil de conseguir. O que havia nessa cultura, perguntou o observador, que ensinava as crianças a se comunicar tão bem?

O grupo revisou a aula, procurando por momentos em que a professora disse ou fez algo que encorajasse o diálogo. Para levar os estudantes a conferir as respostas com um colega ("Todos"), em vez de resolver o problema sozinhos ("Você"), a professora havia sido bem explícita. Em vez de pedir que achassem uma dupla – o lugar-comum, que normalmente era encarado como ordem –, ela incentivou a troca, dizendo aos alunos que "olhassem os cadernos dos colegas". "Talvez vocês vejam uma ideia em que não tinham pensado!", ela disse.

Alguém também destacou a forma como a professora tinha dado início à discussão ("Nós"). Como outras professoras, ela pediu aos alunos que escrevessem suas ideias em folhas de papel, que foram fixadas à lousa para que todos vissem. E, como outras professoras, ela dividiu a turma em grupos: o método do triângulo aqui, o método do quadrado aqui, o método do paralelogramo aqui. Mas a sacada da professora foi pedir aos meninos que se colocassem em cada grupo, em vez de apontar a divisão ela mesma, dessa forma obrigando-os a raciocinar. Na lição sobre losangos, uma discussão acalorada começou quando um menininho pegou um giz amarelo e foi dividindo o quadro em quatro partes, uma para cada método, levando os outros a quebrar a cabeça para colocar cada resposta no lugar certo. Com uma estratégia simples e até previsível (depois de calcular nossas respostas, nós as distribuímos no quadro em grupos), a professora tinha imbuído na turma um sentimento de posse.

Essa cultura seria consolidada por outra estratégia: a cada problema, depois de dividir sua resposta com a turma, o aluno perguntava a mesma coisa: "quem pensa do mesmo jeito que eu?".

Sozinhas, cada uma das estratégias podia parecer forçada. De fato, professores que observavam a aula recordaram de outras turmas onde atividades semelhantes não deram resultado algum. Mas, juntas, as duas rotinas formavam uma combinação poderosa, que levava os alunos a fazerem perguntas sérias uns aos outros – espontaneamente.

Outros debates pós-classe eram mais focados na matéria em si, destacando por exemplo em quais partes do conteúdo os alunos tiveram mais dificuldades, e se elas eram comuns a todas as crianças. Após uma aula sobre ângulos, um observador comentou sobre o desafio de enxergar um ângulo não apenas como uma forma, mas como uma quantidade – um passo maior do que fazer o mesmo raciocínio com a área.

Problemas também eram tema de escrutínio nos grupos. Na mesma aula sobre ângulos, havia uma questão pedindo aos alunos que, a partir de dois triângulos, elaborassem quantas combinações de ângulo conseguissem, sem usar um transferidor. Mas os professores que elaboraram o problema não pararam por aí; embutiram a pergunta dentro de uma história sobre um rei imaginário que adorava usar chapéus com ângulos de todos os tamanhos ("Era uma vez um país onde não havia transferidor", começava a questão). A historinha rendeu alguns momentos engraçados, como quando uma professora designou um garoto o rei da aula, direcionando perguntas a ele – "Rei, isso está certo?", levando outro menino a questionar "Como ele virou rei?". No debate pós-classe, entretanto, os observadores notaram que a história confundia os alunos acima de tudo, pois chapéus não se parecem com ângulos. No final da aula, a professora tinha perdido tanto tempo esclarecendo o enunciado da questão que não houve tempo para aprofundar a matemática.

O poder do *jugyokenkyu* está no fato de que nenhum professor trabalha sozinho, do planejamento até a discussão pós-classe. Para montar os quebra-cabeças que o magistério impõe, os professores precisam trabalhar com as ideias de outras pessoas.

O *jugyokenkyu* permeava todas as escolas de ensino fundamental do Japão. Mas a forma como os professores se engajavam nele dependia de cada indivíduo. Depois da formatura na Universidade Gakugei de Tóquio, Akihiko fez duas coisas para se tornar um praticante assíduo: se comprometeu a dar uma aula aberta por ano (não apenas ajudar a planejá-la) e se voluntariou para um grupo de estudos de professores de matemática da região. O trabalho desse grupo era guiado por documentos americanos que vinham sendo traduzidos para o japonês. Apesar de ter lido John Dewey e George Polya pela primeira vez na faculdade, foi nesse grupo que Akihiko realmente mergulhou nas obras dos americanos – e descobriu como era complicado aplicar suas ideias no dia a dia da sala de aula.

Polya – o matemático cujo manual de solução de problemas, *How to Solve It* [Como Resolver], se tornou a bíblia do grupo –, por exemplo, argumentava que o processo de solucionar um problema tinha quatro passos. Primeiro, os professores japoneses seguiam fielmente a receita dele, conduzindo seus alunos a inicialmente entender o problema, depois planejar a solução e só então tentar colocar o plano em prática (o quarto passo era revisar o trabalho, checar se havia erros e pensar sobre as implicações do resultado encontrado). Mas, quando os professores do grupo de estudos de Akihiko tentavam implementar o passo a passo com os alunos, ninguém cumpria o passo dois, "planejar a solução". Eles sempre pulavam direto para o três, "executar a solução". Repetidamente, os professores tentavam fazê-los seguir cada passo, sem sucesso, até que, em um debate, concluíram que talvez o passo dois fosse simplesmente desnecessário. Três etapas eram o suficiente.

O grupo havia se formado na mesma época em que o NCTM publicou suas diretrizes. Depois da experiência com Polya, os japoneses não usaram as orientações do NCTM como um livro de receitas, mas sim como um guia. Em vez de seguir o passo a passo, eles analisavam os objetivos, experimentavam maneiras de atingi-los nas aulas e trocavam observações sobre o que funcionava.

Ninguém esperava que o progresso fosse imediato. Akihiko seguia os conselhos de outros professores para escolher os temas a abordar segundo o modelo de problema único. Lições sobre área, por exemplo, se encaixavam naturalmente: os alunos brincavam com as formas, testando diferentes métodos para encontrar a área de um paralelogramo ou de um triângulo, e então, por comparação, chegavam a uma fórmula que funcionaria para todas aquelas figuras.

Akihiko trabalhava nas aulas, e o resto do grupo analisava seu planejamento, dando *feedback* e orientando mudanças. Ele valorizava especialmente as aulas abertas, ministradas em dias específicos do calendário escolar japonês, quando os professores eram liberados de suas atividades normais para viajar e apenas os alunos dos professores que davam a aula aberta ficavam na escola. Nessas aulas, Akihiko aprendia tanto quando ensinava como quando assistia. Uma vez, em visita a uma escola de Nagano, ele viu um professor fazer algo muito intrigante. Um componente do ensino que os japoneses discutiam com frequência era o *bansho*, ou "escrita na lousa" – a arte de escrever no quadro algo que ajude os alunos a aprender. Cada professor tinha seu próprio estilo, mas, com o passar do tempo, algumas convenções foram nascendo. Normalmente, o título ficava no canto superior esquerdo; o problema do dia, logo abaixo. Os textos então seguiam em colunas: as soluções escolhidas dos alunos, depois as ideias sobre como conectá-las, seguidas de uma conclusão final – uma fórmula, definição ou observação. A chave era transformar aquele espaço em uma representação clara da evolução da aula.

Executar isso, é claro, apresentava todo o tipo de problemas. Ter espaço para tudo era o maior deles. Se a professora conseguisse manter o ritmo certo, registraria todas as ideias importantes, até a conclusão, sem ter de apagar nada do que foi feito antes. Mas anotações demais poderiam acabar com o equilíbrio. Quando os alunos tinham muitas boas ideias, a professora precisava de uma estratégia para que não se perdessem na densidade da própria discussão.

O professor de Nagano tinha encontrado uma nova solução para o desafio do *bansho*. No lado direito da lousa, a turma manteria uma coleção de ímãs, cada um com o nome de uma criança. Quando uma nova ideia surgisse, o professor a escrevia e fixava o nome do autor sobre ela.

A inovação servia a múltiplos propósitos. De uma perspectiva estética, ajudava a separar as propostas dos alunos das outras partes do quadro. Também suavizava o debate, pois, ao falar sobre a área dos triângulos, era mais fácil se referir à "hipótese do Nori" do que ter de resumi-la a toda hora. Professores já vinham usando os nomes dos alunos para batizar ideias dessa forma, como os alicerces de Deborah, mas rotulá-las com os ímãs tornou o processo ainda mais eficiente. Além disso, marcar uma ideia com um nome era uma recompensa para o aluno por compartilhar seu raciocínio, o que municiava os professores com mais uma arma em sua guerra contra a timidez.

Akihiko adotou a ideia, e logo viu outros professores fazerem o mesmo. Quando voltou para o Japão, depois da temporada em Chicago, era quase impossível encontrar uma sala de aula que não tivesse a coleção de ímãs à direita da lousa.

O método do problema único no ensino da matemática se consolidou tanto quanto o uso dos ímãs. Akihiko não era o único professor a observar e imitar Matsuyama. À medida que aumentava a quantidade de professores experimentando com tal abordagem, mais profissionais também observavam a técnica nas aulas abertas ou nos corredores das escolas. Muitas vezes, uma aula bastava para ser convencido de que valia a pena tentar. Muitos professores lembravam exatamente da aula que tinha aberto seus olhos.

É claro que nem todas as tentativas davam certo. No Japão, um professor que tratasse o trabalho em grupo como um fim em si mesmo, ou que tentasse tanto atrair as crianças com uma historinha engraçada que acabava distraindo-as do conteúdo, provavelmente seria alertado por seus próprios colegas e, uma vez sabendo o que precisava trabalhar melhor, não estaria sozinho para pensar na solução. Ele poderia observar outras aulas e aprender com os outros professores.

Vejamos, por exemplo, uma aula do segundo ano sobre gráficos de barras. Para envolver os alunos, o professor, Sr. Hirayama, não inventou um conto de fadas. Ele simplesmente adaptou a lição sugerida pelo livro didático – uma enquete com os alunos sobre sua cor preferida, para depois colocar os resultados na lousa – usando um assunto que sabia que interessaria à turma. Eles vinham conversando sobre cultivar plantas na sala de aula, e o professor decidiu usar a aula sobre gráficos de barras como o primeiro passo no planejamento desse projeto.

Hirayama começou a aula sem anunciar o propósito matemático da lição ("hoje vamos estudar gráficos de barras"), mas sim dizendo à turma que hoje eles decidiriam quais plantas cultivar. Primeiro, ele pediu sugestões. O que eles gostariam de ter? Quando quase todos já haviam anunciado suas preferências, Hirayama – um jovem alto e muito calmo – redigiu a lista na parte inferior da lousa, da esquerda para a direita: batata, cenoura, quiabo, batata-doce, tomate, pepino, pimenta, margaridas. Então anunciou o próximo passo. Os alunos tinham de votar, colocando os ímãs com seus nomes em cima da planta que preferiam. A atividade causou alvoroço, com algumas crianças defendendo suas escolhas, outras indecisas até o último minuto, gerando uma debandada do pepino para a batata-doce na última hora.

De quando em quando, Hirayama parava a gritaria para fazer perguntas. Qual planta tem mais votos? Qual tem menos? Como vocês sabem? Quando todos os alunos já haviam votado, ele fez a pergunta que os direcionaria para o seu propósito "secreto". "Vocês repararam", disse ele, refletindo com uma mão no queixo, "que botaram seus nomes uns em cima dos outros?". Sobre cada nome de planta, havia um esboço de barra feita de ímãs. Inspirada pela discussão sobre qual planta tinha mais votos, a turma começou a contar. Com a ajuda do professor – convenientemente muito mais alto que as crianças – os ímãs formavam colunas que iam quase até o topo da lousa. Sem terem sido apresentados ao conceito de gráfico de barras, os alunos o tinham elaborado intuitivamente.

Agora, Hirayama só precisava que eles percebessem o que haviam feito e como haviam feito. "Vocês não precisavam ter feito assim", ele disse. "Por que fizeram desse jeito?". Os estudantes chutavam respostas, e o professor ouvia calmamente, esperando por aquela que chegasse mais perto de uma razão para organizar dados em gráficos de barras. Finalmente, um menino chamado Kano deu a chance que ele queria, não na forma de uma resposta, mas de uma pergunta. Por que Hirayama tinha feito uma só coluna para algumas plantas e duas colunas para outras?

A questão virou um debate. "Não entendo por que fazer duas colunas", outro menino retrucou. "Talvez na sua cabeça, Kano, você esteja pensando 2, 4, 6, 8?", disse, contando de dois em dois.

Mais comentários se seguiram. Usar duas colunas ajudava as crianças a alcançar os ímãs, e também a contar de dois em dois. Mas e as plantas que receberam um número ímpar de votos? O tempo estava acabando, e Hirayama abandonou o plano original, que previa que os alunos substituíssem os ímãs por círculos, consolidando a transição da coleta de dados para o desenho de gráfico. Em vez disso, ele deixou seguir a discussão sobre as colunas, e não se arrependeu. Se tivesse insistido em avançar para os círculos, as crianças provavelmente não teriam entendido, pois estavam concentradas em outra coisa. Ele podia muito bem fazer essa transição na próxima aula.

Por hora, Hirayama concluiu o debate com uma pesquisa: quem achava que organizar os votos em uma única coluna era melhor, e quem preferia duas? Eles acabaram chegando ao consenso de que uma coluna era melhor para ver qual planta tinha mais votos. Um teste rápido confirmou a hipótese: arrumando os votos em uma só coluna, eles todos anunciaram o vencedor em uníssono. "Batata!"

Assim como a turma do segundo ano aprendia mais compartilhando raciocínios, a troca de ideias acelerava o aprendizado dos professores também. A beleza de observar vários professores em ação era poder ver as diferentes facetas de uma mesma atividade. Às vezes, diferentes soluções derivavam umas das outras.

Vejamos o desafio de terminar cada aula com o ponto central claramente resumido (o *matome*, em japonês) e compreendido por todos os alunos. Reinventar um *matome* significava acrescentar um novo miniconceito ao fechamento da aula, quando o professor pedia à turma que cada um rascunhasse o que havia aprendido naquele dia. "Hoje, diferente dos outros dias, falamos de plantas e comparamos as alturas e fiquei feliz", escreveu uma aluna de Hirayama no caderno. "Hoje fizemos um gráfico pela primeira vez. Eu não sabia fazer, então foi legal", anotou um menino.

Outro grupo de professores expandia o conceito, não apenas pedindo aos alunos que fizessem um resumo para si mesmos, mas também que alguns o lessem em voz alta. Compartilhar com a turma tinha muitas vantagens: os alunos com bons resumos ganhavam reconhecimento, e também serviam de modelo, dando a outros a chance de discretamente revisar suas próprias anotações. E todo mundo ganhava alguns minutos para reler, gravar e (o professor esperava) recordar o ponto-chave do que tinham aprendido.

Um terceiro grupo de professores tinha uma abordagem levemente diferente, substituindo os resumos por um concurso para dar um nome à aula. Normalmente, o título da lição era escrito no canto superior esquerdo da lousa assim que os alunos se acomodavam, mas, nessa abordagem, a professora deixava essa parte do quadro em branco. Só no final da aula, ela pedia aos alunos sugestões de títulos. Assim como os resumos, escrever títulos ajudava a compactar o conceito da lição. "Vezes 2 e dividido por 2 são irmãos!", um menininho sugerira após uma aula sobre divisão, na qual a turma havia identificado um padrão ligando produtos e dividendos. A professora gostou da ideia, mas foi a sugestão mais descritiva – "A relação entre a resposta e o número a ser dividido" – que ganhou o espaço no topo da lousa (e no caderno de matemática das crianças).

Mesmo os professores que não faziam visitas a outras turmas para observar o método percebiam as novas ideias penetrando em suas salas de aula. No Japão, além de atrair multidões para suas aulas, os melhores professores também trabalhavam com as editoras de livros didáticos, ajudando a escrever o material que usariam em aula. E assim os livros didáticos de matemática também começaram a absorver novos conceitos, gradualmente centrando cada aula em torno de um só problema. Os problemas foram sendo refinados com o tempo, à medida que eram testados em aula e selecionados os mais produtivos. Akihiko era o autor de diversos manuais didáticos, assim como o orientador de Hirayama, um colega de Akihiko na universidade chamado Toshiakira Fujii.

Vejamos a subtração com reagrupamento. Os números 1 a 19 dão origem a trinta e seis diferentes problemas que introduzem o conceito, de 11 – 2 a 18 – 9. Mas, com o tempo, cinco ou seis editoras no Japão convergiram para o mesmo problema: 13 – 9. Outros problemas também levariam os alunos a descobrir o mesmo método de resolução. Por exemplo, se usarmos um problema como 12 – 3, a tendência natural dos estudantes é tirar o 2 e depois o 1 (o método da subtração-subtração). Pouquíssimos tirariam 3 de 10 e depois adicionariam novamente o 2 (o método da subtração-adição). Mas os professores japoneses sabiam que o melhor para os alunos era conhecer os dois métodos. Isso seria útil quando eles encontrassem novos problemas que poderiam precisar de um ou outro. E, em geral, enxergar dois caminhos para uma mesma solução ajudava os estudantes a entender o princípio da subtração.

Era por isso que 13 – 9 era quase sempre a primeira opção. Os professores sabiam que, quando estudavam esse problema, as crianças podiam tanto usar a subtração-adição (quebrando 13 em 10 e 3, depois tirando 9 de 10 e somando 1 e 3 para chegar a 4) quanto a subtração-subtração (tirando 3 para ficar com 10, depois subtraindo o 6 para chegar a 4). Como provavelmente ambas as abordagens seriam testadas, os professores podiam deixar para a turma decidir qual era o melhor jeito de compreender a operação.

A formatação dos materiais didáticos evoluiu também. Tradicionalmente, uma nova unidade começaria com o ponto central da lição em negrito no topo da página – como estabelecer relações de proporção, por exemplo. As unidades também começavam normalmente em uma página par, de forma que a fórmula ou o enunciado do conceito estivesse bem visível na página ao lado. Mas esse formato claramente entregava de mãos beijadas o que deveria ser uma prazerosa e importante descoberta. Então, os livros didáticos começaram a apresentar o início das unidades em páginas ímpares, com tópicos mais amplos e problemas únicos, para não antecipar as conclusões – ou, mais importante, garantir que as crianças compreendessem os conceitos sozinhas.

Também era possível se inspirar nos artigos que os professores publicavam após um estudo de aula descrevendo seu planejamento, o que realmente aconteceu na sala de aula e discutindo o que aprenderam. Revistas cheias desses textos enchiam prateleiras em livrarias, trazendo desde maneiras de introduzir um conceito em particular até transcrições de palestras sobre cultura escolar, proferidas por diretores de escolas de ensino fundamental todo mês.

É claro que o sistema educacional não era perfeito. Os professores japoneses também se revoltavam contra os burocratas do Ministério da Educação, como professores de qualquer outro lugar. E, exatamente como nos Estados Unidos, cursos de desenvolvimento profissional promovidos pelo ministério, normalmente realizados fora das salas de aula, pareciam descolados da realidade – uma perda de tempo para professores para quem tempo era um recurso escasso. Um funcionário idealista do ministério, na esperança de injetar novo ânimo nos cursos, chegou a viajar até os Estados Unidos apenas para ouvir sobre uma prática japonesa chamada "estudo de aula". E, enquanto o ensino evoluía rapidamente nas escolas de ensino fundamental, as mudanças eram mais lentas no ensino médio, no qual os professores eram soterrados pela pressão de preparar os alunos para os exames de admissão nas universidades – sem contar a necessidade de gerenciar atividades extracurriculares depois do horário escolar.

Enquanto isso, estudantes de baixa renda tinham professores menos habilidosos e ficavam para trás, exatamente como nos Estados Unidos. E a população se preocupava com a posição do país em rankings internacionais, à medida que outros países melhoravam suas notas – alguns, como Cingapura, graças à adoção da abordagem japonesa do *jugyokenkyu*; outros, como a China, usando sua própria tradição de *jugyokenkyu* (chamada pelos professores chineses de *zuanyan jiaocai*, ou "estudo intensivo do material didático"); ou criando seus próprios métodos, como a Finlândia (onde as escolas-laboratório são chamadas "escolas de campo").

Mas as autoridades japonesas em educação também encontraram formas de apoiar o aprendizado que os professores mais valorizavam, incluindo aulas de pesquisa na agenda das escolas públicas e até convidando os melhores professores para ajudarem na revisão do currículo nacional a cada dez anos. Como resultado, o currículo começou a incorporar novas ideias, assim como acontecera antes com os livros didáticos.

O processo todo era como uma grande aula. Ao testar novas ideias na prática, registrar os resultados e, em resposta, refinar a técnica – e, o que é crucial, fazendo isso tudo juntos, frequentemente com professores que eram ao mesmo tempo colegas e observadores visitantes, especialistas na matéria –, os japoneses aprenderam muito mais rápido do que se tivessem tentado sozinhos. Trabalhando individualmente, um professor pode ou não inovar ou atingir a excelência; o resultado depende só dele. Trabalhar em grupo aumentava as chances de melhorar de cada indivíduo. Por meio do *jugyokenkyu*, os professores ensinaram a si mesmos como ensinar.

Para James Stigler, o americano à frente do TEIMC, o *jugyokenkyu* resumia o que ele conhecia sobre a cultura do Japão. As empresas japonesas haviam absorvido um conceito semelhante de William Edwards Deming: a melhoria contínua. As organizações, preconizava Deming, só cresceriam se revisassem constantemente as próprias práticas, procurando sempre as pequenas coisas que podiam fazer melhor. Ignorado na América, Deming se tornou sensação no Japão. Suas ideias traduziam um compromisso com o aperfeiçoamento que sempre esteve no coração das tradições japonesas, desde o chef que passa a vida toda estudando a arte de fazer sushi, décadas aperfeiçoando um giro da mão para fazer o bolo de arroz perfeito, até o lento e constante aprendizado do kabuki, o tradicional teatro japonês, onde os estudantes levam muitos anos para dominar as muito específicas posições em cena.

Toshiakira Fujii, o ex-colega de Akihiko, usava uma analogia antiga, o *kendo*. Uma pessoa poderia levar a vida toda progredindo lentamente nas etapas do *kendo*. A sílaba "*do*" no final da palavra é usada igualmente para definir outros rituais delicados, como *sado*, a cerimônia do chá; *shodo*, a caligrafia japonesa; *karate-do*, a arte marcial. Literalmente, *kendo* se traduz como "caminho", ou "estrada" – um percurso longo a cumprir. Fujii a definia como um "aprendizado vitalício". Considerando as tradições, os professores japoneses na verdade não fizeram nada de muito inovador ao criar o *jugyokenkyu* – exceto, talvez, por não o ter chamado de *jugyo-do* (*jugyo* significa aula).

Stigler viu a mesma postura quando propôs pela primeira vez ao governo japonês o estudo com vídeos, um entre dúzias de recursos opcionais ao teste internacional. Ao entrar na sala para fazer sua exposição, um colega o pegou pelo braço para alertá-lo: "É horrível, mas os japoneses já recusaram todas as opções". No entanto, quando

Stigler fez sua apresentação, uma das autoridades presentes "levantou os olhos e disse simplesmente 'Sim'. E todo mundo ficou de queixo caído", recorda o americano. Mais tarde, quando Stigler perguntou ao mesmo homem por que ele havia dito sim depois de recusar tantas outras propostas, ele deu uma resposta que nenhum funcionário do governo americano jamais mencionara. "Ele disse 'porque nós queremos assistir aos vídeos para tentar extrair ideias de como ensinar melhor'... Nenhum americano jamais havia citado isso como motivo para realizar a pesquisa!". Os americanos queriam respostas, não melhorias – um relatório cheio de gráficos de barra e tabelas, e não novos casos para estudar.

Em 1999, quando Stigler e o pesquisador James Hiebert publicaram sua pesquisa em um livro chamado *The Teaching Gap* [A lacuna no ensino], fizeram do estudo de aula sua conclusão mais triunfante. O ensino nos Estados Unidos, o estudo mostrava, negava às crianças oportunidades reais e profundas de aprender. E, no entanto, a abordagem do país com relação ao problema não ia ao seu cerne.

As elites econômica e política que primeiro lideraram o movimento por reformas na educação dos Estados Unidos defendiam várias estratégias diferentes para melhorar as escolas. Mas, em 1999, eles haviam se voltado para basicamente uma: metas de desempenho. Era o tipo de argumento que cabia direitinho em uma apresentação de PowerPoint, em uma audiência pública ou em um novo projeto de lei. Logo apareceram documentos mostrando o que os estudantes precisavam saber e realizar em cada série (como "identificar uma ideia central" e "diferenciar fatos e opiniões" em língua inglesa no quarto ano; e "entender o conceito de taxa" e "somar e subtrair frações sem denominador comum" em matemática no sexto ano). Em apenas um ano, o número de Estados que tinham objetivos de aprendizagem aprovados chegaria a quarenta e oito e, dois anos depois, uma aliança entre associações de executivos e trabalhadores apoiaria a lei Nenhuma Criança para Trás para tornar as metas e os testes anuais obrigatórios – assim como as consequências quando as metas não fossem atingidas. O país caminhava na direção da ideia de meritocracia que Eric Hanushek pregava trinta anos antes.

Stigler e Hiebert também apoiavam o movimento. "Sem objetivos claros, não vamos conseguir melhorar, pois não saberemos para que lado ir", escreveram em *The Teaching Gap*. Mas mesmo eles suspeitavam que simplesmente estabelecer metas e punições para quem não as atingisse não garantiria que elas seriam alcançadas. "É igualmente importante reconhecer que as metas e os exames são necessários, mas não são o suficiente". A "nova fronteira" das reformas, escreveram, era o como ensinar – a forma como alunos e professores trabalham juntos nas escolas. "Metas dão a direção, e testes garantem os parâmetros, mas é o ensino que precisa melhorar para nos conduzir na estrada da excelência."

A mobilização pela meritocracia ignorava esse enorme miolo da educação, a parte que Hanushek uma vez chamou de "a caixa preta do processo de produção". Esse ponto cego era a verdadeira razão pela qual os esforços de ampliar o alcance do ETE haviam falhado. Em vez de incorporar o processo de treinamento em laboratório que Magdalene Lampert e Deborah Ball tinham elaborado para seus alunos na Estadual de Michigan, os reformistas da Califórnia e do NCTM haviam estabelecido as mudanças que queriam, mas não pensaram no plano para implementá-las.

"A gente costuma pensar que, se você conseguir quantificar uma coisa em uma pesquisa e mostrar para todo mundo, isso vai melhorar o ensino", diz Stigler. "A verdade é que, em ensino, 10 por cento depende de tecnologia, de uma ideia ou de inovação. Noventa por cento depende de descobrir como botar isso em prática para atingir os objetivos."

As ideias americanas podem ter dado aos japoneses esses 10 por cento, mas foi o *jugyokenkyu* que fez o resto. Para mudar o ensino, os americanos precisavam aprender tanto com os japoneses quanto os japoneses haviam aprendido com eles.

Um ano após a publicação de *The Teaching Gap*, Hyman Bass se encontrava em pé nos fundos de uma sala da escola de ensino fundamental Setagaya, assistindo a uma aula com um grupo de professores de matemática americanos. Com início, meio e fim cuidadosamente roteirizados, a aula fazia Hy lembrar do teatro. E havia ainda a forma como a professora usava as peças ilustrativas, tão objetivamente e com uma precisão que ele nunca havia visto nos Estados Unidos. Mas ele ainda sentia certa distância dos professores japoneses, assim como todos na delegação, exceto uma pessoa. "A única que realmente se conectou com os japoneses foi a Deborah", ele diz. "Ela reparava em coisas e fazia perguntas que ninguém mais fazia."

O que chamou a atenção de Deborah, acima de tudo, foi a linguagem. Tentando traduzir o que os professores haviam dito, após as aulas, o intérprete tropeçava o tempo todo. E não era por não conseguir ouvi-los, ou porque não faziam sentido. O problema é que as palavras escolhidas pelos japoneses não tinham equivalente na língua inglesa. Era uma linguagem que não existia.

Tudo bem, disse Deborah, encantada. Apenas traduza literalmente. O trecho *neriage* de uma aula, no qual muitas ideias diferentes germinavam um consenso e um novo conceito acadêmico, pode não fazer sentido para o intérprete – "sovar a massa" – mas era compreensível para Deborah. Havia uma palavra, *bansho*, para definir a arte de escrever as coisas certas na lousa; outra, *kikanjunshi*, para descrever a parte da aula em que a professora caminha entre as carteiras, olhando o trabalho dos alunos, para definir quem vai falar em voz alta e em que ordem. Havia uma palavra para o processo de usar com efetividade as ideias dos alunos para atingir o objetivo da aula e outra para a categoria de erros que, quando divididos com a turma toda, representam as mais ricas oportunidades de aprender (*neriage* e *tsumazuki*, respectivamente). Havia perguntas-chave para apresentar o problema do dia (*shu-hatsumon*), a prática de observar os alunos (*mitori*) e a introdução de uma lição (*donyu*). Essas palavras eram outro produto do *jugyokenkyu*. Para falar sobre uma aula e todas as coisas que a compõem, os professores inventaram novas palavras para descrevê-las.

Ali, no meio de uma zona residencial de Tóquio, uma cidade onde ela nunca havia estado e onde provavelmente nunca mais pisaria, Deborah sentiu que voltava para casa. "Eu estava no céu", diz ela. "Era como alguém que realmente aprecia gastronomia, mas que só come no McDonald's, de repente entra em um bom restaurante." Ou, pensou, como se após anos pintando sozinha, ela tivesse encontrado uma colônia de artistas.

Acima de tudo, o que o Japão tinha de diferente era a linguagem. Os americanos, por sua vez, iriam mesmo patinar muito para melhorar sua forma de ensinar. Afinal, quando tentavam falar ou mesmo pensar sobre isso, sofriam de uma deficiência básica: não tinham palavras.

CAPÍTULO 5

UMA STARTUP EDUCACIONAL

O homem que inventou uma linguagem americana de ensino nunca visitou o Japão, nunca frequentou a faculdade de educação e, até recentemente, não conhecia Deborah Ball.

Em vez de uma universidade tradicional como a Estadual de Michigan, Doug Lemov vem do mundo dos empreendedores educacionais. Uma nova classe de educadores, os empreendedores surgiram nos anos 1990, justamente quando as reformas na Universidade Estadual de Michigan e no estado da Califórnia estavam naufragando. Diferentemente de Deborah e companhia, Doug e sua turma podiam muito bem ter se diplomado em administração de empresas. Em vez de epistemologia, psicologia infantil e filosofia, eram obcecados por disciplinas como tomada de decisão com base em dados, novas empresas, "inovação disruptiva". Era mais provável que conhecessem Eric Hanushek, o economista que inventou o modelo de avaliação de professores com base no valor agregado, do que Judy Lanier. Eles se viam mais como ativistas do que como educadores, como membros de um movimento: *O movimento*, alguns diziam. E mantinham distância do mundo de Deborah não só por ignorância. O afastamento era consequência de um planejamento consciente – até mesmo uma questão de retidão moral.

Esse movimento nasceu de uma indignação. Doug Lemov se envolveu na causa em 1994, quando estudava na Universidade de Indiana.

Filho de um advogado e uma jornalista, criado numa área elegante perto da capital Washington (Bethesda, no estado de Maryland), ele trabalhava como tutor dos atletas da universidade enquanto estudava língua inglesa. Doug tinha sido uma criança miúda, muito tímida, e um atleta medíocre. Mas, já no final do ensino médio, veio o estirão pelo qual ele tanto rezara e, na faculdade, seu 1,88 metro de altura lhe garantiu uma vaga no time de futebol de campo. Doug não se sentia intimidado pelos atletas da universidade, e logo descobriu que tinha talento para ajudá-los nos estudos. Até que, um dia, os treinadores o apresentaram a um novo aluno – um zagueiro chamado Sandro, que, disseram, "precisa mais do que as horas de estudo extras"*.

No primeiro encontro, Doug sugeriu que Sandro começasse escrevendo uma pequena autobiografia para se apresentar. Sandro não era muito diferente do tutor: gentil, educado, servil. Mas, quando sentou para escrever, não saía nada. O primeiro parágrafo era incompreensível. Não havia uma frase sequer completa. "Mais do que horas extras" era um eufemismo. Sandro era praticamente analfabeto – e não tinha a menor ideia disso.

Primeiro, Doug ficou indignado com a universidade. Graças ao considerável talento esportivo do jovem rapaz, a Indiana aparentemente o havia convencido de que tinha capacidade para completar uma faculdade. Para Doug, isso tinha sido uma dissimulação cruel, e ele decidiu procurar a responsável pelos estudos dos atletas, que o havia incumbido da missão de estudar com o zagueiro. "Estou lisonjeado que você pense que sou a solução para o Sandro", ele disse. "Mas, para seu conhecimento, três ou quatro encontros por semana não vão resolver o problema. Ele escreve como um menino do *quarto ano*."

"Na verdade", respondeu a secretária, "nós aplicamos uma prova, e o nível dele é de terceiro ano". Doug se enfureceu. Os treinadores não

* O esporte amador nos Estados Unidos é bastante competitivo, e por isso muitas universidades concedem bolsas de estudo a alunos graças apenas a seu talento para o esporte. Esses estudantes-atletas precisam cumprir um mínimo de horas extras de estudo (*study tables*), devidamente registradas, determinado por cada instituição. [N.T.]

deviam ter considerado isso antes de convencer a universidade a lhe dar a bolsa? "Isso é o mais interessante", completou ela. "Ele não foi indicado por ninguém."

Quem mentira, ela explicou, não fora a universidade, nem a equipe de futebol americano, mas sim a escola de ensino médio onde Sandro estudou, no Bronx, que aprovava o adolescente ano após ano sem nenhuma observação. Quando se formou, ele tinha boas notas, recomendações elogiosas das professoras e nenhuma pista sobre a própria ignorância. "Como ele não era um bagunceiro, apesar do péssimo ambiente da escola, ninguém quis estragar seu sonho", diz Doug. "Ninguém queria ter de dizer 'você foi reprovado'. Acharam que estavam ajudando ao passá-lo de ano. E, assim, destruíram seu sonho."

Em 1971, escrevendo sobre o nascimento do feminismo moderno na *New York Magazine*, a escritora Jane O'Reilly descreveu experiências como a desilusão de Doug como "cliques" – momentos quando um mal social abstrato cruza com a rotina diária e se torna pessoal:

> Em Huston, no Texas, uma amiga minha assistiu parada ao marido pular por cima de uma pilha de brinquedos na escada, que estavam ali para serem levados para cima. "Por que você não guarda essas tralhas?", ele resmungou. *Clique!* "Você tem duas mãos", ela respondeu, dando as costas.
> No verão passado, recebi uma carta de um homem que dizia: "Eu não concordo com seu último artigo, e vou cancelar a assinatura da minha esposa". No dia seguinte, eu recebi uma carta da esposa, dizendo "*Eu* não vou cancelar a *minha* assinatura". *Clique!*
> [...]
> Em Nova York, no outono passado, meus vizinhos, os Jones, receberam os Smith para um jantar. O Sr. Smith ficava todo o tempo dizendo para a mulher levantar e ajudar a dona da casa *Clique! Clique!* Duas mulheres convertidas de uma vez.

Eram cliques "de revelação", O'Reilly escreveu, "o momento que provoca um brilho nos olhos e significa que a revolução começou".

Sandro foi o responsável pelo clique de Doug. Depois de ver a desigualdade educacional em primeira mão, ele não conseguia tirar a injustiça da cabeça. Pensava cada vez menos na pós-graduação e mais em Sandro. Na última vez que Doug o encontrou, o atleta estava no laboratório de informática, tentando escrever um ensaio. "Ele não conseguia descobrir como descer para a próxima tela, e o título do texto não tinha letra maiúscula", diz Doug. "Pensei: ele vai fracassar, vai voltar para o Bronx, e nunca vai saber o que fez de errado."

Que tipo de país deixa suas crianças virarem jovens adultos sem ensiná-las a ler? Que tipo de disfunção leva uma escola pública a aprovar um aluno do ensino médio que não consegue formular uma frase completa? De que adiantou a Suprema Corte proibir a segregação das crianças na escola*, se garotos do Bronx e seus futuros tutores de Bethesda ainda recebem uma educação completamente diferente?

Assim como no feminismo, o clique de Doug não se deu no vácuo. Por todo o país, outras pessoas estavam revoltadas e, nas palavras de O'Reilly, "dispostas a colocar as coisas em seu devido lugar" ao deparar com injustiças na educação pública americana. Foi o caso de Jay Altman, quando percebeu que sua escola, na zona rural da Califórnia, o havia deixado vários anos para trás em relação a seus colegas na Universidade Williams. Ou de John King, do Brooklin, que se deu conta, ao se comparar com seus amigos de infância, que jamais teria terminado o ensino médio, muito menos ido para Harvard, se não fosse por uma professora fora de série, de uma escola pública de Nova York, que o colocou no caminho certo. E havia ainda Wendy Kopp,

* O caso *Brown versus Comitê de Educação*, de 1954, é notório porque foi a primeira vez em que a Suprema Corte norte-americana declarou inconstitucional a separação entre crianças brancas e negras nas escolas públicas. O processo foi movido, e vencido, por Oliver Brown contra o Comitê de Educação da cidade de Topeka, no estado do Kansas. [N.T.]

que via a dificuldade de sua colega de quarto, que veio do Bronx, para acompanhar os colegas em Princeton.

Depois de conhecer Sandro, Doug não precisou telefonar a muitos amigos para achar um que vinha sendo consumido pela mesma frustração – uma colega de faculdade chamada Stacey Boyd. Ela morava em Boston, onde pretendia começar uma revolução educacional. Em poucas semanas, Doug decidiu se mudar para lá e unir-se a ela. Juntos, eles subjugariam a desigualdade educacional – só precisavam descobrir como.

A abordagem que eles criaram refletia a tendência da década de 1990 e, particularmente, duas teorias emergentes que vinham se consolidando como conhecimento. A primeira era o conceito de meritocracia de Eric Hanushek. As ideias do economista sobre o problema de jorrar dinheiro nas escolas eram excêntricas e radicais quando surgiram, nos anos 1970. Mas, nos anos 1990, eram tratadas como uma verdade absoluta, e haviam extrapolado o campo da educação para todos os programas sociais. As raízes da ignorância, do desemprego e de outros males não estavam na *falta* de financiamento do governo, mas justamente no excesso. Ao colocar dinheiro na pobreza, o governo só fazia aumentá-la, dando aos pobres motivos para ser complacentes, em vez de municiá-los para mudar sua própria situação. "Eles estavam tentando resolver o mesmo problema que estavam criando", analisou Irving Kristol.

Em 1994, quando Doug conhecera Sandro, o presidente democrata Bill Clinton defendia "o fim da assistência como a conhecemos". Até os democratas concordaram que, dali para a frente, os recursos para o combate à pobreza dependeriam de resultados. Em outras palavras, os programas teriam de monitorar não apenas a verba de que dispunham e quantas pessoas eram atendidas, mas também os seus reflexos, quantificando as melhorias alcançadas.

Em educação, o consenso era que as disfunções das escolas derivavam da ausência da meritocracia. A educação havia sido a pedra fundamental da guerra contra a pobreza travada pelo presidente Lyndon Johnson, que destinou bilhões de dólares para o apoio de estudantes em situação de risco como Sandro por meio de um novo fundo chamado Título I ("A pobreza tem muitas raízes", explicou Johnson, "mas a principal é a ignorância"). Em consequência, entre 1961 e 1991, os gastos anuais por aluno nos Estados Unidos quase triplicaram, passando de 2.835 para 7.933 dólares. No entanto, o desempenho em leitura medido pelo Exame Nacional de Progresso na Educação no mesmo período não evoluiu nada. Assim como os programas de assistência haviam dado origem a "subturmas", por dar apoio aos mais carentes sem contrapartidas, os gastos federais fomentaram um sistema em que os municípios obtinham cada vez mais verbas, independentemente da eficiência em educar seus estudantes. Tal configuração, segundo a nova tendência, condicionava as escolas a falharem. Era como qualquer monopólio: sem o crivo da concorrência, não precisavam se aperfeiçoar. Por que a escola de Sandro permitiu que ele não aprendesse? Para os defensores da meritocracia, a resposta era simples: a escola deixou Sandro fracassar porque não havia punição para o fracasso.

A segunda influência sobre Doug e seus companheiros era a nova obsessão nacional pelo poder dos dados quantitativos. A revolução das métricas alçou uma classe de "quantinerds" (gente como os estatísticos contratados por Billy Beane para o time de beisebol no filme *O Homem que Mudou o Jogo*)* para acima da velha guarda que seguia intuição e tradição, sem desconfiar que sob as montanhas de dados de performance disponíveis se escondia uma abordagem mais eficaz. Em educação, os quantinerds eram pessoas como Hanushek, forasteiros que analisaram os dados originados pelos municípios em todo o país e descobriram que as escolas não tinham a menor ideia de como investir de forma eficiente a verba que recebiam.

* Baseado no livro *Moneyball*, de Michael Lewis, o filme conta a história do gerente do Oakland Athletics, que montou um time vencedor com pouco dinheiro, escolhendo os atletas segundo análises estatísticas de seu desempenho. [N.T.]

Essas duas influências – meritocracia e métricas quantitativas – levaram a uma faxina na educação, com a aplicação de diretrizes, fundamentos e testes que James Stigler já observara. A mais pura tradução das reformas foram as escolas charter, uma nova categoria de escolas financiadas pelo poder público, mas com uma administração independente. Stacey Boyd, a colega de Doug, queria abrir uma em Boston. Direcionada a estudantes carentes como Sandro, que viviam em comunidades de negros e hispânicos, as escolas charter seguiam regras próprias. No sistema público tradicional, o financiamento estava atrelado à frequência – as escolas recebiam verba enquanto tivessem alunos matriculados. Nas charters, o suporte financeiro estava condicionado ao cumprimento de certas metas. Na Academy of the Pacific Rim (APR), a escola charter fundada por Stacey e Doug, os estudantes tinham de atingir os objetivos pedagógicos ou a escola fecharia as portas. Stacey foi além: se algum aluno não passasse na prova do primeiro ano do ensino médio*, ela se comprometeria a enviar a verba que a APR tivesse recebido por aquele aluno para a escola onde ele quisesse estudar.

As escolas públicas tradicionais de um mesmo município se reportavam todas à mesma secretaria, que regia suas atividades com obtusidade bizantina. As escolas charter, por outro lado, funcionavam como empresas terceirizadas, mais enxutas e eficientes, a serviço da administração pública. Ou, na linguagem da época, como corajosas empresas pontocom no combate à poderosa Microsoft.[1] Recebiam verba do governo, mas eram independentes para aplicá-la.

* Teste compulsório para avaliar o nível dos estudantes do ensino médio, conforme exige a lei Nenhuma Criança para Trás. A série em que é realizado pode variar de acordo com o estado responsável pela prova.

1 Algumas das escolas charter tinham esse compromisso, mas muitas, não. Diversos estudos sobre o desempenho de escolas charter já mostraram que elas muitas vezes vão tão mal quanto as administradas pelo município, as quais deveriam superar. E, por todos os Estados Unidos, escolas charter têm sido vítimas da mesma ineficiência e da corrupção que prejudicam as escolas públicas vizinhas.

As melhores charters eram obcecadas por métricas. Estudando tudo o que faziam e analisando os resultados, esperavam descobrir o que funcionava ou não, e assim ir se adaptando. Nesse novo e competitivo mercado educacional, presumiam que a "vencedora" seria a escola que inovasse de forma mais eficaz, mesmo que os resultados fossem bem diferentes do tradicional.

A primeira convenção do mundo da educação que Stacey e Doug contrariaram foi arquitetônica. A escola charter ocupava o segundo andar de uma escola paroquial, em um prédio com um pátio interno que se assemelhava a um hotel. Não havia quadra esportiva, e o único espaço ao ar livre era o estacionamento, de forma que as atividades físicas, incluindo as sessões diárias de tai chi chuan, eram realizadas no saguão. Reuniões de equipe, importantes para manter todos atualizados das últimas decisões gerenciais, eram feitas em pé.

Os fundadores da APR também rejeitaram quase tudo que vinha das faculdades de educação, incluindo seus conceitos sobre como ensinar. Muitos deles, incluindo Doug, nem tinham feito o curso. Mas aqueles que tinham se formado davam aos outros uma ideia do que os professores nos cursos superiores de educação defendiam, e, para eles, aquilo era exatamente o oposto do que seus alunos precisavam. O rótulo genérico para a metodologia de ensino pregada pelas faculdades de educação, como eles o compreendiam, era *progressista*. Os objetivos da pedagogia progressista eram louváveis, e, nas mãos de professores progressistas, as turmas deveriam funcionar como pequenas democracias, nas quais as crianças trabalhavam junto com seus mestres para estabelecer as regras; a estrutura das aulas era relativamente frouxa, dando aos alunos a oportunidade de se expressar e perseguir seus próprios interesses; e, em lugar de focar na decoreba, os professores deveriam planejar cuidadosamente cada aula para conduzir a turma por grandes conceitos e ideias.[2]

Todavia, teoria e prática eram bem diferentes. Os professores que já haviam trabalhado em escolas públicas tradicionais antes de se juntar a Stacey e Doug contavam histórias de terror sobre as tentativas de implementar a pedagogia progressista. Em vez de inspirar criatividade e autoexpressão, as ideias progressistas tornavam as caóticas escolas ainda mais desorganizadas, e os estudantes com dificuldades ficavam ainda mais confusos. A pontuação nos testes era a mais baixa da história. Scott McCue, um dos primeiros professores da APR, vindo de uma experiência em uma escola alternativa de ensino médio de Nova York, contou que passava vinte minutos, de uma aula de cinquenta, só tentando fazer a turma prestar atenção. A pedagogia progressista era muito legal no papel, mas a experiência, não.

De qualquer forma, os empreendedores tinham preocupações mais urgentes. Seus alunos não precisavam de democracia, precisavam de fundamentos. Na APR, muitos dos estudantes eram carentes, negros, e estavam anos atrás de seus pares mais abastados. Eles precisavam aprender a ler e escrever, somar e subtrair. Nenhuma das metas mais nobres – pensamento crítico, imaginação e criatividade – seria alcançada sem antes saberem o básico. Afinal, como poderia

2 Quando caracterizações similares foram usadas para descrever a forma de ensinar de Deborah Ball e Magdalene Lampert - aquilo que os docentes da Universidade Estadual de Michigan chamaram ETE —, as duas reagiram a elas como falsas dicotomias. Para bem ensinar, elas sustentaram, estrutura é tão importante quando liberdade, fluência é tão importante quanto conceitos. Mas os professores da APR nunca tinham ouvido falar de Deborah ou Magdalene. As duas também questionavam o que a "pedagogia progressista" significava de verdade. Enquanto alguns professores se apossavam orgulhosamente do rótulo para descrever uma abordagem "centrada na criança", não havia escola de pensamento pedagógico que pudesse ser chamada de "progressista". Historicamente, educação progressista significava um movimento político em prol de certas metas educacionais, não a abordagem pedagógica para atingi-las.

uma criança estudar química sem saber multiplicar? Ou construir um argumento histórico sem saber ler?

Os alunos da APR ainda precisavam aprender uma outra coisa, a habilidade que lastreava todo o estudo acadêmico, desde a mais simples operação: disciplina, a arte de prestar atenção, obedecer instruções, acompanhar um raciocínio. A bagunça reinava nas escolas que Stacey e Doug queriam substituir, as fracassadas escolas públicas urbanas onde os corredores eram tomados por brigas, as tarefas de casa eram ignoradas e o nível dos decibéis testava os limites do tímpano humano.

Na APR, Doug e Stacey trocavam as ideias de democracia e projetos abertos por um foco patológico (alguns diziam autoritário) em comportamento. Uma apoiadora da escola, Linda Brown, percebeu-o logo no dia de inauguração, uma manhã escaldante de julho quando telefonou para Stacey Boyd (a escola abriu as portas com um curso intensivo de verão). "Eu disse, 'Stacey, esse é o grande dia!'", recorda Brown. "'Os alunos chegaram, certo?', e ela disse, 'sim, sim, chegaram, mas tivemos de mandar alguns para casa'. Eu disse, 'do que você está *falando*?', e ela disse, 'eles não estavam de uniforme'." Os infratores, Brown descobriria, estavam usando todas as peças solicitadas (calças cáqui, camisas polo), exceto uma: o cinto. Ela imaginou os coitados se arrastando por quilômetros de volta para casa sob um calor de 37 graus. Que tipo de escola era essa, exatamente?

Stacey explicou que o que parecia punitivo, e até cruel, na verdade era de um ato de bondade radical. Ao zelar pela organização, começando pelos menores detalhes, eles construiriam uma escola onde os alunos obedeceriam aos códigos de conduta mais importantes, pavimentando o caminho para experiências de aprendizado seguras do ponto de vista emocional e desafiadoras da perspectiva acadêmica, que se revelariam *realmente* progressistas. Ela mencionou a teoria das janelas quebradas – argumento estabelecido uma década antes por dois cientistas sociais, James Q. Wilson e George L. Kelling, segundo o qual o caos urbano, dos bêbados inofensivos aos crimes violentos, seria controlado se fossem eliminados os menores sinais de desordem. Quando uma janela quebrada não é consertada, "todas as outras janelas logo serão quebradas também", argumentavam os teóricos.

> Isso se aplica tanto às boas vizinhanças quanto às perdidas. O quebra-quebra não necessariamente ocorre em larga escala, pois algumas áreas são habitadas por quebradores de janelas e outras, por protetores de janelas; ainda assim, uma janela que fique quebrada é um sinal de que ninguém se importa, então não custa nada quebrar mais algumas (afinal, é divertido).

Stacey queria garantir que os alunos soubessem desde o primeiro dia que, na APR, quebrar janelas – ou o equivalente escolar, não usar cinto – teria um custo. Brown estava convencida. "Eu percebi [...] que se você não impuser uma cultura logo de início, não terá outra chance", diz ela.

Outros também foram persuadidos, menos por causa da filosofia do que pela resposta que provocava nos pais. Spencer Blasdale, mais um dos primeiros professores da APR, e um dos poucos que tinham feito a faculdade de educação (em Harvard), lembra-se de ouvir Stacey anunciar a política de tolerância zero pela primeira vez em uma série de reuniões informais com os pais, no ano anterior à inauguração da escola. A cada encontro, os pais rejeitavam a ideia, e toda vez, Stacey batia pé. "Tem um caso que recordo bem", diz Spencer. "Uma mãe disse, 'minha filha fala palavrão às vezes. Ela tem 13 anos, é uma adolescente. Até se ela praguejar baixinho, você vai mesmo me ligar para vir buscá-la?'." A resposta: "Isso aí", Stacey disse, segundo Spencer. "Vou te ligar, e você pode não gostar muito, mas acho que é um serviço que estamos prestando."

"Todos os outros pais na sala se levantaram e aplaudiram", diz Spencer. De todas as coisas que a APR apresentou às famílias, desde o ensino de finanças internacionais às aulas de mandarim (sem contar o tai chi chuan), passando pelos currículos brilhantes dos fundadores (Stacey tinha recém se formado na Harvard Business School, Doug tinha mestrado em inglês na Indiana, Spencer vinha de Princeton), foi disciplina o que mais cativou os pais. A promessa de manter suas crianças a salvo. Mais uma vez, a aspereza da experiência superou a beleza dos sonhos, e a compensação foi imediata para os professores. Lecionando em uma escola obcecada por disciplina, Scott McCue agora passava cinquenta e quatro, dos cinquenta e cinco minutos de aula, ensinando.

A equipe da APR sabia que sua abordagem causava desconforto para alguns professores. Forçar um aluno a se desculpar com a turma inteira por seu mau comportamento não estava a apenas um passo de usar o chapéu de burro? Mas esse desconforto com as consequências era o senso comum que os empreendedores queriam superar – outra ideia romântica que a experiência aniquilaria. Doug chamava isso de princípio do "abraço de Harvard", uma crença de que os alunos carentes precisavam sobretudo de acolhimento e bondade. "Eles diziam, 'oh, quando essas crianças nos conhecerem e virem o quanto as amamos, não haverá mais problemas de comportamento!'", debocha ele. "Como alguém pode ousar pensar que, quando te conhecer, esse aluno não vai manifestar todas as disfunções e cicatrizes da pobreza? Nós não somos esses tolos." Os alunos da APR não precisavam de abraços; precisavam de limites.

Outras escolas charter estavam chegando à mesma conclusão. Na Roxbury, também em Boston, um dos fundadores, John King (o ex-aluno de Harvard), debatia com o cofundador Evan Rudall sobre até onde levar a busca pela ordem absoluta. Assim como na APR, eles eram rígidos quanto ao uniforme. Mas John achava que as crianças deviam poder conversar enquanto iam de uma aula para outra, enquanto Evan discordava. "Evan dizia que, se não mantivéssemos os corredores silenciosos, a transição de uma aula à outra demoraria para sempre, e seria um desastre para o período seguinte", diz John.

Para encerrar o debate, eles decidiram chamar a esposa de Evan – por sugestão de John, que sabia que ela simpatizaria com seu ponto de vista. Ela concordou, e os alunos tiveram então permissão para falar entre as aulas. Bastaram dois dias para que John desse o braço a torcer. Como Evan previra, o deslocamento de uma aula para outra começou a demorar demais, e além disso era uma oportunidade para fazer bagunça, a qual continuava dentro da sala de aula e desperdiçava um tempo valioso. Quando Jay Altman – que estava no processo de abrir sua própria escola em Nova Orleans – visitou a Roxbury, alguns anos mais tarde, John havia se tornado o monge dos corredores silenciosos. "Ele era radical nisso", diz Jay. "Todo dia, o ano inteiro, uns dois minutos antes do sinal tocar para o início das aulas, ele ou alguém diria no alto-falante, 'professores, o sinal vai tocar, por favor fiquem no corredor'." De acordo com John, as mensagens nos alto-falantes eram anunciadas apenas quando o sinal estava *tocando*, e o pedido era para os professores "se reunirem a nós no corredor", mas o resultado era o mesmo. Sem perder um minuto, os professores que não estavam finalizando suas aulas se postavam nos corredores para ficar de olho nas crianças tagarelas.

Logo, o método dos empreendedores – que McCue chamou de "contracultura" – estava consolidado como uma filosofia. Era deliberadamente o oposto do "Abraço de Harvard": era o "Sem Desculpas".[3]

---

3 Assim como o ETE (a sigla que descreve a forma de ensinar praticada por Deborah Ball e Magdalene Lampert), tomei emprestado o rótulo "Sem Desculpas" de algumas das pessoas do grupo que chamei de "movimento pela educação empreendedora" para descrever sua abordagem pedagógica. "Sem Desculpas" foi popularizado por Samuel Casey Carter em seu livro *No Excuses: Lessons from 21 High-Performing, High-Poverty Schools* [Sem desculpas: licões de 21 escolas de alta performance e alta pobreza] (Washington DC: Heritage Foundation, 2000). Assim como o ETE, a nomenclatura "Sem Desculpas" não foi aceita por todos os educadores empreendedores sobre quem escrevo neste livro. Notadamente, como explico no capítulo 7, Doug Lemov não gosta do termo e não o usa para descrever seu trabalho.

O segundo capítulo da ortodoxia educacional que Doug e os outros empreendedores "Sem Desculpas" rejeitavam era o isolamento. Os professores americanos trabalham em prédios com dúzias de colegas mas, como pesquisadores já tinham notado, eles operam essencialmente sozinhos, "cavaleiros solitários" como dizia a colega de Deborah Ball na Spartan Village, Mindy Emerson. O sociólogo Dan Lortie, que argumentava que as salas de aula americanas ainda funcionavam como pequenas escolas de uma só sala, descreveu esse método como o modelo da "cela de instrução". Apesar do aumento das equipes docentes, com cada vez mais especialistas, os professores dificilmente interagiam. Alguns professores universitários usavam a metáfora da escola "caixa de ovos", que cuidadosamente separava os professores, impedindo que se tocassem.

Os empreendedores não tinham estudado as teorias acadêmicas, mas eram zelosos quanto ao trabalho feito lá mesmo assim. A inexperiência parecia motivá-los. A maioria dos professores responsáveis por gerir as escolas tinha apenas alguns anos de experiência (Doug, por outro lado, tinha ensinado inglês durante três anos em uma escola particular de Princeton, no estado de Nova Jersey, antes de se especializar). Todos os dias, enfrentavam um rosário de perguntas difíceis. "Sabia que o professor de tai chi chuan não veio?", diz Spencer Blasdale. Ou, "certo, como vai ser o primeiro boletim de notas? Como organizaremos a primeira festa da escola? O que faremos com esse professor de tai chi chuan que já faltou três vezes?".

Para Doug, as questões se multiplicaram ao final do primeiro ano, quando Stacey decidiu ir embora. "Ela falou, 'adivinha só? Você agora é o diretor! A escola é sua. Vai com tudo!'", diz ele, que tinha então vinte e sete anos. Um dia, logo após assumir, um grupo de auditores o procurou para falar de um problema contábil que ele desconhecia completamente, mas que se não fosse resolvido colocaria o futuro da escola na berlinda. "Todos os dias tinha algo desse tipo", diz Doug. "Éramos incrivelmente vulneráveis. Em parte, porque éramos uma organização minúscula sem infraestrutura. E em parte porque não tínhamos registros e ninguém sabia nada do que se tinha passado. E nenhum de nós tinha qualquer experiência. E também porque as regras não estavam escritas. Era apavorante." Manter uma escola charter, pensou ele, era a última cruzada. Cada erro que você cometesse era público, para toda a equipe e todos os alunos verem.

Um outro grupo de pessoas teria se fechado. Mas a resposta de Doug e do resto dos professores da APR foi bem mais "japonesa". Sem experiência na qual se apoiar, eles atacaram os problemas juntos. Em vez de retornar à caixa de ovos, a equipe da APR abriu as próprias portas para aprender uns com os outros.

De fato, a Academy of the Pacific Rim era, por definição, "pacífica". Seus dois membros fundadores tinham estudado as primeiras pesquisas de James Stigler e Harold Stevenson em escolas asiáticas, e tinham eles mesmos frequentado escolas asiáticas. E haviam deixado a direção da escola charter com Stacey, que havia lecionado no Japão, com a missão de mesclar o melhor do Leste e do Oeste.

Como resultado, Doug se viu liderando grupos de estudo e leituras coletivas de *Teaching and Learning in Japanese* [Ensinando e Aprendendo no Japão] (obra organizada por Thomas P. Rohlen e Gerald K. LeTendre) e artigos sobre as técnicas de gerenciamento japonesas. A pesquisa do TEIMC que apresentou Stigler ao estudo de aula ainda não estava publicada, mas a cultura por trás do *jugyokenkyu* estava incorporada também no conceito de *kaizen* – então popular entre o povo da Harvard Business School –, que descrevia a "melhoria contínua" nas linhas de montagem da Toyota. Imaginando o equivalente pedagógico de uma linha de montagem eficiente e propositiva, Doug e seus colegas não exatamente reinventaram o estudo de aula, mas chegaram perto, fazendo reuniões (em pé) para analisar os mínimos detalhes do sistema de lições de casa e formatando agendas que permitissem aos professores visitar regularmente as salas de aula uns dos outros (no caso da APR, o fato de que tantos professores eram jovens, solteiros e sem filhos ajudou, pois o dia de trabalho começava às 6 da manhã e não terminava antes das 7, 8 ou até 9 da noite).

A cultura de aprendizado colaborativo constante na escola também vinha do próprio Doug. Apesar de ter superado a baixa estatura da infância, ele nunca se livrou da timidez. Era compulsivamente humilde, não economizava em autodepreciação e falava o tempo todo dos seus próprios defeitos. Na faculdade, passava duas semanas depois de uma partida de futebol falando dos erros que tinha cometido, mesmo se o time tivesse vencido. Quando topava com uma boa ideia, sempre dava o crédito a algum colega. "Você sabe que uma ideia inteligente como essa não pode ser minha", ele costumava dizer. Quando orientava alguém, era sem muita segurança. Doug era tão modesto, tão focado em suas fraquezas, que ficar por perto às vezes era desconfortável. Os colegas não conseguiam conversar com ele mais do que cinco minutos sem ouvir a confissão de alguma falha nos aspectos mais pessoais de sua vida, como criar os filhos ou ajudar a esposa.

Para Doug, havia dois tipos de pessoa no mundo: os talentosos, capazes de correr, pular, escrever ou atuar sem pensar muito, e os esforçados, que estudavam cada movimento e treinavam suas habilidades para tentar alcançar um nível mais alto. Doug certamente era um esforçado, uma pessoa que só conseguiria brilhar imitando alguém.

Doug reagia aos erros na APR da forma como sempre fizera na vida: procurava os melhores profissionais de cada área e estudava como eles trabalhavam. Sua equipe era sempre a primeira e a melhor fonte de ideias. Nas salas de aula da APR, ele aprendeu a ser um professor melhor. Às vezes, as lições eram óbvias, como aquela com Molly Wood, cuja personalidade elétrica fazia seu método de ensino ser fácil de identificar – um misto de base muito firme com conexão emocional e acolhedora. Outros eram mais intrigantes, como a calada Kate Glendenning, que levava seus alunos a uma espécie de transe enquanto refletiam sobre Shakespeare, e que nunca se apressava para responder uma pergunta (como Doug costumava fazer); em vez disso, pausava alguns segundos para lapidar a melhor resposta.

O jovem diretor observava todos eles, e até levou uma câmera de vídeo para a aula de Kate um dia, para poder repassá-la depois. Ele também olhava para além da APR a mobilização dos líderes de escolas charter "Sem Desculpas" em Boston e em todo o país. Professores e diretores conversavam pelo telefone, se encontravam para um café ou em festas, e ainda visitavam as escolas dos outros, debatendo tudo, desde os pais encrenqueiros até o orçamento das escolas. "Diante de uma decisão mais difícil, eu pegava o telefone e ligava para o John (King), ou o Mike (Goldstein, das escolas charter Match), ou o Evan (Rudall), ou o Brett (Peiser), e perguntava o que fariam no meu lugar. E sempre enviávamos professores, ou grupos de professores para passar um dia na Roxbury ou na Boston Prep", conta Spencer Blasdale, que se tornou vice-diretor de Doug quando Stacey foi embora.

Pequenas observações frequentemente faziam uma grande diferença. Um dia, assistindo a uma aula de Doug, um colega fez uma sugestão. Para poupar tempo, Doug ia dando instruções enquanto andava pela sala, distribuindo as folhas. Mas os alunos não estavam prestando muita atenção. "Quando quiser que eles sigam suas orientações", disse o colega, "fique parado. Quando está caminhando, distribuindo as atividades, parece que tudo que você está fazendo é mais importante do que as instruções. Mostre que as ordens importam ficando parado, e verá a resposta". Doug experimentou e ficou embasbacado: "Vi a diferença na hora".

As sugestões se multiplicavam e, com o tempo, isso aumentou a confiança de todo mundo. Um milhão de problemas surgiam ao ensinar, mas, trabalhando juntos, observando uns aos outros e sendo observados, Doug e seus colegas criavam soluções. "O melhor de estar nesse caldeirão é que, se você vê algo funcionar, sabe na hora", diz Doug. "Não está rolando e será uma longa aula... Ou, 'Oh meu Deus. Funciona!' Era um monte de *feedbacks* muito claros e imediatos, como em um laboratório. Ou você entendia, ou era muito ruim."

Nem todos os membros do movimento "Sem Desculpas" eram bons entendedores como Doug. Mas aqueles que eram formaram uma comunidade. Como John King e Evan Rudall, da Roxbury; Jay Altman, de Nova Orleans; Brett Peiser, ex-professor no Brooklin que também abrira uma charter em Boston; David Levin e Mike Feinberg, os pioneiros do Teach For America que depois criariam as escolas charter KIPP em Huston e Nova York; e a única mulher, Dacia Toll, formada pela escola de direito de Yale e que fundou a Amistad Academy em New Haven, no estado de Connecticut, que mais tarde daria origem à rede de escolas Achievement First. Juntos, eles asseguravam que cada escola aprendesse a resolver seus problemas, mas também aproveitasse as soluções implantadas por seus compatriotas.

Depois de observar a turma do quinto ano de uma professora chamada Julie Jackson na North Star Academy, em Newark (Nova Jersey), Jay Altman decidiu reproduzir a aula dela em uma sessão de desenvolvimento profissional em Nova Orleans. Batizou o workshop de "A mítica aula de matemática de Jackson". "Fiz todo mundo ter a experiência da turma dela, usando todas as técnicas que aprendi na visita. Uma era um aquecimento oral, como nas aulas de língua." Ele mandou todo mundo ficar em pé e polvilhou a sala de perguntas, como Julie tinha feito no quinto ano. Por exemplo: "Quem me mostra um par de linhas paralelas nessa sala? Trezentos vezes trinta mais dez vezes cinco é igual a...?". E quando alguém respondia, perguntava: "Quem concorda com essa resposta? Quem discorda? Por quê?". Em um exercício curto, ela conseguia botar os alunos para pensar, falar, praticar a fluência com vocabulário matemático e ainda pescava o que eles estavam ou não entendendo. Altman queria fazer o mesmo.

Outra excursão, organizada por Linda Brown, a colaboradora das escolas charter de Boston que primeiro se assustou e depois se converteu à política do cinto, incluía um *tour* pelas escolas mais inovadoras de Nova York. "Alugamos um ônibus para quarenta e quatro pessoas e procuramos as escolas charter de Massachusetts", diz ela.

Era 1996, o segundo ano das charters naquele estado; apenas vinte e duas escolas tinham sido abertas até então. "Lotamos o ônibus em 25 minutos". As viagens acabaram se tornando um tipo formal de treinamento para os diretores "Sem Desculpas", batizado de associação Construindo Escolas Excelentes.

Lendo o livro de Po Bronson que narra a vida no Vale do Silício durante o *boom* das pontocom (*The Nudist on the Late Shift* [O nudista e a última virada]), um professor da APR, Chi Tschang, reconheceu a si mesmo e a seus colegas nas descrições dos esfarrapados programadores do Hotmail que dormiam embaixo de suas mesas. Mais tarde, após Chi se apresentar a Bronson por e-mail, o autor visitou e escreveu sobre a APR, que ele chamou de "startup educacional".

À medida que as escolas charter da linha "Sem Desculpas" proliferavam, seus alunos prosperavam. Todos os alunos da primeira turma que se formou na APR passaram nos exames estaduais, como Stacey tinha prometido (ou o dinheiro de volta!), e todos seguiram para a universidade. Na Roxbury, uma escola de nível intermediário, os alunos eram sempre os líderes do estado (incluindo as áreas ricas de Boston) nos testes de proficiência em matemática e ciências. A charter de Jay Altman em Nova Orleans se tornou a melhor escola não-seletiva* de nível médio na cidade. A North Star, a KIPP e a Amistad seguiam o mesmo padrão.

Observadores creditaram o sucesso à mesma fórmula da meritocracia que dera origem às escolas charter. As escolas "Sem Desculpas" se saíam melhor porque eram mais comprometidas com os resultados – e, portanto, na linguagem da época, "guiadas por resultado". Livres de algumas burocracias (como as regras para carga horária e substitutos que arruinaram os esforços de Jessie Fry na Spartan Village) e incentivadas a seguir em frente, elas deram a resposta esperada. "Se tivéssemos tentado criar a North Star do governo federal", brincou o

* Nos Estados Unidos, há escolas seletivas (exam schools), que só admitem alunos aprovados por algum critério acadêmico. [N.T.]

então governador George W. Bush, em uma visita à escola em 2000, "ainda estaríamos na fase das audiências públicas".

Doug Lemov também acreditava na meritocracia. Na verdade, acreditava tão piamente que, três anos depois de abrir a APR, ele decidiu estudar negócios em Harvard, onde queria se capacitar para melhorar a meritocracia da escola. Muitas escolas charter atendiam bem às crianças, mas Doug sabia que outras continuavam no negócio apesar de resultados mais opacos – o que ia de encontro ao propósito delas. Na faculdade, ele achou que conseguiria descobrir como fazer a meritocracia funcionar para todas as escolas, não apenas para as charters.

Ele acabou colocando a ideia em prática em um novo trabalho dos sonhos, gerenciando os sistemas meritocráticos para as escolas charter de todo o estado de Nova York. Mais tarde, ele abriria uma empresa que criava testes de diagnóstico para ajudar as escolas a cumprir suas metas. Em Harvard, Doug havia desenvolvido uma obstinação por dados. Quando tratados com carinho, os números revelavam com precisão quais empresas (ou escolas) estavam atingindo as metas e quais não estavam, e ainda forneciam as ferramentas para melhorar. Os testes de diagnóstico eram um exemplo. Escolas com as quais Doug trabalhou usavam-nos para rastrear o progresso dos alunos em relação às diretrizes estaduais ao longo do ano, registrando os avanços de cada criança e identificando suas deficiências. Por que a Leila trabalha tão bem com figuras bidimensionais e com tempo, mas não com dinheiro? Por que a Vitória entende divisão, mas não entende o calendário? Escrutinar dados podia ajudar os professores a tomar as decisões certas. Estefânia, com apenas 50 por cento de pontuação em certa disciplina, precisa de um dia de aulas extras; Juliana, que ficou abaixo dos 50 por cento na média geral, precisava de aulas extras *todos* os dias; já Quênia e Rafael, com as maiores notas da turma em todas as matérias, estavam prontos para novos desafios.

O trabalho duplo trouxe reconhecimento a Doug. As médias das escolas charter de Nova York eram as melhores do país, e a empresa de testes de diagnóstico, intitulada School Performance, chamou a atenção do Ministério da Educação americano, que o convidou a falar sobre a metodologia em um congresso sobre educação em 2006.

Quando deu a palestra, no entanto, ele já estava vislumbrando os limites da meritocracia. No ano anterior, havia trabalhado com uma escola em Syracuse que era um verdadeiro enigma. Pelos corredores e em reuniões com os professores e administradores, Doug encontrou uma escola imbuída do mesmo tipo de grandes perspectivas que ele tinha vivido na APR. A escola usou os testes de diagnóstico, e a diretora estava tão obcecada em estabelecer metas que havia pendurado um cartaz na entrada do prédio, listando as três principais para que todos vissem:

1. Aumentar o envolvimento dos pais para 100%.
2. Realizar exercícios para fixar objetivos.
3. Melhorar as notas em leitura e matemática.

Doug percebia que todos na escola compactuavam com os objetivos da diretora. Os professores não eram preguiçosos acomodados, que só marcavam presença, e nem aprovavam crianças que não mereciam. Ao contrário, eles sentavam no chão com a turma, seguravam os livros na frente das crianças, praticamente implorando a elas para aprenderem.

Mas quanto mais tempo ele passava nas salas de aula, mais Doug via que os projetos da escola, por mais sólidos que parecessem, não se concretizavam na prática. E essa não era uma selva de pedras hollywoodiana, nem aqueles ambientes insalubres onde Doug já tinha visto alunos chamarem os professores de filhos da puta e professores darem aulas sobre os "fazendeiros" que escreveram a Constituição. Aqui, o fracasso era muito mais capcioso, e Doug suspeitava que muito mais comum também.

Os estudantes obedeciam instruções básicas, e os professores davam aulas com começo, meio e fim. Mas era como se os dois lados tivessem feito um pacto: os alunos fariam pouca bagunça, desde que os professores não exigissem concentração demais. Era um acordo perde-perde. Os debates em aula se arrastavam, e sempre os mesmos três alunos falavam – os mesmos que sutilmente protestavam contra lições mais difíceis. Em uma aula que observou, o professor passou vários minutos debatendo com um aluno sobre por que ele não tinha um lápis. Outro dividiu sua turma em dois grupos para fazerem exercícios de multiplicação, mas eles largaram os cadernos e ficaram batendo papo, enquanto uma aluna resolvia os problemas sozinha. A professora fez que não viu, e Doug não conseguiu ficar para ver o resto. Saiu da sala na mesma hora.

Ensinar não precisava ser aquela agonia. E as expectativas precisavam ser mais do que um cartaz na parede ou uma nova lei assinada em Washington. Para que o aprendizado de verdade acontecesse, algo tinha de mudar dentro da *sala de aula*.

O problema não parecia ser a falta de modelos. Seguindo a velha estratégia de assistir aos melhores professores em ação, a escola já tinha levado um grupo de professores para conhecer uma das joias da coroa do mundo "Sem Desculpas": a Academia KIPP, em Nova York. Fundada por David Levin e Mike Feinberg, dois pioneiros do Teach for America, a KIPP era o exemplo perfeito da disciplina de tolerância zero e do discurso motivacional de coragem e abnegação.

Mas, quando Doug perguntou aos professores de Syracuse sobre a viagem, viu que a visita não tinha sido proveitosa. Eles tinham visto muitas coisas – a disposição dos tapetes de leitura, as cores dos uniformes. Mas, como os visitantes que assistiam Magdalene Lampert e Deborah Ball lecionar na Spartan Village, eles não tinham enxergado aquilo que precisavam aprender. "Lembro de pensar: 'puta merda'. É *isso* que vocês apreenderam?' As coisas em que eles tinham se fixado eram aleatórias. Se organizássemos o que é mais importante em uma escola de alta performance numa escala de 1 a 100, eles tinham visto o 63, o 84 e o 47. Não o 1, o 2 e o 3".

Mas o que eram o 1, o 2 e o 3? Doug sempre dizia às escolas que o contratavam que seus relatórios eram apenas o começo. "Essa ferramenta é tão boa quanto o uso que se faz dela", ele disse à plateia no congresso nacional de educação. "É preciso dar aos professores as condições para agir". Mas o que os professores deviam fazer?

Doug finalmente compreendeu a dificuldade dos professores que visitaram a KIPP sem saber no que deviam prestar atenção. Ele pensou nos tantos grandes professores que já havia observado desde que começara a trabalhar em escolas. Mas descrever o que os fazia especiais era como explicar um sonho. Ele só conseguia dizer como aquela forma de ensinar o fazia sentir: bem ou mal, angustiado ou tonto. Mas não era possível explicar exatamente o que acontecia ou por que ou como transformar os momentos ruins em bons.

Ele pensou no futebol, o esporte que praticara durante e depois da faculdade. Se seus colegas de time quisessem que ele jogasse melhor, eles não diziam simplesmente "Melhora!", ou "Faz que nem o Beckham!". Eles esmiuçavam o que queriam, pedindo a ele que "marcasse em cima" ou "fechasse a passagem". Doug concluiu que talvez ele tivesse dificuldade para falar ou mesmo para pensar sobre formas de ensinar porque as palavras certas não existiam – ou, pelo menos, não tinham sido inventadas. Não ainda.

CAPÍTULO 6

A TAXONOMIA LEMOV

Voltando de Syracuse com a colega Karen Cichon, uma ex-professora de escola católica que agora trabalhava na School Performance, Doug Lemov não tirava da cabeça a metáfora do futebol. Como professor, ele sempre havia pregado o poder de uma linguagem clara para ajudar os alunos a entenderem exatamente o que deviam fazer. Frequentemente, ele criticava o que chamava de "ambiguidade intrínseca do shh", uma das coisas que os professores mais diziam nas escolas americanas, e também uma das mais vagas. "Você quer que os alunos parem de falar, ou quer que falem mais baixo?", ele questionava. A mesma lição se aplicava aos professores: para aprender a ensinar, eles precisavam de instruções bem específicas, como seus alunos.

E de onde viriam as palavras? Doug recordou uma visita recente a uma aula na Roxbury com um dos administradores da escola, Josh Phillips. A certa altura, Josh puxou Doug para o corredor. "Você viu aquilo?", disse ele. "O professor mandou as crianças abaixarem as mãos." Era mesmo uma atitude inesperada, pois, diante de muitas mãos erguidas, a tendência dos professores era recompensar tanto entusiasmo deixando-os falar. Mas esse professor decidira que as perguntas já estavam repetitivas, e preferiu seguir adiante. "É assim que fazemos por aqui", declarou Josh.

Uma década de trabalho resumida a "o jeito que fazemos". Uma forma de conduzir a escola tão detalhada e intrincada que incluía até o direito de não aceitar mais perguntas dos alunos durante uma aula. Juntos, os líderes do "Sem Desculpas" tinham transformado uma folha em branco em um sistema completo de teoria e prática. O que Doug precisava agora era uma maneira de comunicar essa visão, de expor as pequenas coisas que construíram o método "Sem Desculpas", de modo que um visitante conseguisse enxergá-las. Ele precisava de palavras.

Enquanto Karen dirigia pela estrada de volta a Albany, Doug, no banco do passageiro, externava suas ideias. Eles precisavam criar um "vocabulário comum" para descrever os elementos do "ensinar bem". Ele queria que a diretora de Syracuse conseguisse sentar nos fundos de uma sala de aula, tomasse notas e, quando o sinal tocasse, entregasse à professora um bilhete dizendo: "Bom trabalho diminuindo o espaço. Na próxima, marque ainda mais em cima". Ou algo assim.

Algo assim.

Apoiada na roda de sua caminhoneta, Karen refletia, rastreando a memória do que eles recém tinham visto na escola. De repente, teve uma ideia. Era uma coisinha que ela tinha visto alguns poucos professores fazerem, mas que sempre a deixava louca – talvez porque ela mesma já tivesse sucumbido à tentação. Frustrados com a bagunça, esses professores se fixavam nela, e reclamavam tanto do que os alunos estavam fazendo de errado que esqueciam de explicar o que era o certo.

Vamos supor que um menino chamado Daniel brinca de jogar o lápis para cima sem parar, até que, *ops*, o lápis aterrissa do outro lado da sala. Um professor sensível iria querer que o Daniel parasse de brincar com aquela porcaria de lápis, que o guardasse no estojo e não o pegasse nunca mais, e que a turma voltasse imediatamente ao exercício. Dadas tais metas, o professor sensível diria algo como "Daniel, coloque o lápis no estojo e olhe para mim".

Só que o professor frustrado normalmente não é sensível. Ao ver o lápis voar pela sala, já imaginando-o bater bem no olho da Vanessa ou espetar o peixinho Dante em seu aquário, o professor frustrado muito provavelmente cuspiria palavras como "*Daniel*! Vou pegar esse lápis e colar na tua mão com *Super Bonder*!". Tais palavras não descrevem o comportamento correto, e pior: chamam mais atenção ainda para o errado. Se algum aluno ainda não tinha notado o lápis voador, agora estaria olhando para ele também. E toda a atenção dos alunos compenetrados da turma se voltaria para o bobalhão.

Mais exemplos surgiam. "David", disse Doug, imitando uma voz de professor, "eu pedi para vocês sentarem, mas não estou vendo quase ninguém sentado". Ele voltou à sua voz normal. "Certo, então o que eu acabei de fazer foi explicitar que as crianças não fizeram o que eu pedi para fazerem, sem uma penalidade para isso. Não tem nada *menos produtivo* que se possa fazer em sala de aula."

Se um diretor pegasse um professor cometendo esse erro, pensaram Doug e Karen, ele deveria mandar a ele um lembrete. Poderia se chamar "O que fazer", um bilhete enfatizando que o mau comportamento deve ser respondido com um reforço do que é o comportamento correto, em vez de chamar mais atenção ainda para o errado. "João", diria a professora, "é a *terceira vez* que você está fora do seu lugar". E o diretor poderia escrever para ela *"O que fazer"?* Ou, em outra situação, "Andreia, por que você vai tantas vezes ao banheiro? Por que não foi no intervalo?" Outro *O que fazer*.

Karen e Doug também imaginaram problemas além do comportamento. Naquela época, todo mundo tinha "expectativas elevadas". Não havia um professor sequer que admitisse ter *baixas* expectativas. Mesmo assim, em Syracuse e em outras escolas no estado de Nova York, a dupla tinha visto mil maneiras com as quais os professores inconscientemente expunham sua verdadeira desesperança. Como quando um professor fez uma pergunta e todos na sala levantaram a mão menos três crianças, e o professor achou ótimo. Mas ela nunca procurou aqueles três, e nem desafiou todos os outros que tinham acertado a tentarem responder uma pergunta um pouquinho mais difícil.

E, quando um aluno *quase* acertou a resposta a uma pergunta, mas não completamente, e isso foi o suficiente? Ou quando o professor fez uma pergunta a um aluno, o Benjamin, e ele não soube responder? "Eu, hm, não...", ele disse, olhando para o lado. E, como parecia impossível arrancar qualquer outra coisa dele, especialmente com o tempo que restava e considerando que era apenas um entre trinta alunos numa sala lotada e abafada, o professor decidiu ir em frente. E o Benjamin se safou sem dizer uma palavra.

Karen e Doug pensaram em várias outras categorias que se encaixavam no *O que fazer*. "Padrão 100%" lembraria aos professores que todos os alunos na sala precisam estar acompanhando e entendendo a lição. "Certo é certo" seria para incentivar a professora a insistir até arrancar a resposta precisamente correta de um aluno (não uma quase lá). "Puxe mais" era para que os professores demandassem mais daqueles alunos que já sabiam as respostas certas e podiam dar um passo além.

Doug, que vinha anotando as ideias furiosamente em seu laptop, olhou para o painel do carro. *AUTONOMIA: 0*, dizia o ponteiro do combustível. Eles estavam tão absortos na criação daquela nova linguagem que nem perceberam que ficaram sem gasolina.

Uma semana depois, Doug e Karen voltaram à estrada. Desta vez, o destino era uma escola de ensino fundamental no Brooklin. Tomando notas nos fundos de salas de aula, eles novamente pensavam sobre *feedbacks* construtivos, "ações concretas" que podiam ensinar aos professores. Só que, desta vez, eles finalmente tinham algumas palavras. Era como usar óculos depois de uma vida inteira míope: linhas borradas de repente ganhavam foco revelando letras.

Na primeira aula, o professor conduzia um exercício de escrita. Para praticar os sinais de aspas, interrogação e novo parágrafo, os alunos iam um a um à lousa e preenchiam os sinais corretos. Uma aluna disse que uma fala precisava ser destacada, mas não conseguia lembrar o nome do símbolo, "aquele dos chifrinhos". "Tudo bem", disse o professor, "você pode dizer chifrinhos, e vou saber o que é".

Karen anotou: "Certo é certo".

Mais tarde, o professor propôs um exercício de vocabulário. Ele dizia uma palavra, e eles tinham de formar uma frase com ela. A primeira palavra era *gostar*. "Eu gostei do fim de semana", disse um aluno.

"Você consegue melhorar essa frase?", disse o professor.

"Eu gostei do fim de semana porque fui na casa do meu primo", o aluno respondeu.

"Bem, e você pode descrever o seu primo?", pediu o professor.

Karen e Doug anotavam. O professor estava claramente insistindo, pressionando o menino para mostrar que entendia o significado de gostar. "Puxe mais", escreveu Karen em seu caderno. Desta vez, tinha achado um exemplo positivo.

A próxima palavra era *veneno*. "Um dia, chegou o meu tio", disse um aluno, "eu preparei um pouco de veneno". O professor concordou. "OK, próxima palavra".

Karen anotou essa também em seu caderno – como um mau exemplo do "Puxe mais". Sem nenhum contexto de por que tinha feito veneno quando seu tio chegou, o menino não havia comprovado que sabia que palavra era essa. E, mais do que isso: nesse processo, fez a turma inteira prestar atenção em seu tio, e não no significado de *veneno* – e a professora não fez nada para retomar o foco.

Mais tarde, Karen registrou a aula em seu laptop: "Pense em todas as coisas acontecendo em uma sala de aula", ela escreveu. "Quais são as palavras importantes de aprender? A frase que fizeram é a melhor para saber se a palavra está certa ou não? Se uma frase os desvia da tarefa – 18 crianças que querem saber como o tio prepara veneno, em vez de pensar no significado e no uso correto da palavra etc. Há um monte de coisas que podemos analisar apenas com base na revisão rápida de uma lição de casa".

O vocabulário simples que Doug e Karen estavam desenvolvendo – até então, não mais que um punhado de palavras para representar um punhado de técnicas – já os ajudava a dizer muito mais.

Em 2010, Doug já havia viajado para mais uma dúzia de escolas, só que agora não para resolver problemas, mas para descobrir soluções, novas técnicas para batizar. Ele sempre começava uma visita pedindo ao diretor um relatório dos professores mais solícitos com os alunos. Depois, ia às salas de aula, com um cinegrafista – o primeiro dos quais era um fotógrafo de casamentos que Doug havia conhecido por meio de um amigo – para que, mais tarde, pudesse estudar a fita com cuidado, rebobinando os trechos-chave como um técnico de futebol americano revisando as jogadas do adversário. Logo, ele contrataria o cinegrafista de casamentos em turno integral. Para Doug, também, o trabalho crescera, de um projeto paralelo para uma atividade de tempo integral.

Alguns anos antes, Doug havia abandonado seu negócio com dados e estatísticas para começar duas novas escolas charter – uma em Rochester e outra em Troy, no estado de Nova York, perto de Albany. As escolas faziam parte da nova rede de escolas charter Uncommon Schools, uma colaboração que reaproximou Doug de alguns velhos amigos: John King e Evan Rudall, da Roxbury de Boston; Norman Atkins, da North Star de Newark; e Brett Peiser, da Boston Collegiate, que estava abrindo escolas sob a bandeira Uncommon no Brooklin. A rede Uncommon havia institucionalizado uma comunidade de educadores que já existia informalmente. Agora, em vez de se telefonarem quando tinham uma pergunta, Doug, John, Evan, Norman e Brett mantinham teleconferências regulares de "diretoria" para definir estratégias. E, em vez de compartilhar ideias, currículos, atividades e testes randomicamente, eles agora o faziam por processo.

O projeto de taxonomia começara do mesmo jeito – um projeto excêntrico de Doug que aos poucos se tornou algo maior. Um dos motivos pelos quais Doug e seus colegas criaram a Uncommon foi ajudar as escolas de todos eles a crescer. Depois de alcançar o sucesso isoladamente, elas estavam sob a pressão dos fundadores, dos pais dos alunos e deles mesmos para abrir mais escolas charter de alta performance. Só que o crescimento trouxe um milhão de novos problemas – o maior dos quais era recursos humanos. Todos já haviam encarado a missão de encontrar bons professores do mesmo jeito que *headhunters* corporativos procuram executivos competentes: descobriam os melhores de cada escola e os atraíam oferecendo um ambiente melhor de trabalho e, quando necessário, um melhor salário.

Agora, ao abrir novas escolas, e com outras charters fazendo a mesma coisa (Achievement First, KIPP e outras escolas "Sem Desculpas" estavam se tornando redes de franquias exatamente ao mesmo tempo), a concorrência por grandes professores ficava cada vez mais dura. O grupo Uncommon decidiu mudar sua abordagem e, em vez de contratar talentos, a rede iria tentar desenvolvê-los. A epifania do "formar/contratar" deu a Doug a mesma sensação de iluminação que ele sentira em Syracuse quando percebeu os limites dos dados e da meritocracia. As charters tinham chegado até ali atraindo os melhores professores por meio de incentivos, mas, para ir além, precisavam encontrar uma forma de transformar qualquer professor médio em um mestre. Precisavam de algum tipo de roteiro, uma receita da constituição de um grande professor para ajudar os medianos a crescer. Precisavam da taxonomia desenvolvida por Doug.

Era assim que os professores tinham passado a chamar seu projeto de desenvolvimento de vocabulário: a taxonomia Doug Lemov, uma lista de todos os pequenos detalhes que ajudavam as melhores escolhas a se sobressair. Logo, a tipologia se tornaria oficialmente parte do trabalho de Doug. Em vez de expandir a marca Uncommon pelo estado no mesmo ritmo que as demais redes, ele dedicaria metade de seu tempo à construção do vocabulário e ao recrutamento de uma equipe de "analistas de vídeo" para ajudá-lo na tarefa. Quem olhasse de fora poderia concluir que o motor principal das escolas charter era a meritocracia, mas, internamente na Uncommon, Doug e os demais sabiam que a formação tinha a mesma importância.

Na organização da taxonomia, Doug tirou proveito do crescimento da rede Uncommon, que trouxe junto um novo e vasto grupo de professores para serem estudados. Logo, sua lista de técnicas cresceria para quarenta e nove itens. Alguns, como "Certo é certo", davam conta de diretrizes acadêmicas. Mas as práticas que mereciam mais atenção eram relacionadas a disciplina e atenção, que estavam no âmago da cultura "Sem Desculpas".

No fundo, toda a filosofia "Sem Desculpas" era um fim, e não um meio. Doug e Karen haviam chamado uma das primeiras técnicas classificadas de "Padrão 100%". Ela descrevia um objetivo (uma turma onde 100% dos alunos atinge 100% das metas, 100% do tempo) e não um meio de atingi-lo. Como os melhores professores faziam para atrair todos os olhares da sala e colocar todos os cérebros a pensar sobre um mesmo problema?

Para um leigo, a chave da obediência parecia ser a personalidade. Observadores frequentemente falavam sobre como os grandes professores operavam "mágicas", como se tirassem coelhos de cartolas. De certa forma, tiravam. Onde antes estavam crianças malcriadas e atrevidas, *voilá*: surgiam alunos atentos, ávidos e curiosos. Esses professores tinham "algo a mais", seja o que for esse "algo". Mas quando Doug estudou mais de perto esses profissionais, viu que seus alunos não tinham exatamente se transformado – não completamente, pelo menos. Mesmo diante dos professores mais carismáticos e envolventes, alguns alunos ainda se recusavam a prestar atenção, ou esqueciam de seguir certas regras.

A diferença recaía no que acontecia depois de um estudante se desgarrar. O que os professores faziam *nesse momento*? Quanto mais Doug estudava seus vídeos, mais intrincada parecia ser a resposta. Assim como os alunos tinham um milhão de formas diferentes de fazer bagunça, os professores tinham apenas uma maneira de responder, sem fórmulas secretas. Mas parecia haver uma série de princípios que os professores com "algo a mais" seguiam, conscientemente ou não, e esses princípios preconizavam algumas atitudes importantes, uma escalada de respostas para selecionar e descartar em cada momento específico.

Uma das primeiras pessoas a ensinar essa lição a Doug foi Colleen Driggs, uma ex-membro do Teach for America que dava aulas em uma escola Uncommon de Rochester. Colleen tinha o "algo a mais", aquela capacidade encantadora de transformar crianças em alunos. Um dia, assistindo a um vídeo dela dando uma aula de vocabulário, Doug percebeu uma coisa pela primeira vez: aquela professora calma e relaxada – Colleen era especialmente boa em fazer a turma debater não só com ela, mas entre eles – gesticulava com as mãos de forma quase invisível. Enquanto falava, ela apontava dois dedos para os olhos, espantava uma mosca imaginária com golpes rápidos no ar ou, sem explicação, juntava as mãos em frente ao corpo, como quem faz uma oração. Em cinco minutos de vídeo, durante uma discussão sobre o significado da palavra *escassez*, Doug contou quinze gestos, um a cada vinte segundos.

Assistindo novamente, ele viu que os gestos tinham claramente um significado, tanto para Colleen quanto para seus alunos. Dois dedos nos olhos significava "siga o orador", o código para prestar atenção em quem estava falando, normalmente outro estudante. Espantar a mosca, aplicado a uma mão levantada, queria dizer "Não vou responder perguntas agora". E o sinal de oração lembrava aos estudantes para assumirem a postura de atenção que as escolas "Sem Desculpas" chamavam de SLANT ou STAR, com as costas retas e as mãos unidas.[1]

Colleen explicou que havia criado os gestos para que pudesse corrigir sutilmente o comportamento dos alunos sem interromper o fluxo da aula. No começo do ano, ela ensinava à turma os três gestos

1 As palavras variam um pouco em cada escola, mas, em geral, SLANT, significa "Sit up, Listen, Ask questions, Nod and Track with your eyes"["Sente, Ouça, Pergunte, Acene e Siga o orador com os olhos"]. STAR significa Sit up, Track the speaker with your eyes ["Sente, Siga o orador, Pergunte e responda perguntas e Respeite os outros"].

e, nas primeiras semanas, toda vez que fazia um deles, dizia também o nome. Logo, ela já estava atuando naturalmente, como Doug testemunhara. Quando dizia "a comida na geladeira da Srta. Driggs é *escassa* porque convidados inesperados chegaram e comeram quase tudo", a única pessoa a notar que ela estava fazendo o gesto da prece entre "escassa" e "porque" era o aluno que não estava cumprindo o SLANT. As correções praticamente invisíveis eram a explicação para o domínio "mágico" que tinha sobre a turma. Ao cortar as interrupções pela raiz, ela mantinha todo mundo concentrado na tarefa.

Tais práticas passaram a integrar os princípios fundamentais da técnica do "Padrão 100%". O que os professores com "algo a mais" faziam quando confrontados com mau comportamento? Usavam a "forma menos invasiva de intervenção", escreveu Doug em sua taxonomia.

Ele encontrou mais um exemplo em um vídeo de outro professor da Rochester, chamado Patrick Pastore. Pedindo atenção para uma turma do sexto ano, Patrick contou quantos alunos não estavam olhando para ele, até chegar a um. Era um estudante chamado Pedro. Mas Patrick nunca disse o nome do garoto. Em vez disso, ele só falou "tem alguém que não está olhando para mim". Tal atitude ecoava a técnica de Colleen Driggs. Diante de uma criança que se recusava a seguir instruções, Patrick o corrigiu de uma forma quase invisível. A alternativa, é claro, seria chamar seu nome. "*Pedro*", diria Patrick, com as mãos na cintura, "estamos todos esperando". Imagine, pensou Doug, o que teria acontecido depois.

"Todo mundo está olhando para o Pedro, e ele tem uma escolha", Doug explicou a um grupo de professores mais tarde, em um workshop sobre taxonomia em Boston. "Deixarei todo mundo ver eu me dobrar e fazer o que o Patrick me pediu, ou desobedecerei, mesmo a um alto custo, para salvar minha honra?" Um grande dilema se estabeleceria, e tudo indica que a situação se agravaria, com Pedro resistindo e forçando Patrick a se impor de forma dura. Eles passariam uns dois minutos apenas resolvendo a disputa. Ou talvez não resolvessem nunca.

No segundo que levou para perceber que Pedro não estava prestando atenção, Patrick parecia ter feito todos os cálculos e decidira tentar ao máximo evitar um espetáculo. Usar a forma menos invasiva de intervenção suavizava a tarefa do professor, mas também a do aluno. A obediência custava muito menos.

Doug sabia que, muito frequentemente, os professores faziam outras escolhas, e as consequências se multiplicavam. Era "a espiral da morte", como ele chamava. "Digamos que estou dando aula e a Ana está com a cabeça deitada na carteira", disse Doug no workshop em Boston, dirigindo-se a uma professora chamada Ana. "Eu poderia parar e dizer, 'Só um pouquinho, turma. Ana, eu preciso que você sente direito'". Ele mudou de perspectiva: quando disse aquilo à Ana, o que passaria pelas cabeças do resto da turma? "As crianças mais dispersivas dificilmente continuarão prestando atenção em mim", disse, respondendo à própria pergunta. "Eu paro a aula para corrigir uma aluna e, ao corrigi-la, três outras crianças se distraem, e aí eu tenho que correr atrás delas, e corrigir mais uma, e aí mais três começam a conversar. E eu nunca mais consigo retomar. Essa é a espiral da morte".

E quanto aos casos em que é simplesmente impossível corrigir um aluno sem nomeá-lo? Colleen Driggs apontava para os olhos porque aquele aluno, em vez de prestar atenção ao colega, estava olhando para ela, assim como o aluno que não observou o SOPAS e os que levantaram as mãos na hora errada para perguntar. Mas e quando a criança está com a cabeça nas nuvens? E quando os gestos ou a sugestão anônima ("Alguém não está olhando para mim") não funcionam?

Doug agrupou as possíveis respostas em seis opções em ordem crescente, uma ligeiramente mais invasiva do que a outra. Um grau acima da "intervenção não verbal", como os gestos praticamente invisíveis de Colleen Driggs, estava a "correção positiva do grupo". Com *positiva,* Doug queria dizer construtiva – descrever o comportamento desejável em vez do problemático. "Todo mundo acompanhando a leitura em seus livros", diria a professora, em uma orientação para toda a turma, que, na verdade, era para chamar de volta o menino lá no fundo que estava olhando pela janela. Uma forma levemente mais direta de fazer a mesma observação seria usar a segunda pessoa do plural: "Acompanhem a leitura". O nível três, "correção anônima individual", era do tipo usado por Patrick. "Tem mais duas pessoas que ainda não estão prestando atenção", por exemplo. Frequentemente, os professores com "algo a mais" minimizavam o número, falando "duas" quando na verdade havia quatro ou cinco crianças distraídas, para dar a impressão de que a ordem estava sendo bem obedecida pela maioria. Aja como se aquilo que você quer já fosse e, quando perceber, será.

O quarto nível era muito próximo do anonimato, mas já não era anônimo. Doug chamou esse tipo de "correção individual privada", depois de observar vários professores se postarem casualmente ao lado do aluno-problema (que coincidência eu estar bem aqui!), abaixarem e chamarem a atenção dele cochichando discretamente. Quando bem executada, a correção não era percebida por mais ninguém. O professor fazia sua atitude, que era dirigida e proposital, parecer um incidente casual.

Havia uma professora da Rochester, Jaimie Brillante, que começava com uma digressão: dava uma tarefa rápida e silenciosa para toda a turma. "Copiem no caderno, por favor." Então, enquanto todo mundo prestava atenção em suas próprias anotações, ela caminhava até aquela aluna absorta em seus pensamentos – mas não marchava diretamente para ela. Jaimie dava uma volta, espiava o caderno de uma menina, alcançava um lenço de papel a outra, e, quando chegava à mesa daquela que estava na sua mira desde o início, ninguém notava nem prestava atenção à correção.

Toda a ação requeria uma delicadeza estratégica, especialmente porque acontecia durante uma lição que Jaimie nunca interrompia. Também funcionava porque caminhar de um canto a outro da sala era natural da professora, algo que Jaimie podia fazer sem chamar a atenção simplesmente porque sempre fazia – e não apenas quando alguém não estava se comportando.

Doug classificou o nível cinco de intervenção de "correção pública relâmpago", que também precisava ser executada cirurgicamente. "André, preciso que você olhe aqui para mim, que nem o Josias, a Ana e o Davi. Agora sim, estamos juntos!", encenou Doug, durante o workshop. "Assim, eu corrigi o André publicamente", explicou, "mas fiz outras coisas ao mesmo tempo. Primeiro, eu instantaneamente desviei a atenção dele para outra pessoa, ou outra coisa e, se possível, essa outra coisa deve ser positiva. Se eu dissesse 'André, preciso que você preste atenção', todo mundo ia olhar para o André, e estaríamos naquela disputa que eu não posso perder na frente da turma toda." Então, em vez disso, ele chamou as atenções para o André por um segundo apenas, e depois desviou para Josias, Ana e Davi, e logo para "nós" (leia-se todo mundo, incluindo o André), que estávamos agora "juntos".

O sexto e último nível se chamava "consequência", e era a atitude de maior visibilidade. Mas mesmo isso não precisava ser um exercício tenso de poder que chamasse a atenção de todo mundo (quantas vezes um professor precisou tirar alguém da sala e acabou com a turma inteira cochichando, resolvendo assim um problema, mas criando outro?). Doug lembrou um vídeo que havia mostrado um pouco antes, uma sequência em que George Davis, professor do jardim de infância da escola Leadership, no Brooklin, dizia que "um dos nossos amigos ainda não está pronto", e pedia aos alunos que tentassem mais uma vez fazer a posição SLANT. Doug apontou que fazer as crianças se posicionarem novamente era uma consequência – uma tarefa física demandada por um pequeno lapso de comportamento. Até os professores com "algo a mais" às vezes apelavam para a solução mais fácil – "Para a sala do diretor, agora!" –, mas eles normalmente a reservavam para os casos mais extremos e, mesmo assim, sem se exaltar e tentando minimizar as interrupções.

Os seis níveis de intervenção eram apenas um dos princípios de uma das técnicas na lista de quarenta e nove que Doug havia elaborado, a "Taxonomia das Práticas de Ensino Efetivas". Havia ainda a Técnica 43, o "Discurso positivo" ("Descreva o mundo que você deseja que seus alunos vejam, mesmo que você ainda esteja tentando chegar lá"), com suas seis regras – uma delas, chamada "Pressuponha o melhor", pregava que os melhores professores assumem que os alunos são mal comportados apenas por ignorância, e não para afrontar a autoridade deles, até prova em contrário; a Técnica 26, "Todo mundo escreve", segundo a qual o professor faz uma pergunta e pede que todos anotem as respostas em seus cadernos; e a Técnica 44, "Elogio preciso", segundo a qual professores bem-sucedidos diferenciam elogio (superar a expectativa) de reconhecimento (fazer o que era esperado). A 44 ainda prevê duas regras de ouro para fazer um elogio: "elogie (e reconheça) bem alto; corrija baixinho", e faça elogios genuínos, não os use para chegar onde quer, como, por exemplo, destacar o acerto de um aluno com o objetivo de repreender o erro de outro.

Mas a taxonomia era capaz de captar a mágica de ensinar tão bem quanto a ciência? A experiência de Doug com Bob Zimmerli sugeria que sim. Bob era um professor que Doug conhecera em 2005, quando participou de uma seleção para uma vaga na escola Rochester dando uma aula sobre valor posicional. "Foi como uma revelação", diz Doug. "Bob simplesmente entrou na sala com um lápis, e foi como se caísse um raio." Doug sabia que aqueles alunos, emprestados de uma escola que ele conhecia, não eram uma turma muito empolgada. Mas, nas mãos de Bob, pareciam outras pessoas, interessados não apenas na aula, mas em matemática. Doug imediatamente pediu que ele desse uma segunda lição. Ele havia recém começado a elaborar a taxonomia, e queria registrar a aula de Bob em vídeo. "Eu sabia que, se conseguisse engarrafar o que ele tinha feito, teria nas mãos algo incrível."

Cinco anos depois, a fita da segunda aula tinha se tornado um clássico entre os cânones da taxonomia. O vídeo inicia com Bob em pé diante de uma turma de alunos para ele desconhecida. Quando a aula começa, as crianças – uma classe de quinto ano, quase todos negros, a maioria meninos – estão olhando para tudo menos para Bob. Um brinca com fones de ouvido, outro mexe em sua pasta. "Certo, pessoal", diz Bob, "antes de começarmos, preciso de uma coisa". Bob veste terno e gravata, e tem a compleição física esguia de um ciclista. "Preciso que vocês peguem uma folha e um lápis." Quase ninguém obedece, mas ele insiste. "Se tiver qualquer outra coisa sobre suas mesas, por favor, guardem agora", diz, fazendo um gesto rápido de demonstração do que quer. "Assim mesmo, muito obrigado", diz apontando para a aluna na primeira fila que guardou seus cadernos. Surge outra mesa limpa e Bob aponta para ela: "Obrigado, senhor". "Muito agradecido", repete, apontando outro menino. Quando ele finalmente aponta para um ultimo aluno – "Muito bem, *muito bem*" – os fones de ouvido sumiram, a pasta está guardada, e todo mundo está prestando atenção.

Bob Zimmerli poderia ser o perfeito exemplo do professor com o inescrutável "algo a mais". Ele tinha um lado meio pastor, um encanto absolutamente etéreo. Mas, assistindo ao vídeo no contexto da pesquisa taxonômica, Doug viu a aula com outros olhos. "Imagine", ele disse aos professores do workshop em Boston, depois de exibir a gravação, "se a primeira ordem dele tivesse sido 'por favor, peguem o material da aula'". Ao invés disso, ele executou uma versão perfeita do que Doug e Karen Cichon tinham batizado de "O que fazer", que agora constituída a Técnica 37, uma extensão dos princípios por trás do "Pressuponha o melhor". Doug tinha concluído que a falta de entendimento das orientações estava com muito mais frequência por trás dos problemas de disciplina do que o desejo de desafiar a autoridade do professor. Os professores com "algo a mais" conseguiam comandar os alunos sendo absolutamente específicos sobre o que queriam. Bob também executou a regra número quatro da técnica de "Discurso positivo": "Gere energia e faça descrições positivas". Em vez de se focar na pasta ou nos fones de ouvido, ele apontou para os alunos que ouviram e *fizeram* o que ele pediu. "É uma onda positiva", disse Doug. "Você quase consegue vê-la avançar pela sala, da direita para a esquerda."

Ele passou o vídeo uma vez mais, dirigindo a atenção do grupo ao garoto com a pasta. Quando a fita começa, ele está de cabeça baixa, mexendo nas folhas dentro. Dez segundos depois, ele olha para a esquerda, onde outro menino, com papel e lápis, presta atenção no professor. Pela primeira vez, ele volta os olhos para Bob e para de mexer nas folhas. "Ele pensa, 'OK, o que é isso?'", narra Doug. "Acho que vou ver..." Trinta segundos depois, ele está guardando a pasta fechada sob a carteira, exatamente como Bob mostrou.

A taxonomia não apenas explicava o sucesso de Bob, mas também o tinha ensinado alguma coisa. Seu testemunho foi um entre dezenas. Doug vinha compartilhando suas ideias desde o começo, registrando a taxonomia em documentos cada vez mais densos e enviando-os por e-mail a colegas por todo o país, junto com arquivos de vídeo. Cada vez que ele compartilhava o material com alguém novo, também aprendia alguma coisa nova, e esse conhecimento passava a integrar o documento.

Os efeitos se acumulavam à medida que ele reunia mais vídeos. Quando Doug e a equipe de analistas contratados para ajudar a peneirar o volume cada vez maior de material assistiam novos vídeos, além de novas ideias eles encontravam provas de que as técnicas originais estavam se popularizando. Depois de assistir Bob Zimmerli "fazer descrições positivas", outros professores tentavam a mesma coisa e, com frequência, melhoravam a técnica neste processo. Alguns dos novos vídeos eram melhores do que os originais.

Um novo prodígio, um professor da escola charter para meninos Brighter Choice, em Albany, chamado Darryl Williams, mostrou a Doug o primeiro exemplo que ele veria da Técnica 39, "Faça de novo", na qual os professores executam a forma mais sutil de consequência, treinando seus alunos a repetir rotinas até que saibam executá-las bem. Quando o DVD de Darryl girou o país, mais professores aderiram à ideia, e logo as interpretações que fizeram dela elevaram a técnica a outro patamar.

As inovações faziam a performance de Darryl parecer um lugar comum, fraca até – lento, monótono, com alunos desanimados. Os novos vídeos mostravam como manter o vigor do exercício sem sacrificar tempo ou energia. "Dizer 'Vamos lá, vamos mostrar por que somos o melhor grupo de leitura da escola' é normalmente melhor do que dizer 'turma, essa tentativa foi molenga. Vamos fazer de novo até que fique perfeito', mesmo que o propósito seja *Fazer de novo* até ficar perfeito", escreveu Doug na taxonomia. "Faça de novo" também funcionava bem quando os professores apelavam para um replay tipo os de videogame no meio da leitura, em vez de esperar até o final e fazer tudo de novo. De fato, interromper ao primeiro sinal de um escorregão era menos desanimador e tomava menos tempo. A taxonomia se tornou um tipo de rotina. Doug e seus analistas deram ao mundo uma técnica, e o mundo a aperfeiçoou.

Talvez a maior prova do sucesso da taxonomia seja o próprio Doug. Ele que sempre se considerara um professor fraco, desde o primeiro emprego ensinando inglês em Princeton, onde suas aulas tão carinhosamente preparadas sempre pareciam esmorecer, e ele se pegava contando os minutos para o final do período. Agora, formando colegas professores, era como se ele tivesse deixado esse velho Doug para trás e vestido uma nova pele.

Ele chamava seus alunos sem aviso nem cerimônias ("De surpresa", Técnica 22), mas também sem fazer pressão, mantendo a sensação de naturalidade e um clima de conversação espontânea, enquanto mantinha controle do tempo e conduzia o aprendizado na direção planejada. Quando fazia uma pergunta particularmente difícil ("Número um, o que esse professor soma ao seu conhecimento de intervenção não-verbal? E, dois, você pode apontar alguma evidência de outros princípios Padrão 100%?"), ele se assegurava de dar a cada participante tempo de anotar suas ideias em uma ficha cuidadosamente elaborada. Fazia piadas, levando todos a gargalhar exatamente quando a proximidade do intervalo poderia desviar a atenção da construção coletiva. O resultado era um reflexo fiel do que é ser um mestre. Durante um workshop de taxonomia Lemov, os alunos viviam um frenesi de satisfação, uma sensação de descoberta que vem do raciocínio profundo – o inconfundível prazer de aprender.

A taxonomia não era exatamente o *jugyokenkyu*, mas um híbrido moderno americano. Em vez de elaborar uma linguagem organicamente, como um subproduto acidental das discussões pós-aula, Doug e sua equipe deliberadamente inventaram as palavras, ao longo de reuniões organizadas de forma que os analistas sentavam em torno de uma mesa, assistiam a vídeos juntos e tomavam notas. Em vez de incluir no calendário escolar tempo para visitar outras escolas viajando entre cidades, eles trocavam arquivos de vídeo acompanhados de documentos de Word (mais tarde, seriam DVDs e um livro).

Ainda assim, a taxonomia e a forma que a moldou eram nada mais do que uma versão dos estudos de aula japoneses, com os mesmos resultados. Para começar, os professores americanos começaram a cultivar seguidores. Bob Zimmerli, Colleen Driggs e Darryl Williams se tornaram os equivalentes ocidentais de Takeshi Matsuyama, Akihiko Takahashi e Toshiakira Fujii. Se a construção coletiva da taxonomia era a versão dos empreendedores para o estudo de aula, então as escolas "Sem Desculpas" eram seus laboratórios, equivalentes às escolas *fuzoku* onde Akihiko aprendeu e ensinou. E os quadros vinham aumentando. Segundo Linda Brown (a colaboradora das charter de Boston que, na época da criação da taxonomia, havia se tornado tutora de diretores), o número de escolas "sem desculpas" crescera de cerca de quinze para mais de uma centena.[2]

A maior diferença entre os laboratórios de ensino japoneses e americanos não era a forma como estudavam o ensino, mas o tipo de

---

2 Essa era uma pequena fração do número total de escolas charter nos Estados Unidos - mais de seiscentas em 2013 (de acordo com a Associação Nacional de Escolas Charter Públicas, http://dashboard.publiccharters.org/dashboard/schools/year/2013).

ensino que pregavam. Tanto Doug quanto Akihiko repudiavam a utilidade do "shh", mas por motivos diferentes. Enquanto o japonês acreditava que as crianças precisam ter oportunidade de falar para conseguirem aprender, para Doug a questão era que, para aprender, era fundamental primeiro saber ouvir. Ele não achava que o "shh", com sua ambiguidade intrínseca (era para parar de falar, ou falar mais baixo?), era um jeito eficiente de conseguir isso. Assim, enquanto que no Japão a escola era invadida pela gritaria das crianças cada vez que começava o intervalo, nas "Sem Desculpas" os alunos tinham de andar pelos corredores entre uma aula e outra em absoluto (mas não necessariamente triste) silêncio.

De fato, se James Stigler e seus colegas do TEIMC tivessem levado suas filmadoras para as salas de aula das "Sem Desculpas", não teriam encontrado aulas ao estilo japonês, mas sim tipicamente americanas. Doug e seus colegas tinham superado o caos das escolas urbanas médias, criando escolas onde estudar era possível e o bom desempenho era valorizado, e isso significava muito. Eles tinham inclusive eliminado a tirania dos anúncios de utilidade pública que interrompiam as aulas sem aviso prévio. Mas, em muitos outros aspectos, as salas de aula não eram diferentes de qualquer outra nos Estados Unidos. Assim como os demais colegas americanos, os professores "Sem Desculpas" seguiam a estrutura "Eu, Nós, Vocês" (*eu* explico, *nós* resolvemos um exemplo, e então *vocês* praticam), se não em todas, na maioria de suas aulas, faziam perguntas esperando respostas simples em vez do "explique como ou por que", e dedicavam a maior parte do tempo a exercícios práticos, e não à igualmente típica atividade japonesa de "inventar/pensar". Não surpreende que eles valorizassem tanto a atenção dos alunos ("olhem para mim"), já que, para eles, assim como para tantos professores americanos, a atenção era a chave do aprendizado.

Ironicamente, essa ortodoxia derivava, em parte, de uma atitude contracultural dos empreendedores: a rejeição às faculdades de educação. Eles desdenhavam dos cursos por motivos compreensíveis – e, inclusive, baseados em dados. Muitos dos professores nessas faculdades tinham conceitos sobre dar aulas – menos ordem, mais criatividade, ouvir sempre a voz dos alunos – que não funcionavam na prática. A triste verdade foi revelada pesquisa após pesquisa, mostrando que os cursos superiores não estavam realmente ajudando os professores a ensinar bem.

Mas, ao renegar as faculdades de educação, Doug e seus colegas, inconscientemente, também se distanciaram dos professores universitários que *tinham* ideias inovadoras – gente como Magdalene Lampert e Deborah Ball, além de seus colegas que desenvolviam trabalhos semelhantes nas áreas de história, língua inglesa e ciências (pessoas que, por acaso, haviam feito observações idênticas a respeito de tendências como a nova estrutura da matemática na Califórnia, que falharam na prática). Como resultado, o *jugyokenkyu* americano representado pela taxonomia Lemov tinha todos os componentes de seu equivalente japonês, exceto um: ideias americanas.

Enquanto Akihiko e seus colegas exploravam as diretrizes do NCTM, devoravam os relatórios das aulas de Magdalene Lampert e decoravam os vídeos de Deborah Ball, Doug e os educadores "Sem Desculpas" ignoravam as maiores inovações em ensino de seu próprio país. Em consequência, quando Doug construiu o vocabulário pelo qual Deborah ansiava, foi para descrever um tipo de ensino que não era o dela. Inspirado pelos japoneses, Doug criou uma estrutura que nos Estados Unidos jamais existira – um sistema focado em auxiliar os professores a aprender –, mas sem qualquer das ideias (originalmente americanas) em que os japoneses se basearam.

Para qualquer outro grupo, esse estranho estado das coisas poderia ter durado anos. Mas, se havia alguma coisa equivalente à alergia dos empreendedores ao *status quo* educacional, era a necessidade deles de sempre melhorar. Se a geração de Doug havia construído as startups para quebrar um antigo monopólio, ela também construiu um sistema para incrementar novas ideias – mesmo que isso significasse atacar a abordagem "Sem Desculpas" no coração.

CAPÍTULO 7

A DISCIPLINA DA DISCIPLINA

Quando Rousseau Mieze entrou para o movimento por reformas na educação, ele era alguém que verdadeiramente acreditava. Filho de imigrantes haitianos – a mãe era faxineira e o pai, taxista –, ele sabia bem como a escola podia mudar a vida de alguém. Seus pais estavam sempre trabalhando, e foram seus professores que o fizeram provar sushi pela primeira vez, que o mostraram como passar duas horas falando de história, filosofia e o papel do ser humano no universo, que o ensinaram o que é um verdadeiro aperto de mãos. Foram eles que o apresentaram à melhor ferramenta de que jamais poderia dispor: o intelecto. E seu intelecto o levou ao Williams College, o lugar mais intelectualmente estimulante em que já havia pisado.

Rousseau queria retribuir o mesmo a outras crianças, e se considerou sortudo quando entrou na faculdade, em 2004, porque já existia um ecossistema de escolas para fazer exatamente isso. Em vez de estagiar com professores, botar o sono em dia ou fazer seja lá o que os outros alunos faziam nos intervalos na faculdade, ele dedicava seu tempo livre ao engajamento. Houve um verão em que trabalhou no escritório do diretor de uma charter de Boston. Nas férias seguintes, ele foi para a Rochester seguir de perto algumas das maiores estrelas da taxonomia Lemov – Patrick Pastore, Colleen Driggs, Bob Zimmerli. Para Rousseau, eles eram heróis de carne e osso.

Rousseau vivia para defender as escolas charter, e, naquela época, às vezes era necessário. Em meados dos anos 2000, o crescimento do movimento "Sem Desculpas" havia atraído atenção considerável, na mesma proporção das reações contrárias. Ao se preparar para seu primeiro emprego, em uma charter de Rhode Island, Rousseau se viu confrontado por outro professor iniciante, que insinuara que o movimento "Sem Desculpas" era uma "lavagem cerebral". Todas aquelas filas indianas e lemas obrigatórios lembravam uma prisão, disse ele, questionando se haveria liberdade de pensamento naquele ambiente. "Nada a ver, cara", disse Rousseau, emendando argumentos que culminavam com: basta ver tudo que os alunos aprendem!

Mesmo assim, em seu segundo ano lecionando, Rousseau se pegou questionando o que exatamente os alunos estavam aprendendo. Naquele ano, ele estava trabalhando em uma escola charter do Harlem, onde, na superfície, os professores pareciam fazer tudo certo. A taxonomia Lemov era onipresente, os professores recitavam-na como uma Bíblia. Mas havia algo na escola que causava desconforto em Rousseau. Tinha a ver com a forma como os professores falavam com os alunos. Eles os mandavam seguir regras, mas sem dar nenhuma explicação. Às vezes, até pareciam zombar das crianças, que eram ótimas – engraçadas, espertas, adoráveis como todas as crianças que Rousseau já tinha conhecido. Entretanto, com frequência entravam na sala de aula insolentes ou mal humoradas. Desanimadas. Infelizes. "Não estávamos tratando as crianças como gente", diz ele.

Não era o recomendado pela metodologia. "Por um lado, você espera que os alunos façam o que você pede, mas, no fim das contas, não é para você", escreveu Doug Lemov no trecho da taxonomia que ele chamou de "exercício de propósito, e não de poder". Exija obediência não porque você pode ou porque você se sente bem fazendo isso, mas porque a obediência serve a seus alunos. Ainda assim, os professores pareciam estar entendendo ao contrário. Se o objetivo do "Sem Desculpas" era ensinar disciplina – um conjunto de hábitos importantes para viver uma vida feliz e produtiva – então por que essas crianças agiam ao contrário? Os professores tinham as melhores intenções, assim como Doug Lemov. Mas aonde todas aquelas técnicas da taxonomia estavam realmente os levando?

Naquele mesmo ano, um outro educador enviou a Rousseau um relatório sobre uma escola charter KIPP de Fresno, na Califórnia, que dava arrepios. Em uma investigação de sessenta e três páginas, na qual o distrito escolar unificado da cidade descrevia dúzias de casos classificados como disciplina "inapropriada", a maioria deles aplicados pelo diretor da escola, um jovem na casa dos trinta anos chamado Chi Tschang. As acusações eram graves: punir crianças desobedientes deixando-as do lado de fora, no frio; trancar uma turma inteira no banheiro; colocar uma lata de lixo na cabeça de um aluno. Chi e os professores da escola (e até alguns alunos) argumentavam que muitos dos relatos eram falsos ou distorcidos por causa de desavenças entre a escola e a administração pública. Ainda assim, o cenário era chocante.

Muita gente considerava essa escola e seu diretor maçãs podres – um caso isolado de boas intenções que deram errado. Era essa a posição assumida pela rede KIPP, que negou fazer qualquer declaração pública de apoio a Chi depois que ele se demitiu. Mas houve quem subentendesse uma mensagem mais ampla. Um educador que conhecia Chi e Rousseau – o diretor da KIPP de Newark, em Nova Jersey, chamado Drew Martin – revelou sua tese no memorando semanal para a equipe da escola. A correspondência solicitava aos professores que lessem o relatório de Fresno e refletissem sobre uma questão, sublinhada no texto: o que é boa disciplina?

Chi Tschang tinha exagerado, mas ele seguira uma tradição bem específica, e essa tradição merecia ser investigada também. A questão colocada por Drew Martin aos professores não era se Chi tinha levado a filosofia "sem desculpas" muito longe, mas sim, e acima de tudo, o que tal abordagem pregava, afinal. Pelas infelicidades narradas no relatório de Fresno, Drew sabia que Chi vinha atuando de forma mais típica do que a maioria das pessoas gostaria de admitir.

Rousseau sabia disso melhor do que ninguém. Ele foi um dos primeiros alunos formados pela escola charter Academy of the Pacific Rim, em 2004, e a disciplina transformara sua vida. Chi Tschang havia sido seu professor de história na APR, e a pessoa que mais exercia influência sobre ambos, aluno e professor, era o jovem diretor na época, Doug Lemov.

Naquele tempo, os alunos da Pacific Rim concordavam em uma coisa: todos eles odiavam a escola. "Nada lá era divertido", diz Rousseau. Era um desfile de regras que desmoralizava todo mundo, "como ser chicoteado", declarou um aluno a um pesquisador, na época. Cada cadeira tinha de ser colocada perfeitamente no lugar, as camisetas tinham de ficar para dentro das calças, cada mínima orientação precisava ser obedecida, e ninguém podia suspirar nem revirar os olhos. Era isso, ou você acabaria na sala do diretor, tomando um sermão do sr. Lemov. Quando algum aluno aprendia a gostar da APR – e muitos gostavam de verdade –, era uma afeição paradoxal: "amor e ódio", disse uma das melhores alunas e maiores admiradoras da APR, Millisent Fury Hopkins.

A memória mais antiga de Rousseau na APR era do seu segundo dia de aula, que foi também o primeiro em que ele foi suspenso. A turma trabalhava em uma atividade chamada Minuto da Matemática, que consistia em uma competição para ver quantos problemas os alunos conseguiam resolver em um minuto. "Peguei os problemas, resolvi, terminei e comemorei, u-huu, tirei 10 no Minuto da Matemática!", conta Rousseau. No minuto seguinte, estava na sala do diretor e, de lá, foi mandado para casa mais cedo, por atrapalhar a aula.

"Fiquei apavorado", diz ele. Rousseau gostava de conversar, mas não era uma criança bagunceira. "*Por favor, não façam isso!*", suplicou. Mas ele havia gritado, atrapalhando a aula, e por isso iria para casa, essa era a regra. Praticamente todos os dias, algum professor tirava Rousseau da aula – às vezes, três ou quatro vezes. A maioria das infrações era como aquela primeira comemoração na aula de matemática. Por mais que se esforçasse, ele estava sempre falando quando deveria ficar quieto, fazendo um comentário sem ser chamado, contando uma piada quando deveria estar trabalhando. As suspensões se acumulavam – às vezes chegavam a três em uma semana.

O revés da teoria disciplinar das "janelas quebradas" de Stacey Boyd (aniquilar os menores sinais de desordem antes que dessem origem ao caos) era que os alunos passavam muito tempo na sala do diretor. De acordo com o relatório anual da escola, no ano letivo de 2002/2003, quando Rousseau estava no ensino médio, 38 por cento dos alunos receberam pelo menos uma suspensão – ante 58 por cento no ano anterior. Enquanto isso, as taxas de suspensões e expulsões nas escolas públicas tradicionais de Boston, somadas, eram de 6 por cento no geral, e de 8 por cento entre alunos negros.

As punições na APR eram constrangedoras. Uma camiseta para fora das calças era punida com uma sessão de exercícios que precisava ser executada na frente da escola inteira. "Você toca os pés, levanta os braços, pula e arruma a camiseta para dentro da calça", diz Kevin Thai, aluno da primeira turma que se formou na APR. A cada pulo, a camiseta se soltava das calças de novo, exigindo mais uma repetição. As menores desobediências podiam provocar reações extremas. Uma vez, no sexto ano, Chimel Idiokitas, amigo de Rousseau, passou um dia inteiro na sala do diretor por ter derrubado seu lápis no chão. Outra aluna estava brincando, acusando Chimel de bater nela com o lápis, quando "na mesma hora, eu derrubei o lápis. E a professora deduziu que fiz de propósito", recorda ele. Uma vez, Kevin se complicou por causa da cor de seus shorts de ginástica, que deveriam ser azul-marinho, mas eram azul-turquesa.

Os alunos nem sempre conheciam as razões para a disciplina draconiana. "Querem que você seja como um robô. Só repita e repita e repita", disse outro estudante a um pesquisador. "É muito fingido. Isso não quer dizer nada no mundo real... acho que muitas das regras não têm sentido", disse outro (mas, se não fosse pela Pacific Rim, Kevin Thai nunca saberia que "azul-turquesa" era uma cor, muito menos teria ganhado bolsa integral para cursar uma faculdade).

Todos os amigos de Rousseau reclamavam. Era o que conectava as crianças da APR. Eles seguiam ordens do jeito que os pesquisadores Jere Brophy e Mary McCaslin chamavam de "obediência relutante". Mas, se a escola era rígida, os professores trabalhavam duro para incluir alguma diversão nas aulas. Chimel Idiokitas não entendeu por que ficou aquele dia inteiro na sala do diretor em vez de estar na aula, mas ele adorava as peças que os professores ajudavam os alunos a ensaiar, as viagens de turma que eles acompanhavam (até uma para a China), as músicas que eles o deixavam apresentar junto com Rousseau e seus amigos no refeitório. Até o exercício de arrumar a camiseta, uma invenção de Doug Lemov, era cumprido em meio a risadas – uma resposta irônica à rigidez da escola, na qual os alunos desobedientes eram o "time dos arrumadores de camisetas", Doug encarnava o técnico, e o aluno que mais aparecia sem a camiseta arrumada era o capitão do time. Kevin Thai ficava constrangido, mas os outros alunos gargalhavam enquanto o diretor saltava e gritava com o time, deliberadamente fazendo papel de bobo.

Mesmo naquele tempo, Rousseau defendia a escola. Ele podia ser péssimo em seguir as regras, mas acreditava nelas mesmo assim. Seus professores estavam tentando levá-lo à universidade, e as regras existiam para fazer isso acontecer, então ele dava seu melhor para enxergar o valor delas. Os professores eram duros, mas eles se preocupavam de verdade com os alunos. Durante uma época difícil, em que Kevin Thai vivia brigando com seus pais, Chi Tscheng fez uma reunião de reconciliação na escola. Em outra ocasião, Chi ficou na escola até as 11 da noite para responder a um e-mail que Kevin tinha enviado para ele.

Mais tarde, quando Kevin se tornou professor, frequentemente pensava em um ex-professor da APR, Alexander Phillips, e tentava imitar seu exemplo de devoção aos alunos.

Mas de tudo o que a escola lhes deu, havia alguns legados que Rousseau preferiria não guardar. Assim como Kevin Thai se inspirava em Alexander Phillips, Rousseau teve em Chi Tscheng um modelo, mais tarde, quando se tornou ele também um professor. "Se quero ser um bom professor de história, preciso estar tão bem preparado quanto ele estava", pensava. Mas Chi também "se tornou a encarnação da minha baixa autoestima", diz Rousseau. No ensino médio, Chi sempre era aquele que lembrava os alunos o que eles precisavam fazer para serem bem-sucedidos – e o que aconteceria se não conseguissem: a faculdade que não frequentariam, os sonhos que não realizariam. Então, na universidade, sempre que Rousseau se questionava, se pegava pensando em Chi. "Eu ouvia a voz dele, desde a época de calouro na Williams, dizendo que eu não era daqui, que não dava duro, que não merecia estar naquele lugar."

Como professor, Rousseau pensava nesse legado também. Assim como Chi, frequentemente parava em frente a um grupo de alunos, sabendo que a sorte estava contra eles, e se sentia na obrigação de também dizer: "É assim que vocês vão acabar se não se comportarem". Mas não podia deixar de imaginar qual seria o efeito de suas palavras naqueles alunos anos depois.

O medo era um paradoxo no cerne do "Sem Desculpas". O objetivo de todas aquelas regras e suas consequências era ensinar aos alunos a disciplina de que precisariam para vencer na vida. Mas, na prática, as mesmas consequências que pareciam necessárias para ajudá-los também provocava ansiedade, até raiva. Pesquisadores da disciplina escolar concluíram que a punição frequentemente produz "ressentimento, retaliação e/ou emoções contraproducentes ao aprendizado". Na APR, às vezes a punição botava os alunos na rua. Muitos dos amigos de Rousseau vieram a reconhecer e até adorar a APR (o crítico mais notório, Jonathan Correia, acabou na diretoria da escola). Mas Rousseau sabia que, apesar todos os alunos que a APR ajudou, havia alguns que a escola perdera.

No primeiro ano, Doug Lemov e Stacey Boyd tinham começado com uma turma de mais ou menos cinquenta e cinco alunos de sétimo ano. Quando essa turma chegou ao último ano, apenas onze alunos restavam, sendo que três deles haviam entrado na escola depois, no nono ano No ano de Rousseau, a peneira foi de cerca de cem crianças, que começaram juntas o sexto ano para trinta e quatro que chegaram ao nono. Trinta se formaram juntos (em comparação, nas escolas públicas de Boston, 21,6% dos alunos que entraram no ensino médio no ano 2000 não se formaram).

A maior parte da deserção foi casual. Mesmo no início, a APR nunca convidou alunos a se retirarem da escola (uma coisa da qual outras escolas charter e muitas das convencionais não podiam se orgulhar). Alguns dos alunos que não chegaram à formatura eram como o amigo de Rousseau, Chimel Idiokitas, que trocou a APR pela prestigiosa Boston Latin Academy, uma "escola seletiva"*. E, com o tempo, à medida que a APR encontrava maneiras de apoiar melhor seus alunos, as desistências diminuíram.

Mesmo com as melhores intenções, a APR – assim como muitas outras escolas que atendiam comunidades carentes – ainda perdia alguns dos alunos que mais precisava ajudar. Alguns iam embora porque, cansados da disciplina, da carga horária ou de ambos, procuravam uma opção mais fácil. Segundo seus antigos colegas, os alunos que deixavam a escola por causa da disciplina rígida normalmente eram aqueles com menos apoio em casa. "Eles tomavam as decisões sozinhos", diz Chimel. "Não havia um pai ou mãe para dizer

* As escolas seletivas, como já assinalado anteriormente, são uma categoria de escolas públicas cujo ingresso é determinado por critérios acadêmicos com foco no preparo dos alunos para a universidade. A Boston Latin é uma das mais reconhecidas dos Estados Unidos.

que compensaria ficar na escola." Sem esse suporte, "eles não aguentavam", completa Kevin. E então partiam.[1]

O que não estava claro era se os resultados das "Sem Desculpas" – mudança de vida para uns, colapso para outros e, às vezes, como nos casos de Rousseau e Chi Tschang, os dois ao mesmo tempo – tinham de ser paradoxais assim. Será que o professor que inspirou Rousseau também teve de engolir sua autoestima? Ou havia outro jeito?

Para Drew Martin, havia muitos momentos de revelação – os "momentos para tudo", como uma de suas professoras, Ranjana Reddy, os chamava. O relatório Chi Tschang, que Drew havia destacado em seu memorando de 22 de fevereiro de 2009, era um deles. Outro desses momentos aconteceu apenas duas semanas depois, quando Drew tomou conhecimento de relatórios de mau comportamento no ônibus Sem Limites.

Sua escola, a Rise Academy (uma escola de nível médio que fazia parte da rede KIPP em Newark, Nova Jersey), contava com o serviço de quatro linhas de ônibus para levar e trazer os alunos, batizadas segundo os valores da escola: Sem Limites, Sem Atalhos, Sem Desculpas e Oportunidade. Todos os ônibus tinham regras rígidas. Como o ônibus era um lugar onde a desobediência podia colocar as crianças em grande perigo, a Rise proibia qualquer atitude que pudesse distrair o motorista. Andar pelo ônibus era proibido, e conversar também. Os transgressores enfrentavam punições severas. Na primeira vez que alguém conversasse, os pais seriam contatados; na segunda, era suspensão. Levantar do banco? Nem pense nisso. Suspensão automática.

1 Há algumas evidências que embasam críticas sobre as escolas charter atenderem populações seletivas de estudantes, enquanto deveriam estar abertas a qualquer criança. Minha apuração revelou mostras de que algumas realmente selecionam de alguma forma os estudantes, seja desencorajando algumas matrículas ou desaconselhando alguns alunos já matriculados a permanecerem. Mas também encontrei casos de escolas, incluindo a APR e a Rise Academy (descrita adiante neste capítulo), que se opõem ativamente a políticas seletivas.

Por dois anos, as regras compensaram. Os alunos iam e voltavam da escola em segurança e ordem. Mas agora, no meio do terceiro ano letivo, alguma coisa mudara. As crianças não apenas levantavam de seus bancos, como também se empurravam em pleno trânsito. Assustados, Drew e os outros líderes da escola suspenderam temporariamente a rota Sem Limites. Então, em uma sexta-feira à tarde, enquanto eles se preparavam para uma reunião emergencial com os pais na próxima semana, para discutir o que fazer com a rota, foram surpreendidos pelo ônibus Oportunidade retornando para a escola no meio do caminho, com metade das crianças ainda a bordo. O motorista fez mais um relato preocupante. "Houve três brigas no ônibus naquela tarde e, segundo as crianças, isso vinha acontecendo há bastante tempo", escreveu Drew no seu memorando semanal para a equipe da escola.

A reação de Drew foi um pouco exagerada. O que ele chamou de "brigas" haviam sido na verdade discussões e algum empurrão. Fora do ônibus, uma saudável maioria de alunos da Rise continuava feliz, aplicada e bem-sucedida. Mas Drew ainda lembrava dos primeiros ônibus da Rise – silenciosos, regrados, com alunos adoráveis e perfeitos sentados quietinhos com suas mochilas fosforescentes a caminho da escola. Doía assistir àquelas mesmas crianças, apenas alguns anos mais velhas (que inevitavelmente ficavam mais bagunceiras à medida que se aproximava a adolescência, mas, ainda assim, as mesmas crianças!), desafiando descaradamente tudo o que haviam aprendido. "Dois anos atrás", escreveu Drew, "se eu tivesse lido um parágrafo como o escrito acima, teria ficado completamente perplexo e inconsolável". Os alunos não apenas conversavam, eles brigavam. E os monitores, além de não relatar os problemas, ainda por cima mentiam sobre o que se passava.

Assim como o resto das escolas "Sem Desculpas", a Rise se apoiava na proposição de que comportamento – ou *cultura*, como alguns preferiam – vinha em primeiro lugar. Membros do Teach for America, muitos dos professores "Sem Desculpas" haviam começado a carreira em escolas públicas onde o aprendizado estava subordinado à balbúrdia. Sua primeira providência tinha sido mudar o que significa uma escola. Além disso, para Drew e os outros, habilidades interpessoais eram tão importantes quanto qualquer outra disciplina acadêmica, talvez até uma matéria em si: a disciplina da disciplina. Assim como em matemática, literatura, ciências e história, em disciplina a medida do sucesso era simples: os alunos aprenderam?

Os episódios nos ônibus sugeriam que não. Tal qual os alunos do quinto ano de Deborah Ball, que dominavam as divisões longas em um dia e no outro tinham de aprender tudo de novo, os alunos da Rise *pareciam* aprender – e depois, por alguma razão, no sétimo ano, esqueciam. Pegavam toda a organização que seus professores haviam ensinado e transformavam em caos.

O fracasso recordava Drew dos livros que lera anos antes: *A Short History of Progress* [Uma pequena história do progresso], de Ronald Wright, descreve o fenômeno que ele chama de armadilha do progresso, na qual as sociedades, ao perseguir o que consideram ser o progresso, acabam criando o mecanismo de sua própria ruína. Armas, por exemplo, resolvem um problema imediato – caçar com mais facilidade e ter acesso mais rápido à comida –, mas, a longo prazo, também ameaçam a própria sobrevivência humana. A energia nuclear dá origem à guerra nuclear, assim como a produção de energia causa a devastação do meio ambiente. "Uma sucessão atrativa de sucessos", escreve Wright, "pode acabar em uma armadilha".

Talvez a lógica "Sem Desculpas" fosse uma armadilha do progresso também. Corredores silenciosos eram o melhor exemplo. "Quando você vê aquilo, fica impressionado. Talvez porque tenha estado em uma escola pública tradicional, onde os estudantes fazem o que querem, e pensa 'Uau, isso é estar no controle'", diz Drew. Além disso, os corredores atendiam uma demanda de curto prazo: a transição rápida e calma entre as aulas, sem interrupções, de forma que os professores tiravam o máximo proveito dos períodos de aula.

Era uma abordagem baseada em alguns dos primeiros conceitos que definiram o movimento – como a teoria das janelas quebradas: elimine a bagunça de curto prazo, e os professores obterão ganhos de longo prazo. "Segundo esse raciocínio, se você dá uma ordem e ela não é seguida por alguém", diz Ranjana Reddy, "todas as crianças na sala levarão para o resto da vida a lição de que ordens não precisam ser obedecidas". Os empreendedores *tinham* que reagir à menor das infrações; era o mais importante que eles podiam fazer por seus alunos.

Mas havia indícios de que esse raciocínio, mesmo que lógico na teoria, era falho na prática. Os dados mais assustadores vinham das escolas públicas tradicionais, onde, durante os anos 1990 (mesmo período em que cresceu o movimento "Sem Desculpas"), uma abordagem disciplinar chamada "Tolerância Zero" ganhou popularidade. Como a teoria das janelas quebradas, a tolerância zero fazia todo sentido. No entanto, uma década e meia depois, uma coletânea crescente de evidências sugeria que, na prática, a política não dava certo. Uma ideia aparentemente óbvia tinha a ver com a expectativa (baseada na experiência em sala de aula de educadores por todo o país) de que remover os poucos alunos muito desobedientes de uma escola deixaria mais espaço para os muitos alunos restantes aprenderem. Mas, como reportado pela *American Psychological Association* - APA [Associação Psicológica Americana] em uma pesquisa de 2008, "os números em uma série de indicadores de clima nas escolas mostram o efeito oposto". Escolas com os maiores índices de suspensões e expulsões tinham na verdade resultados *piores* e despendiam mais tempo com disciplina.

As políticas miravam principalmente os estudantes não brancos, mesmo que pesquisas mostrassem que eles não eram os principais bagunceiros. E consequências cada vez mais severas do mau comportamento levaram escolas a conduzir cada vez mais alunos ao sistema penal juvenil – um fenômeno conhecido como "o túnel escola-cadeia". Também havia evidências, segundo o relatório da APA, de que "a política de tolerância zero pode criar, incentivar ou acelerar problemas de saúde mental nos jovens ao aumentar o isolamento, a ansiedade, a rejeição e quebrar elos saudáveis com os adultos".

Nas melhores escolas charter, os educadores canalizavam sua energia para a construção de relacionamentos próximos com os alunos tão cuidadosamente quanto aplicavam punições por mau comportamento. Desde o início, o objetivo era que os estudantes não só seguissem as regras, mas que decidissem por si mesmos agir corretamente. Na primeira escola KIPP de Newark, os professores falavam abertamente com os alunos sobre esses níveis de "amadurecimento moral", o chamou o psicólogo Lawrence Kohlberg, até mesmo escrevendo-os nos degraus da escada da escola para reforçar seu ponto. Ainda assim, nas mesmas escolas, o "sem desculpas" tinha vida própria. Se, como Ranjana Reddy já havia compreendido, a melhor forma de servir às crianças era reagir ao menor sinal de desordem, então exibições de dureza e até macheza deveriam ser comemoradas. Para o bem ou para o mal, histórias dos mais extravagantes esforços dos educadores se tornaram lendas – como o episódio narrado por Jay Mathews no livro que conta a história da KIPP, *Work Hard. Be Nice* [Trabalhe Duro. Seja Legal], de como o cofundador da escola Mike Feinberg uma vez foi até a casa de uma aluna para desinstalar a TV dela.

As histórias tinham seu valor. No livro de Mathews, Feinberg diz que, apesar de não ter certeza de que levar embora a TV fora a coisa certa a fazer, ele sabia que isso "deu o recado aos alunos: de que ele faria loucuras para garantir a eles o tempo e a oportunidade de obter uma boa educação". Mas histórias como essa podiam também gerar uma pressão perversa para que os professores demonstrassem sua dedicação com maluquices. Uma educadora, ao descobrir que era normalmente descrita como uma professora dedicada, sensível e compreensiva, sentiu-se compelida a contar uma fábula que deveria parecer chocante, sobre a vez em que comparou a incapacidade de seus alunos para pegar um grão de cereal à tragédia de 11 de setembro.

Os esforços extremos impressionavam observadores e produziam crianças visivelmente obedientes. Mesmo assim, diz Drew, "algumas das coisas que eu acho que parecem ótimas não são sempre as melhores práticas". O que importava não era o que um visitante enxergava, mas sim o impacto de todo aquele controle sobre as crianças no longo prazo. No caso da Rise, os meninos que haviam crescido em corredores silenciosos agora não conseguiam parar quietos durante o caminho para casa. "Se isso é progresso, estamos completamente ferrados. Estamos nos atirando do precipício", diz ele. Para ter um resultado diferente com os alunos da Rise, eles precisariam encontrar outra maneira de ensinar disciplina. Só que ainda precisavam descobrir qual era.

Os professores da Rise, na verdade, já tinham outra ferramenta, que vinham construindo há anos sem saber. Ela era fruto de uma insatisfação anterior com os limites de uma antiga tradição da KIPP, o Banco.

O Banco era como uma suspensão sagrada, para punir o mau comportamento com isolamento social. O aluno no Banco tinha de usar uma camiseta de outra cor e não podia falar com os colegas. O toque da KIPP era que os alunos no Banco não perdiam aulas; em vez disso, sentavam em um canto da sala ou em uma carteira normal, diferenciados apenas pela cor da camiseta e pela proibição de falar (embora a participação na aula fosse normalmente permitida).

O Banco era eficiente como inibidor. Do ponto de vista de um aluno do quinto ano, era "a pior coisa em que você pode se meter", conforme Marcelo, um menino do sétimo ano da Rise. "Vejo os alunos do quinto ano caminhando assustados pelo corredor", ele disse. "Eles têm medo até de olhar para mim". Eles não querem fazer nada que os possa colocar no Banco (curiosamente, do ponto de vista adulto, os alunos do quinto ano não podiam parecer mais felizes: caminhando pelos corredores, de mãos dadas; mais tarde, na aula, eles levantariam alegremente as mãozinhas para responder perguntas da professora). Mas o Banco tinha um efeito colateral perverso. Os alunos que passavam mais tempo interagindo com os outros eram também, naturalmente, os que tinham mais chances de acabar no Banco. Alguns deles ficavam lá "por semanas e semanas e semanas", diz Ranjana Reddy, a ex-professora da Rise. Como resultado, "nosso maior problema de comportamento era que as crianças não interagiam socialmente com outras crianças".

Os professores percebiam essa ironia. À medida que os alunos cresciam, Ranjana e outros professores decidiram mudar o Banco. Logo, alunos do sétimo e do oitavo anos – a "escola alta" na Rise – tinham uma alternativa ao Banco. Os professores chamaram-na de Escolha. A Escolha trocava o isolamento social do Banco pela relativamente menos traumática punição do lanche silencioso (em vez de comer na cantina, os punidos com o lanche silencioso ficavam em uma sala de aula, com outros bagunceiros). A Escolha incluía uma nova exigência, também: para se redimir, os alunos precisavam pedir desculpas publicamente à turma – e a turma precisava aceitá-las.

O objetivo era mudar a forma como a escola dava suas lições disciplinares. O Banco presumia que os alunos aprenderiam com as consequências de seus atos, e que a punição do isolamento social seria o suficiente para ensiná-los a nunca mais desobedecer da mesma forma. Talvez isso funcionasse com os alunos do quinto ano, mas, no sétimo e no oitavo, suspeitavam os professores, uma punição não era o suficiente para ensinar bons modos. Algum tipo de reflexão era necessário também. Com a Escolha, diz Ranjana, "a teoria é que o aprendizado acontece lá no final, pois há uma conversa quando a pessoa pede desculpas, e os outros podem fazer perguntas a ela". Os diálogos resultantes forçariam os estudantes a raciocinar sobre seus erros.

À medida que os professores na Rise incentivavam cada vez mais as desculpas públicas, também começaram a conduzir conversas espontâneas sobre comportamento. Eram as chamadas "Conversas Culturais". Como a Escolha, as conversas culturais tinham origem em rituais mais coreografados, nos quais os professores apresentavam as motivações por trás das regras da escola, lendo um livro ou mostrando um trecho de filme que ilustrasse a ideia que queriam passar. Com o tempo, as conversas sobre comportamento começaram a acontecer no meio da aula. Algumas eram tímidas, em pequenos grupos. Assistindo dois alunos deliberadamente isolarem um colega enquanto escolhiam os parceiros para o laboratório de ciências, por exemplo, uma professora chamada Shannon Grande transformou o momento em uma oportunidade de discutir as armadilhas das panelinhas. Mais tarde, na mesma aula Shannon reagiu ao chilique de uma aluna chamada Vitória – "Vocês têm que fazer FILA e ficarem QUIETOS!", gritara ela, antes de sair da sala – pedindo à turma inteira para parar e discutir o que dizer a Vitória quando ela retornasse.

Shannon não conhecia o trabalho de Deborah Ball e Magdalene Lampert, mas a conversa cultural guardava semelhanças com a abordagem ETE. Nenhum dos dois abria mão de reprimendas, que ainda eram cruciais para esclarecer conceitos importantes e introduzir novas ideias; eles apenas complementavam-nas com respostas imediatas aos erros dos alunos. E, assim como no ETE, as conversas culturais não se encerravam em uma só aula. Elas às vezes duravam semanas ou meses, enquanto os alunos refletiam juntos sobre seu comportamento – a fonte do que eles acabariam identificando não como "disciplina", mas como amadurecimento social e emocional.

Na aula de Shannon, por exemplo, um aluno do sétimo ano chamado Gabriel nunca conseguia controlar sua raiva. O menor comentário podia fazê-lo explodir. Sua camiseta está para fora, dizia um colega, e ele começava a gritar, jogava seus livros no chão e enfurecia. "Por que você sempre tem que me dizer isso?", dizia. "Eu odeio essa escola!" Às vezes, Gabriel perdia o controle e começava a chorar no meio da aula sem explicação. Em certo ponto, ele conseguiu brigar com uma das melhores alunas da turma, um modelo do bom comportamento. Furiosa, a menina partiu para cima, dizendo que ele era sujo e fedia. Shannon não acreditava no que via: "Segurei a garota, e ela falou 'ele que começou! Ele fica bravo e o que eu devo dizer?' Eu sugeri não dizer que ele fedia. E ela: 'mas fede mesmo!'".

E era verdade. Shannon sabia que higiene era um problema para Gabriel. A casa dele era um caos. Na semana anterior, tinham ficado sem luz. Na semana antes daquela, sem água. Em outro momento, parte da rua tinha cedido, abrindo uma cratera. Frequentemente, Gabriel e seus irmãos tinham que fazer o jantar sozinhos, pois a mãe não estava em casa. Também não tinham um chuveiro à disposição, até que o pessoal da Rise arrumou um banheiro privado que os meninos podiam usar antes da aula.

Diante da constatação legítima da menina – sim, Gabriel às vezes cheirava mal –, Shannon resolveu que precisava contextualizar o problema, para tentar transformar a briga em algo construtivo. Um dia, entre duas aulas, ela chamou a menina e três outras ótimas alunas daquela turma para uma conversa a sós. "Eu disse, nós cinco vamos ter uma conversa bem adulta agora", conta Shannon. Ela explicou que, para Gabriel, "ir para a escola todos os dias já era uma batalha". "Eu falei: vocês acordam pela manhã e alguém faz o café, arruma as roupas de vocês, traz vocês pra escola no horário. Ele não tem nada disso." Tanta raiva não era aceitável, mas era compreensível. Gabriel não precisava de mais motivos para se sentir atacado, mas sim de apoio e de exemplos de como reagir de uma forma menos agressiva. A professora concluiu com um pedido: "Preciso que vocês sejam discretas, mas também preciso que usem sua influência sobre a turma para mudarmos isso".

As meninas ficaram surpresas. "Eu não sabia", disse a que havia brigado com ele. E então fez uma pergunta que a professora não previra: "podemos falar com ele?". Primeiro, Shannon recuou. Ela esperava que as meninas pudessem liderar pelo exemplo, respondendo aos arroubos do Gabriel com mais inteligência emocional. Ela não queria criar uma situação que o deixasse ainda *mais* vulnerável. Pensou por um minuto e decidiu deixá-las tentarem. O risco de atrair ainda mais atenção para o problema de comportamento era claro, pois o gatilho para os colapsos de Gabriel eram sempre os outros alunos. Dar a eles a oportunidade de expressar o que pensavam podia aumentar a rivalidade, fazê-lo sentir-se pior ainda. Mas Shannon também sabia que a escola era um caldeirão de relações sociais, embora os professores nem sempre atentassem para isso. Quando Vitória saiu correndo da aula de ciências, logo teve de voltar, e, quando o fez, a turma teve de decidir como tratá-la. Analogamente, Gabriel e as meninas conviviam todos os dias. Assistiam aulas, lanchavam, iam para o recreio juntos, estavam todos no Facebook. Se não conversassem agora, sob a segurança da mediação da professora, cedo ou tarde iam conversar em outro lugar*.

Além disso, assim como Deborah Ball e Magdalene Lampert haviam concluído com o ETE, um conflito (o equivalente comportamental de um erro matemático) era sempre uma oportunidade de aprender algo. Expor o problema do Gabriel a uma análise coletiva poderia ajudá-lo a pensar diferente. O grupo talvez fizesse isso melhor do que Shannon sozinha. "Resolução de problemas sociais" era o nome que pesquisadores deram a abordagens semelhantes.

Mesmo assim, quando a conversa começou, Shannon estava nervosa. E as meninas largaram uma bomba. "Quando você fica bravo, a gente também fica", disseram. "O que você queria que a gente dissesse?". Mas, para a surpresa da professora, Gabriel não estourou; falava calmamente. Logo, todos eles (Gabriel e as meninas) pediram que Shannon os deixasse terminar a conversa a sós. Ela obedeceu. Todos eram alunos dela, e, naquele momento, ela não estava apenas conduzindo conversas culturais, mas deixando os alunos fazerem isso.

Seja lá o que disseram, a situação no aconselhamento mudou ao longo do mês seguinte. Quando Gabriel explodia, em vez de revidar, os outros alunos lembravam o que ele devia fazer para mudar: escrever no diário, respirar fundo, dar uma volta no corredor. A estratégia mais eficiente de todas não era nenhuma das técnicas, mas as conversas em si. "Mesmo

* Nos Estados Unidos, as crianças passam dois terços do dia no colégio, e as escolas têm diariamente um período de convivência, que na Rise Academy é chamado aconselhamento (*advisory*). Cada turma tem um professor tutor, cuja tarefa inclui repassar avisos, ensinar às crianças valores sociais, organização, boas maneiras etc. [N.T.]

quando ele estava em um dia difícil, a gente conversava, ele se acalmava e seguia em frente", diz Shannon.

Gabriel, por sua vez, começou a ver a escola de outra maneira. Antes, a Rise, com todas as suas regras malucas, parecia igual a tudo na vida dele: uma série de ataques pessoais para derrubá-lo. Mas, quando Shannon Grande e seus colegas de aula começaram a trabalhar junto com ele, Gabriel se sentia melhor na escola, seguro até. E isso o transformou. "A Rise foi minha virada", ele disse naquele ano. Não fora um aprendizado acadêmico, mas sim algo bem mais abstrato. A escola "me deu uma nova visão da vida", disse. Antes de ir à escola, Gabriel era um especialista em pensamento negativo. Se sentia sozinho, pensava muito na morte. Na Rise, ele aprendeu a vislumbrar o sucesso tão claramente quanto antes só via fracasso. Uma manhã, acordou de um sonho que jamais havia tido. "Eu estava morando com minha própria família, em uma casa grande e calma. Sem gritaria, sem bate-boca. Ninguém roubando, ninguém morrendo. Um lugar pacifico." Gabriel também dissera que: "Só esperava morrer. Mas a Rise me deu um novo futuro. Me deu esperança".

Educadores frequentemente falam de disciplina como uma escolha entre regras e autonomia, sistema e liberdade, "firme" e "frouxo", como se só houvesse duas opções: criar sistemáticas complexas de comportamento como o Banco ou deixar as crianças fazerem o que bem entendem. Na Rise, mudar a forma como a escola exerce o controle não significava de forma alguma abrir mão dele – na verdade, era o contrário. Assim como Ruth Heaton e Sylvia Rundquist tinham descoberto na Spartan Village, dar aos alunos mais independência representava *mais* trabalho para os professores, para construir métodos mais intrincados de apoio – o que eles chamam de "andaimes". O sistema não era menos rígido, apenas mudava a forma de intervir. Em vez de criar um milhão de regras para prevenir que acontecesse qualquer desobediência, os professores deixavam os alunos mais soltos – e tinham de elaborar respostas ainda mais elaboradas para quando, inevitavelmente, os alunos avançassem o sinal.

Além das conversas culturais, os professores buscavam cada vez mais ajuda externa. Como Paul Tough explica no livro H*ow Children Succeed* [Uma questão de caráter], uma pesquisa combinando economia, psicologia e neurociência mostrou que os estudantes atendidos pelas escolas charter, crianças de famílias que sofrem com pobreza e racismo, encaram mais desafios que as brancas. Até os melhores professores precisam da ajuda de psicólogos ou outros profissionais para lidar com alunos problemáticos.

Por vezes, os professores lançavam mão de abordagens mais especializadas. "Faz sentido que um aluno do quinto ano reclame de outro aluno da mesma turma na frente de trinta crianças?", diz Mariel Elguero, uma das professoras que fundou a escola e se tornou diretora de instrução. "Talvez em alguns contextos, sim, mas em outros, não. Talvez faça mais sentido fosse deixar essas duas crianças a sós e dar-lhes ferramentas para que possam se resolver".

Uma abordagem mais complexa não chega nem perto de resolver todos os problemas de comportamento. A Rise religiosamente se recusava a convidar um aluno a se retirar (uma política que não era comum a todas as escolas charter, nem por todas as escolas públicas), mas os professores facilmente listavam estudantes que tinham ido embora por vontade própria, apesar dos esforços da escola para fazê-los mudar de ideia: Valesca, que duas vezes fora levada da escola de ambulância e uma vez ameaçou matar seus pais na sala do diretor; João, que perdeu meses de aulas e foi reprovado em todas as disciplinas; Raul, o melhor jogador de basquete que jamais pisou na Rise, mas um aluno com dificuldades cuja mãe se recusava a deixá-lo repetir um ano. Mesmo depois da virada de Gabriel, era difícil não se pensar que ele talvez seguisse o mesmo caminho. "Temos muitas, muitas crianças que não conseguimos ajudar", diz Drew. "Não temos a resposta. Apenas seguramos as pontas enquanto conseguimos."

Conversa cultural não era um termo usado pelos professores na Academy of the Pacific Rim, e nem ETE. Mas os momentos mais marcantes da escola para Rousseau tinham grandes semelhanças com as conversas na Rise. Cada castigo vinha acompanhado da requisição para que o aluno punido refletisse sobre o erro que cometeu. Como resultado, os estudantes passavam quase tanto tempo falando sobre seus problemas de comportamento quanto reclamando das regras da escola.

Às vezes, a reflexão se materializava em um pedido de desculpas público como os que os alunos da Rise faziam de acordo com a Escolha. Nos casos de infrações mais sérias, a APR mandava os alunos punidos escreverem o pedido de desculpas em um texto. O processo era "o que eu acho que deve ser suspensão", diz Kevin Thai. "Toda vez, eles me faziam sentar, conversavam comigo, descobriam o que estava errado e me ajudavam a aprender com o episódio". Não era simplesmente "me dar um sermão e me mandar para casa".

Rousseau passava por algo semelhante com Doug Lemov toda vez que era mandado para a sala do diretor. Em retrospecto, esses são os momentos que ele mais agradece, os minutos entre delinquência e consequência, quando os dois sentavam e conversavam – não só sobre o que acontecera, mas por quê. Primeiro, Doug só ouvia. O que estava incomodando? O que o fez gritar? Por que não entregou a tarefa de casa? Então falavam sobre suas reações – por que gritar era improdutivo para o grupo inteiro, ou por que desrespeitar a professora era um obstáculo para que ele aprendesse com ela.

O próprio Doug tinha evoluído, em paralelo com Drew Martin na Rise, aperfeiçoando esses momentos de reflexão com o passar do tempo. Aí estava a beleza do desafio. "Estávamos reconstruindo aquela engrenagem toda semana, todo mês, todo ano", diz ele. A escola onde Rousseau e seus amigos chegaram, no primeiro ano de existência da APR, não era a mesma onde se formaram. Assim como Drew, Doug se questionava o tempo todo, e um dos temas sobre o qual ele mais refletia – e mais *mudava* – era disciplina.

O mesmo faziam muitos outros educadores "Sem Desculpas". A evolução na Rise seguia mudanças similares em dúzias de outras escolas. Na primeira filial da KIPP, no Bronx Sul, o cofundador da rede Davi Levin jamais usou a técnica do Banco. A primeira KIPP, em Houston (Texas), acabou substituindo regras rígidas por princípios menos explícitos (e mais complexos), que davam espaço para os alunos cometerem mais erros. Em toda a rede de escolas, a direção acrescentava dados baseados em estudos às suas ideias mais antigas e intuitivas sobre cultura, criando um currículo que ajudava professores como Shannon Grande com ideias e palavras para enriquecer as conversas culturais.

O jeito mais simples de entender a mudança ao longo do tempo era ver que os educadores, como um todo, decidiram não mais cruzar certas linhas. Mas isso era verdade apenas em parte. A realidade é que cada professor "Sem Desculpas" tinha suas próprias razões quando decidiu agir de forma diferente. No caso de Drew, por exemplo, foi quando ele se deu conta de que estava torcendo para que a mãe de uma aluna não o pegasse dando sermão na menina. Naquele momento, ele decidiu que nunca mais queria sentir aquilo. Para Doug, foi quando ele chutou um cachorro de rua para fora da escola e foi sabiamente lembrado por um aluno: "Sr. Lemov! É só um *cachorro*!".

Chi Tschang também tinha a sua história. Aconteceu quando ele estava na KIPP de Fresno, Califórnia, durante uma saída de campo para uma assistir à aula de Rafe Esquith, educador e autor californiano que influenciou muitos dos líderes da KIPP. Depois de encenar uma peça de Shakespeare, os alunos de Rafe saíram juntos para almoçar. "Uma das coisas que percebemos", diz Chi, "é que os alunos de Rafe eram muito mais legais que os nossos. Mais refinados, mais atentos e articulados – e mais prestativos". Chi e um colega se questionavam sobre as diferenças no ônibus de volta. "E o que concluímos é que eles eram 10 vezes mais legais porque o Rafe era 10 vezes mais legal. Ele nunca grita". Chi então mudou – assim como seu colega.

Mas a realidade era mais complicada do que só resolver ser mais humano. As escolas mais cuidadosas – aquelas dirigidas por Doug, aquelas como a Rise – queriam desde o início ensinar a seus alunos algo mais do que apenas obediência. E, para isso, vinham fazendo mais do que apenas balançar de um lado para outro do pêndulo "aperta-solta". Eles refletiam sobre as mesmas perguntas que Rousseau se fazia – os bons superam os maus? Os maus são, afinal, necessários? – e decidiram que, sim, era possível pressionar os alunos sem massacrá-los. Do que precisavam era, além de motivação, capacidade. Disciplina não era preto no branco, apertado ou solto, sério ou alegre. Era, segundo David Levin, uma "estrutura desestruturada". E isso era muito mais difícil, requeria habilidade. Em última análise era isso que os empreendedores haviam acumulado com o tempo – em vez de novos sonhos e ambições, a expertise para fazer aquele sonho original se tornar inteiramente real.

O que, então, explicava a escola charter do Harlem? Lá, onde Rousseau havia encontrado um prédio cheio de professores que haviam sido catequizados na taxonomia Lemov, e mesmo assim a contrariavam.

A ironia era que uma das razões que levaram Doug e compor a taxonomia – tão importante quanto seu compromisso de desenvolver e compartilhar uma linguagem profissional – tinha sido eliminar a possibilidade de haver uma escola daquelas. Assim como Chi e Drew, Doug havia aprendido as lições mais importantes pelo jeito mais difícil, e ele sabia bem que fora às custas de algumas crianças (na verdade, ele não apenas rejeitava algumas de suas antigas práticas; ele renegava o título "Sem Desculpas" como um todo). Por que deveriam outros educadores passar pela mesma coisa? "Cultura" – o nome que ele dera à disciplina da disciplina – era um dos problemas de ensino nos quais ele mais trabalhara, e portanto sabia que era também um dos mais fáceis de arruinar.

Professores, especialmente aqueles que haviam lecionado em escolas disfuncionais, tinham a tendência de apelar para ferramentas disciplinares "como cenourinha na ponta da vara". "Tipo ratos de laboratório, você continua pressionando a alavanca, mesmo quando eles já estão inchados e dilatados", compara Doug. Ao ser meticuloso com os detalhes, ao reforçar lições como "exercício de propósito, e não de poder" e o "Fator A", de alegria (Técnica 46), ele esperava ajudar mais escolas a alcançar o que algumas estavam descobrindo como fazer: formar alunos não apenas disciplinados, mas empoderados; não apenas obedientes, mas felizes.

Em alguns casos, a taxonomia tinha possibilitado exatamente isso. Oito ou dez anos atrás, diz Doug, "as escolas que se destacavam pela cultura eram em pequeno número e distantes umas das outras". Agora, "é normal como a luz do dia ver uma escola charter que descobriu como administrar comportamento e cultura". Se a taxonomia não tinha funcionado para todos os professores, talvez fosse porque era onde um livro, por si só, podia chegar.

A diferença entre as escolas onde a disciplina funcionava e aquelas onde não tinha jeito era chamada por Rousseau de "peça intangível". Que peça era essa, exatamente? Alguns professores de escolas charter apostavam nos relacionamentos. Os professores que conseguiam mesmo mudar as crianças, diziam, eram aqueles que construíam ligações pessoais fortes com elas. Mariel Elguero, a diretora de instrução da Rise, fala sobre a importância das expectativas. Antes, ela disse, "pensávamos que os alunos do quinto ano não podiam falar durante os exercícios (a parte da aula em que os alunos trabalham nas tarefas com a supervisão da professora). Eles não podem ser amigos! Essa era a percepção". Agora, continua ela, "claro que podem! Acho que é apenas esperar mais deles. Esperar o que antes não parecia possível". Para Doug, a diferença se resume a algo ainda mais simples: amor. "No fundo do coração, você tem de pensar 'eu amo essas crianças e quero o melhor para elas'", diz ele.

Quando se tornou professor, Rousseau tentou fazer todas essas coisas – construir relações fortes, esperar o que não parecia possível, ensinar com amor... Mas descobriu que essas técnicas careciam daquela "peça intangível". Para ele, essa peça era como a preparação para uma aula de história, quando ele se obrigava a imaginar o caminho mental que os alunos precisavam fazer para atingir o objetivo da lição. Ao "caminhar" pelas tarefas antes, ele podia "pensar em voz alta" ao trabalhar com a turma, explicando as lacunas invisíveis que ele tinha percebido naturalmente, mas que os alunos ainda precisavam reconhecer.

Com a disciplina, Rousseau fazia algo semelhante, buscando na memória seus próprios piores momentos. "Como eu lidei com isso quando era criança?", ele se perguntava. "Como as crianças lidam com isso agora? Como eu lido agora? O que me ajuda a resolver hoje em dia? Como posso ajudar um menino a resolver desse mesmo jeito?" Ensinar disciplina requeria tanto esforço mental quanto ensinar história, e uma dose extra de coragem.

No entanto, revirar a própria alma em busca de soluções não era a mesma coisa que ensinar alguém a usar essas soluções. Uma vez que Rousseau entendia o que é que seus alunos não estavam entendendo, ainda precisava descobrir como ensinar isso a eles. Ele teve de organizar um tipo de conhecimento que não tinha nome – um conhecimento que não era sobre ensino em geral, e nem sobre a matéria que ele estava lecionando, mas uma combinação dos dois. Lee Shulman teria chamado de conhecimento do conteúdo pedagógico as habilidades necessárias para ensinar uma matéria. Rousseau precisava de conhecimento especial para ensinar disciplina.

A pesquisa de Deborah Ball e Magdalene Lampert em conhecimento do conteúdo pedagógico no ensino de matemática havia tido paralelos em outras matérias, de história e ciências a língua inglesa e até educação física. Mas não havia paralelo na matéria da disciplina. Agora, pesquisadores começaram a desvendar algumas das dinâmicas da disciplina e descobriram que, ao trabalhar com alunos problemáticos, muitos professores se apoiam basicamente em regras e punições. E esse "condicionamento operante" parece funcionar no curto prazo, especialmente enquanto os professores seguem as diretrizes da taxonomia Lemov. Quando são usadas as correções menos invasivas, mais positivas e mais privadas, os alunos tendem a obedecer resmungando menos e com boa vontade. Mas psicólogos vêm concluindo que, sozinho, esse condicionamento não é o suficiente para ajudar os estudantes no longo prazo. Os professores precisam ensinar também o que os pesquisadores chamaram de "resolução social de problemas" – abordagens racionais e emocionais para lidar com desafios interpessoais.

Mas exemplos dessa abordagem mais complexa – o conhecimento do conteúdo pedagógico da disciplina – foram difíceis de encontrar. A pesquisadora que chegou mais perto, uma professora chamada Carol Lee, nunca pretendeu estudar esse tema. Inspirada em parte pelo trabalho de Magdalene e Deborah, ela decidiu filmar a sua própria sala de aula em uma escola pública de ensino médio todos os dias por três anos, esperando melhorar o ensino de literatura. Mas Carol descobriu que fazer de seus alunos leitores melhores requeria um foco além do acadêmico. "O espectro tinha de incluir tanto as necessidades cognitivas quanto as de amadurecimento dos alunos", escreveu ela no livro *Culture, Literacy and Learning* [Cultura, letramento e aprendizado], no qual reflete sobre o projeto. Com "amadurecimento", ela quer dizer "o processo pelo qual os humanos aprendem a lidar com desafios, cultivar e manter um senso de bem-estar e de competência; a nutrir relacionamentos interpessoais, primeiro dentro da família e, mais tarde, em redes sociais mais amplas; e a se orientar diante de obstáculos". Ao longo de três anos, Carol trabalhou com dois tipos de ensino ao mesmo tempo. O primeiro tinha a ver com literatura, e o segundo focava em disciplina e desenvolvimento pessoal.

Um episódio que ilustra o último tipo de ensino ocorreu em 1997, quando Carol lecionava para uma turma do último ano do colégio e percebeu que uma aluna, chamada Daiane, lia a edição daquele dia do jornal *Chicago Sun-Times*. Alguns minutos antes, Carol havia exibido um filme de cinco minutos, um dos artifícios culturais diários que ela usava para preparar a turma para a análise de textos como o romance *Beloved* [Amada], de Toni Morrison*. Ela tinha apenas pedido à turma que comentasse o filme quando reparou no material inusitado que Daiane escolhera para ler.

Aquele instante configurou um desafio. Como Carol narra em seu livro, "Daiane está lendo o jornal enquanto eu dou aula". E ela já tinha passado tempo suficiente em sala de aula com a menina para saber que ela era "uma jovem de personalidade forte... do tipo de pessoa com quem você não quer brigar, a menos que esteja disposto a ir para o tatame e usar toda a sua força para vencer".

Carol tinha diversas opções de reação. "Poderia tê-la constrangido, tê-la punido com tarefas extras, abaixado sua nota, ou mandado-a para a sala do diretor". Mas, ao mesmo tempo em que acreditava no poder didático de alguns castigos, Carol também sabia que, no caso de Daiane, uma punição como mandá-la para a sala do diretor era exatamente o que ela queria – "ser liberada da responsabilidade de participar da aula". E isso era o contrário do que queria a professora.

Então, em vez de atacar, ela escolheu um tom lúdico. "Mais perguntas. Mais perguntas", disse Carol, calmamente, antes de agir. "Daiane, você não tem uma pergunta nesse jornal aí?".

"Pode crer", Daiane respondeu enfática e belicosamente, como dizendo *Sim, eu estou mesmo lendo o* Chicago Sun-Times *na sua aula*. Era um sarcasmo, mais um convite para o ringue. Mas, em vez de morder a isca, Carol preparou uma resposta que mais tarde chamaria de "um golpe de tai chi chuan". Em lugar de responder ao "pode crer", Carol simplesmente deixou a conversa seguir o rumo proposto pela aluna. "Evitei o ataque a mim simplesmente saindo do caminho dela."

"Qual é a pergunta?", disse Carol.

---

* Toni Morrison é uma autora norte-americana cuja obra gira em torno da vida dos negros nos Estados Unidos. *Beloved*, de 1987, conta a história de uma ex-escrava logo após a Guerra da Secessão. [N.T.]

Daiane ainda tentou um cruzado de direita, dizendo que queria saber o que o filme *Sax, Cantor, Riff*, de Julie Dash*, tinha a ver com o livro que eles iam ler, *Beloved*. "Basicamente", recorda Carol, "Daiane estava criticando publicamente meu plano de aula". Diante da terceira investida, outra professora teria desistido. Mas Carol estava determinada a forçar Daiane a entrar na discussão, e desferiu outro golpe de tai chi chuan: "Bom, essa é uma questão para mim", disse. Daiane tinha, afinal, feito uma pergunta razoável – por que eles estavam fazendo o que estavam fazendo, qual o propósito? – e Carol reconhecia isso.

"Bom", insistiu Daiane, de posse da permissão para desafiar a professora, "o que o livro tem a ver com a garota e o cara cantando?" (*Sax, Cantor, Riff* tem uma sequência onde uma mulher canta um hino afro-americano gospel enquanto um homem judeu canta em hebraico). "Repita, por favor", disse Carol. "É uma boa pergunta." Ela não conseguiu ouvir bem a resposta de Daiane – o resto da turma começou a falar junto, aparentemente curiosos com a mesma coisa. "O que a garota tem a ver com o que?", perguntou Carol de novo. "O que a garota tem a ver com a garota e o cara cantando?", repetiu Daiane.

Mais tarde, assistindo à fita, Carol se maravilhou com a evolução. Em poucos minutos, Daiane passou de uma determinação em desafiar o planejamento da aula para uma pergunta sofisticada que era exatamente o que Carol queria ouvir quando propôs a discussão à turma.

As duas sequências no filme – a mulher afro-americana de um lado, e o judeu, de outro, cantando – eram cenas desconexas. Para o espectador, os dois nem tinham se visto. Mas Daiane fez duas deduções importantes: a primeira, que o autor (nesse caso, a diretora) tinha feito isso com algum propósito; a segunda, que seu papel enquanto espectadora era "impor alguma forma de coerência" nas cenas aparentemente separadas.

---

* Um dos segmentos do filme Metrô de Nova York, de 1997, que reúne dez curtas dirigidos por diferentes diretores, todos ambientados no metrô nova-iorquino. [N.T.]

"Essa é uma linda e sólida pergunta", disse Carol, depois de repeti-la. "Achou no *Sun-Times* também, não é?". "Pode crer", respondeu Daiane. Só que, dessa vez, o pode crer tinha um tom diferente. Não era mais de resistência.

Em parte, o conhecimento do conteúdo pedagógico de Carol Lee era uma analogia perfeita ao de Magdalene e Deborah. Para ensinar língua inglesa, Carol descobriu que ela precisava saber como as pessoas aprendem isso – o que difere o leitor novato do experiente? Ela também precisava conhecer os erros e confusões que levam um jovem a tropeçar – por exemplo, saber que escrever "caza" em vez de casa é um avanço para a criança em alfabetização, e não um passo atrás (pois mostra que a criança conhece o som de Z). E também precisava conhecer as nuanças da matéria que escapam até a um excelente leitor ou a um escritor – por exemplo: como exatamente ironia, sátira e narrador não confiável se diferenciam, e como as três podem ou não se cruzar.

Mas Carol adicionou outra dimensão, uma que combinava mais com seu trabalho sobre amadurecimento. Ela a chamou de aspecto "ético e moral" do ensino. Segundo ela, "um professor precisa conhecer cada aluno e a bagagem de vida que ele traz consigo para a sala de aula". Não nos menores detalhes – o que seria uma tarefa impossível, especialmente para uma professora do ensino médio com mais de cem alunos por ano. Mas, assim como na matemática ou em literatura, os desafios de amadurecimento dos estudantes seguem padrões relativamente previsíveis, de forma que os professores podem conhecer os principais (Carol catalogou um misto de sua própria experiência com a pesquisa da psicóloga Margaret Beale Spencer, da Universidade de Chicago, que descreve os atos de resistência dos jovens como "estratégias de cópia mal adaptadas"). Com isso, uma professora diante de uma aluna como Daiane poderia rapidamente prever como ela pensa e age, sem ter de fazer um inventário detalhado de cada novo aluno.

Enquanto as escolas charter administravam a disciplina separadamente das matérias acadêmicas, Carol misturou as duas, não apenas na mesma aula, mas na mesma discussão. Respondeu à resistência de Daiane não com um sermão, mas com um convite sutil para participar da aula de forma mais produtiva – e fez isso segundo uma estratégia cuidadosa e gentil, tudo no contexto da interpretação de um filme.

De maneira semelhante, apesar de Magdalene Lampert não usar a mesma abordagem do "amadurecimento", ela já falava do trabalho de administrar a sala de aula. Chamava isso de "Ensinar os alunos a ser pessoas que estudam na escola", ou, mais ambiciosamente, "formação da personalidade acadêmica". Os valores que ensinava eram versões de disciplina, mas fundidos com os hábitos que os alunos precisavam cultivar para ir bem em matemática (e, para ela, na vida também) – uma "postura indutora", "curiosidade", e um amplo senso de si mesmo como "uma pessoa que pode ter ideias". E, assim como Carol Lee, Magdalene descobriu que podia ensinar melhor essas posturas conectando-as à matemática ou a outras atividades acadêmicas.

A diferença de métodos tinha a ver com a identidade de cada uma das mulheres enquanto professora – uma de matemática, outra de língua inglesa. Esses eram seus focos principais, e ditavam a forma como elas viam tudo o que ensinavam, até comportamento. Mas também derivava da forma como elas lecionavam os conteúdos acadêmicos. Uma diferença-chave era o que a sala de aula demandava dos estudantes. Como James Stigler já tinha concluído com os vídeos do TEIMC, uma característica básica das salas de aula americanas era a necessidade constante de atenção (também conhecida como habilidade de manter os olhos fixos no projetor, no professor ou nas atividades impressas). Magdalene Lampert e Carol Lee se sobressaíam porque conseguiam ampliar essa expectativa.

Como os professores japoneses, Carol propunha atividades mais elaboradas na sua sala de aula. Para participar da aula, Daiane não precisava apenas guardar o jornal e olhar para a lousa; ela tinha de fazer uma pergunta inteligente. De forma similar, na aula de Magdalene, Ricardo, um dos alunos com dificuldades no que ela chama de personalidade acadêmica, precisava mais do que só parar de brincar com os colegas; ele também precisava aprender como começar a resolver o problema do dia sem ter de perguntar à professora o que fazer. Tinha de pensar sobre matemática como um desafio que desperta sua curiosidade, e não só como uma tarefa que a professora o obriga a cumprir. E, mais, ele precisava descobrir como discordar de forma respeitosa, fosse sobre um conceito matemático ou uma opinião pessoal.

Do ponto de vista de Carol e Magdalene, fazer Daiane e Ricardo se comportarem não era um passo para fazê-los aprender (primeiro, prestem atenção; depois, aprendam). Comportamento era, em vez disso, *sinônimo* de aprender. As duas coisas aconteciam ao mesmo tempo. Foi por isso que Carol respondeu à resistência de Daiane sem criar uma bate-boca sobre isso, mas sim com uma série de perguntas direcionadas que mostraram à menina como reagir de forma mais produtiva. E foi por isso que Magdalene, além de explicar a Ricardo a importância de resolver os problemas sozinho, o colocou sentado perto de dois alunos que ela sabia que eram "solícitos com seus pares, sem constrangê-los". Assim, ele poderia trabalhar no seu problema do dia sem a ajuda da professora, aprendendo a recorrer aos colegas primeiro.

Talvez os empreendedores estivessem certos em separar a disciplina como uma matéria em si. Reservar um espaço para as conversas culturais dava a elas mais credibilidade e certamente não excluía a mescla de trabalho de "amadurecimento" e acadêmico. Era possível fazer as duas coisas.

Mas era também verdade que, se quisessem desenvolver uma pedagogia mais integrada, que ensinasse simultaneamente multiplicação e curiosidade, teriam de mudar a forma como ensinavam tudo, e não apenas a forma de ensinar disciplina. Obediência, o objetivo final em uma abordagem mais simples do ensino de comportamento, não formava necessariamente alunos mais atentos. Para os empreendedores, assim como para muitos professores americanos, obediência era também o que as lições de matemática, leitura e ciências demandavam.

Magdalene Lampert às vezes levava esse argumento além. Alguns tipos de ensino, dizia, eram simplesmente mais propensos a criar resistência do que outros. Os desafios de administrar uma sala de aula podiam ser tratados, em parte, replanejando as atividades que os professores propunham aos alunos. Carol Lee descobriu algo semelhante nas suas aulas de inglês. Como ficou claro no episódio do jornal, demandar perguntas complexas de Daiane e seus colegas fez alguns deles resistirem no primeiro momento. Mas, com o tempo, eles iam se abrindo. Pedir mais dos alunos também era dar a eles uma voz. E, dessa forma, Carol os fazia sentir mais seguros. A sala de aula era deles tanto quanto era dela.

A ideia de que os desafios de administrar uma aula podiam ser resolvidos com planejamento era exatamente o tipo de argumento que levara alguns dos empreendedores a rejeitar as faculdades de educação. Ainda assim, em 2010, muitos deles começaram a considerar que a academia tinha algo a dizer. Na taxonomia – publicada naquele ano em livro, o best-seller *Teache like a Champion* [Aula nota 10, na edição em português] – Doug listava cinco princípios para construir uma cultura positiva em sala de aula. Previsivelmente, os primeiros quatro eram disciplina, gestão, controle e influência. Mas o quinto era o que Doug chamou de "engajamento", o processo de levar os alunos a trabalhar de forma "produtiva e positiva".

Os primeiros exames de Rousseau ilustravam esse viés. Ao observá-lo, sua diretora, Stacy Birdsell O'Toole, sempre dizia a mesma coisa: ele era ótimo em fazer as crianças se comportarem, mas para quê? "Rousseau é um professor incrivelmente carismático, e gere a turma muito bem. Ele realmente acredita naquilo que manda os alunos fazerem", diz ela. "Mas o que precisávamos realmente trabalhar era *o que* afinal você está mandando elas fazerem?"

Mais tarde, quando Stacy tornou-se diretora de treinamento na Match Residência de Professores, um programa de capacitação de professores para trabalharem nas escolas charter "Sem Desculpas" (incluindo a escola vinculada à residência, a Match), ela descobriu que Rousseau não era o único com esse problema. Em todas as escolas charter que visitou, se falava a mesma coisa. Stacy tinha diagnosticado o problema em si mesma, também. "A ausência de desobediência", percebeu ela, "não significa alto nível de aprendizado". Eles haviam decifrado o código de como fazer as crianças se comportarem. Mas faltava um ingrediente fundamental: "rigor".

CAPÍTULO 8

O PODER DE UMA PIADA INTERNA

Seneca Rosenberg entrou para o Teach for America (TFA) em 2001, onze anos depois que Wendy Kopp fundou o programa e meia década antes que Doug Lemov começasse sua taxonomia. Alocada na escola de ensino fundamental Cassell, no leste de San Jose (Califórnia), ela passou os primeiros meses como professora enfrentando uma série de provações. Começando pela sujeira. Cada canto da sala de aula estava coberto com uma grossa camada de pó, apesar de a escola ter um servente – aparentemente, passar um pano nas mesas não estava entre as suas atribuições. Em seguida, veio a dança das cadeiras. No segundo dia do ano letivo, depois que Seneca conseguiu arduamente decorar os nomes de todos os seus alunos do quarto ano, a direção da escola a trocou de turma. Um mês e dúzias de novos nomes decorados depois, a mesma coisa aconteceu de novo. "E claro que não me deram a primeira turma de volta. Ganhei uma nova turma de quarto ano", conta ela.

Entretanto, o que mais impressionou Seneca não foi a desorganização, mas a absoluta disparidade de experiências entre seus colegas. Isso ficou mais evidente no terceiro ano, quando a TFA a promoveu a "líder de equipe de aprendizado", encarregada de coordenar um grupo de professores por toda a região de South Bay.

Os professores tinham muito em comum. Todos vinham do mesmo programa de treinamento (o da TFA, seguido de um intensivo na Universidade Estadual de San Jose); tinham alunos com perfil social parecido (de quarto e quinto anos, moradores de áreas urbanas carentes, muitos filhos de imigrantes); lecionavam sob as mesmas diretrizes (as da Califórnia) e no mesmo distrito (o distrito escolar de Alum Rock); e tinham mais ou menos o mesmo tempo de experiência como professores (um a três anos). Mas, viajando de escola em escola para observar aulas, ou analisando os resultados dos alunos nas reuniões mensais, Seneca percebeu que a forma como lecionavam variava muito. Desde a maneira como organizavam a turma até o tipo de tarefa que propunham, passando pelos trabalhos expostos na sala, quase nada na abordagem dos diferentes professores era consistente.

A discrepância ficava clara nas produções escritas dos estudantes. "O tamanho, a clareza dos argumentos, a complexidade e a variação das estruturas das frases, o vocabulário, a precisão das afirmações" – tudo variava de professor para professor, recorda Seneca. "Apesar do tanto que compartilhávamos em relação a treinamento, diretrizes e convicções, parecia que na verdade estávamos aprendendo coisas bem diferentes – o que tinha implicações sérias para o aprendizado dos nossos alunos."

Seneca supunha que apenas talento separava um professor de outro. Que simplesmente alguns descobriam como ajudar seus alunos a aprender, e outros, não. Mas ela logo se deu conta de que essa não era a única explicação para o problema. O mais determinante, pelo menos para seus colegas, não era boa vontade, nem habilidade natural, mas sorte. De qual workshop a professora tinha, por acaso, participado? Perto da sala de quem ela acabara dando aulas? Que orientador veio a se interessar por seu trabalho? Pensando na própria carreira, Seneca percebeu que sua trajetória dependera de uma série de "acidentes". Se ela não tivesse feito aquele workshop específico, se não tivesse conhecido sua amiga Laura, também professora, ou não tivesse sido designada para aquele diretor em particular, seu jeito de ensinar teria evoluído de forma diferente. Provavelmente, para pior, mas quem sabe? Talvez, para melhor.

O estado das coisas parecia “absolutamente insano”, diz ela. Como algo tão importante tinha sido abandonado à sorte? Em busca de explicações, Seneca recorreu à internet. Com certeza, ela não era a primeira a se assustar com a bagunça; algum pesquisador havia de ter estudado o problema, talvez até sugerido a solução. Mas, em vez de responder a suas perguntas, os documentos que encontrou apenas tangenciavam a questão.

Um estudo típico, disponível no site de uma das principais faculdades de educação, examinava os pais – especificamente, os tipos de professores que os pais requisitavam para os filhos ao matriculá-los para o próximo ano letivo. A pesquisa concluiu que as preferências variavam de acordo com o perfil social das famílias. Os pais mais pobres e não brancos se preocupavam mais com o histórico acadêmico dos professores do que com sua popularidade entre os alunos. Famílias com mais recursos tendiam a preferir o oposto. Dentro da amostra, muitos dos pais – 30% – solicitavam um professor específico quando tinham a oportunidade. Segundo os pesquisadores, as implicações eram profundas. A preocupação nacional de buscar a melhor educação poderia acabar incentivando a segregação, já que famílias de cor e classe social diferentes buscavam professores com características diferentes.

Outra pesquisa se baseava em uma abordagem inédita para investigar o desafio de substituir professores. Em vez de examinar os dados daqueles que deixaram de dar aulas, os pesquisadores estudaram os professores que retornaram às escolas. Acreditavam que, ao entender as razões de voltar à sala de aula, conseguiriam descobrir uma maneira de evitar que outros professores desistissem. Os dados sugeriam que a gama de professores que retornava era grande. Mais de 40% dos pesquisados que pararam de lecionar acabaram voltando. O estudo também apontou um padrão curioso entre os que saíram e voltaram. Muitos deles, especialmente as mulheres, não tinham filhos quando começaram a lecionar e retornaram à atividade quando as crianças já estavam em idade escolar. O padrão sugeria que, se a administração pública investisse em algum tipo de apoio, como creches, poderia evitar os custos de retreinar professoras, já que elas não precisariam abrir mão do trabalho para cuidar dos filhos.

Os estudos levantavam questões importantes, mas, apesar de as preferências das famílias e a rotatividade de professores estarem *relacionadas* à forma como as pessoas aprendiam a lecionar, eram, em última análise, coisas diferentes. Até que, um dia, Seneca encontrou a página de um professor da Universidade de Michigan. A foto mostrava um homem idoso de olhos tristes, sorrindo em frente a um jardim florido. Ao contrário das outras pesquisas, a deste professor questionava as mesmas coisas que Seneca, apenas em uma linguagem mais formal. Se ela falava na "diversidade" do que haviam aprendido seus colegas professores, ele descrevia a "inconsistência" da "orientação didática". Se ela diagnosticava a variação de aprendizado dos professores como "bagunça", ele descrevia uma "avalanche de ideias diferentes e muitas vezes conflitantes" que se somava a uma "variabilidade", ou, mais diretamente, "incoerência" geral. Palavras diferentes, mas a mesma charada.

E, mais importante ainda, ele propunha uma explicação para a fonte do problema. Seneca mais tarde descobriu que seus alunos tinham batizado o dilema com o nome do professor: "o problema David Cohen de coerência".

Desde que deixara a Universidade Estadual de Michigan com sua esposa, Magdalene Lampert, em 1993, David Cohen refletia mais e mais sobre o que dera errado. Não apenas em East Lansing, mas também na Califórnia e por todo o país. Por que todos os esforços americanos de melhorar o ensino falhavam? Da lenta dissolução na Spartan Village à falsa revolução na Califórnia, teriam os fracassos uma origem comum?

David acabou encontrando a resposta na sua área de estudos original, história. Mais especificamente, ele se deu conta de que poderia rastrear a resistência americana a reformas até os pais fundadores do país e suas discordâncias sobre poder centralizado. O governo federal devia ser soberano, ou deveriam ser os estados*? O debate precedeu muito do que aconteceria em educação. Quase dois séculos e meio depois da promulgação da constituição, a questão de quem controla as escolas continua indefinida.

A educação americana era como a fábula que um velho amigo de David, Lee Shulman, contava sobre um rabino mediando a disputa de dois homens pela posse de uma galinha. Depois de o primeiro homem explicar por que a galinha era dele, contava Lee, "o rabino assentiu e determinou: você está certo, a galinha é sua". Quando o segundo homem se manifestou, o rabino assentiu de novo. "Você está correto, deve ficar com a galinha". Confusa, a mulher do rabino pediu a palavra. "Meu querido, é impossível que os dois homens estejam certos", ela disse. "É verdade", respondeu o rabino. "Você está absolutamente certa!".

De maneira similar, nas escolas americanas, o governo federal é soberano e os estados também. Ao mesmo tempo. E, se você pensa que essa situação não poderia se sustentar, está certo também.

Em vez de orientação, as escolas americanas perpetuam uma confusão. Os diretores recebem ordens do governo federal, do estado e do distrito**, que, às vezes, concordam, e, às vezes, não (e poucas vezes

* São chamados de "pais fundadores" os líderes da independência americana, que, na elaboração da constituição dos Estados Unidos (século XVIII), se dividiam entre os federalistas, que defendiam um poder central, e os republicanos, favoráveis à soberania de cada estado da federação. Como resultado, a constituição federal norte-americana é relativamente curta (sete artigos, subdivididos em seções), e garante autonomia sobre diversos assuntos aos estados. [N.T.]

** Nos Estados Unidos, as escolas recebem recursos financeiros federais, estaduais e locais. Dentro de cada Estado, a administração das escolas públicas é responsabilidade dos distritos escolares. Cada distrito tem seu próprio conselho e abrange as escolas de uma determinada área (que não necessariamente corresponde a uma cidade).

financiam). Os professores são orientados de forma tão contraditória quanto seus chefes. O currículo local diz uma coisa; a faculdade de educação, outra. E o material didático, quando há um, prega uma terceira completamente diferente. Com cinquenta estados, mais de 14 mil distritos escolares e quase 100 mil escolas, a regra na terra da educação é *incoerência*.

A incoerência sabota a qualidade. Se ensinar é uma habilidade ou ocupação a ser aprendida, os professores também são aprendizes, estudantes à sua maneira. E, como os alunos, eles ou precisam entender a matéria sozinhos, ou ser ensinados. A lei da incoerência significa que, em vez de serem formados por um bom professor, eles recebem informação de dezessete professores, que dizem coisas completamente diferentes entre si.

Os mais sortudos conseguem progredir contra as probabilidades. Como alunos aplicados em escolas caóticas, esses aprendizes se apegam às orientações mais claras quando elas aparecem, e ignoram o resto. A maioria, no entanto, segue pragmaticamente os passos que os conduzem a se embrenhar no caos. Diante de mais uma ordem contraditória, respondem com o que a educadora Lovely Billups descreveu como a doutrina do professor americano: "tudo passa". Concorde educadamente, agradeça ao estado/distrito/instrutor/professor pela sugestão e, então, como Billups descreveu em um discurso, "feche a porta da sala e volte a fazer aquilo em que acredita". Frequentemente, aqueles ainda abertos a mudanças acabam como a Sra. Olvidada, na Califórnia, cuja revolução educacional tinha apenas semelhanças superficiais com as reformas que o estado pretendia. Pegam as novas ideias e as incorporam a uma forma bem diferente de ensinar que aprenderam em algum outro lugar.

Impressionada por David Cohen e seu trabalho, Seneca decidiu voltar à universidade para aprender diretamente com o mestre. Nos oito anos seguintes, ela se viu especialmente intrigada pelo reverso da coerência – todas as coisas que não existiam sem ela, e as instituições e a base de conhecimento que *incoerência* impediu as escolas americanas de construírem. David chamava isso de "infraestrutura". O dicionário define *infraestrutura* como a "base material ou econômica duma sociedade ou organização"* – como prédios, pontes e eletricidade. A infraestrutura *educacional*, como definida por David, era o equivalente intangível em um sistema escolar, as fundações para ensinar e aprender. Consistia de três categorias básicas: o mesmo currículo como guia para o que os alunos deviam estudar, os mesmos instrumentos de avaliação para verificar o quanto desse currículo eles compreendiam, e educação dos professores, para que soubessem ensinar exatamente o que os alunos precisam aprender.

Atuando em um ambiente de incoerência, o governo norte-americano nunca construiu a infraestrutura educacional. Sem infraestrutura, as escolas por sua vez falharam em desenvolver recursos fundamentais. "O principal deles é uma linguagem comum que abranja ensino, aprendizado e conteúdo acadêmico", explicou David em um livro escrito junto com a cientista política Susan Moffitt. Os médicos têm o *Physicians' Desk Reference***, com terminologia técnica que descreve as doenças mais comuns e seus tratamentos. Eletricistas, encanadores, pilotos, todos têm um conjunto de "procedimentos padrão" de boas práticas que é constantemente atualizado. Os professores têm uma coleção de pontos de interrogação. Sem um consenso sobre o que devem ensinar; sem um vocabulário comum para descrever o que fazer; sem um padrão para medir seu sucesso.

Não surpreende, portanto, que Seneca e seus colegas na Teach for America encontrassem uma dúzia de experiências diferentes em um único distrito escolar! Sem infraestrutura, os professores eram como acrobatas atravessando a corda bamba de olhos vendados – sem guia,

---

* Conforme Buarque de Holanda Ferreira, Aurélio. Minidicionário da língua portuguesa. Rio de Janeiro: Nova Fronteira, 1977. [N.T.]

** Compilação editada anualmente que reúne as bulas dos principais medicamentos do mercado. No Brasil, o equivalente chama-se Guia de Remédios. [N.T.]

sem rede de segurança, sem mapa. Obviamente, muitos deles se estatelavam no chão.

Seneca chegou à universidade para a pós-graduação com David Cohen em 2004, dois anos depois da lei Nenhuma Criança para Trás, um marco para a educação nos Estados Unidos, que nacionalizou o movimento pelas diretrizes, obrigando cada estado a estabelecer objetivos de aprendizagem e a avaliar as escolas de acordo com eles. Em muitos aspectos, a lei da meritocracia parecia a solução perfeita para o "problema David Cohen de coerência". Construída por uma coalizão histórica de líderes trabalhistas, executivos, republicanos, democratas e representantes de várias áreas do governo (não apenas deputados e senadores, mas também superintendentes de escolas públicas), a lei provou que os americanos podiam agir conjuntamente em favor das escolas e, ao determinar que os estados criassem diretrizes de aprendizado, deu um passo em direção à coerência.

Mas, assistindo aos desdobramentos da implantação da lei pelo país, Seneca viu que a Nenhuma Criança para Trás não estava criando a infraestrutura que deveria ser proporcionada pela coerência. Em lugar de currículos comuns, avaliações e formação de professores, a lei dera origem a diretrizes, avaliações e indicadores de meritocracia. A única coincidência – as avaliações – estava longe do que David Cohen tinha imaginado. Primeiro, porque os testes estaduais não estavam atrelados a um currículo que estabelecesse claramente o que devia ser aprendido. O que não era uma surpresa, visto que a maioria dos estados nem tinha um currículo unificado. Mas as diretrizes também não ajudavam a esclarecer a questão. Elas estabeleciam objetivos de aprendizado enquanto que os currículos, nas palavras de um escritor, estabeleciam "um roteiro diário, semanal e anual para atingir esses objetivos". Como aplicar esse roteiro ainda estava a cargo de cada um dos distritos escolares, ou, em muitos casos, de cada professor individualmente.

Os indicadores meritocráticos podem ter substituído a formação de professores, cobrando um preço das escolas que falhavam em alcançar os padrões e, portanto, pelo menos sugerindo *quando* os professores precisavam melhorar. Os exames também podem ter cumprido esse papel, fornecendo aos professores relatórios do que os seus alunos tinham ou não aprendido. Mas, como David já sabia desde a pesquisa na Califórnia (e como Seneca havia aprendido com sua experiência em San Jose), diretrizes e testes são um bom começo, mas não garantem que os professores vão aprender a ensinar de uma maneira melhor nem mais uniforme.

Se o que a educação precisava era infraestrutura, a Nenhuma Criança para Trás "servia como uma espécie de exoesqueleto", escreveu David. A lei determinava objetivos e punições para quem não os cumprisse, mas apenas arranhava a superfície do trabalho interno de uma escola. O ensino – aquela cruzada diária da qual as mudanças dependem – permanecia intocado. A meritocracia consistia em uma inspiração, mas não um guia de como chegar lá. Para David, as escolas americanas ainda operavam mais ou menos do mesmo jeito que havia anos, apenas com mais provas.

Como aluna de David Cohen, Seneca não tinha motivos para pensar de forma diferente. Assim, no dia em que ela tomou conhecimento de um caso de infraestrutura brotando na educação americana, em 2005, a descoberta a atingiu "como um raio". Ela estava em um auditório em Washington, com centenas de colegas do Teach for America, para celebrar o 15º aniversário da organização (que, naquele momento, já havia formado mais de 10 mil membros), quando o orador no palco fez uma piada – um comentário sobre a TFA – e toda a plateia riu. Um momento absolutamente banal que, para Seneca, foi uma revelação: a forma como um grupo, que representava milhares de pessoas que passaram pela TFA ao longo de quinze anos, gargalhou com apenas uma voz.

"Eu tinha lido recentemente sobre as marcas que uma profissão deixa em outras", disse ela, "e pensava sobre essa falta de uma linguagem comum e a nossa incapacidade de nos comunicar com profundidade". Mas aí estava um auditório cheio de estranhos – profissionais de educação com diferentes níveis de experiência –, todos rindo da mesma piada. Esse foi o raio. "Ahh!", pensou ela. "*Teach for America*!"

A Teach for America foi a instituição que apresentou Seneca ao problema de coerência, e, desde então, já havia construído uma comunidade bem grande de membros, com piadas internas e um currículo em expansão. E isso não era nada comparado ao que os afiliados estavam construindo – um novo sistema de educação pública paralelo, composto basicamente de escolas charter que cada vez mais falavam a mesma língua, expressa na taxonomia de Doug Lemov.

Amigos de Seneca já haviam lhe falado sobre esse novo mundo de empreendedorismo. Os nomes das escolas pareciam de grupos de escoteiros: *Knowledge is Power Program* [Programa Conhecimento é Poder], *Uncommon Schools* [Escolas Incomuns], *Achievement First* [Realização em Primeiro Lugar], *Aspire Public Schools* [Escolas Públicas Ambição]*. Até aquele momento, ela sempre admirara o trabalho deles – os gritos de guerra, a rigidez quase militar "Sem Desculpas", a força de trabalho formada por super-heróis jovens e solteiros treinados pela TFA –, mas não tinha parado para pensar sobre o que tudo isso significava.

Agora Seneca enxergava os empreendedores sob outra luz. Ela vinha estudando a infraestrutura para o ensino a partir da análise da falta dela. Seria possível que seus velhos amigos estivessem realmente construindo uma infraestrutura na vida real?

David adorava trabalhar com Seneca. Como muitos dos seus melhores colaboradores, ela era uma otimista, sempre contrabalançando o eterno ceticismo dele com uma fé inabalável na possibilidade de mudança. Quando ela chegou com suas ideias sobre a TFA e os empreendedores "Sem Desculpas", ele permaneceu incrédulo. "Eu

* Os nomes em português são traduções livres. [N.T.]

ficaria chocado – chocado, *cho-ca-do* – se qualquer uma dessas organizações estivesse fazendo algo diferente", Seneca lembra de ouvi-lo dizer.

Havia muitas razões para duvidar da hipótese dela – e não apenas o fato de que David passara toda a sua carreira documentando os fatores que tornavam altamente improvável o surgimento espontâneo de uma infraestrutura educacional americana. Por exemplo, a TFA e as escolas "Sem Desculpas" pareciam se distinguir não pela forma como trabalhavam, mas por *quem* trabalhava com eles. A TFA era famosa por recrutar os melhores estudantes universitários, muitos oriundos da Ivy League*, com o propósito de formar não apenas os melhores professores, mas uma nova geração de líderes para solucionar o desequilíbrio educacional. Os críticos, no entanto, argumentavam que eles apenas inseriam pessoas inteligentes em um sistema falido, em vez de promover mudanças na base.

Além disso, o programa parecia dispensar a capacitação, enviando jovens brilhantes para as salas de aula com apenas cinco semanas de treinamento. Diplomas de grife e altas expectativas, diziam os críticos, não compensavam falta de formação e de experiência. De fato, até os pesquisadores mais otimistas concluíram que os membros da TFA representavam impactos desiguais para os alunos. Os estudos encontraram efeitos positivos no aprendizado de matemática – o equivalente a um mês de aulas extras, segundo uma estimativa, e mais de dois meses e meio, de acordo com outra. Mas, quanto à leitura, o melhor que se podia dizer era que os afiliados da TFA não atrapalhavam.

Havia também o fato de que, depois de anos procurando, os únicos casos contemporâneos de infraestrutura educacional sólida e coerente que David havia encontrado estavam fora dos Estados Unidos. Em países como Japão, França e Singapura, os ministérios nacionais de educação

---

* Ivy League é a associação das universidades Brown, Columbia, Cornell, Dartmouth, Harvard, Pensilvânia, Princeton e Yale, criada para promover competições esportivas entre seus alunos, mas que se tornou sinônimo de excelência acadêmica por reunir algumas das melhores universidades dos Estados Unidos. [N.T.]

conseguiam compor currículos claros, e o resto da engrenagem – as licenciaturas nas faculdades de educação, livros didáticos, institutos de avaliação – se ajustava. Já em seu próprio país, a ambivalência histórica sobre o poder federal tornou o consenso impossível. "A disputa tem raízes profundas", escreveu David em um ensaio com Jim Spillane, "e seria espantoso se ela fosse resolvida em breve ou facilmente".

David tinha descoberto apenas duas iniciativas americanas que chegaram perto da definição de infraestrutura – dois projetos de reforma de escolas integrais chamados *America's Choice* [Escolha da América] e *Success for All* [Sucesso para Todos]. Apesar de oferecerem currículos de verdade, além de testes e formação continuada de professores, os projetos precisavam implementar seus programas no sistema escolar existente, o que ameaçava seus esforços.

Mesmo assim, o America's Choice e o Success for All *eram* promissores. E se a hipótese de Seneca estivesse correta, e a TFA e as redes charter pudessem ser a próxima geração do modelo? Operando fora do sistema distrital tradicional, e sem depender dele, as escolas charter poderiam construir a infraestrutura do zero. A presunção dos empreendedores irritava alguns colegas de David – eram tipos arrogantes, autoconfiantes, cujo "movimento" invadia a educação pública como se tivessem sido os primeiros a perceber suas disfunções, e, além de tudo, desdenhavam de seus predecessores, pois consideravam-nos parte do problema. Mas os empreendedores tinham inventado uma maneira de construir a infraestrutura do zero, e isso era uma vantagem inegável.

Um outro problema era que o movimento era minúsculo, especialmente se comparado ao tamanho do sistema escolar dos Estados Unidos. Em 2005, o número de membros e alunos da TFA trabalhando em escolas totalizava cerca de 7 mil pessoas, menos de 1% dos 3,6 milhões de professores que então trabalhavam nas escolas americanas. Naquele ano, 1 milhão de alunos se matricularam em escolas charter, contra quase 48 milhões nas escolas públicas tradicionais.

Além disso, apenas uma fração das charters seguia a cultura de aprendizado que Doug Lemov e seus colegas vinham formatando. Mesmo assim, David *queria* acreditar que aquela infraestrutura era viável. Sua orientanda provavelmente seria desapontada pela própria pesquisa. Mas por que não pagar para ver?

Seneca começou com uma bateria de entrevistas com professores "Sem Desculpas" de suas relações pessoais. Ao final da pesquisa, ela havia realizado entrevistas formais com quarenta e uma pessoas. Ela também analisou novos projetos que a Teach for America havia iniciado desde que ela deixara a organização. "Eu tinha em mente sempre a mesma pergunta: eles estavam mesmo fazendo algo diferente?", diz ela. Quanto mais ela procurava a resposta, mais sentia que estavam, sim.

Um dos projetos não era muito diferente da taxonomia de Doug Lemov. Depois de duas décadas de observação, entrevistas e pesquisas com os professores mais eficientes da organização, a Teach for America havia extraído seus atributos em comum para compor um conjunto de fundamentos chamado Ensino e Liderança. Esses fundamentos se tornaram uma referência, o "suporte intelectual" da organização, na linguagem oficial da TFA. Ele continha tudo, do recrutamento de novos membros aos esforços de expansão da formação continuada de professores, incluindo o acesso a oportunidades de orientação que, para Seneca, tinham aparecido por acaso.

Ela tinha sido especialmente atraída pelo trabalho das redes charter, e selecionou uma delas para estudar mais de perto. Nas escolas Achievement First de Nova York e Connecticut, Seneca encontrou mais evidências de uma infraestrutura em desenvolvimento. A Achievement First empregava o padrão "Ciclo de Ensino de Alta Eficiência" para estruturar o trabalho dos professores, da fixação dos objetivos ao planejamento das aulas, incluindo revisões para adequar as necessidades dos alunos; os planos de aula para cada disciplina estabeleciam metas periódicas de aprendizagem; provas regulares de baixo valor final, chamadas de exames periódicos, elaborados para auxiliar os professores a diagnosticar o progresso de seus alunos; o documento "Fundamentos da Instrução Eficiente", listando os vinte e quatro pré-requisitos da organização para ensinar bem; e uma série de treinamentos conectados diretamente ao restante da infraestrutura, incluindo sessões semanais de debates ao estilo *jugyokenkyu* para os professores.

Além de diretrizes, o programa oferecia aos professores da Achievement First a infraestrutura; mais do que apoio, apoio *coerente*. O ciclo de ensino de alta eficiência guiava os planos de aula, os planos de aula guiavam os exames periódicos, e as sessões de desenvolvimento profissional semanais eram planejadas para dar apoio a toda a estrutura, desde os "dias de dados", para analisar os resultados dos exames periódicos, até um sistema formal de orientação, que reunia cada professor e diretor com um orientador especificamente escolhido para ajudá-los a evoluir.

A infraestrutura significava que, onde os outros tinham quatro paredes e uma porta trancada, os professores da Achievement First tinham um rebanho. Uma professora de lá contou a Seneca que, em sua antiga escola, o discurso era "faça o que quiser". Quando não sabia como ensinar determinado tópico – e ela tinha especial dificuldade com matemática –, ela recorria ao único recurso disponível. "Pessoal", ela dizia aos alunos, "vamos treinar multiplicação de novo". Assim como a maioria dos professores americanos – e como a própria Seneca lá em San Jose –, ela estava sozinha. Na Achievement First, entretanto, a professora tinha uma estrutura sobre a qual costurar cada aula; tinha exames periódicos preparados para poder espiar dentro da mente dos alunos regularmente; tinha dias especialmente designados para analisar os resultados desses exames; e um exército de colegas para ajudá-la a decifrar os problemas que ensinar apresenta todos os dias. Como uma professora do ensino fundamental, ela não precisava planejar as aulas das quatro disciplinas principais sozinha. Em vez disso, imitando uma prática comum nas escolas de ensino fundamental japonesas, os professores da Achievement First compartilhavam seus planejamentos em "equipes por série", onde o professor mais experiente ficava responsável pelas lições mais complicadas, e os novatos faziam os planos de aula mais fáceis. Quando tinha muita dificuldade com um tópico em particular, disse a professora entrevistada por Seneca, seu orientador literalmente se postaria ao lado dela na sala de aula e diria: "olha, é assim que você deve fazer".

A cada novo despacho das anotações de campo de Seneca, David recuava mais um pouco em seu ceticismo. "A Achievement First estava criando um novo sistema educacional", diz ele. "E era muito animador. Uma organização construindo uma versão daquilo que os Estados Unidos nunca – ou quase nunca – tiveram."

Seneca descobrira um sistema por meio do qual o ensino podia ser melhorado. E não apenas por um ou dois professores especiais, mas por todo um distrito escolar.

Quando Seneca publicou sua dissertação, em 2012, sua avaliação final da Achievement First (abreviada por AF no documento) era absolutamente positiva. "A AF oferece um novo modelo, rico e produtivo, para refletir sobre como a organização para o ensino e o aprendizado de qualidade poderia ser nos Estados Unidos", escreveu. Mas ela também descreveu desafios que poderiam barrar o sucesso da iniciativa. Um tinha a ver com a capacidade de replicar o modelo. A infraestrutura da rede de escolas poderia facilmente crescer para atender mais alunos, mas havia um fator-chave mais difícil de multiplicar: a equipe de raro talento e dedicação. Outro desafio era o problema do rigor.

Como a velha diretora de Rousseau Mieze, Stacy Birdsell O'Toole, preocupava alguns líderes na Achievement First que o aprendizado dos alunos fosse superficial, especialmente em matemática. Os estudantes iam bem nos testes estaduais – até melhor nas provas de matemática do que nas de inglês. Mas teriam eles realmente entendido tudo? Continuariam a aprender e estariam, no futuro, preparados para a universidade?

"Eu os vejo contar peças para fazer uma soma", disse uma professora do terceiro ano série a Seneca, em uma das entrevistas. Com um conjunto de cinco, os alunos tinham de contar "um, dois, três...", quando na verdade deveriam apenas olhar e saber: são *cinco*. Diante de dez peças, dispostas em duas linhas idênticas de cinco, eles não conseguiam simplesmente contar a primeira linha e multiplicar por dois. Eles contavam a segunda linha também, "um, dois, três... nove, dez". "Acho que isso já deveria estar solidamente dominado no final do segundo ano, mas não está", disse ela à pesquisadora.

A professora se sentia tão culpada quanto os professores do segundo ano que lhe entregaram alunos despreparados. No terceiro ano, os estudantes deveriam dominar frações, mas ela nunca teve tempo de fazê-los compreenderem totalmente. A turma seguiu para o quarto ano capaz de passar no teste estadual, mas com uma vaga ideia de que número uma fração realmente representa.

Seneca pensava que a superficialidade tinha a ver com a ênfase dada pela rede em atingir boas notas nos testes estaduais. As provas exigiam níveis relativamente baixos de conhecimento, abordando um vasto, porém raso, conjunto de habilidades em vez de um conhecimento mais profundo e sólido. Muitos professores achavam que as provas não testavam as habilidades mais complexas de que as crianças precisavam para chegar – e superar – a faculdade. Uma diretora disse a Seneca que o currículo que ela e seus colegas preferiam enfatizava a compreensão mais profunda – um livro didático ao estilo ETE chamado *Investigations* –, mas ele conflitava com o que os alunos precisavam saber para se sair bem nas avaliações estaduais de matemática, e, portanto, com os planos de aula que a Achievement First elaborava para prepará-los para a prova.

Para uma rede de escolas charter, a pontuação nesses testes estaduais era importante. Eles determinavam não apenas se a escola seguiria funcionando, mas também se seguiria recebendo apoio de doadores privados, que se baseavam nas provas como indicadores de sucesso. As mesmas forças que permitiam à Achievement First construir uma infraestrutura sólida para ensinar também conspiravam para fazer o ensino dentro dessa infraestrutura ficar cada vez mais convencional.

Seneca via um impressionante contraste entre a forma como a Achievement First treinava seus professores e como treinava seus alunos. Ao trabalhar com seus orientadores, os professores se concentravam em estudar apenas um ou dois objetivos por vez. Mas, em aula, mesmo quando queriam passar mais tempo em um objetivo complexo – como compreender frações – eram barrados pelo teste estadual. Dedicar mais tempo às frações, afinal, significava menos tempo para outro conteúdo, como, por exemplo, divisão. E, quando chegava a hora do teste, disse um educador, "você sabe que vai haver três perguntas sobre divisão, e se você não ensinou essa lição, não sabe como as crianças vão se sair".

Ter alguma infraestrutura certamente era melhor do que não ter nenhuma. Mas a grande questão permanecia: poderia uma infraestrutura norte-americana sustentar ensino de alta qualidade em escala? Pensando sobre isso, Seneca não recorreu a David, mas à mulher dele, Magdalene Lampert.

Tanto Magdalene quanto David tinham se desapontado nos anos após deixar a Universidade Estadual de Michigan. Para David, a frustração era um problema acadêmico, mais um fracasso educacional para analisar. Mas Magdalene tinha se doado por inteiro ao projeto. Na Universidade Estadual de Michigan, ela havia se tornado o modelo tanto para o novo professor de matemática quanto do novo professor das licenciaturas. Os grupos pela reforma nacional haviam-na elevado (junto com sua pupila, Deborah Ball) ao patamar de exemplo americano, aquela que provou que era possível. Quando o experimento da Universidade Estadual de Michigan e depois as reformas em matemática fracassaram, um após o outro, Magdalene se julgou fracassada também.

Em 1991, houve um episódio emblemático. Chamada a se apresentar a uma comissão de consultores do presidente George H. W. Bush para o projeto de novas diretrizes educacionais do ano 2000, ela foi até Washington com o que então era seu discurso habitual. Para destacar as mudanças que tanto alunos quanto professores teriam de encarar, ela descreveu um dia em sua sala de aula do quinto ano na Spartan Village. Magdalene não dourou a pílula. "Infelizmente, muito poucos americanos – e lembrem-se de que os professores são nada mais que um subgrupo de americanos – têm ideia do que é uma comunidade matemática, uma conjectura ou um raciocínio matemático. A maioria de nós nunca fez isso." Ela continuou: "Querer que todos os estudantes do país, seja no ano 2000, 2061 ou qualquer outro, estejam aptos a fazer o que a maioria dos americanos não tem nem ideia de como fazer agora, incluindo muitos professores, parece um objetivo bastante ambicioso".

Ela não estava dizendo que o país não deveria tentar; estava simplesmente concluindo o óbvio. Uma mudança real precisaria de muito aprendizado, muito apoio e muito tempo.

Mas, em vez de abraçar esses desafios, a comissão voltou-se contra Magdalene. "Vou usar uma analogia", disse o presidente, Roy Romer, o governador durão e queixudo do estado do Colorado. "Durante a Operação Tempestade no Deserto, quando o presidente queria agir, ele convocava os generais que estavam na Arábia Saudita. Sabe, mandava voltarem e dizia, me mostrem um plano." Mas o plano deles precisava de muito tempo no campo de batalha, um ano inteiro. Então, o presidente pedia outro plano, e o que os generais faziam? "Eles desenhavam outro plano que funcionasse em menos tempo." O recado estava claro. Se o plano, como Magdalene o traçara, levaria muito tempo, então ela devia pensar em outra coisa.

Tempos depois, quando ela publicou a pesquisa que embasara sua declaração na comissão – um livro denso de quinhentas páginas documentando um ano em sua sala de aula na Spartan Village chamado *Teaching with Problems and the Problems of Teaching* [Lecionando com Problemas e os Problemas de Lecionar] –, a reação do público foi igual à do governador do Colorado. "A resposta inicialmente foi: isso é muito complicado! Se precisa de quinhentas páginas, pode ser maravilhoso o que você está mostrando aqui, mas qualquer professor novato que ler vai dizer 'eu nunca vou conseguir'", diz Magdalene. "E qualquer professor experiente vai dizer 'eu não tenho tempo'."

Ela havia dedicado sua carreira a tornar seu trabalho acessível a outros professores, mas os leitores achavam que era muito difícil, muito complexo, impossível de replicar em larga escala. Quando chegou seu ano sabático, ela escolheu o destino mais longínquo que podia imaginar: Roma, onde planejava passar três meses aprendendo italiano. "Eu precisava de um tempo fora do centro da controvérsia", diz.

Mas, apenas algumas semanas depois de chegar à Italiaidea, sua nova escola, onde aprenderia a língua, Magdalene se pegou pensando sobre ensino. Não podia evitar. Suas aulas de italiano eram por demais familiares. Primeiro, a forma como a aula era estruturada, sempre começando com algum tipo de problema (como você pede um prato em um restaurante? Como fazer uma reclamação educadamente?); depois ia para as hipóteses dos alunos, que o professor escrevia na lousa; e finalmente, terminava em um debate. "Em um italiano muito, muito truncado – porque você não podia dizer uma palavra em inglês naquela escola desde o primeiro dia –, tínhamos de considerar cada hipótese e dizer por que fazia sentido ou não", conta ela. "E eu pensando: peraí, é assim que eu ensino matemática! Mesmo não querendo estar ali como pesquisadora, comecei a refletir: de onde eles tiraram isso?"

A pergunta ocorreu a ela novamente um dia, quando, ao retornar do intervalo, Magdalene notou que o professor havia redirecionado a aula. Em vez de continuar a lição em que vinha trabalhando, a turma encontrou sobre suas mesas cópias de uma matéria de jornal com a tarefa de sublinhar todos os pronomes pessoais. A mudança era claramente estratégica. Antes do intervalo, o professor estava caminhando entre as classes, observando o trabalho dos alunos, e percebeu que muitos estavam com a mesma dificuldade, a de relacionar os pronomes pessoais com os verbos. A nova tarefa era para corrigir esses erros.

Entre as aulas de italiano, Magdalene frequentava os cafés romanos e editava as provas de seu livro, que devotava um espaço considerável à definição de uma atividade que ela batizou "ensinar enquanto os alunos trabalham sozinhos". "E de novo pensei, isso é realmente complicado. De onde vêm essas tarefas? Será que só meu professor faz isso? Será que ele leu o meu livro?"

Ela não perguntou nada. Afinal, estava lá para aprender italiano, não para fazer pesquisa. E, dada a regra de não falar inglês na escola, ela não conseguiria fazer essas perguntas nem se quisesse. "Primeiro de tudo, eu não sabia como perguntar", diz. "E, segundo, não sei se teria entendido a resposta!"

Mas, à medida que as semanas passavam, ela reconhecia mais padrões. Os alunos da Italiaidea mudavam de professor todo mês, e Magdalene registrou o estilo de cada um deles. O roteiro era o mesmo – a mesma estrutura de aula, o mesmo "ensinar enquanto os alunos trabalham sozinhos", o mesmo hábito de revisar o planejamento no meio da aula. Seu primeiro professor não tinha sido uma exceção; na Italiaidea, ele era a regra.

As implicações para seu antigo trabalho foram profundas. Os alunos da Italiaidea tinham se matriculado voluntariamente, mas tinham *backgrounds* acadêmicos muito diferentes. Assim como os professores, um misto de profissionais de tempo integral e parcial, experientes e novatos, que não eram muito bem pagos, nem muito dedicados, nem reformistas. Se uma modesta escola de idiomas em Roma podia ter ensino de alto nível como rotina, por que as escolas americanas não poderiam?

Terminado o sabático, Magdalene voltou a Roma, desta vez deliberadamente para estudar a escola, como pesquisadora. O sucesso da Italiaidea, ela descobriu, dependia não somente de um grande banco de recursos – a matéria de jornal com os pronomes pessoais era um entre centenas. Também dependia de um programa de formação de professores que os treinava no método específico da escola.

Antes de ir à Itália, Magdalene sabia que o que David chamava de coerência era tecnicamente possível – países como o Japão a tinham alcançado, e isso os habilitou a ensinar em alto nível e em larga escala. Mas, até conhecer a Italiaidea, ela não tinha ainda compreendido o que a coerência podia significar para ela e para as escolas americanas. O sonho de John Dewey de evitar "desperdício e perda", pois o conhecimento dos grandes professores tende a "nascer e morrer com eles", estava para ser alcançado. Maneiras formidáveis de ensinar não precisavam perecer com os professores. O sistema certo poderia ensinar muitas pessoas a fazer isso, sem sacrificar a complexidade no processo.

Quando Seneca contou a Magdalene Lampert sobre o trabalho realizado na Achievement First, ela não pôde evitar traçar paralelos com a Italiaidea. Assim como a escola de idiomas, a Achievement First tinha criado um conjunto detalhado de recursos compartilhados pelos professores, além de uma organização pensada para auxiliar os professores tanto quanto os alunos. Ambas as escolas haviam criado infraestrutura. A única diferença era o nível do ensino. A Achievement First contava com todos os sustentáculos que Magdalene havia visto na Italiaidea, mas menos do rigor do ETE.

Magdalene só descobriu a pesquisa de Seneca em 2009. Na mesma época, foi convidada por seu colega sociólogo Anthony Bryk para falar em uma conferência promovida pelo NewSchools Venture Fund, um fundo de investimentos filantrópico voltado para as escolas charter cujas doações ajudaram a construir o mundo do empreendedorismo em educação (dos 248 milhões de dólares que o NewSchools investiu entre sua criação, em 1998, e 2012, a Achievement First recebeu mais de 6 milhões; a Uncommon Schools, mais de 7 milhões; e a KIPP, mais de 6 milhões). A conferência tinha como alvo um dos mais recentes desafios das escolas charter – um ponto crítico, ou *pain point*, na linguagem de negócios.

Nos grupos de trabalho, conversas e reuniões de diretoria, todos os empreendedores descreviam o mesmo problema. Alguns chamavam de "capital humano". Doug Lemov chamava de "desafio do formar/contratar". De qualquer forma, o ponto era o mesmo. No começo, as charters contratavam os melhores professores do mercado. Mas, à medida que cresceram, não conseguiam mais apenas recrutar a nata do ensino (contratar); tiveram de começar a formá-la – ensinar seus professores a ensinar. A conferência era um em uma série de eventos planejados para lançar um novo "portfólio" de financiamentos para projetos visando o problema de treinamento.

Do ponto de vista de Magdalene, falar na conferência da NewSchools era um risco. Ela sabia que os empreendedores podiam confundi-la com outros professores de faculdades de educação, aqueles que eram parte do problema. Mas, depois de conversar com Seneca sobre a Achievement First, ela ficou curiosa para conhecê-los. Além disso, como destacou Tony Bryk, ela tinha passado a maior parte da carreira estudando o melhor jeito de formar professores; e, ainda, depois da pesquisa na Itália, estava construindo um novo modelo na Universidade de Michigan, sobre o qual estava mais otimista do que nunca. Um programa de verão para professores, baseado nas ideias que ela havia absorvido na escola de treinamento de professores da Italiaidea. Magdalene aceitou o convite.

Durante a conferência, alguns empreendedores demonstraram a arrogância que Magdalene temia, deixando claro seu desinteresse pelo trabalho da pesquisadora. Mas outros foram bastante amigáveis. Um a surpreendeu ao pedir a palavra e citar seu trabalho. "Eu li o seu livro", ele disse, referindo-se ao tomo de quinhentas páginas que descrevia um ano na sala de aula da Spartan Village. "Ele é incrível."

Seu nome era Jesse Solomon. Magdalene descobriu que ele lecionara matemática em escolas públicas de Boston antes de ir para uma das primeiras charters da cidade, a escola City on a Hill. Lá, depois de topar com sua própria versão do problema de formar/contratar de

Doug Lemov, ele inaugurou um programa de treinamento chamado Instituto dos Professores. O instituto cresceu e passou a servir todo o sistema público de Boston. Agora, se chamava RPB, sigla para Residência de Professores de Boston.

Depois de oito anos dirigindo o RPB, o desafio de Jesse, assim como o da Achievement First (na verdade, o mesmo da maioria dos empreendedores na conferência), era o rigor acadêmico. Para Jesse, o problema era particularmente urgente. Um professor de Harvard havia apenas concluído um estudo plurianual da Residência de Professores de Boston, e os resultados eram perturbadores. Apesar de mais inclinados a continuar lecionando do que seus pares de outros programas, os formandos da RPB não eram melhores do que a média na tarefa de elevar a pontuação dos alunos nos testes de língua inglesa. E, em matemática, eram até piores. Algo tinha dado errado, e Jesse precisava promover uma mudança.

Depois de assistir à apresentação de Magdalene sobre a Italiaidea, ele fez o raciocínio que Tony Bryk esperava. Jesse percebeu que a RPB precisava de Magdalene Lampert.

CAPÍTULO 9

O SANTO GRAAL

Jesse Solomon era especialmente afeito a uma ideia que estava no centro das conclusões de Magdalene Lampert sobre a Italiaidea: o conceito de *atividades de instrução*, ou AI's.

A parte mais difícil de fazer professores ensinarem em alto nível, explicou Magdalene, era não sacrificar a complexidade em prol da acessibilidade. Era parecido com ajudar os alunos que sabiam muito pouco de matemática a enxergarem a grandiosidade dela ensinando--os a, em vez de decorar, raciocinar, conjecturar, provar e entender. Não era fácil, mas, com um problema bem selecionado, um professor conseguiria dar vida às grandes ideias, até para crianças pequenas. O mesmo valia para o ofício de ensinar: focar apenas as partes simples da instrução leva os professores a aprenderem apenas as técnicas mais simples. O truque era fazer os novos professores saberem ensinar rigorosamente certo desde o início.

Na escola de treinamento da Italiaidea, chamada Dilit, os formadores dos professores dividiam o ensino da língua italiana em quatorze atividades de instrução. Cada AI era como um problema de matemática. Até um professor estreante podia tentar, pois elas eram adaptáveis a qualquer nível, ao mesmo tempo acessíveis e rigorosas.

Tomemos o exemplo de uma AI chamada "Reconstrução da Conversa". Na sala de aula, o exercício parecia um jogo de Imagem e Ação. A professora começava a encenar uma conversa, apenas com gestos e desenhos, sem dizer palavra. Então, convidava os alunos a adivinhar o que havia sido dito, falando apenas em italiano. Como uma pessoa pediria ao garçom a carta de vinhos do restaurante? Com a carta em mãos, como ela responderia se ainda não tivesse escolhido o que beber? À medida que os alunos faziam proposições, a professora conduzia a turma para a forma mais plausível de como a conversa podia ter acontecido (quando uma hipótese fazia sentido, ela sinalizava fazendo todos repetirem a frase; quando não estava certa, ela dizia "com licença", fazia a mímica novamente, e eles começavam outra vez). Nesse processo, os alunos aprendiam não só vocabulário e gramática, mas também como se virar em uma língua nova – como se comunicar.

Direcionar a conversa requeria uma série de manobras complicadas para um professor iniciante, mas a Dilit facilitava a coisa ao detalhar os passos e fazer os professores repetirem-nos, primeiro com o formador e outros colegas fazendo o papel de alunos – o educador repetia erros comuns – e depois, com uma turma de verdade. Nos ensaios, os educadores da Dilit faziam sugestões no meio das atividades e lembravam aos novos professores partes-chave da AI (como sempre fazer um aluno repetir a hipótese correta). Mais tarde, com o avanço do treinamento, eles aprendiam a analisar o raciocínio dos estudantes, a ignorar as divagações mais prováveis e a guiar os alunos para respostas cada vez mais precisas. Ao final de uma aula, o grupo inteiro conversava, trocando entre si lembretes e sugestões sobre como proceder.

Antes de começar a trabalhar em Boston, Magdalene vinha tentando fazer o mesmo no Instituto de Aprendizado de Verão que fundara em Ann Arbor, no estado do Michigan. Ela dizia que as AI's eram como "caixinhas". Cada uma ensinava ao novo professor o que ele precisava saber. Uma parte desse aprendizado consistia nas práticas, as ações necessárias para fazer uma criança aprender. Na AI "Contagem em Coro", por exemplo, os professores aprendiam a conduzir um grupo em uma contagem de um número em particular (números terminados em dois, digamos); a escrever a sequência na lousa (usando colunas, de forma que 2, 12, 22 e 32 fiquem lado a lado, ajudando as crianças a enxergarem um padrão); como parar a contagem em um determinado número para fazer uma pergunta, como "qual o próximo número?"; e, finalmente, como incentivar um debate que leve à ideia matemática-chave.

As AI's também permitiam aos novatos trabalharem com o conhecimento central de matemática de que precisariam para ensinar – o tipo de coisa que Deborah Ball e Hyman Bass chamaram de "Conhecimento Matemático para o Ensino", ou CME (na Contagem em Coro, era a compreensão de padrões matemáticos, o jeito mais comum para as crianças entenderem números, e as representações que o professor podia usar para facilitar o processo). Seguindo o modelo Dilit, o Instituto de Aprendizado de Verão fazia os grupos trabalharem juntos entre ensaios para trocarem *feedbacks*, ideias e técnicas que contribuíssem para melhorar o senso matemático das crianças. Finalmente, eles testavam a AI com os alunos matriculados no programa de verão.

Jesse Solomon queria incorporar as AI's à Residência de Professores de Boston. Em um ano, os líderes da RPB já haviam viajado duas vezes a Michigan para ver o Instituto de Aprendizado de Verão em funcionamento. Em 2011, eles pediram a Magdalene para trabalhar em tempo integral no Instituto, e assim replanejar todo o programa do RPB.

O programa de Boston era bem mais desafiador do que o programa de verão Ann Arbor. Os residentes eram alocados em algumas das escolas mais complicadas da cidade, incluindo muitas das chamadas "escolas ao revés", as representantes de Boston na lista das 500 piores escolas de ensino intermediário e médio do país*. Enquanto os estudantes com quem Magdalene havia trabalhado em Michigan

* O ensino básico nos Estados Unidos se divide em *elementary school* (fundamental), até o quarto ano; *middle school* (intermediário), do quinto ao nono ano; e *high school* (ensino médio), do primeiro ano quarto ano. [N.T.]

eram um grupo multirracial e multicultural, em Boston eram bem mais homogêneos: quase todos eram pobres, quase todos ainda estavam aprendendo a falar inglês e quase todos tinham dificuldades cognitivas e emocionais (20% dos alunos das escolas públicas de Boston são elegíveis para educação especial).

Mesmo assim, quando visitou as escolas de Boston e viu salas de aula caóticas e ingovernáveis, Magdalene não se abalou. Os problemas e desafios que presenciava eram complicados, mas solucionáveis. Ela sabia que os professores da RPB poderiam fazer seus alunos aprenderem alguma coisa, só precisavam ser formados adequadamente. Então, quando Jesse a convidou para deixar Michigan e ir trabalhar na Residência em tempo integral, Magdalene disse sim.

Dois anos depois, Magdalene Lampert se encontrava na sala de aula de primeiro ano da professora residente Sabine Ferdinand, gravando a lição com um iPad para determinar se a RPB daria ou não a Sabine a certificação de que precisava para lecionar no estado do Massachusetts. Tecnicamente, a turma era de Ilene Carver, uma professora com quinze anos de estrada. Mas, durante aquele ano, Sabine foi acumulando mais e mais responsabilidades, e se tornou tão professora quanto Ilene – pelo menos para os alunos. Naquele dia, ela conduzia uma atividade chamada "Imagens Ligeiras", uma AI adaptada do currículo de matemática usado nas escolas de ensino fundamental de Boston.

A aula começava com Sabine fazendo uma contagem regressiva – "oito, sete, seis..." – enquanto os alunos se acomodavam no tapete, onde seus lugares estavam marcados com os nomes em fita crepe. "Três, dois, um", concluiu ela, pausadamente. "Agora espero que cada um esteja em seu lugar no tapete, com seu lápis na mão".

A professora sentou no lugar de sempre: o canto mais perto da porta, ao lado do calendário de pano pendurado na parede, onde se lia "MARÇO", com os dias em vermelho e branco.

"Todo mundo sentado, pernas cruzadas", ela dizia carinhosamente. "Não quero ter de pedir de novo. Obrigada".

E então partiu para o exercício. "Quem aqui lembra da outra vez em que fizemos o 'Imagens Ligeiras', com os pontinhos?". Mãos erguidas. Uma menina se balançava, ajoelhava e sentava sem parar, dando gritinhos de excitação.

Eles repassaram as regras: a professora mostra cada imagem duas vezes, e bem rápido. Depois de cada vez, os alunos anotariam o que tinham visto. Enquanto a professora estivesse segurando a figura, eles não podiam escrever, só depois.

Naquele mesmo dia, eles estavam trabalhando com geometria, então as imagens que Sabine mostrava não eram pontinhos para contar, mas formas que eles deveriam desenhar. "Prontos?", perguntou ela. "Um, dois, três." As crianças respiravam fundo enquanto Sabine exibia a figura, girando para que todos enxergassem: um quadrado perfeito na folha branca.

Depois de mostrar a segunda vez, ela apoiou o desenho sobre um cavalete à sua esquerda. "Certo, pessoal. Como podemos descrever essa figura?" Mais um monte de mãozinhas para cima, mas Sabine esperou pacientemente, até que mais crianças se manifestassem. "Como descrevemos essa figura?", repetiu. "Rafael?"

"Ãhn", balbuciou Rafael, pensativo. Era um menino grande, e sorria de nervoso. "É um quadrado." Sabine podia ter parado por aí – sim, um quadrado – e ido para a próxima figura. Mas continuou o interrogatório, sob o olhar de Magdalene.

"Quem concorda com o Rafael?", perguntou, mostrando o próprio polegar para cima em sugestão de como eles deviam responder. "Stéfanie, você tem algo a acrescentar? O que mais pode dizer dessa figura?"

Stéfanie era uma garota hiperativa que estava sentada em uma cadeira ao lado do tapete, supostamente para mantê-la focada. "Hmm", murmurou, e então anunciou: "*Não é* comprido!"

"Pode falar mais sobre isso?", pediu Sabine. "O que não é comprido?"

"Os lados não são compridos", chutou Stéfanie.

Maicon tinha levantado a mão também. "Maicon, o que você quer dizer?", perguntou Sabine. "Tem..." – ele pausou para contar – "quatro lados!"

Eles estavam se aprofundando, mas Sabine sabia que podiam ir além. "Agora, o que vemos nesses lados?"

"São médios", tentou Oscar, lá do fundo.

"Verdade", respondeu Sabine. "Daniela", continuou ela, se voltando para outra aluna, "o que você pode dizer sobre os lados?"

"Quero acrescentar ao que o Oscar disse", falou a menina, pensativa. Magdalene reparou na sua colocação – aí estava uma aluna do primeiro ano entrando em uma discussão matemática. Extraordinário.

Daniela foi em frente. "São grandes", disse ela, "mas mais do que isso. Em cima, são grandes, e dos lados são maiores ainda". A descrição de Daniela não era precisa, obviamente; a figura era um quadrado, e portanto os lados eram todos iguais. Mas ela foi a primeira da turma a comparar os tamanhos dos lados, e isso direcionou a discussão para algo importante. Sabine repetiu a observação da aluna, apontando para o desenho no cavalete: Daniela dizia que os lados eram maiores na esquerda e na direita do que em cima e embaixo. "Interessante", disse Sabine.

A turma estava trilhando um território significativo da matemática, e no momento didaticamente perfeito. Na segunda metade do primeiro ano, esses alunos já compreendiam claramente a diferença entre categorias geométricas genéricas, como triângulos e quadrados. Mas lidar com distinções mais sutis – como, por exemplo, entre um triângulo equilátero e um triângulo isósceles, ou, nesse caso, entre um retângulo e um quadrado – era mais desafiador. As suposições das crianças sugeriam que eles viam algumas diferenças (a relação entre os lados), mas tinham dificuldade de explicá-las. Os lados esquerdo e direito eram mais compridos do que os de cima e de baixo, ou eram iguais?

O debate agora entrava em um terreno mais delicado: uma transição daquilo que o psicólogo Jean Piaget chamou de "animismo" (a ideia de que objetos têm sua própria consciência, como pessoas, e, portanto, podem se mover e modificar, em vez de ficarem parados e constantes) para a compreensão mais abstrata de um quadrado enquanto categoria para descrever formas que têm quatro lados iguais e imutáveis. Para crianças que ainda pensam animisticamente, um quadrado não é uma figura sólida e permanente, mas um objeto que pode decidir se expandir em qualquer direção quando bem entende.

Logo depois do comentário de Daniela sobre os lados maiores do quadrado, uma menina chamada Luísa fez uma observação que trouxe a turma de volta para a direção correta. A figura, disse ela, tinha quatro lados *iguais*.

"Luísa", perguntou Sabine, enxergando a oportunidade de marcar um ponto importante, "por que você tem certeza que são lados *iguais*? O que isso quer dizer?". Esclarecendo algo que valeria para toda a turma, Luísa respondeu que *iguais* significava "do mesmo tamanho".

Alguns alunos ainda pareciam confusos. A partir do comentário de Daniela, Oscar, o garoto voluntarioso lá do fundo, se apoiou nos joelhos para dizer uma coisa. "Se você botar um pouco mais para cima e um pouco mais para baixo", disse ele, movendo as mãos para mostrar como afastar os lados de baixo e de cima, "os lados ficariam maiores, porque o de cima *subiria* mais". Mas, se os lados esquerdo e direito ficassem maiores, os de baixo e de cima ficariam menores, completou Oscar.

"Você quer dizer se a gente espichar essa figura?", confirmou Sabine. "Sim", assentiu o menino.

Magdalene sabia que um dos propósitos de estudar matemática na escola era ajudar as crianças a lidar exatamente com os conceitos que Oscar estava trabalhando. Os quadrados podiam se espichar sozinhos? Ou eram mais estáveis?

"Mas", perguntou Sabine a Oscar, "o que a Luísa nos disse sobre essa figura? Maicon?"

"Ela disse que as quatro partes são iguais", respondeu Maicon.

"Partes iguais", repetiu Sabine. "Lados iguais".

Como professora mais experiente, Magdalene sabia que havia outras maneiras de trabalhar esses conceitos com as crianças. Por exemplo, ela poderia ter usado a observação errada de Daniela sobre os lados da figura como uma oportunidade para ajudá-los a entender a diferença entre retângulo e quadrado. "Eu poderia ter pegado a figura de um retângulo e dito 'esses dois são iguais ou diferentes? O que é igual e o que é diferente neles?'", observa Magdalene.

Mas cultivar esse tipo de reação leva tempo (começando por entender o que queria dizer o estica e puxa, o que não é simples), e Magdalene não imaginava que uma residente do primeiro ano se desse conta em pleno voo. Sabine estava fazendo exatamente o que Magdalene esperava. Usando um roteiro que havia ensaiado várias vezes, ela conseguira manter os alunos concentrados e, ao mesmo tempo, ouvir as ideias deles. A preparação a havia ensinado não só o que fazer (a contagem regressiva), mas também como dar sentido à matemática em que a turma estava trabalhando. Como resultado, ela tinha feito as crianças refletirem sobre conceitos fundamentais de geometria. E as ideias erradas não foram simplesmente dispensadas – foram colocadas na mesa para serem testadas pela turma. Em última análise, ela tinha conseguido arrancar de Luísa a ideia central dos quatro lados iguais. E, quando Oscar trouxe sua ideia animística de "espichar" a figura, Sabine a confrontou com a conjectura mais sofisticada de Luísa e ajudou o garoto a reconsiderar o que significava ser um quadrado.

Mesmo que a turma não tenha terminado o debate sabendo perfeitamente a diferença entre retângulo de quadrado, ou a diferença entre uma forma abstrata e um objeto animado, elástico, haviam feito progressos significativos. "Estão com dificuldades em um conceito fundamental, e é assim mesmo", disse Magdalene. Era melhor do que muitas turmas de primeiro ano, e muito animador.

Mais tarde, após concluir a atividade das "Imagens Ligeiras", Sabine apresentou um problema de adição. Mostrou aos alunos um quebra-cabeças e deu a eles uma planilha com as peças que ela usara para montá-lo – "dois hexágonos, zero trapézio, um losango azul, zero quadrado, três losangos dourados e sete triângulos verdes", leu ela em voz alta. Agora eles tinham de descobrir o número total de peças.

Magdalene sabia que Sabine havia selecionado os números propositalmente para que a soma fosse maior do que 10 (13). As crianças vinham trabalhando em métodos mais complicados de somar, como contar a partir do maior número, ou dividir um problema estranho em partes familiares, ou usar uma reta de números para pular de um número a outro. Um problema com uma solução maior do que 10 era um empurrão para que tentassem novos métodos sozinhos, em vez de usar aquele que muitos ainda preferiam: contar nos dedos.

E, de fato, como Sabine esperava, eles percorreram todo o tipo de combinação inédita dos métodos com que já tinham trabalhado. Magdalene observou uma garota, deitada de barriga para baixo, escrever duas linhas: 3+3=6 e 6+7=☐ – e então preencheu o espaço vazio começando com 7 e depois desenhando 6 linhas:

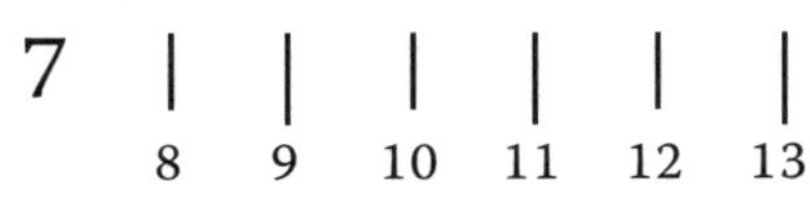

Viu outro aluno anotar dois conjuntos de operações:

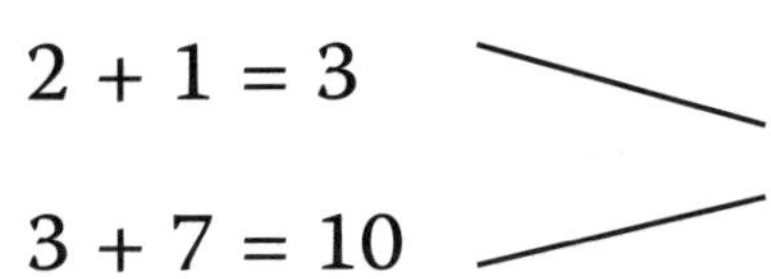

Outra aluna, Lívia, foi por um caminho parecido. "Isso é muito legal", Magdalene disse a ela, quando Lívia mostrou o que tinha feito:

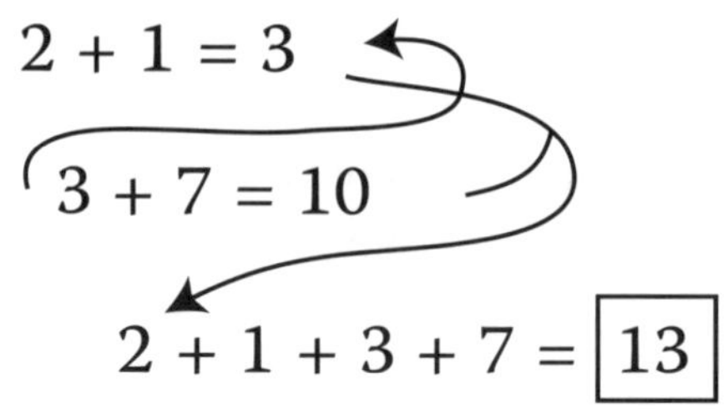

Depois, quando a turma passou do trabalho individual para a discussão em grupo, Sabine convidou um menino tímido chamado Fabiano para mostrar sua estratégia.

"Eu fiz três mais sete igual a dez, e aí", começou ele, quando Sabine o interrompeu.

"Como você sabia que três mais sete é dez?", perguntou a professora.

"Por que eu sabia de cor as combinações de dez", respondeu Fabiano.

"Então três e sete é mais uma combinação de dez", Sabine repetiu, voltando-se para o resto da turma para conferir se tinham entendido o raciocínio de Fabiano. "Vocês podes usar coisas que já sabem para ajudar a descobrir a solução desse problema. Fabiano sabia que três mais sete é dez". Ela virou novamente para o menino. "Continue".

Fabiano explicou o próximo passo. Ele tinha ficado com 2 e 1, e sabia que 2+1=3, então ele somou os dois resultados, 10 e 3. "E quanto deu?", perguntou Sabine. "Treze", ele disse. A professora escreveu na lousa, onde registrava a solução de cada aluno:

$$3 + 7 = 10$$

$$2 + 1 = 3$$

$$10 + 3 = 13$$

Mas, antes que pudesse resumir o ponto-chave – mais uma vez, Fabiano tinha usado uma combinação que já sabia para chegar à soma final –, outro menino sentado no chão deu uma ideia. Ele já vinha resmungando e falando sem ser sua vez, mas agora interrompera com uma observação sobre a estratégia de Fabiano. "Se você tirar aquele zero", ele disse, apontando o 10, "e botar o três, é treze!".

Sabine olhou para Magdalene. Um erro comum de crianças pequenas era ver 3+10 e somar o três com o um, já que é o número mais perto, obtendo 4. Então, sem saber o que fazer com o zero, e sem compreender bem a diferença entre o lugar das dezenas e o das unidades, eles escreviam um zero ao lado do quatro: 3+10=40. Esse menino, ainda no primeiro ano, tinha ido direto à ideia certeira: três unidades e uma dezena significava que o três deveria substituir o zero: 13. Ele estava intuindo o valor posicional.

As duas professoras sorriram uma para a outra. "Entendo o que você está dizendo", disse Sabine ao garoto. E a aula continuou.

Jesse Solomon não era o único empreendedor a buscar ajuda da academia. Heather Kirkpatrick, uma líder da rede charter Aspire, na Califórnia, foi à conferência Aprendendo a Ensinar com foco no mesmo problema que os demais. "No papel, éramos ótimos. Matadores", diz Heather. "Mas todos sentíamos que, puxa vida, quando entramos na sala de aula, não é bem assim."

O que eles precisavam era de rigor – mais especificamente, uma coisa chamada "discurso acadêmico". *Discurso* significava quatro coisas. Primeira, os adultos não podiam ser os únicos a falar (e, portanto, a pensar). Segunda, os alunos tinham de falar sobre o conceito acadêmico em questão e, terceira, falar usando vocabulário acadêmico. Finalmente, eles tinham de fazer o que a Aspire chamava de "botar a evidência à prova" – citando o texto nas aulas de língua inglesa, dizendo a fonte na aula de história, refazendo o raciocínio na aula de matemática, mostrando o experimento na aula de ciências.

"Eram essas quatro coisas. Precisávamos vê-las acontecer em matemática, ciências, inglês, história. Era o santo graal", diz Heather. "E aí dizíamos ok, como chegamos lá?".

Heather quebrava a cabeça com essa pergunta, até que alguém sugeriu que ela procurasse Pam Grossman, professora da faculdade de educação de Stanford, na Califórnia, e uma das primeiras alunas de Lee Shulman depois que ele se transferiu da Universidade Estadual de Michigan para a costa oeste. Pam tinha ido para a pós-graduação depois de quase uma década lecionando inglês no ensino médio. Enquanto ela estudava em Stanford, Lee despachou um grupo de alunos para pesquisar o ensino de disciplinas acadêmicas individualmente, e Pam escolheu língua inglesa. Com o tempo, o grupo se tornou uma família para ela. Tendo Lee como mentor, Deborah Ball e os demais eram como os "primos acadêmicos" de Pam Grossman, trabalhando sobre as mesmas questões, mas em universidades e disciplinas diferentes. E havia mais um diferencial para Pam: em vez de fazer experimentações em suas próprias aulas, ela estudava o trabalho de outros professores.

Um episódio, gravado em vídeo, mostrava sete estudantes em uma escola de ensino médio em San Lorenzo, na Califórnia, discutindo o conto *The Yellow Wallpaper* [O papel de parede amarelo], de Charlotte Perkins Gilman. O professor não está enquadrado no vídeo, mas os alunos trabalham como se ele estivesse bem ali, folheando a cópia do texto e até chamando uns aos outros para falar.

"O que você me diz, Caio?", pergunta uma menina loira, chamada Ana, ao garoto na frente dela, logo no começo do vídeo. "Minha interpretação tem a ver com o que o professor disse antes de a gente ler o conto, sobre como ele dava arrepios". Caio usava óculos e tinha talento para pausas dramáticas. "E, de fato, minha interpretação do conto é que a personagem estava morta desde o final da página trinta."

Os demais levantam os olhos. A história, narrada na forma do diário de uma mulher que sofre de ansiedade, traz a palavra *morto* uma única vez, e era para descrever o papel no qual ela escrevia. O diário narra a piora gradativa da personagem depois que seu marido, um médico, a ordena que se isole do trabalho e da sociedade, mas jamais menciona que a mulher não está viva. E Caio vinha dizer que ela estava morta desde a página trinta. "O que?", pergunta alguém.

"Toda aquela conversa na página trinta", continua Caio, "na última linha diz 'Mas eu estou bem atada agora à minha corda bem escondida — ninguém me apanha lá fora, nessa estrada!'". A passagem descreve como a narradora, sentindo-se presa pelo papel de parede de seu quarto isolado, usou uma corda para escapar dele. Caio continua: "Para mim, nesse momento ela está morta. É o fantasma dela falando com o John" (o marido da narradora).

"Ah!", exclama Josi, uma garota de jeans que vinha escutando silenciosamente, com um olho na cópia e outro em Caio. Ela dá um pulo, com a mão sobre a boca. A menina a seu lado, Sara, também está de boca aberta.

"Ela está livre pela casa", continua Caio, "mas ela nunca está livre de verdade..."

"FORA DA CASA!", gritam Josi e Sara em uníssono, enquanto os outros, excitados, falam todos ao mesmo tempo.

Mas Ana, a menina que primeiro perguntou a opinião de Caio, não estava convencida. "Então, peraí", ela diz, e aponta para outra passagem que não parece se encaixar na versão de Caio. O trecho da corda "bem atada" era precedido de outro, que especulava que outras mulheres podiam ter escapado do mesmo jeito que a narradora, fugindo do papel de parede opressivo.

"Bem aqui", diz Ana, "diz assim: 'Imagino se saíram desse papel de parede, tal como eu'". Essa descrição não fechava com a interpretação de Caio. "Isso representa as pessoas que morreram antes dela, então? Outras pessoas que morreram?" Alguns alunos tentam explicar antes que Caio comece a falar. "Acho que isso representa a sociedade", ele diz. "Porque ela está se libertando, e se pergunta se todas as outras mulheres estão fazendo isso também".

"Então o jeito de ela se libertar foi se matar", responde Ana. Caio queria dizer que era possível conectar os dois trechos supondo que todas as mulheres que fugiram de trás do papel de parede eram suicidas.

Josi tem uma pergunta: "Mas e essa casa?", diz ela. "A casa! A casa! A casa representa alguma coisa também." Ana aproveita a oportunidade para dar sua própria interpretação da história. "Talvez", diz ela, "talvez a casa e o jardim representem a vida, certo? Partes da vida, lugares que você quer ir, coisas que quer fazer, certo? Ela estava falando daquele quarto específico que ela queria, mas o marido não deixou".

Josi concordou. Essa interpretação também a convenceu. "Os diferentes quartos podem representar diferentes estilos de vida!", diz ela. "Ou coisas que ela podia ou não podia fazer", completa Ana. "Ou", continua Caio, "diferentes partes da vida dela". "Isso mesmo", diz Ana, apontando para ele com seu lápis. Eles tinham interpretações diferentes, mas estavam na mesma página.

O vídeo exibia exatamente o tipo de debate que Heather e sua equipe queriam incentivar na Aspire – um exemplo imaculado de "discurso acadêmico". O professor, Peter Williamson, podia não aparecer na tela, mas, como Pam explicou, o trabalho dele aparecia em toda a aula. Mais especificamente, ele havia preparado os alunos para uma discussão produtiva, primeiro fazendo-os anotar dois tipos de questões, literais e interpretativas; depois, pedindo que fizessem as perguntas uns aos outros, para que dessem sugestões de melhorias; e, finalmente, depois que terminaram de falar, conduzindo uma desconstrução do debate, sobre como eles poderiam ter extraído mais das conversas (Peter, que mais tarde veio a estudar com Pam em Stanford, tinha gravado a aula para que os alunos pudessem assistir-se e pensar em como fazer melhor na próxima vez).

Esses passos foram tudo o que Peter precisou fazer para preparar a aula sobre *The Yellow Wallpaper*. Preparar os alunos tinha dado mais trabalho. Eventualmente, Pam e seus alunos separaram a prática do ensino da língua inglesa em partes-chave – "práticas básicas", que eram o contraponto das atividades de instrução de Magdalene.

Entre as práticas que Pam destacou estava "modelagem". Esta era uma parte fundamental do repertório dos melhores professores de inglês, uma forma de guiar os alunos pelas atividades que deviam cumprir em uma aula de inglês – não apenas ler e escrever, mas as partes que compõem essas tarefas, como fazer anotações sobre um texto para ajudar na sua compreensão ou usar evidências para construir uma argumentação. Para ensinar aos alunos cada uma dessas partes, uma professora tinha de mostrar o que era, por exemplo, uma anotação (*aqui estão as partes que destaquei!*) ou uma argumentação (*essa frase bem aqui!*); e, além disso, ela tinha de separar a atividade no passo a passo mental que exigia. Pam chamava isso de "tornar visível o raciocínio".

A modelagem funcionava melhor em textos com que os estudantes se identificavam. Melhor ainda era usar o trabalho dos próprios alunos. Por exemplo, a professora pode pegar o rascunho de um ensaio de algum deles e usá-lo para modelar, por exemplo, a redação de argumentações, percorrendo as evidências e demonstrando como o escritor pode usar essas evidências para sustentar seu ponto. "A pergunta que preciso fazer é: e daí?", diria a professora aos alunos. "E a minha resposta deve mostrar a vocês, ah, é por isso que esse argumento é tão importante!"

Outra categoria na tipologia de Pam Grossman para o ensino de inglês, o "discurso de aula", ajudava os professores a trabalhar com os alunos nas ideias deles. Um debate em sala de aula não deve funcionar como uma realidade alternativa, como entretenimento antes de começar o trabalho de verdade. Quando bem executadas, as discussões eram o primeiro passo no processo de escrita, sessões de edição oral nas quais os alunos colaboravam para afiar as ideias uns dos outros. O que significa literalmente o texto? E simbolicamente? Se o debate for produtivo, então ao final da aula, uma sala cheia de comentários tolos se transformaria em trinta interpretações bem articuladas.

Quando Pam começou a pós-graduação, acadêmicos do ensino de inglês já haviam escrito sobre a importância da discussão em aulas de literatura. Ao pesquisar em salas de aula americanas, também tinham descoberto o quanto as discussões eram raras. Mas poucos haviam refletido sobre como os professores podiam incentivar mais e melhores debates. Pam e seus alunos desconstruíram o debate e o separaram em partes ensináveis.

Eles descobriram que grandes debates não aconteciam por acaso – requeriam, ao contrário, uma preparação séria. Uma professora cuja prática foi objeto de estudo de Pam – Yvonne Divans Hutchinson, que lecionava no distrito escolar unificado de Los Angeles, em uma escola de ensino médio entre as vizinhanças de Watts e Compton – entregava a seus alunos listas detalhadas do que chamava de "estoque de respostas", ou possíveis maneiras de participar de um debate, incluindo meia dúzia de atitudes melhores do que dar de ombros:

- *Não sabe a resposta?* Tente dizer "Eu não sei, mas vou tentar achar a resposta e então te falo".
- *Não se preparou para falar?* "Me desculpe, mas não estou preparado."
- *Não entendeu a pergunta?* Apenas peça "Você pode repetir/refazer a pergunta, por favor?".
- *Fez a tarefa de casa e entendeu a questão, mas ainda não consegue responder?* Que tal "Por favor, espere um pouco, pois ainda estou pensando".

O estoque de respostas pode parecer forçado mas, sem isso, não havia garantia de que os alunos falassem coisa alguma. "Você não nasce com um gene que te diz como dissertar sobre a história de *Beloved*", diz Pam. "É algo que se aprende com o tempo, e há algumas coisas que os professores podem fazer para ajudar as crianças nisso".

Yvonne também escrevia sugestões de forma a contribuir com o debate. Se vai discordar, primeiro diga: "Com todo o respeito, eu discordo". E então diga o que pensa – "justificando". Para concordar e ampliar a ideia, diga: "Eu quero acrescentar algo ao que (nome da pessoa) disse".

Outras regras enriqueciam o repertório discursivo da turma. Para ter certeza de que vários alunos falariam, e para aumentar a probabilidade de obter uma boa resposta, Yvonne se aproveitava da competição entre colegas e pedia que perguntassem uns aos outros. Ela concluíra que, questionados por seus pares, em vez da professora, os adolescentes falavam mais. Ela também se preparava para os casos de alunos sem nada a dizer. Frequentemente, pedia uma pausa, dando aos estudantes que chamava de "reticentes" mais tempo para organizar os pensamentos. Com essa modelagem, os alunos aprendiam a orientar uns aos outros, persuadindo até os mais tímidos a também falar.

Isso era só o começo. Na aula de Yvonne, toda discussão começava com um "guia preparatório", uma lista de questões feita para obrigar os alunos a refletirem sobre o tema de uma leitura antes de iniciá-la. Depois, havia o "roteiro de respostas", com questões que cada um respondia individualmente, complementada com lembretes sobre o melhor jeito de ler ("faça marcações no texto como quiser, sublinhando ou com códigos próprios") e instruções para os estudantes anotarem suas próprias questões – na aula de Yvonne, até as perguntas seguiam uma tipologia, começando pelo tipo básico "na mosca" (nível um), até as perguntas "globais" (nível três), que buscavam a essência de um texto para expandi-la. Em um roteiro, os alunos tinham de formular duas perguntas de nível um, três de nível dois e uma ou duas de nível três. Finalmente, nos minutos antes da discussão no grande grupo, eles faziam minidebates em pequenos grupos. "Se começam o exercício com suas próprias referências, eles são muito mais capazes de se envolver na discussão", explicou Yvonne.

O planejamento levava os alunos até a largada, mas, para desenvolver uma discussão rica e produtiva, Yvonne tinha de orientar também. Pam e uma de suas alunas, Lisa Barker, usaram vídeos das aulas de Yvonne e de outros professores para dissecar ainda mais a arte de conduzir um debate. Usando um termo cunhado por antigos estudiosos dos debates escolares, Pam e Lisa chamaram uma das práticas de que Yvonne lançava mão de "assimilação". Um professor exercitava a assimilação quando ouvia a contribuição de um aluno e depois a repetia para a turma, resumindo a ideia ("então a forma de ela se libertar era se matar") e refletindo sobre ela, ou induzindo o aluno a fazer o mesmo.

Trabalhando com Pam, Lisa subdividiu a "assimilação" em nove partes, que os professores aplicavam em momentos diferentes. "Reafirmação", a mais simples, implicava resumir o argumento do aluno, em linguagem acadêmica, mais formal ou uma terminologia mais precisa. "Reentonação", uma subcategoria da reafirmação, retomava a contribuição do aluno, mas com o propósito específico de alinhar o comentário com o lado da discussão com o qual ele contribuía – *Ana esclarece a afirmação de Caio sobre "se libertar", sustentando a interpretação dele de que a mulher é um fantasma.*

Outras ações serviam para o professor pressionar os alunos por melhores comentários. Um "desafio" respondia a um argumento com uma afirmação contrária, apenas para alimentar o debate. "Pressão" era pedir mais informações a quem falara – mais evidências para formar o argumento, ou um esclarecimento. "Publicação" consistia em pedir mais comentários sobre o argumento de um aluno – "quem pode articular melhor o que o Caio quis dizer?".

Peter Williamson, o professor que solicitara a leitura de *The Yellow Wallpaper*, era ele próprio um mestre do discurso de aula. Seu conhecimento era um modelo para seus alunos, que usavam a assimilação para debater a história sozinhos. Ana sabia como pedir esclarecimentos; Josi sabia repetir o argumento de Caio para se assegurar de que havia entendido e para fazê-lo explicar melhor a ideia que ela estava desafiando; no final, quando Ana deu sua própria interpretação, Caio sabia como usar a "assimilação" para incrementar seu argumento, escutando a colega descrever o simbolismo da casa e então ajudando a lapidar a explicação dela. Os quartos representavam não apenas "coisas diferentes que ela não podia fazer", mas "partes diferentes da sua vida".

Heather Kirkpatrick adorou o vídeo. Ela procurou Pam e, imediatamente, a pesquisadora e Lisa estavam a caminho da Aspire para ministrar uma aula no recesso de verão.

Uma coisa que a academia oferecia aos empreendedores era "conteúdo". Enquanto a turma de Doug Lemov olhava para o ensino genericamente, dando o mesmo tratamento para todas as disciplinas, Magdalene Lampert analisava apenas matemática e Pam Grossman, apenas língua inglesa.

Mas, tão importante quanto o conhecimento do conteúdo, ou até mais, era a teoria do aprendizado. Ironicamente, isso era um legado da mesma estrutura acadêmica que retardara a pesquisa em ensino: a relação próxima entre educação e psicologia. Como descobriu o predecessor de Lee Shulman, Nate Gage, era verdade que a ciência do ensino não era simplesmente o inverso da ciência do aprendizado. Por outro lado, não era possível entender o ensino sem entender o aprendizado.

Talvez inconscientemente, os educadores das escolas charter tinham adotado um modelo linear de aprendizado. Os alunos, inferiam, começavam pelas habilidades mais básicas necessárias para chegar ao que chamavam de trabalho de "maior ordem". Em matemática, isso significava memorizar a tabuada antes de trabalhar na solução de problemas; em inglês, se traduzia em dominar regras gramaticais básicas antes de aprender a construir argumentos. Eles pensavam em aprendizado como se fosse arquitetura: um design fantástico não era nada sem os materiais para colocá-lo de pé. Nada belo e complexo seria alcançado sem antes o domínio do mundano.

O princípio de que fatos compunham as fundações dos conceitos dava origem a uma teoria do aprendizado basicamente behaviorista. Se aprender começava com fatos, e fatos começavam com memorização – porque memorização (ou "fluência") estava separada de conceitos ("pensamento crítico") –, então o melhor método para ensinar crianças a aprender não era muito diferente daquele que Edward

Thorndike testou com seus gatos. Prática, prática, prática, com punições e recompensas regulares. O "rigor" vinha depois.

O estilo de ensino resultante era especialmente claro na administração de respostas erradas. Em um modelo behaviorista, todos os erros devem ser respondidos com uma correção imediata e firme, ou os alunos não aprenderão que o conceito está errado. Os melhores professores das escolas charter levavam essa máxima muito a sério. Um professor de matemática, tido como o melhor da rede KIPP, decidiu que nunca daria a seus alunos como tarefa de casa problemas que já não tivessem aprendido como resolver em aula. O perigo, explicou ele, estava na possibilidade de que, sozinhos e sem o professor para detê-los, eles poderiam praticar um passo a passo errado. Sem alguém para corrigir ou aprovar o método, o erro poderia se enraizar na categoria das não corrigidas, e portanto exatas, verdades.

Muitas das técnicas na taxonomia de Doug Lemov (por exemplo, o "Faça de novo") se baseiam nessa crença. Ensinar obediência, no mundo da taxonomia, frequentemente se resume à obrigação de responder a toda e qualquer *des*obediência. O professor tem de fazer uma rápida e clara correção de todos os erros. Doug aplica esse conceito ao ensino dos conteúdos acadêmicos também. Quando escreveu sobre como ensinar crianças a "decodificar" – o trabalho de decifrar uma linha de letras para formar uma palavra –, ele enfatizou a importância de não deixar passar nenhuma falha. "Devido à importância fundamental da decodificação em todos os níveis, os professores devem se esforçar para corrigir erros de decodificação sempre que possível, independentemente da disciplina ou do nível que ensinam". "Esmague o erro" é o nome que ele deu à técnica de rapidamente notificar um aluno sobre seu erro.

Quando Pam, Deborah e Magdalene começaram a estudar o ensino, nos anos 1980, a pesquisa estava começando a expor os limites da visão behaviorista. Os psicólogos estavam descobrindo que, para os seres humanos, o aprendizado era mais do que a soma de experiências de estímulo-resposta, de sim-não; os conceitos não emergiam do acúmulo de fatos – uma coisa estava entranhada na outra.

Quem tinha melhor memória, por exemplo, conseguia inserir seu objeto de estudo em um mapa mais abstrato de conceitos. Um psicólogo descobriu que um universitário chamado "S. F." conseguia decorar longas listas de números simplesmente fazendo ligações entre aqueles dígitos e outros números que tinham algum significado para ele. S. F. era um velocista e traduzia os números em tempos: 3492 virava "3 minutos e 49 vírgula 2 segundos, quase o recorde mundial para uma milha". Só 3.492 não era o suficiente; S. F. tinha de inserir o número em um contexto que *fizesse sentido para ele*. Depois de um ano e meio usando o método das marcas, a capacidade de dígitos que o universitário conseguia memorizar tinha crescido de 7 para 79. Os únicos casos em que ele encontrava dificuldade eram os de números para os quais não havia uma correspondência na história das corridas.

De maneira semelhante, crianças aprendem a somar e subtrair por meio de estratégias baseadas em seu senso natural para números, e não naquilo que a professora diz que está certo. Como as crianças brasileiras vendedoras de frutas, que conseguiam fazer multiplicações de cabeça, eles contam, agrupam e reagrupam até chegar a uma solução que corresponda àquilo que já sabem sobre o funcionamento dos números.

Os humanos aparentemente praticam esse raciocínio – "pensamento crítico" ou "rigor", como os empreendedores chamariam – desde o nascimento. Experimento após experimento, os psicólogos que estudaram crianças demonstraram que elas não veem o mundo como um sistema de recompensas e castigos, mas como uma rede de generalizações, regras e princípios que derivam da observação.

Em um dos experimentos, os pesquisadores jogaram um cilindro azul por uma rampa, até que atingisse um bicho de pelúcia. Um bebê de seis meses e meio observava enquanto o cilindro empurrava o brinquedo pela rampa, até que chegasse ao trecho horizontal do percurso. Então, os pesquisadores jogavam mais dois cilindros no circuito, um amarelo grande e um laranja menor. Obviamente, a peça amarela jogou o boneco de pelúcia mais longe, até o final do circuito. Mas o alaranjado, apesar de menor que os outros, também empurrou o brinquedo até o final da pista. Confrontados com a experiência, adultos se mostraram surpresos. Mas os bebês, que não conheciam as leis da física, reagiriam da mesma forma?

Sim. Diante do curioso caso do cilindro laranja que empurrava o bicho de pelúcia mais longe do que o esperado, os bebês fitavam os objetos por mais tempo do que o grupo de bebês exposto a uma sequência de eventos mais previsíveis. Eles estavam no planeta Terra havia menos de um ano e ainda não tinham aprendido que cilindros maiores têm mais massa do que os menores. Mas já haviam processado alguns dados – todas as vezes em que objetos maiores empurraram as coisas mais longe do que os menores – com os quais tinham formado um modelo mental abstrato.

A conclusão final não era que compreensão conceitual importa mais do que memorização; era que as duas estão indissociavelmente ligadas, e qualquer suposta dicotomia entre elas é falsa. Magdalene resumiu a lição: crianças, disse ela, são "produtores de sentido". Como os bebês observando os cilindros coloridos, elas absorvem informações e as processam, a partir de seu próprio (e progressivo) entendimento de como o mundo funciona. Educadores que pensam de outra forma – assumindo, por exemplo, que a memorização acontece fora de um contexto de conceitos e princípios, ou que recompensa e castigo são o suficiente para que alguém aprenda – estavam por sua conta e risco. As crianças sempre tentariam extrair algum sentido das regras, até de regras sem sentido, e mesmo quando violações dessas regras inevitavelmente acontecessem, elas ainda tentariam aplicá-las de qualquer jeito. Como aquela professora da Califórnia que superestimou a subtração com reagrupamento descobriu quando seu aluno, sabendo da importância de "pegar emprestado", começou a fazer isso em todos os problemas, independentemente dos números envolvidos na operação.

O tipo de ensino de Magdalene, Deborah e Pam, o ETE, não era mais academicamente rigoroso por envolver problemas mais difíceis, nem expectativas mais altas, nem uma curva de aprendizado mais aguda, mas sim porque elas tinham uma visão do aprendizado mais refinada. Elas não haviam apenas lido pesquisas sobre aprendizado, elas tinham também estudado as regras específicas de "saber" – a *epistemologia* – para cada matéria que lecionavam. Cada área do conhecimento tem suas próprias definições do que é saber alguma coisa – de como, em matemática, conjecturas constroem provas ou, em literatura, a evidência se torna explicação e finalmente interpretação.

Se as definições eram diferentes, a forma de ensinar cada uma também era. Em matemática, por exemplo, o padrão "Você, Todos Vocês, Nós" popular no Japão (assim como nas aulas de Magdalene de Deborah) fazia sentido para estruturar a investigação de grandes conceitos, como o significado das frações ou números negativos. Já em língua inglesa, quando os alunos precisavam aprender estratégias específicas para ler e escrever (como descobrir o significado de uma palavra, por exemplo, ou como construir conceitos para um ensaio), o padrão "Eu, Nós, Vocês", seguido de exercícios orientados, era mais apropriado. E, dentro de cada disciplina, diferentes tópicos pediam diferentes estruturas.

Apoiando-se nessas tradições bastante específicas, foi mais fácil para Magdalene, Pam, Deborah e seus colegas alcançarem o rigor acadêmico que os professores "Sem Desculpas" também buscavam. Elas ensinavam ajudando seus alunos a ver o mundo de forma diferente, trazendo seu conhecimento intuitivo para perto do banco de conceitos e regras que os matemáticos (e os cientistas, os historiadores, os linguistas etc.) tinham construído ao longo dos séculos. Dessa perspectiva, ensinar começava por escutar. "Parte da interação com as crianças", disse Magdalene, "é entender onde eles estão e imaginar que experiências você pode proporcionar para desafiar a forma como elas veem o mundo".

Essa abordagem diferente do aprendizado também proporcionou a Magdalene, Pam e Deborah uma visão diferente dos erros das crianças. Dentro do ETE, erros não eram como animais peçonhentos que precisavam ser pisoteados à primeira vista, mas sim oportunidades preciosas para iniciar o processo de corrigir os mal-entendidos ao longo do tempo. Um dos propósitos de ensinar, na visão delas, era detectar erros. Para Pam, os melhores professores de inglês ajudavam os alunos a escreverem melhor mostrando-os exemplos de textos ruins – e, ao compará-los com textos bons, descreviam exatamente o que podia ser feito para melhorar. De maneira semelhante, Magdalene e Deborah construíam seus problemas do dia em torno da elucidação de erros comuns, para assim ir em direção às ideias mais precisas.

Alguns professores japoneses levavam esse conceito mais adiante. No Japão, a parte da aula que Magdalene chamava de "ensinar enquanto os alunos trabalham sozinhos" tinha, na verdade, outros dois nomes: *kikan-shido* e *kikan-junshi*. O primeiro, *kikan-shido*, descrevia o ato de observar os esforços dos alunos para resolver o problema do dia e, quando necessário, intervir para resolver uma dificuldade, dar uma dica ou orientação extra. Mas o segundo, *kikan-junshi*, adotado pelos mais puristas, consistia em observar sem fazer comentários. Quando um aluno cometia um erro ou ficava confuso, a professora simplesmente tomava nota do erro (no papel ou mentalmente) e seguia seu rumo. A diferença fica mais clara na tradução dos termos: *kikan-shido* significa "orientação entre as classes", enquanto *kikan-junshi* significa "patrulha entre as classes".

Os adeptos do *kikan-junshi* sentiam que os alunos aprendiam mais quando percebiam o erro sozinhos. E os professores asseguravam que eles o percebessem durante a parte "Nós" da aula, a discussão em grupo.

Nesse quesito, Doug Lemov parecia confuso. Por um lado, como exemplificado pela técnica "Esmague o erro", boa parte da taxonomia fora construída em torno da erradicação das respostas erradas. Mas Doug também escreveu sobre a importância de fazer da sala de aula um lugar seguro para errar. Tanto que a Técnica 49, "Errar faz parte", a última da compilação, descreve como os professores devem fazer os alunos se sentirem à vontade para errar. Assim, em *Teach like a Champion*, na mesma página em que Doug enfatiza a importância de corrigir respostas erradas "o quanto antes", ele também diz que elas são "totalmente normais e saudáveis no processo de aprendizado".

Essa tensão era bem menos evidente quando Doug lecionava para adultos, no treinamento de professores. Nesse caso, empreendedores e acadêmicos tinham abordagens incrivelmente parecidas. Nos workshops de taxonomia, os participantes praticavam técnicas em simulações quase idênticas àquelas usadas na Dilit, na Itália. Doug sempre destacava que os professores precisavam aplicar essas técnicas *apenas quando faziam sentido*. O trabalho dos administradores, por sua vez, não era punir os piores professores, mas sim, dar-lhes oportunidades de aprender. Ensinar a eles.

Com o passar do tempo, mesmo sem intervenção dos acadêmicos, a metodologia dos empreendedores para ensinar crianças foi se tornando cada vez mais parecida com a metodologia de ensinar adultos. Em 2013, Doug começou a trabalhar na "Taxonomy 2.0", uma segunda edição do*Teach like a Champion* na qual ele revisa longos trechos referentes à abordagem de erros*. Em vez de maneiras de eliminar os erros o mais rápido possível, o novo livro foca em fornecer aos professores ferramentas para usar as respostas erradas como oportunidades de aprendizado, estabelecendo novas técnicas para fazer os alunos sentirem-se confortáveis com seus erros.

Como ficou claro na mudança de ponto de vista de Doug, a grande questão não era se a maneira de ensinar dos empreendedores evoluiria com o tempo. Eles *estavam* evoluindo, mesmo sem a ajuda da academia. A grande questão era se o ensino no resto do país mudaria também. Acadêmicos como Pam, Magdalene e Deborah ainda repre-

* [N.T.] O livro *Teach Like a Champion 2.0* foi lançado no final de 2014, e está sendo traduzido para o português pela Livros de Safra.

sentavam uma minoria de professores nas licenciaturas. O número de empreendedores, por outro lado, vinha crescendo. Ainda assim, em 2011, as escolas charter reuniam apenas 4% dos alunos de escolas públicas nos Estados Unidos. E, embora o mundo estivesse prestando mais atenção às charters, as lições que os observadores tiravam não necessariamente refletiam a realidade delas. Ao contrário: os observadores, como sempre, se focavam sobretudo na ideia que havia originalmente semeado as escolas charter: meritocracia.

CAPÍTULO 10

PROFISSÃO DE FÉ

Em 2004, quando Doug Lemov começou a pensar em sua taxonomia, Deborah Ball um dia se viu conversando sobre o futuro com dois de seus mentores – David Cohen e o reitor da Universidade de Michigan, Paul Courant.

Depois de oito anos na Universidade Estadual de Michigan, Deborah havia seguido David e Magdalene para a Universidade de Michigan, na cidade de Ann Arbor, em 1996. Lá, sua carreira deslanchou. Os vídeos de Daniel, Nina e o resto da turma da Spartan Village, assim como sua pesquisa, haviam angariado seguidores entre acadêmicos e professores de matemática. Era coautora de diversos artigos com David, nos quais descreviam problemas de infraestrutura. E, trabalhando com o matemático Hyman Bass, Deborah havia construído o *corpus* do Conhecimento Matemático para o Ensino (CME), expandindo o foco do conhecimento do conteúdo para o acompanhamento de práticas que podiam ser ensinadas.

Naquele mesmo ano, outra prestigiosa universidade a convidara a se transferir para sua faculdade de educação. Ela discutia as opções com David quando ele fez uma pergunta. "Foi algo como 'O que você realmente quer fazer?'. Não onde eu queria morar, mas o que eu queria *fazer*", recorda Deborah.

A resposta foi imediata. "Quero mudar completamente a maneira como se formam professores nesse país." Muito pouco havia mudado nas duas décadas que ela já dedicara ao estudo do ensino. O novo empreendedorismo era uma exceção intrigante, mas atendia a uma fração minúscula dos estudantes americanos. A grande maioria das crianças ainda aprendia com professores tão despreparados quanto Deborah quando chegou à Spartan Village. Nos cursos de licenciatura, educadores aspirantes ainda frequentavam palestras para 500 pessoas, como as que Lee Shulman dava na Universidade Estadual de Michigan nos anos 1970. Até o Teach for America, apesar de seu crescimento, tinha dificuldades para garantir que todos os membros entrassem nas salas de aula prontos fazer seus alunos aprenderem em alto nível.

Nas salas de aula, não era diferente. Os currículos ainda variavam de estado para estado, distrito para distrito, e até de escola para escola. Os testes confundiam mais do que complementavam os currículos, ou simplesmente passavam por cima deles. O desenvolvimento profissional era, na melhor das hipóteses, uma bagunça. Em outras palavras, o problema David Cohen de coerência ainda estava bem vivo e completamente ignorado. Os americanos ainda não concordavam sobre o que os estudantes deveriam aprender, e os professores ainda estavam sozinhos na tarefa de ensinar. Todo o mundo da educação vivia as consequências da incoerência diariamente. O número de pessoas que entendiam o significado de "infraestrutura educacional" podia ser contato nos dedos das mãos, e todos trabalhavam no mesmo prédio em Ann Arbor.

O que Deborah realmente queria fazer? Ela queria construir a infraestrutura para basear o "ensino responsável" (uma definição que ela considerava melhor do que ETE) – e não apenas para seus alunos em Michigan, mas para professores e estudantes de todo o país. Na definição de David, infraestrutura tinha três elementos-chave: um currículo comum sugerindo o que os alunos deviam estudar; exames comuns para testar quanto desse currículo eles tinham aprendido; e, finalmente, educação para os professores, para que soubessem ensinar o que os alunos precisam aprender. Como a sua especialidade era a terceira categoria, Deborah decidiu começar por aí.

Ela começou olhando mais além. Era 2004 e, no ano escolar de 2007/2008, cerca de 200 mil novos professores entrariam em uma sala de aula pela primeira vez – contra 65 mil apenas vinte anos antes. Em 2011, 3,7 milhões de pessoas estariam na profissão. E o número médio de anos de experiência dos professores americanos – quinze em 1987 – agora se resumia a um. Para que esses novatos chegassem à sala de aula em condições de lecionar, alguém tinha de prepará-los.

Na Michigan, Deborah podia testar um modelo que municiaria os professores com o conhecimento e a prática de que precisavam para ensinar bem a seus alunos. Se o modelo funcionasse, ela poderia expandi-lo para o resto do país.

David e o reitor deram a ela total apoio. Se o que queria era transformar a formação de professores, disseram, "então é o que você vai fazer". Deborah decidiu ficar em Ann Arbor, onde se tornou diretora do programa de formação de professores da Universidade de Michigan e recebeu uma verba significativa do reitor para redesenhar completamente o programa. No ano seguinte, ela se tornaria diretora da faculdade de educação.

À medida que o projeto de Deborah decolava – ela o batizou de Iniciativa para a Formação de Professores – seu *timing* se provava incrivelmente adequado. Dos três elementos da infraestrutura listados por David Cohen, ela escolhera a educação de professores, em parte, porque parecia especialmente relevante, mas, também, porque era o que sabia fazer melhor. Logo, apareceram sinais de que os outros dois elementos – o currículo comum e testes condizentes – também estavam emergindo. A força motriz eram as diretrizes da Common Core (Base Comum), uma nova tentativa de estabelecer objetivos para a educação em âmbito nacional. As diretrizes Common Core não eram em si um currículo, e tampouco testes, mas pavimentavam o caminho para se ter as duas coisas. Primeiramente, pareceu um esforço quixotesco tanto quanto a Iniciativa para a Formação de

Professores – afinal, todas as tentativas anteriores de estabelecer um padrão nacional tinham sido implodidas. Em todos os casos, leituras atentas dos documentos acendiam debates: os críticos achavam muitas citações de Harriet Tubman e poucas de Robert E. Lee*, ou uma meta de leitura ficava para a terceira série em vez da primeira, e *PUF!*, a coalizão por trás das diretrizes se desintegrava.

Mas os entusiastas da Common Core tinham aprendido muitas lições com seus predecessores. Eles compilaram as diretrizes discretamente, evitando grande exposição pública. Tomaram a iniciativa de buscar contribuições dos estados, organizados por meio da Associação Nacional de Governadores, em vez de uma entidade do governo federal, e assim suplantaram alegações de intromissão federal no projeto. Eles também tinham o tempo a seu lado, pois depois de diversas batalhas de matemática e leitura nos anos 1980 e 1990, alguns cessar-fogo estavam em vigor. Especialistas em leitura agora concordavam que tanto fonética quanto compreensão eram ênfases importantes para ensinar crianças a ler, e um grupo de matemáticos tinha aceitado que educadores podiam chegar a algum lugar com sua "matemática descontraída". Algumas discordâncias inevitáveis persistiam, especialmente dentro da comunidade menos organizada das escolas de nível intermediário e médio. Mesmo assim, menos de dois meses depois do lançamento das diretrizes, em junho de 2010, vinte e sete estados haviam se comprometido a adotar o padrão. Ao final de 2013, já eram quarenta e cinco (mais o distrito de Columbia)**. Com tantos estados aderindo, currículos e exames comuns não eram mais um sonho tão distante.

---

* [N.T.] Harriet Tubman foi uma escrava e líder abolicionista que fugiu e ajudou a libertar centenas de escravos nos Estados Unidos; Robert E. Lee foi o general que liderou as tropas do Sul contra o Norte durante a Guerra Civil americana. Ambos são personagens do século XIX.

** [N.T.] O distrito federal norte-americano.

A perna que faltava no tripé da infraestrutura, a formação de professores, era provavelmente a mais difícil de construir. Afinal, reformistas vinham tentando revigorar a formação de professores há décadas, com pouco sucesso. Mas, novamente, o *timing* de Deborah garantiu a ela uma oportunidade única. Em 2004, quando a Iniciativa para a Formação de Professores começou, os pesquisadores tinham mais conhecimento do que nunca sobre como ensinar professores a ensinar. Era, em grande parte, o legado de Judith Lanier. Seus esforços por reformas podem ter falhado na Universidade Estadual de Michigan, mas a equipe que ela e Lee Shulman recrutaram vinte e cinco anos antes tinha, ao longo de duas décadas e meia, descoberto uma vasta série de práticas que os professores excelentes empregavam. Eles haviam começado a decodificar a "sabedoria dos professores", o que significava detalhar as coisas que um novato precisava aprender a fazer. E, como Magdalene Lampert e Pam Grossman demonstraram com as atividades de instrução e práticas básicas, eles também desenvolveram maneiras de passar esses conhecimentos adiante para os novos professores.

A equipe de Judy Lanier na Universidade Estadual de Michigan havia se mantido focada em torno de objetivos genéricos, como "aproximar a formação do professor das salas de aula", ou "tornar a preparação acadêmica dos professores mais sólida intelectualmente". Em 2004, Deborah e sua equipe na Universidade de Michigan já trabalhavam de forma bem mais específica. Baseados nos estudos do Instituto para a Pesquisa do Ensino de Judy Lanier, eles conseguiam esboçar um currículo para novos professores que descrevia um conjunto completo de técnicas: a equipe na Michigan o batizou de "práticas de alto nivelamento".

A primeira das práticas de alto nivelamento, por exemplo – "tornar o conteúdo claro por meio de explicação, modelos, representações e exemplos" – se baseava nos estudos de Pam Grossman e outros pesquisadores sobre moldes. Tanto o trabalho de Pam quanto o de Magdalene inspiraram a segunda prática de alto nivelamento ("conduzir um debate com a turma inteira"), assim como "elucidar e interpretar o raciocínio de cada aluno individualmente", que era a prática número três. As práticas se relacionavam com o Conhecimento Matemático para o Ensino, o CME desenvolvido por Deborah, que embasava as práticas cinco e seis: "reconhecer padrões comuns ao raciocínio dos alunos no domínio de uma matéria específica" (por exemplo, a tendência das crianças no ensino fundamental para trocar o resto em uma divisão, o "R", por um número decimal: 1 R 5 vira "1,5"), e "identificar e implementar uma resposta de instrução aos padrões de raciocínio dos alunos" (encontrar uma maneira de fazer a turma do quinto ano perceber a importância de definir o que é o todo de uma fração).

Junto com sua colega Francesca Forzani – uma pós-graduanda da Michigan que aderiu ao projeto –, Deborah também usou o trabalho do movimento empreendedor da educação (do qual Francesca, aluna e ex-colaboradora da Teach for America, fazia parte), pois, como os acadêmicos, os empreendedores vinham se dedicando a codificar o ensino. Particularmente, Deborah se baseou no currículo de um programa de residência para professores criado pela escola charter Match, de Boston – a mesma onde a ex-diretora de Rousseau Mieze, Stacy Birdsell O'Tolle, trabalhava.

Inspirado pelo primeiro diretor da escola, um educador adorado chamado Charles Sposato, que morreu de câncer em 2007, o programa de treinamento da Match traduzia a mágica de Sposato em uma ciência ensinável. Um elemento-chave era a forma como ele criara um método para estabelecer relações excepcionalmente fortes com seus alunos e suas famílias. Todo agosto, antes do início das aulas*, ele ligava para cada família para construir o que chamava de "capital de relacionamento". E seguia telefonando periodicamente ao longo do ano, variando os assuntos das conversas e evitando trazer sempre más notícias. O programa de treinamento da Match, portanto, requeria que cada candidato a professor praticasse seis tipos diferentes de telefonemas, do "elogio casual" à "bomba". O currículo também incluía

* O ano letivo nos Estados Unidos começa em setembro.

várias horas por semana de ligações para os pais: uma hora por noite de segunda a sexta-feira e duas horas por fim de semana.

"Quando ele ligava, você não sabia o que ele queria", diz Venecia Mumford, mãe de dois ex-alunos da Match, que guardou por anos um recado de Sposato gravado na secretária eletrônica pouco antes de ele falecer. "Oi, Venecia! Estou tão orgulhoso do Edu", dizia ele. O filho dela tinha entrado para o quadro de honra da Universidade Estadual da Virginia em seu primeiro ano de faculdade, graças a suas boas notas. "Dê meus parabéns a ele, e por favor diga que continue assim. Obrigado por estarem sempre conosco. Amo vocês."

Deborah concordava com a ideia de construir relacionamentos metodologicamente. Ela mesma fazia contato regularmente com as famílias de seus alunos na Spartan Village, e descobrira como isso era imensamente útil. Portanto, além dos modelos, condução de debates e esclarecimento de raciocínio, as dezenove práticas de alto nivelamento incluíam "manter o diálogo com os alunos, com o objetivo de construir relacionamentos estratégicos" e "comunicar-se com os pais ou tutores dos alunos".

Nenhuma das práticas era simples. Todas demandavam persistência, cuidado, raciocínio e uma dose de coragem. Mas elas tinham um impacto imenso. Se um professor pretendia se dedicar a algo, era melhor que fosse às práticas de alto nivelamento. E se os professores fossem incentivados a fazer das práticas hábitos desde o primeiro dia de faculdade, provavelmente as manteriam pelo resto de suas carreiras.

O golpe de sorte final para Deborah veio de uma fonte inusitada – não da tradição de pesquisa em ensino fundada pelo seu mentor, Lee Shulman, mas de outra escola, liderada pelo economista Eric Hanushek.

Quando Eric Hanushek propôs a meritocracia pela primeira vez, em 1972, argumentando que os gastos na educação não importavam a menos que estivessem condicionados ao desempenho, foi recebido como um inconveniente – "o louco da vizinhança", diz ele.

Mas, na primeira década do século XXI, quando primeiro os republicanos e depois os democratas concordaram com ele, suas ideias foram adotadas como políticas pelo país inteiro. Com a aprovação da lei Nenhuma Criança para Trás, a loucura virou a regra.

No entanto, a segunda parte do argumento do economista levou mais tempo para convencer. Era o caso da "Meritocracia para Professores". Desde seus primeiros estudos com professores da Califórnia, Hanushek concluíra que havia grandes diferenças de eficácia entre os melhores e os piores professores, diferenças que persistiam mesmo quando ele refinava seus cálculos de "valor agregado" (a técnica estatística que ele tomara emprestado da literatura sobre produtividade na indústria). Cada conclusão reforçava sua convicção de que, usando o valor agregado para recompensar bons professores e demitir os ruins, a educação americana poderia ser profundamente transformada.

Um dos cálculos de Hanushek comparava o desempenho dos estudantes americanos ao de seus pares canadenses, que tinham notas, em média, meio desvio-padrão acima nos testes internacionais (os jovens canadenses estavam acima da média, entre os dez primeiros no ranking dos países da Organização para a Cooperação Desenvolvimento Econômico, enquanto os norte-americanos mal escapavam de estar entre os dez últimos). Essa diferença podia desaparecer, percebeu Hanushek, se fossem eliminados os 6% a 10% piores professores americanos, de acordo com escores de valor agregado, ou seja: a cada trinta professores, demitir dois.

Entre os céticos que primeiro reagiram aos cálculos de valor agregado de Hanushek estava Tom Kane, outro economista que estudava educação. Kane não acreditava nos números de valor agregado. Pelo menos, não acreditava que deviam ser levados muito a sério. Em 2002, quando o Federal Reserve de Boston convidou Kane para responder a um novo artigo de Hanushek, ele manifestou sua preocupação. "Valor agregado pode ser um conceito útil, mas há tanto ruído na medição que é difícil imaginar que possa ser de utilidade prática", explicou.

Kane tinha bons motivos para ser cético. Um ano antes, quando o Congresso começou a analisar a proposta de lei do presidente George W. Bush – a que se tornaria a Nenhuma Criança para Trás –, ele e outro economista, Douglas Staiger, fizeram uma análise ano a ano dos resultados dos testes que determinariam penalidades ou recompensas para as escolas. Encontraram uma variabilidade generalizada. Uma escola com boa trajetória podia ter tido um único ano ruim e, com isso, aos olhos da lei, teria falhado. Kane e Staiger resumiram suas conclusões em um artigo para o *The New York Times*. "Como, em média, as escolas de ensino fundamental têm 68 crianças em cada série, umas poucas crianças inteligentes em determinado ano, ou um grupo de amiguinhos bagunceiros no próximo, podem provocar flutuações no desempenho dos testes, mesmo que a escola esteja no caminho certo", escreveram.

Essa variabilidade é tão intrínseca que, se a Nenhuma Criança para Trás estivesse em vigor nos estados da Carolina do Norte e do Texas quando a lei foi escrita, apenas 2% das escolas desses estados teriam atingido os padrões de progresso contínuo – e isso foi em um período em que os dois estados mostraram significativo crescimento acadêmico. "Em uma escola típica, dois passos à frente são seguidos de um passo para trás." Se a legislação ficasse como estava, eles concluíram, a lei "provavelmente será um fiasco".

No Federal Reserve de Boston, as observações de Kane sobre os professores refletiram sua experiência pesquisando escolas. Se, ano a ano, a pontuação das escolas nas avaliações externas flutuava tanto, o resultado de cada professor era ainda mais volátil. Afinal, a causa central da variação nas escolas parecia ser a pequena amostra de alunos com que eles trabalhavam a cada ano. Cada professor tinha ainda menos alunos por ano do que o total da escola, o que quer dizer que uma variabilidade maior era praticamente certa. Seguramente os dados de valor agregado para eles se provariam ainda menos confiáveis do que os dados de meritocracia das escolas.

Com a publicidade atraída pelo estudo de Kane e Staiger, o Congresso acabou reescrevendo o trecho da lei que definia "progresso anual adequado", reduzindo significativamente o impacto das variações ano a ano. Impressionado pela influência de sua pesquisa, tendo em vista o trabalho relativamente pequeno que deu a ele e Staiger, Kane decidiu partir para o próximo passo – os professores. "Pensamos 'puxa, vai ser pior ainda no nível dos professores, porque as amostras são menores'", diz Kane. Eles se puseram a trabalhar com um conjunto de dados próprio, relativo ao Distrito Escolar Unificado de Los Angeles.

Os dados os surpreenderam. Como haviam previsto, os escores de valor agregado dos professores flutuavam de um ano para outro, da mesma forma que os resultados das escolas. Mas as oscilações não eram tão aleatórias quando Kane esperava. Na verdade, a pontuação dos professores tinha o mesmo poder determinante que a das escolas, apesar das amostras menores. "Havia mais sinais para interpretar", diz ele. O impacto de um professor individualmente era, em outras palavras, ainda mais forte do que os efeitos da escola – tanto que ecoava até na confusa estatística que misturava crianças inteligentes e os amiguinhos bagunceiros. De fato, o impacto de um professor era maior que o de qualquer outra variável educacional que Kane e Staiger podiam identificar. Coloque um aluno com um professor bem ranqueado, e ele atingiria uma nota, em média, 5 pontos percentuais melhor do que um estudante de mesmo nível designado para um professor no meio do ranking. Coloque esse aluno com um professor mal ranqueado, e suas notas decairiam na mesma proporção.

Kane e Staiger fizeram alguns cálculos, e os resultados os embasbacaram. Eles sabiam que a distância entre o desempenho de estudantes negros e brancos era de 34 pontos percentuais. "Portanto", estimavam, "se os impactos são cumulativos, ter um professor entre os 25% melhores em vez de um entre os 25% piores por quatro anos seguidos seria suficiente para eliminar essa diferença de pontuação nos testes".

As conclusões encaixavam quase perfeitamente com o que Hanushek tinha descoberto trinta anos antes. Kane tinha de admitir que seu colega economista havia conseguido alguma coisa. Ruídos podem atrapalhar, ele disse, mas "se os impactos implicados forem grandes o bastante", isso suplantaria o problema de variabilidade. Veja o exemplo de detectores de fumaça: eles podem dar alguns alarmes falsos, mas "não os ignoramos completamente, porque eles podem salvar nossas vidas", comparou Kane.

E, diferentemente de 1972, quando Hanushek fez seus primeiros cálculos de valor agregado, em 2006, quando Kane, Gordon e Staiger publicaram suas conclusões, o resto do mundo parecia preparado para ouvi-los. Naquela época, o conceito de meritocracia não tinha apenas se tornado conhecimento comum, mas, a julgar pelo alardeado sucesso das escolas charter como a KIPP, parecia estar mesmo funcionando. E os observadores cada vez mais concluíam que a chave para o sucesso de escolas como a KIPP não eram apenas as expectativas da escola, mas os professores submetidos à meritocracia. Livres dos sindicatos, as escolas charter podiam fazer exatamente o que Hanushek sugerira – contratar e demitir com base apenas em performance. Eles melhoraram a educação colocando a responsabilidade sobre os professores como nenhuma escola jamais havia feito.

Na sequência das conclusões de Kane e Staiger, reunidas e publicadas para consumo popular pelo Projeto Hamilton do Instituto Brookings*, a segunda ideia maluca de Hanushek finalmente começou a ganhar notoriedade. De fato, o artigo de Kane e Staiger para o Projeto Hamilton – escrito com Robert Gordon – produziu resultados ainda mais impressionantes do que o trabalho sobre o Nenhuma Criança para Trás. Em 2007, o então candidato à presidência Barack Obama fez

---

* [N.T.] O Bookings é um *think tank* (organização de pesquisa voltadas para a produção de conhecimento estratégico) americano, organização sem fins lucrativos dedicada à pesquisa e divulgação de "políticas inovadoras". Dentro do instituto, o Projeto Hamilton concentra-se no estudo de oportunidades de crescimento econômico. Ver <www.hamiltonproject.org>

uma referência às conclusões deles em seu principal discurso de campanha sobre educação. "A partir do momento em que uma criança pisa na sala de aula", ele disse, "o fator individual mais importante a determinar o seu desempenho não é a cor da sua pele ou de onde ela vem; não são seus pais nem quanto dinheiro eles têm. É o seu professor".

"Talvez", escreveu Nicholas Kristof, colunista do *The New York Times*, dois anos depois, citando os cálculos, "devêssemos ter travado a 'guerra contra a pobreza' com as escolas – ou com os professores".

Para Deborah Ball, o súbito interesse nos professores significava o empurrão final que faltava a seu projeto. O Common Core provia a coerência, a pesquisa em ensino e formação de professores garantia o ponto de partida para um currículo, e os empreendedores somavam paixão e o laboratório de experimentação. Agora, economistas como Eric Hanushek e Tom Kane lhe garantiam o mandado para seguir em frente. Se ensinar era realmente a mais importante entre todas as intervenções educacionais, então a única conclusão lógica era que os educadores americanos precisavam construir uma infraestrutura coerente – objetivos claros, testes precisos, instrutores treinados – para ensinar a ensinar.

Tom Kane não conhecia Deborah Ball, e nem sabia nada sobre o problema David Cohen de coerência. Ele só sabia o que seus dados lhe diziam. Então, quando ele escreveu o relatório para o Projeto Hamilton com Doug Staiger e o especialista em políticas públicas Robert Gordon, fez uma sugestão diferente.

Analisando escores de valor agregado, Kane e seus colegas ficaram surpresos ao descobrir que a identidade do professor não apenas solapava o poder de "variáveis-chave da escola", mas também antecipava o sucesso dos alunos com mais precisão do que o tamanho da turma ou o volume de investimento por estudante. Eles também ultrapassaram todos os fatores então usados para contratar, demitir ou premiar professores.

Não havia quase nenhuma relação entre a certificação do professor*, por exemplo, e o desempenho dos alunos nos testes.

Tampouco a pontuação se relacionava ao nível de formação dos professores, ainda que a maioria dos distritos escolares premiasse a qualificação com aumentos de salário. Procurando algo que contradissesse essa descoberta, Kane e alguns colegas fizeram um estudo que, de brincadeira, chamaram de "exame da pia da cozinha", pois analisava de tudo, desde as notas no SAT** até a extroversão dos professores da cidade de Nova York. Nenhuma exceção significativa emergiu.

Em um texto sobre as conclusões na revista *New Yorker*, Malcolm Gladwell batizou o dilema de "o problema do zagueiro". Assim como os testes que a *National Football League* - NFL [Liga Nacional de Futebol Americano] faz antes do início da temporada (levantamento de peso, corrida etc.) não pareciam ter relação com a habilidade de um zagueiro durante o jogo em si, não havia maneira de prever se um professor se sairia bem antes que ele ou ela desse aula, propriamente.

Atividades como o futebol americano atacavam esse problema com um pragmatismo cruel. Quando os zagueiros falhavam, os técnicos os tiravam do jogo e, eventualmente, até do time. O sistema escolar, entretanto, fazia exatamente o oposto, investindo pesadamente nos fatores que menos podiam predizer o sucesso dos professores. Por outro lado, ignoravam a única área que, segundo a pesquisa sugeria, poderia classificar os professores de forma precisa. Quase nenhum estado fazia avaliações profissionais usando escores de valor agregado, a medida que os economistas concluíram ser a mais previsível

* [N.T.] A certificação é uma exigência para dar aulas nos Estados Unidos, entre outros requisitos de formação. Cada estado tem sua própria certificação de professores, e há também uma certificação nacional. Também há certificados por nível e por disciplina.

** [N.T.] Originalmente *Scholastic Aptitude Test*, essa prova unificada de conhecimentos necessária para a admissão nas universidades é hoje conhecida apenas pela sigla SAT. Assemelha-se ao Enem, mas é administrada por uma instituição privada, mantida pelas universidades.

de sucesso. Muitos estados inclusive proibiam o armazenamento de dados que permitissem aos distritos calcular esses escores. Quando os distritos enfim faziam avaliações, raramente usavam métricas de valor agregado – e raramente detectavam professores fracos em seus quadros. Entrevistando 15 mil professores em doze distritos escolares pelo país, um grupo de pesquisadores do The New Teacher Project [Projeto Novo Professor]* descobriu que, de todos os profissionais em todos os distritos pesquisados, menos de 1% já tinham sido avaliados como de desempenho insatisfatório.

No artigo do Projeto Hamilton, Kane, Staiger e Gordon demonstraram a conclusão óbvia, a mesma a que Hanushek havia chegado trinta anos antes: se todas as variáveis atualmente usadas para contratar, demitir e premiar professores eram inúteis para prever o desempenho dos alunos, então não deviam ser usadas. Em vez de erguer barreiras de entrada, os distritos deveriam contratar à vontade (ou ao acaso), direcionando os melhores professores para os estudantes com maiores necessidades e extirpando os piores usando avaliações – avaliações de verdade. Usar medidas de valor agregado para determinar se uma professora ficava no emprego, por exemplo, poderia representar um salto no conhecimento acadêmico dos estudantes. Kane, Staiger e Gordon estimavam que, em Los Angeles, dispensar os professores que ficassem entre os 25% piores elevaria as notas dos alunos nos testes em 14 pontos percentuais – um disparo equivalente a um rendimento extra total de 169 mil dólares ao longo da carreira profissional de cada um desses alunos (em 2013, Raj Chetty, John Friedman e Jonah Rockoff trabalharam com dados mais precisos e chegaram a uma conclusão semelhante: substituir um professor que está entre os 5% piores por um que está no meio do ranking aumentaria a renda dos estudantes, em toda sua vida profissional, em 250 mil dólares por turma). Tudo o que as escolas precisavam fazer era classificar mais cuidadosamente os

* [N.T.] Organização sem fins lucrativos fundada por professores em 1997 para combater a desigualdade na educação norte-americana. Ver <www.tntp.org>

professores *depois* de contratá-los – quais manter, quais recompensar, e quais dispensar –, e poderiam produzir mudanças dramáticas.

Gladwell resumiu a questão em seu artigo para a *New Yorker* com muito pouco exagero. "Ensinar deveria ser possível para qualquer um com diploma universitário e pulso firme – e os professores deveriam ser julgados depois que começassem seu trabalho, e não antes", ele escreveu.

Era um argumento sedutor, especialmente porque parecia explicar o sucesso crescente do movimento empreendedor na educação. Não tinham as escolas charter, como a de Doug Lemov, sido bem-sucedidas promovendo degolas como os times da NFL, recrutando e mantendo apenas os melhores professores? Imunes às proteções dos sindicatos e da estabilidade, eles tinham alcançado ganhos ao descartar quem não estava à altura.

Mas o que soava para os economistas como simples lógica – teste vários professores, separe os melhores, demita o resto – era para Deborah a receita da negligência. Coloque um zagueiro despreparado em um jogo, e o único risco era perder pontos. Mas bote um professor despreparado na sala de aula, e quem sofre são os alunos. A própria pesquisa dos economistas com valor agregado mostrara a gravidade desse risco. Pelas estimativas de Kane, Staiger e Gordon, um ano com um professor fraco significava uma queda de 5 pontos percentuais no ranking de desempenho acadêmico. O estudo de Chetty, Friedman e Rockoff ia ainda mais longe, relacionando os bons professores não apenas aos rendimentos de seus alunos no futuro, mas também a menores taxas de gravidez na adolescência e maiores índices de entrada na universidade.

Era uma ideia que ignorava as necessidades das crianças aquela que afirmava que "qualquer um com pulso firme" seria responsável por ensinar. E também desdenhava de vinte e cinco anos de pesquisa em ensino, durante os quais se aprendera que o ensino de excelência não era uma qualidade inata, um dom misterioso que algumas pessoas recebem ao nascer. Assim como os mais brilhantes matemáticos do futuro não poderiam reinventar o cálculo sozinhos, até os mais talentosos professores do futuro precisavam ser treinados. Com rigorosas e regulares oportunidades de exercitar práticas fundamentais de ensino, uma nova professora aprenderia a ajudar seus alunos.

Deborah também sabia que a maioria das coisas que os economistas identificavam como obstáculos – as credenciais, licenças e títulos que determinavam quem podia dar aulas – não eram, na prática, impedimentos. Praticamente qualquer um com um diploma universitário podia se tornar professor. Em Nova York, por exemplo, a taxa de aprovação no exame de certificação de professores em 2009 foi de 92%. A título de comparação, a taxa do exame de certificação em cosmetologia foi de 59%.

As escolas charter bem-sucedidas podiam não ter restrições trabalhistas ou determinações distritais para contratar ou demitir, mas isso não quer dizer que elas usavam a liberdade para chutar porta afora um quarto de seus professores todos os anos. Como Seneca Rosenberg descobrira, no mundo das escolas charter a avaliação de desempenho era apenas uma das muitas engrenagens na complexa infraestrutura que dava suporte para os professores em sua missão. Lugares como a rede Uncommon Schools (onde Doug Lemov trabalhava), a KIPP (a rede que incluía a Rise Academy, onde Drew Martin e Shannon Grande lecionavam) e a Achievement First (a rede que construíra a própria infraestrutura, estudada por Seneca) avaliavam o desempenho de seus professores, e de fato dispensavam alguns dos piores. Mas elas também trabalhavam em recrutamento, seleção, incentivos, recursos materiais, como livros didáticos e avaliações, e desenvolvimento profissional. Uma pesquisa da Achievement First feita pelo grupo Education Resource Strategies [Estratégias para os Recursos da Educação]* concluiu que a rede gastava menos de 1% do seu orçamento em avaliação de professores, comparado a cerca de 10% em tempo dedicado ao aprendizado dos professores.

---

* [N.T.] Organização sem fins lucrativos dedicada a auxiliar escolas a organizarem seus recursos (gente, tempo, tecnologia e dinheiro). Ver <www.erstrategies.org>

E de fato, o clamor dos empreendedores não era por mais avaliações, e sim mais orientações. *Como podemos ser mais rigorosos?*, eles se perguntavam. E, quando viam algo promissor, se atiravam para testar.

Seus esforços para se ajustar às diretrizes do Common Core deixaram isso bem claro. "Graças a Deus alguém – não alguém, um grupo de pessoas muito cuidadosas, fez isso", disse Joe Negron, um professor de matemática do ensino intermediário e diretor-fundador da KIPP Infinity, no Harlem (Nova York). A reputação de Joe como professor cruzava as divisas do estado. Ryan Hill, fundador e diretor executivo das escolas KIPP em Newark, dizia que Joe era um dos melhores professores de matemática de toda a rede. Quando Drew Martin, da Rise, competia para contratar um professor, a KIPP Infinity era uma das poucas rivais que o deixava nervoso. Mas Negron tinha passado vários anos, antes da Common Core, frustrado. Os alunos praticavam estratégias e técnicas de memorização até "os olhos saltarem das órbitas", mas bastava perguntar-lhes o que a metodologia significava, ou por que sua resposta fazia sentido, e eles nem conseguiam começar. "Eu ia para casa e ficava pensando 'estou formando robôs'", diz ele. "Mas eu não sabia como fazer de outro jeito."

O Common Core mudou toda a abordagem de Joe Negron. Por exemplo, ele sempre ensinara a divisão de frações usando jogos de memória. "Segura, troca, gira", lembrava aos alunos de segurar a primeira fração como era; trocar o sinal de divisão pelo de multiplicação; e girar a segunda fração de ponta cabeça ("ISSO AÍ!", ele cantava, para memorizarem o processo, com uma paródia da música "Sexy and I Know It", de LMFAO, chamada "Sei Tudo de Fração"). Agora, repassando as diretrizes e outros recursos que havia descoberto (ele gostava especialmente dos livros da educadora de matemática californiana Marilyn Burns, que ensinava a professores a abordagem ETE), Negron desenvolvera exercícios que ajudavam os alunos a entender o que dividir frações realmente significava. Ele queria que seus alunos compreendessem frações enquanto um tipo específico de número, pertencente à reta dos números. Ele os ajudou a escrever equações e também desenhar figuras que representassem frações.

Mas, apesar das mudanças animadoras, Negron estava com dificuldades de manter o pique. Naquele ano, havia passado a direção da KIPP Infinity para um colega e voltara a dar aulas em tempo integral. A troca deveria garantir mais tempo livre, mas, ao contrário, ele continuava trabalhando tanto quanto, ou mais do que antes. Todas as noites ficava acordado até tarde, repassando os planos de aula inteiros. Ele precisava de ajuda. De orientação. De um técnico.

O relatório do Projeto Hamilton olhava para professores de alta performance como Joe Negron (que presumivelmente atingiria um alto escore em valor agregado) e via estrelas. Pela lógica do documento, Joe e outros professores que superavam seus pares seriam recompensados, mas não receberiam mais treinamento. Para Deborah, deixar os Negrons do mundo à própria sorte era como dizer à fanfarra da escola que, agora que tinham tocado a sinfonia, podiam aprender o resto do repertório sozinhos. Se ela e Francesca tinham razão, o Common Core era apenas o começo, fornecendo material para ajudar todos os professores a alcançarem as diretrizes e impulsionando talentos como Joe para atingirem novos níveis de excelência. Se o argumento do Projeto Hamilton se sustentasse, o Common Core se tornaria apenas mais um fragmento de mandato entregue aos professores sem nenhuma orientação sobre o que fazer com ele. Mais um capítulo incoerente em um sistema incoerente.

"Estamos em um momento em que podemos fazer algo diferente", disse Deborah um dia, sentada em um café de Ann Arbor. "Mas se cada um fizer do seu próprio jeito, pode esquecer. Vai ser a mesma coisa de novo."

Para o bem ou para o mal, o artigo do Projeto Hamilton ganhou força. Em 2007, Bill Gates leu uma cópia e, algumas semanas depois, Tom Kane foi encontrá-lo em Manhattan para discutir o documento. No ano seguinte, Gates anunciou uma grande virada nos seus projetos de filantropia: em vez de investir centenas de milhões de dólares em pequenas escolas de ensino médio (a primeira ideia que teve para melhorar o ensino), a Fundação Gates iria agora devotar recursos para o problema de qualidade do corpo docente. O antigo projeto, explicou Gates em um TED, "teve um efeito bom. Mas quanto mais olhávamos para ele, mais percebíamos que ter ótimos professores era a verdadeira chave".

Gates descreveu as diferenças entre os melhores e os piores professores segundo as estatísticas de valor agregado de Hanushek. "Se, por dois anos, todos os Estados Unidos tivessem professores entre os 25% melhores, a diferença entre nós e a Ásia desapareceria. Em quatro anos, seríamos muito melhores do que o mundo inteiro." A conclusão, disse, era simples. "Tudo de que precisamos são esses 25% de professores." Suas declarações ecoaram o artigo do Projeto Hamilton: usar dados de desempenho para manter os melhores (e mais ninguém), direcioná-los para os estudantes com mais necessidades e dar a eles aumentos de salário.

Para ajudar os distritos a fazerem isso, Gates prometeu investir 45 milhões de dólares no desenvolvimento de melhores sistemas de avaliação de professores. Contratou Kane para liderar o projeto, chamado de projeto Medidas de Ensino Eficaz, ou MEE. Quatro distritos escolares já estavam de prontidão para implementar as conclusões do MEE.

Avaliação não era o único investimento de Gates, em seus esforços de melhorar o ensino. Desde o começo de seus investimentos para aumentar o que chamava de "eficácia dos professores", ele também queria ajudá-los a melhorarem, de acordo com sua conselheira em educação, Vicki Phillips, uma ex-superintendente e professora. Phillips diz que, desde o início, a fundação procurou construir "sistemas de desenvolvimento e avaliação". Mas, especialmente nos primeiros anos de trabalho, foi a avaliação que se sobressaiu primeiro e ganhou mais atenção.

Então surgiu uma nova força que empurrou o país ainda mais nessa direção. O ímpeto era de Barack Obama, agora presidente, que contratou Robert Gordon, o coautor do artigo com Kane e Staiger, para liderar seu Escritório de Gerenciamento e Orçamento. Em 2009, ao anunciar seu plano de educação, Obama fez mais uma vez coro ao artigo do Projeto Hamilton. A recomendação número cinco do texto dizia:

> Garantir verbas federais para ajudar os estados que condicionam o desempenho estudantil à eficácia individual dos professores ao longo do tempo.

A administração Obama batizou o programa de financiamentos que criou de "Corrida para o Topo". Um fundo competitivo, Corrida para o Topo oferecia verbas apenas aos estados dispostos a revisar seus sistemas de avaliação de professores – identificando, promovendo e recompensando professores eficazes e removendo aqueles "que não estão à altura do trabalho".

O Corrida para o Topo não recomendava apenas a avaliação. A legislação também incluiu outras sugestões de políticas públicas, como instar os estados a dar aos professores "suporte efetivo" e melhorar os programas locais de treinamento de professores. Mas, do total de 500 pontos possíveis de serem marcados no sistema, a maior parte estava em uma categoria chamada "grandes professores e líderes". Dentro dessa categoria, de longe o fator mais importante, com 58 pontos, era "melhorar a eficácia de professores e diretores baseado em performance", o que significava avaliação. Mais adiante, uma condição especial encorajava as avaliações desqualificando estados que banissem a avaliação dos professores por meio dos resultados dos testes dos alunos – uma restrição que levou diversos estados a revisar suas leis.

Com a pressão do Corrida para o Topo, os distritos escolares cada vez mais viam as avaliações de professores como a ferramenta mais importante para melhorar a qualidade do ensino. Em 2012, todos os doze estados que receberam verbas do Corrida para o Topo, e muitos que não receberam, haviam revisado seus sistemas de avaliação de professores, incluindo, em muitos deles, a elevação dos padrões, de forma que professores bem ranqueados pudessem receber bônus, melhores salários e estabilidade, enquanto que os piores podiam ter a estabilidade negada ou ser demitidos.

Como exatamente os distritos esperavam que avaliações mais rígidas levassem a um melhor ensino dependia de cada um. Uma teoria comum, derivada do texto do Projeto Hamilton, pregava que metas seriam alcançadas por meio de melhor seleção. Se os melhores professores fossem designados aos alunos que mais precisavam deles, e os piores, removidos, os distritos poderiam organizar seu corpo docente de forma que tivessem "as pessoas certas diante da turma", como Kane, Staiger e Gordon escreveram. Entrevistas com especialistas em políticas públicas de treze estados mostraram que alguns líderes da área da educação tinham aderido à ideia. Eles pretendiam melhorar o grupo de professores extirpando os piores. "Estamos falando de decisões de carreira", disse um entrevistado aos pesquisadores. "Dois anos de ensino ineficaz significa que esse professor não deve ser empregado."

Entretanto, cada vez mais, líderes no campo da educação vinham proclamando uma terceira via, que não se originava do texto do Projeto Hamilton: a ideia de que as avaliações podiam servir como ferramentas de diagnóstico, não só de segregação. Sabendo como era seu desempenho, os professores descobririam o que precisavam fazer para melhorar no ano seguinte. "O propósito por trás disso é realmente auxiliar os professores que têm dificuldades a ser melhores profissionais", disse uma outra autoridade estadual aos pesquisadores. "Estamos apostando que as avaliações darão um *feedback* bem específico e executável aos professores", declarou um terceiro. O raciocínio era: basta medir, e a coisa vai melhorar. "Simples", como disse Bill Gates.

As avaliações podiam mesmo ajudar os professores a ser melhores? Havia algumas evidências sustentando essa ideia. Um programa de avaliação de professores no município de Cincinnati dava aos professores *feedbacks* sobre práticas específicas, desde o nível do discurso em sala de aula à qualidade das perguntas que faziam. Um estudo do programa de Cincinnati descobriu que os alunos demonstraram melhor desempenho depois que seus professores começaram a receber avaliações pontuais. Mas as avaliações, como concebidas na maioria dos estados, eram essencialmente um processo em duas etapas. O professor era observado, depois recebia uma nota. Pedir aos professores que aprendessem práticas pontuais com esse sistema seria como pedir aos alunos que aprendessem trigonometria com suas notas no SAT.

Outra frente, liderada por Pam Grossman, tomou um protocolo de observação que havia sido considerado um possível dispositivo de avaliação e o transformou em uma ferramenta de desenvolvimento profissional que foi usada com um grupo de professores, com resultados impressionantes. O protocolo, chamado POLE, de Protocolo para a Observação da Linguagem de Ensino, foi um dos tantos que Tom Kane e a Fundação Gates usaram no estudo MEE. Comparando 25 mil fitas de vídeo, de 3 mil professores em ação, aos protocolos, o estudo tentou discernir se certas práticas resultavam em ganhos no aprendizado dos alunos. Muitos dos métodos, sim, incluindo vários dos elementos do POLE, sugerindo que os protocolos podiam ser usados para avaliar professores.

O projeto de desenvolvimento profissional de Pam começou, assim como o MEE, com a pontuação das aulas de acordo com os critérios do POLE. Primeiro, os escores dos professores mal combinavam com os do MEE: na média, os professores faziam 2 pontos em 4. No critério "instrução de estratégia", o escore era 1,33.[1] Nas entrevistas, apenas um professor demonstrou conhecimento do que era instrução de

---

* O baixo desempenho era condizente com a qualidade decepcionante do ensino que os pesquisadores do projeto MEE haviam encontrado em nível nacional. Quase dois terços dos professores pontuaram menos do que a proficiência nas medidas do POLE para "desafio intelectual" e "discurso em sala de aula", e mais da metade das aulas foram classificadas de insatisfatórias para "instruções e uso explícito de estratégia" e "modelagem".

estratégia. Entre os onze que não sabiam, um que afirmou usar estratégia falou sobre ensinar "organização e autodirecionamento" – nada a ver com as habilidades que os alunos precisavam desenvolver em uma aula de inglês. Mas, ao final do projeto de Pam, assim como em Cincinnati, as coisas tinham mudado.

Os professores notaram a diferença tanto quanto os pesquisadores. Depois do primeiro treinamento no POLE, Lorraine McLeod, uma profissional com vinte e cinco anos de experiência que lecionava língua inglesa para o sexto ano no Distrito Escolar Unificado de San Francisco, disse que imediatamente passou "a fazer as coisas de outro jeito na minha sala de aula". Ela se orgulhava se seu carisma junto aos estudantes. Sua aula sobre o "Jogo do Faraó", na qual se fantasiava de monarca egípcia e encenava a destruição das "pirâmides" de papel dos alunos quando elas não estavam firmes, deixava a turma em chamas todos os anos. Suas aulas de produção de texto levavam até os muitos alunos para quem o inglês não era a língua nativa a produzir ensaios bastante consistentes. Mas o POLE ampliou sua criatividade de um jeito novo e útil.

A unidade sobre "instrução de estratégia" do POLE, por exemplo, ajudou Lorraine a desconstruir o planejamento e revisar os processos em pequenas partes. No caso do ensaio consistente, por exemplo, os alunos deveriam aprender a identificar evidências e também a descobrir maneiras de reuni-las (fazendo marcações e anotações) e explicá-las (transformá-las em um argumento descrevendo a sua importância). Lorraine criou aulas específicas para cada estratégia. De posse de um modelo do que era identificar e explicar as evidências, ela auxiliou seus alunos a elevar sua redação (e seu raciocínio) a um novo patamar. Como resultado, quando ela pediu um ensaio sobre se o Imperador Qin era ou não um bom líder, seus alunos não apenas declararam que ele era um bom líder porque unificou a moeda; eles explicaram que, ao unificar a moeda, ele fortaleceu a economia e assim melhorou a vida de seus súditos. A unidade "discurso de sala de aula" do POLE, por outro lado, ajudou Lorraine a estruturar caminhos para os debates de forma a fazer as crianças aprenderem como explicar suas ideias.

O POLE transformou as aulas favoritas de Lorraine em pedras preciosas. Uma delas, a unidade sobre poesia na qual os alunos escutavam músicas de Billy Joel, era sempre divertida (ela adorava apresentar a eles velhas canções "do seu tempo"). Mas a aula geralmente empacava na transição entre a hora de cantar junto e a de refletir sobre as metáforas das letras. "Eles não entendiam, eu sempre tinha de explicar de novo, e de novo, e de novo", diz ela. E, mesmo assim, "só alguns compreendiam".

Inspirada pelo treinamento no POLE, Lorraine refez todo o planejamento daquela unidade, injetando nela instrução de estratégia e discussão. Em vez de só ouvir a música, as crianças agora ouviam com a letra em mãos, preenchendo as palavras que faltavam. Então, quando a folha estava toda rabiscada com "montanhas", "cachoeiras", "rios" e "vales", ela passava para a lição estratégica, sobre como reconhecer uma metáfora – e, em seguida, para outra sobre como elaborar uma metáfora. A partir daí, eles trabalhavam com figuras, buscando correspondências e personificações emocionais para quatro tipos de formação geológica. E só depois passavam à etapa de escrever poemas nos moldes das canções de Billy Joel.

Pela primeira vez em toda sua carreira (pelo menos nas turmas de sexto ano), ela viu todos, e não apenas um ou dois poemas, apresentarem metáforas corretas. "Uma montanha de ansiedade/cheia de medo [...]/um pântano misterioso/é melhor desviar"; "Um platô tão plano quanto as asas de um pássaro/apaixonado, porém cego"; "O frágil penhasco da velhice"; "um vulcão jorrando punhos furiosos". Antes de ser treinada no POLE, Lorraine sabia na teoria que todas as crianças eram capazes de se expressar simbolicamente. Mas, depois do treinamento, ela testemunhou a prova. "Não é só quem tem a poesia na alma", disse ela. Qualquer estudante, devidamente ensinado, pode fazer as palavras cantarem.

Lorraine não foi a única. No final do primeiro ano de estudo do POLE, os professores participantes do projeto descreveram grandes mudanças em suas turmas. Uma professora veterana disse a Pam e seus alunos que a formação continuada "me ensinou a ensinar". Quando os pesquisadores reavaliaram os professores, as melhorias se confirmaram. Depois de apenas três ciclos de desenvolvimento profissional, a média de pontuação no POLE havia aumentado significativamente.

Pam rapidamente apontou as diferenças entre o POLE aplicado no estudo MEE e aquele usado no programa de desenvolvimento profissional. Tinham o mesmo nome e as mesmas ideias básicas sobre o bom ensino da língua inglesa, mas parava por aí.

Para os professores, as rubricas do POLE usadas nas avaliações significavam que, ou alguém viria assistir às suas aulas, ou você teria de instalar uma câmera de vídeo por um ou dois dias na sala para alguém que você nunca viu assistir depois. A única oportunidade de melhorar se apresentaria na devolução dos escores, especialmente se a pessoa que tinha assistido sua aula ou fita ajudasse a pensar sobre como fazer melhor da próxima vez. Mas, no máximo, a revisão consistiria em um monte de conversas. A principal função da avaliação como fora feita no estudo MEE da Fundação Gates era identificação (quem ensina bem e quem ensina mal) e não melhoria.

Já o POLE como ferramenta de ensino se baseava em estudos do aprendizado. Tanto quanto as crianças, os adultos precisam de oportunidades para fazer ligações entre conteúdos novos e aquilo que eles já dominam. Também precisam de recursos para fazer essas conexões, e precisam se sentir donos de seu próprio aprendizado. Como resultado, o treinamento POLE começou compartilhando os escores agregados dos professores em vez de entregar-lhes os individuais. Era a média do grupo, separada nos treze elementos do programa. Então, Pam e sua equipe de estudantes colaboradores deixaram os professores decidirem quais os dois elementos que queriam desenvolver. O grupo de Lorraine escolheu instrução de estratégia e discurso em sala de aula, os dois em que tinham os piores escores.

Nos workshops seguintes, Pam e seus alunos dissecaram esses dois elementos. Ensinando os professores a usá-los obrigou a equipe a desenvolver materiais além do previsto no protocolo. O ponto de partida era descrição. Uma prática fundamental como a "assimilação", por exemplo, inclui três subpráticas – pressão, reentonação e conexão com as ideias do orador –, e cada uma demanda uma definição própria. Em seguida, Pam e sua equipe apresentavam exemplos reais dessas práticas em ação, usando filmagens preexistentes de aulas ou criando novas. Finalmente, traziam o que Pam chamava de "aproximações da prática", exercícios para que os professores experimentassem por si mesmos. Pam designava diferentes atividades para diferentes professores de acordo com seu retrospecto. Aqueles como Lorraine, com mais experiência em conduzir um debate, praticavam "assimilação" simulando uma turma inteira. Quem tinha menos experiência praticava em pequenos grupos.

Em consequência, quando Lorraine trabalhou com instrução de estratégia ou discurso em sala de aula com seus alunos, ela tinha mais do que palavras soltas ou o escore de sua avaliação para se apoiar. Tinha agora exemplos concretos (gostava especialmente dos vídeos de Yvonne Divans Hutchinson, a antiga colaboradora de Pam em Los Angeles) e sua própria experiência praticando com outros professores. Ela até adotou o material especial criado por Pam e sua equipe, como esqueletos de frases para servir de apoio aos alunos em um debate e guias de preparação para fazê-los raciocinar sobre uma leitura antes de discuti-la com os colegas. Na verdade, Lorraine sequer percebeu que o POLE tinha qualquer viés de avaliação. Até onde ela sabia, era desenvolvimento profissional – do tipo raro que realmente ajuda a melhorar e não a perder tempo. A ferramenta de desenvolvimento POLE era muito mais que um sistema de avaliação. Era uma formação em como ensinar.

Poderiam os sistemas de avaliação estaduais oferecer esse tipo de experiência de aprendizado? Os primeiros sinais não eram muito promissores. Um desafio era que, no nível dos distritos, a maioria dos instrumentos de observação era genérica, aplicável a qualquer disciplina acadêmica, fosse matemática, inglês, história ou ciência. Ferramentas genéricas economizavam dinheiro, mas usá-las implicava *feedbacks* genéricos também.

O estudo do MEE não apresentou conclusões claras sobre a prática em sala de aula, mas revelou que aquilo que os professores mais precisavam não era trabalhar os elementos genéricos do ensino – desafios da gestão de uma sala de aula, como manter os alunos concentrados e comprometidos – mas os acadêmicos, como induzir discussões, falar precisamente de conceitos e moldar as estratégias que os estudantes precisam dominar.

Seria difícil fazer avaliações que explorassem esses pormenores com cada professor, principalmente porque o observador designado, na maioria dos estados, não era alguém com a mesma especialidade do professor, mas sim o diretor da escola. Os diretores normalmente tinham experiência de aula, mas não em todas as matérias nem em todas as séries.

Os primeiros estudos indicaram que os diretores não tinham o conhecimento do conteúdo pedagógico – como o CME na matemática, ou os equivalentes em inglês, história e ciências – que eram necessários para ajudar um professor a, por exemplo, criar uma boa representação de divisão de frações. Um par de pesquisadores pediu a 430 diretores que comentassem um estudo de caso de ensino – exatamente a mesma tarefa que teriam quando avaliassem os professores para o distrito. No exemplo, uma professora incentivava os alunos a debater se 5 pode ser dividido por 39. Nas respostas, quase metade dos diretores não fez qualquer referência à questão matemática, e outros 25%, apenas de forma superficial.

A capacidade das avaliações de melhorar o ensino também era refreada pelos escores de valor agregado individuais que compunham uma parte substancial das notas dos professores. Kane havia demonstrado que o impacto dos professores era menos significativamente volátil do que os resultados da escola como um todo. E que, no longo prazo, os escores pareciam ser proféticos quanto ao desempenho dos professores. Mas isso não queria dizer que a pontuação era a medida perfeita. Se era provável que um professor considerado eficaz em um ano segundo as técnicas de valor agregado continuaria sendo considerado eficaz no próximo ano, e também no seguinte, na prática acontecia que muitos professores acabavam mal classificados. Erros de medição e a realidade estatística de grandes números significavam que alguns bons professores seriam inevitavelmente classificados de normais ou até ruins pelo escore de valor agregado, mesmo que o percentual dos mal rotulados fosse baixo. Outros seriam chamados de "ineficazes" de acordo com as notas de valor agregado de um ano, e de "muito eficazes" no ano seguinte – e vice-versa.

Usar as estimativas para estudar a população de professores como um todo ou para tomar decisões sobre as carreiras deles individualmente eram coisas bem diferentes. Quando o economista Sean Corcoran observou os escores de valor agregado de professores da cidade de Nova York, aproximadamente 12 mil dos quais receberam notas no ano acadêmico de 2007/2008, ele viu que 31% dos professores de inglês no último quinto do ranking em 2007 (ou seja, o grupo dos 20% menos eficazes) tinham pulado para o primeiro ou segundo quinto do ranking em 2008 (ou seja, estavam entre os 40% melhores). Em outras palavras, presumindo que metade dos professores ranqueados ensinavam inglês, dos 1.200 "piores" de Nova York, 372 se tornaram professores de inglês acima da média apenas um ano depois – pelo menos, de acordo com o ranking de valor agregado. Se os 20% piores tivessem sido demitidos, o distrito teria perdido quase 400 professores destinados à eficácia.

É claro que ninguém estava sugerindo que os rankings de valor agregado fossem isolados. Mesmo os grandes defensores dessa metodologia pregavam que ela fosse parte de uma pontuação que abrangesse outros critérios. Mas essa parte – 50% em alguns casos – tinha muito peso.

Em um artigo sobre os desafios de usar avaliações como ferramenta de melhoria, Pam Grossman e Heather Hill escreveram que "mudar a prática é um trabalho lento e estável". Se os legisladores queriam ajudar os professores a crescer, disseram, eles teriam de "se engajar em políticas públicas com alto nível de demanda e de apoio, que [...] ajudem os professores a aprender".

Deborah Ball abraçou o desafio de reagir ao que ela chamou de "tsunami da avaliação" do jeito mais familiar: como um problema de ensino. Graças em grande parte à pesquisa sobre valor agregado, popularizada pelo artigo de Tom Kane no Projeto Hamilton, gente de todo o país começara a perceber a importância do ensino de alta qualidade. O que eles ainda não compreendiam – e que Deborah e outros precisavam ensiná-los – era como ter mais professores de alta qualidade.

Assim como sempre fizera com seus alunos, Deborah mirou sua resposta naquilo que parecia ser a raiz do mal entendido: a ideia tão propagada de que ensinar era um dom natural, uma coisa que, ou você é capaz de fazer, ou não é (e nunca será). Seguindo essa lógica, havia sentido em tentar melhorar o ensino por meio de triagem. Se alguns professores simplesmente nasceram para esse trabalho, e outros para fracassar, o plano de ação óbvio era jogar "qualquer um com pulso firme" na sala de aula e, depois de ver como se saíram, separar o joio e guardar o trigo. Mas, na verdade, como Deborah explicou a quem quisesse ouvir – um grupo que começava a incluir legisladores, filantropos e congressistas –, ensinar era tudo menos um trabalho natural. Ela podia provar isso com os mesmos problemas de matemática que havia desenvolvido no tempo da pós-graduação, aqueles que apenas um professor treinado conseguia resolver. Mas também podia provar isso com simples lógica.

Pensem, ela dizia, na maneira como bons professores precisam se descolar dos protocolos humanos normais. No dia a dia, quando enfrentamos algum conflito, a postura educada é de apaziguar, sorrir, ignorar as diferenças de opinião e fingir que não vemos quando um amigo fez besteira. Professores, ao contrário, precisam deliberadamente "provocar desequilíbrio", como escreveram Deborah e Francesca Forzani em um ensaio. Paralelamente, se a vida cotidiana prevê que ajudemos imediatamente alguém em apuros, os professores precisam deixar seus alunos passarem por dificuldades se quiserem realmente ajudá-los a aprender. E, enquanto as normas do dia a dia demandam que as pessoas "presumam uma comunhão com os entendimentos e argumentos dos outros, e com suas experiências de vida", os professores não podem se apoiar na confortável pressuposição de um denominador comum. Eles precisam testar.

Tudo isso, combinado ao conhecimento especializado e às habilidades que a profissão demanda, significa que melhorar o ensino simplesmente peneirando os amadores para separar os melhores dos piores seria não só ineficaz, mas também irresponsável. "Não faríamos isso em nenhuma outra área", disse Deborah em um discurso em 2012. "Em nenhuma outra área da nossa sociedade, pensaríamos que a forma de abastecer [...] um mercado de trabalho seria encontrar as pessoas, esperar que se saiam bem, deixá-las a sós para descobrir o que fazer. Não fazemos isso na enfermagem, não fazemos isso na medicina. Não fazemos nem com corte de cabelo, e eu acho isso ótimo, se querem saber". A comparação arrebatadora era com pilotos. "Toda vez que eu entro em um avião", disse, "fico muito feliz de saber que aquele avião não será pilotado por alguém que simplesmente sempre adorou aviões [...] Mas é o que fazemos nesse país. Pegamos pessoas que gostam de crianças e dizemos, 'sabe, é uma coisa particular, trabalhe nisso, dê um jeito".

Em 2013, Deborah pensou que estava, se não ganhando o debate, pelo menos melhorando muito na explicação. A combinação de verbas de doadores privados e da Universidade de Michigan tinha permitido a ela e Francesca nacionalizarem a Iniciativa para a Formação de Professores, criando uma organização chamada TeachingWorks [Ensinar Funciona]*. A faculdade de educação da Universidade de Michigan havia incorporado práticas de alto nivelamento e reestruturado o programa de formação de professores. Futuros professores agora tinham oportunidades de aprender as habilidades básicas e praticá-las em cenários cada vez mais fidedignos. E os alunos não se formavam sem ser aprovados em uma série de exames criados para mensurar seu domínio sobre práticas-chave.

Na TeachingWorks, Deborah e Francesca criaram um currículo único para a formação de professores, incluindo tudo desde os modelos (vídeos "exemplares" de professores executando práticas de alto nivelamento) até atividades de instrução (a melhor forma de ajudar um futuro professor a conduzir um debate, por exemplo) e exames que podiam ser aplicados em qualquer programa de treinamento, fosse no nível da escola, do distrito ou do estado. O currículo da TeachingWorks também incluía uma revisão das práticas de alto nivelamento e apresentava uma nova lista de "conteúdos de alto nivelamento", tópicos da primeira à última série que todos os professores precisam dominar, independentemente de sua disciplina (como escrever um resumo acadêmico, mas não uma ideia mais minuciosa e menos essencial como a complexidade de rima e métrica na poesia).

Alguns pesquisadores se mantiveram céticos sobre a possibilidade de ensinar professores a ensinar. Apontando para os calhamaços de estudos que não apresentaram nenhum efeito positivo do desenvolvimento profissional, Eric Hanushek julgava que os esforços para desmenti-los eram perda de tempo. Mas outros se renderam. Esse grupo incluía Bill Gates e Tom Kane, que agora enfatizavam o poder do *feedback* e da orientação somados às avaliações. Depois de deixar a fundação, Kane retornara a Harvard para liderar um novo estudo que

---

* [N.T.] Ver <www.teachingworks.org>

examinava os efeitos do *feedback* direcionado na qualidade do ensino. E a Fundação Gates, por sua vez, fez uma doação ao projeto de produção de infraestrutura da TeachingWorks.

Mas, se a ideia da infraestrutura era compreensível na teoria, implementá-la era bem mais complicado. Uma coisa seria simplesmente injetar o currículo para a formação de professores da TeachingWorks no mundo empreendedor, que já vinha construindo uma versão americana de infraestrutura educacional. Mas Deborah e Francesca queriam alcançar um grupo maior de professores, então precisavam trabalhar com a colcha de retalhos que existia – a completa incoerência.

Deborah também viu aumentarem os sinais de um revés contra as avaliações, que levavam na direção oposta (mas igualmente falha). Como os educadores das escolas charter, Magdalene Lampert, David Cohen, Pam Grossman, Heather Hill e os professores japoneses, Deborah não era contra a avaliação de professores. Ela só não achava que, sozinha, a avaliação melhoraria o ensino. À medida que o movimento pelas avaliações ganhava espaço, muitos professores compreensivelmente transformaram sua insatisfação com a meritocracia em uma defesa de seu oposto. A única forma de obter um ensino melhor, argumentavam, seria deixar os professores em paz – "libertá-los", como disse um comentarista, e "deixá-los serem eles mesmos". Mas deixar os professores em paz era exatamente o que as escolas americanas tinham feito por anos, sem muito sucesso.

As diretrizes Common Core, vitais para estabelecer a coerência, sofreram uma pressão similar. Em junho de 2013, Deborah assistiu, desiludida, aos legisladores do estado de Michigan votarem pelo bloqueio do fundo que apoiaria a implementação das novas diretrizes. Mais tarde, o fundo seria aprovado, mas no final de 2013 eles ainda estavam debatendo se financiavam ou não os testes compatíveis com o Common Core. Outros estados estavam se afastando das diretrizes, ao rejeitar os testes criados para medir o desempenho delas. As diretrizes eram, segundo os críticos, uma intromissão federal, ou até, para alguns, um caminho para o fascismo ("Se isso não é nazismo, comunismo, marxismo e todos os ismos, eu não sei o que é", disse um deles). A maré estava virando para o lado da autonomia. Mas autonomia tinha o mesmo problema que a meritocracia sem suporte: a ausência de infraestrutura.

Mesmo se Deborah e Francesca redigissem um currículo para a formação de professores que recebesse amplo apoio – e elas acreditavam que estavam fazendo exatamente isso –, as duas educadoras ainda enfrentariam um monte de questões táticas. Com que rapidez deveriam distribuir o currículo da TeachingWorks, e para quantas instituições de formação? Como poderiam garantir que os novos instrutores cumpririam o programa de forma eficaz? Um número crescente de professores das licenciaturas e de empreendedores que formavam professores estava adotando a abordagem que Pam Grossman chamou de movimento pela "formação de professores baseada na prática". Eles admiravam o tipo de ensino que aspirava a fazer os alunos raciocinarem e aprenderem de verdade, por meio do ETE. E tinham experiência fazendo isso. Mas ainda eram uma minoria.

Até a infraestrutura de prática dos empreendedores estava cheia de incertezas. Doug Lemov estava trabalhando em uma toxonomia mais rigorosa, a 2.0, e escolas como a Rise Academy estavam evoluindo em sua abordagem da disciplina. Mas, se o resto do movimento iria segui-los, não estava claro.

A experiência de Rousseau Mieze na escola do Harlem representou um caminho alternativo, mas não necessariamente melhor. Muitas escolas charter mantinham altos padrões de treinamento de professores, mas, sob a pressão de multiplicar as escolas rapidamente, elas às vezes falhavam em expandir a cultura de aprendizado para cada uma das novas franquias. Algumas se tornaram meramente réplicas superficiais, impondo certas técnicas sem incutir a compreensão de por que elas faziam sentido – ou, mais importante ainda, sem revisar as que não faziam. Havia verdadeira tensão entre o desejo de ampliar os programas e a necessidade de manter a qualidade deles.

A previsão mais otimista de Deborah era que a TeachingWorks levaria pelo menos dez anos para ter algum impacto. Mas essa visão cautelosa estava aquém das expectativas. Todo mundo com quem ela lidava trabalhava com prazos bem menores. As autoridades federais e estaduais de educação, assim como os filantropos de quem eles dependiam para manter o projeto, queriam escolas melhores *amanhã*. "Todo mundo está impaciente, mas, daqui a dez anos, se tivermos um sistema diferente, isso será uma revolução, não uma mudança modesta", diz Deborah. A questão é se as peças vão se encaixar sem a retaguarda dos apoiadores para os próximos passos.

Deborah não é o tipo de pessoa que deixa os desafios a deterem. Em seu escritório, há um quadro com um trecho de *Alice no país das maravilhas,* de Lewis Carroll:

> Alice riu. "Não adianta tentar", disse; "não se pode acreditar em coisas impossíveis".
> "Com certeza não tem muita prática", disse a Rainha. "Quando eu era da sua idade, sempre praticava meia hora por dia. Ora, algumas vezes cheguei a acreditar em até seis coisas impossíveis antes do café da manhã".*

David Cohen disse uma vez que ensinar é uma profissão de fé. Demanda, acima de tudo, esperança. A boa vontade para acreditar que uma coisa que não existe hoje pode um dia ganhar vida. Deborah era uma grande professora porque tinha passado muito tempo aprendendo a ensinar. Mas ela também era uma grande professora porque tinha esperança.

Quem quer que tivesse presenteado aquele quadro a Deborah havia destacado a última linha: *às vezes eu já tinha acreditado em umas seis coisas impossíveis antes do café da manhã*. Deborah pendu-

* [N.T.] Conforme tradução de Maria Luiza X. de A. Borges, editora Zahar, 2013 <http://www.zahar.com.br/livro/alice-edi%C3%A7%C3%A3o-comentada-e-ilustrada-0>

rou o quadro na porta, como se fosse uma conjectura de um de seus alunos da Spartan Village. Toda vez que deixava sua sala, ele estava lá para lembrá-la de acreditar.

EPÍLOGO

COMO SER PROFESSOR
(Parte dois)

Um dia, em 2013, enquanto escrevia este livro, eu finalmente fui vencida numa discussão por um dos professores que vinha observando.

Eu conhecera Andy Snyder em um evento promovido pela organização em que trabalho, a Chalkbeat (na época, Gotham Schools). Tempos depois, um amigo em comum (um excelente professor) me contou que Andy era o melhor professor que ele já vira. Seus alunos, disse esse amigo, chegavam a postar fotos da lousa da aula de Andy em seus perfis no Facebook. Eles o admiravam desse modo.

Nosso amigo em comum estava certo. Andy, que leciona estudos sociais em escolas públicas da cidade de Nova York, é um professor extremamente habilidoso. Em sua sala de aula, eu com frequência sentia o mesmo arrepio que me davam as velhas fitas de Magdalene Lampert e Deborah Ball, ou as aulas de Mariel Elguero e Shannon Grande, ou a observação das aulas em Tóquio. A lição era para estudantes com metade da minha idade, mas eu ainda estava aprendendo.

Minha discussão com Andy foi assim: ele achava que eu era uma fraude por escrever um livro sobre ensino sem jamais ter dado aulas. Eu realmente queria integrar as tropas de gente que faz pregações sobre ensino, mas nunca tentou fazer melhor? Eu respondi que, se a condição para escrever sobre algo era ter feito essa coisa, então os jornalistas de política só poderiam cobrir o Congresso se fossem eleitos deputados! O ensino não estava imune a investigações externas só porque muita gente o julgava como um trabalho muito pessoal, um dom natural.

Eu perdi o debate. Pelo menos, perdi o argumento sobre se eu deveria ou não tentar dar aulas. E assim, em uma manhã cinzenta de março de 2013, acordei absurdamente cedo e, com o coração na garganta, peguei o metrô da minha casa no Brooklyn até uma escola de ensino médio em Manhattan chamada School of the Future [Escola do Futuro], onde daria uma aula no lugar de Andy.

Dois dias antes, planejando a aula, fui acometida por uma excitação etérea. A satisfação de elaborar aquele plano me pegou de surpresa. Eu estava me divertindo. Mas minha animação foi aniquilada quando sentei com Andy para as preparações finais. Um colega professor por acaso entrou na sala onde estávamos, e ele e Andy começaram a falar sobre as primeiras aulas que cada um tinha ministrado. Andy perguntou ao outro se ele havia chorado, dizendo que ele próprio, sim – e mais de uma vez. Então olhou para mim. "Você pode chorar", ele disse. "Só estou avisando."

Na noite seguinte, véspera da aula, eu tive um pesadelo. Os detalhes evaporaram assim que acordei, mas o fundamental estava claro: um absoluto e espetacular fracasso. Os alunos já sabiam tudo que eu queria ensiná-los. Diante da minha aula, me deram as costas. Acordei no meio da noite em pânico, e fiquei até de manhã virando de um lado para outro sem conseguir dormir de novo.

A aula passou rápido. Quando me lembrei de olhar o relógio para ver quanto tempo ainda tinha, já era. Andy e eu tivemos um período para avaliar, e depois tínhamos de voltar para a próxima turma. Ele tinha várias aulas naquele dia, mas eu o substituí em apenas duas.

Sob um aspecto, Andy me julgou mal. Eu não chorei, embora tenha chegado perto ao sentir no intervalo entre as duas aulas, uma exaustão, um grande vazio depois que passou toda a excitação e a falta de sono cobrou seu preço. Mas Andy estava certo em outro e mais importante quesito. Tentar dar uma aula me mostrou coisas que eu nunca teria descoberto apenas observando e entrevistando professores. Ao fazê-lo, eu reaprendi tudo o que Deborah Ball, Magdalene Lampert, Pam Grossman e Doug Lemov haviam me ensinado, mas de uma maneira mais profunda e perene.

Eu compreendera que ensinar era um trabalho intelectual difícil desde a primeira vez que Deborah Ball me deu um teste de Conhecimento Matemático para o Ensino. Mas eu não tinha entendido o quanto era difícil até trabalhar com Andy. Para planejar a aula, a primeira de uma unidade sobre redação biográfica que ele estava começando, eu passei horas pensando sobre o que significava biografar, o que tornava isso complicado, e por onde um estudante deveria começar. Imaginei se seria mais importante focar nas afirmações que os biógrafos fazem sobre as pessoas, e como eles chegam a elas – ou, por outro lado, se são justas. Seria possível separar esses problemas e trabalhar em um de cada vez? Folheando livros e perfis jornalísticos em busca de passagens que ilustrassem os temas que deveríamos estudar, refleti sobre quais perguntas e quais textos eu poderia usar para fazer a turma pensar sobre essas questões. Então fiquei horas selecionando excertos que pudéssemos ler e discutir em uma aula de sessenta minutos – curtos o suficiente para ser compreendidos, e complexos o suficiente para envolver tópicos-chave que eu queria que eles considerassem.

Mesmo depois de tudo isso, no dia da aula, Andy e eu ainda tínhamos dificuldade de articular qual era o "objetivo de hoje", que ele sempre escrevia no mesmo lugar da lousa. Tentando resumir o propósito da lição em uma única frase, eu escrevia e reescrevia. Na hora de começar a aula, minha mão estava coberta de pedaços de borracha.

Eu aprendi (de novo) o que Lee Shulman disse sobre conhecimento de conteúdo pedagógico: saber o conteúdo não é o suficiente. Eu também tinha de conhecer os alunos. Durante o planejamento, no começo daquela semana, eu tinha orgulhosamente mostrado a Andy a pilha de livros que havia selecionado, com marcações nas páginas onde estavam as passagens que podíamos usar. Ele deu uma olhada rápida neles e foi descartando um por um. Até um brilhante trecho da obra de Taylor Branch, *Parting the Waters* [Dividindo as águas], que apresentava o ativista dos direitos civis Bayard Rustin, era "muito chato" para alunos do equivalente ao segundo e terceiro anos do ensino médio. Da mesma forma que outra passagem de Branch que eu tinha escolhido, apresentando Roy Wilkins. Outro trecho, de Michael Lewis, que tirei do livro *The Big Shot* [A Jogada do Século na edição em português], poderia funcionar – o personagem descrito, o gerente de fundos Vincent Daniel, cresceu perto no Queens, e havia alguns detalhes picantes, como o fato de que seu pai fora assassinado, "apesar de ninguém nunca ter falado sobre isso". Mas eu precisava diminuir bastante o trecho selecionado. E ainda assim era bem chato, na opinião de Andy. Ele me deu uma lista das biografias que a turma estava lendo – uma possibilidade em que eu não tinha pensado. Tente essas, sugeriu ele.

A avaliação de Andy me apavorou. Eu tinha passado horas selecionando esses textos, e achava que aquele sobre Bayard Rustin era particularmente bom. Mas, apesar de ter pensado em formas possíveis de usar as passagens com os alunos – perguntas que podia fazer e problemas sobre os quais pudéssemos refletir juntos –, "chato" não tinha me ocorrido. Eu tinha passado horas entrevistando Pam Grossman sobre o ensino da língua inglesa e a importância de escolher não apenas textos clássicos, mas também aqueles que os alunos vão achar interessantes. Mas, por alguma razão, só quando Andy descreveu a reação dos adolescentes à mais brilhante das biografias foi que entendi. Os textos que déssemos a eles não significavam nada se não tivessem sido lidos.

Quando a aula começou, eu vi que a modelagem é tão poderosa quanto Pam Grossman diz. Andy e eu tínhamos planejado fazer essa parte logo antes da discussão no grande grupo – cinco minutos em que sentaríamos no meio da turma, lendo uma das passagens juntos e colocando questões que queríamos que eles perguntassem. "O que o autor diz sobre seu personagem?" "Imaginem o momento em que o autor decidiu escrever sobre essa pessoa. O que acham que ele fez para conhecê-la? Que raciocínio fez? Que escolhas fez?". Usamos um dos trechos que Andy tinha me mostrado um dia antes, do livro de Mitch Albom Tuesdays with Morrie [A última grande liçãom, na edição em português]. Depois, após a primeira aula, quando Andy reuniu alguns alunos para me darem seu *feedback*, eles pinçaram esse momento como um dos mais produtivos. Um deles, Marcos, me disse que nunca tinha pensado sobre o fato de que os autores precisam aprender sobre seus personagens antes de escrever sobre eles, até discutirmos como Albom tinha pesquisado sobre Morrie Schwartz (o personagem biografado). Como jornalista, o desafio de descobrir o que eu não sabia era parte do meu cotidiano. Mas como estudantes do ensino médio iriam saber? Claro que não sabiam como se fazia isso. Tinham de aprender. E, para isso, é claro, tinham de ser ensinados.

Aprendi, novamente, que o que Heather Kirkpatrick me disse sobre o "discurso acadêmico" era brutalmente verdadeiro. As discussões são ótimas em teoria, mas de arrancar os olhos de tão difíceis de conduzir em uma sala de aula de verdade. Eu tinha tentado organizar a aula em três partes: modelagem, para começar; exercícios individuais com as questões com um texto diferente (no fim, eu arrisquei usar a passagem de Michael Lewis, e ninguém dormiu); e, finalmente, uma discussão em grupo sobre o que a turma aprendera que, eu esperava, tornaria ideias específicas em conceitos mais abstratos, levando-os do trabalho específico de um autor para aquilo que eles teriam feito, se tivessem de escrever uma biografia de próprio punho.

Mas, quando dei início ao debate, no primeiro período, percebi rapidamente que estava perdida. Tentava acompanhar as ideias dos alunos, anotando-as em meu caderno, mas acabei escrevendo só coisas sem nexo. E o trabalho de tomar notas interrompeu meu fluxo de memória. Alguém disse alguma coisa, e eu estava tão distraída com tudo o que tinha de fazer – manter todo mundo focado, cuidar do horário, pensar sobre o que faria a seguir, lembrar seus nomes, chamar esse ou aquele aluno que tinha escrito uma ideia interessante sem ignorar os demais cujas ideias eram mais comuns – que esqueci de ouvir. Apenas concordava, muda, e chamava o próximo.

No período seguinte, Andy e eu decidimos desistir da discussão. Era melhor nem tentar. Claro que a aula correu bem mais tranquila, e eu passei bem menos tempo surtando. Talvez a lição simplesmente não justificasse mesmo um debate. Ou, quem sabe, como tantos professores, eu tenha escolhido o caminho mais confortável: o mais fácil, mas não necessariamente o melhor.

Reaprendi o que os primeiros estudos tinham concluído enquanto buscavam a personalidade ideal do professor. Traços de caráter e habilidades pedagógicas não são a mesma coisa. Os dois interagem, mas a personalidade não leva à habilidade, ou vice-versa. De alguma forma, era natural. Durante nossa análise, após as aulas, Andy destacou que, quando eu entrei na sala, os alunos imediatamente me trataram como a professora, sem fazer perguntas. Sem tê-los conquistado, eu tinha a total atenção deles, se não até o seu respeito. Muitos professores não têm essa sorte, disse Andy. Algo no jeito de andar ou na postura simplesmente torna mais difícil para eles manterem os holofotes sobre si.

Mas, se eu tinha esse "algo" – "Voz de comando", de acordo com o vocabulário da taxonomia Lemov –, em outro aspecto a minha personalidade me traiu. Meus amigos e colegas conhecem meu hábito de fazer comentários abruptos que soam rudes, ou, como meus amigos sempre me diziam na escola, "esquisitos". Depois de adulta, trabalhei para controlar essa minha *persona* sem filtros, ao menos com pessoas que eu não conhecia bem. Mas, na sala de aula, eu regredi. Quando uma menina de rabo de cavalo bem lambido para trás disse algo que eu não entendi, em vez de educadamente pedir que ela esclarecesse, eu disse algo como "Como você acha isso?", como se ela fosse uma idiota por ter uma ideia tão estranha. Minhas palavras a mataram. Assim que acabei de falar, minha máscara caiu. De repente, todos os vinte e poucos alunos estavam olhando para mim e rindo, e não era de um jeito legal. O pior de tudo é que eu não podia ter escolhido uma aluna pior para agredir. A menina do rabo de cavalo era a mais petulante da turma, a mais determinada a não se deixar convencer. Eu a ofendi só por existir, e ela ficou perdida.

Aprendi, outra vez, o que tinha aprendido lendo o livro de Magdalene Lampert sobre um ano em sua sala de aula. A lição não é a única parte importante de ensinar. Minha primeira métrica de sucesso foi "eles aprenderam alguma coisa?". Mas, à medida que as semanas passavam, e eu mantinha contato com Andy enquanto ele continuava desenvolvendo a unidade que eu inaugurara, percebi o quanto isso era bobo. Aprender, na escola, é um processo de semanas e meses, não períodos de sessenta minutos. Quando Andy e os alunos terminaram a unidade sobre biografias, eles tinham progredido, chegaram ao final, recomeçaram e recuperaram o mesmo território que Andy e eu semeamos no dia da minha estreia. Quando eles finalmente produziram ensaios biográficos dos quais se orgulharam, nenhum exame no mundo poderia discernir os efeitos específicos da minha aula.

A primeira e última coisa que reaprendi – a que realmente ficou comigo – tinha a ver com aquela palavrinha de quatro letras, amor. Muitas vezes, Doug Lemov tinha se dedicado a me explicar a importância do amor no ensino. Disciplina, ele me disse, requeria que os professores trabalhassem com os alunos "por amor". Quando Doug dizia isso, eu sempre concordava. Mas só quando dei aula para a turma de Andy é que eu entendi o que ele queria dizer.

Um pouco antes de a aula começar, Andy e eu estávamos na sala do xerox no porão da escola, fazendo cópias dos trechos que eu tinha escolhido e das folhas de exercício que tinha preparado. Eu tinha um milhão de perguntas, e Andy respondeu pacientemente a cada uma.

Ele me deu um conselho, também, mas não lembro qual era. Algo sobre como operar a copiadora, talvez, ou sobre a hora que a aula começava e terminava e o que dizer quando eu entrasse na sala. Então ele se virou, a camiseta toda amassada de quem acordou em cima da hora e os olhos vermelhos.

"E outra coisa", ele disse, "a mais importante de todas. Você tem de olhar para eles com amor no coração. Uma vez que entendem que você se importa, eles vão relaxar". Era a única coisa que conseguia lembrar quando fiz aquele comentário para a menina de rabo de cavalo e quase virei toda a turma contra mim. Olhando para ela, a pessoa que sem querer me tinha feito perder o controle – a única coisa que eu tinha, na verdade – eu me obriguei a seguir a instrução de Andy. A menina me olhava como se quisesse me jogar pela janela. Olhando para ela, eu pensei que ela era um ser humano, uma pessoa com quem eu me importava. Decidi que a amava.

Consegui continuar. Mais tarde, no final da aula, quando a chamei na porta da sala para pedir desculpas pelo que fiz, ela me deu o presente mais valioso de todos. Curvou os lábios quase sorrindo, olhou nos meus olhos e deu de ombros. Tanto faz, dizia a sua expressão. Mas foi a primeira vez que ela se comunicou comigo desde o incidente no começo da aula. Eu poderia tê-la abraçado.

Dando aquela aula, eu reaprendi mais uma coisa: é absolutamente possível aprender a ensinar. Não fiz um grande trabalho com Andy; foi médio. Mas eu tenho certeza de que, se tivesse tentado a mesma coisa antes de começar a apuração para esse livro, teria sido dramaticamente pior.

Eu percebia o quão longe tinha ido quando conversava com meus amigos que não são professores sobre o que estava fazendo. "O que você vai ensinar?", me perguntaram – uma pergunta que sempre me retraía. "O que vai ensiná-los a fazer?", era o que sugeria a questão. Nas perguntas deles, eu ouvia minha própria voz, lá por 2009, imaginando o trabalho em sala de aula como uma exibição de expertise. Possíveis respostas para essas perguntas passaram pela minha cabeça: vou ensiná-los a fazer sanduíche, escrever uma manchete, dançar, fazer um blog, malabarismo – qualquer coisa que nunca fizeram. "Qual o tema da sua fala?", outro amigo perguntou, confundindo aula com palestra (uma maneira de ensinar, certamente, mas apenas uma parte).

Minha própria questão não era exatamente o que ensinaria, mas: como faria isso? Pensei nos tópicos, nas atividades, nas ideias. O que eu poderia ajudá-los a aprender, e como ajudaria?

Eu tremo só de imaginar como teria me preparado para a aula se tivesse sido três anos antes – se eu tivesse, como tantos novos professores, entrado na sala sem compreender realmente como ensinar funciona. Provavelmente teria feito como o cinegrafista que tinha ido à aula de Andy uma semana antes de mim. Obcecada com minha aula – os objetivos, o conteúdo, a sequência –, eu tinha obrigado Andy a responder um monte de e-mails e depois sentar por mais de duas horas para revisar o plano, passo a passo. O cinegrafista, disse Andy, tinha se recusado a planejar qualquer coisa, entrou e foi um fiasco – não conseguiu manter os alunos focados, muito menos trabalhar com eles em qualquer coisa interessante.

Eu ainda precisava de uma tonelada de ajuda, e não havia leituras, observações ou entrevistas suficientes para substituir a prática de trabalhar com alunos de verdade. Mas, pelo menos, eu tinha compreendido o mecanismo que faz o ensino funcionar – e isso me levou mais longe do que Andy ou eu podíamos imaginar.

NOTAS

A apuração para este livro incluiu várias dezenas de entrevistas com professores, administradores, especialistas em políticas públicas e pesquisadores durante mais de cinco anos. Além das entrevistas, baseei-me em um grande número de artigos científicos, livros e registros de aulas, incluindo as que eu observei diretamente e outras que se tornaram acessíveis a mim por meio de gravações em vídeo, transcrições e planos de aula, entre outros recursos.

Por limitação de espaço, eu não incluí aqui a lista completa de entrevistas, textos e aulas. As presentes notas listam as fontes primárias de informações usadas no livro que não foram diretamente citadas no texto.

PRÓLOGO

Pg. 11 *Os nomes das crianças estão no diário de classe*: pseudônimos inventados pela tradutora.

Pg. 16 *Alguém aqui concorda com essa resposta?*: as cenas de sala de aula neste capítulo foram descritas no livro de Magdalene Lampert, *Teaching Problems and the Problems of Teaching* (New Haven, CT: Yale University Press, 2001); em muitas entrevistas da autora com Lampert entre 2010 e 2013; e em fitas de vídeo cedidas por Lampert.

Pg. 16 *para deixar brotar o "senso de humor" que ele "sempre teve"*: James Hilton, *Goodbye Mr. Chips*, Project Gutenberg Australia, http://gutenberg.net.au/ebooks05/0500111h.html, acessado em setembro de 2013.

Pg. 16 *por décadas, em centenas de estudos*: centenas não é um exagero. Já em 1929, diz a pesquisadora Seneca Rosenberg, acadêmicos do ensino descreviam "uma inadministrável massa de informação (...) grande demais para ser assimilada em uma vida inteira"; em 1974, outro par de pesquisadores estimou que mais de 10 mil estudos sobre eficácia de professores tinham sido publicados. Rosenberg, *Organizing for Quality in Education: Individualistic and Systemic Approaches to Teacher Quality* (dissertação de PhD, Universidade de Michigan, 2012).

Pg. 17 *extrovertidos ou introvertidos, brincalhões ou sérios, flexíveis ou rígidos*: ver, por exemplo, A. S. Barr et al., "Wisconsin Studies of the Measurement and Prediction of Teacher Effectiveness: A Summary of Investigations", *Journal of Experimental Education*, 30, número 1 (setembro de 1961); e Jonah E. Rockoff et al., "Can You Recognize an Effective Teacher When you Recruit One?", *NBER Working Paper*, número 14485 (Cambridge, MA: National Bureau of Economic Research, 2008), http://www.nber.org/papers/w14485.

Pg. 17 *que Jane Hannaway, diretora do Centro Nacional para a Análise de Dados Longitudinais da Pesquisa em Educação e ex-professora, me descreveu como "feitiçaria"*: Jane Hannaway, em entrevista à autora, 13 de janeiro de 2010.

Pg. 19 *"Quem pode, faz. Quem não pode, ensina"*: George Bernard Shaw, *Máximas para Revolucionários*, Project Gutenberg, edição para Kindle, http://www.gutenberg.org/ebooks/26107, acessado em outubro de 2013.

Pg. 21 *"É quem é seu professor"*: Barack Obama, "Our Kids, Our Future" (discurso, Manchester, New Hampshire, 20 de novembro de 2007), American Presidency Project, http://www.presidency.ucsb.edu/ws/?pid=77022.

Pg. 21 *elevando assim a qualidade da força de ensino como um todo*: Barack Obama, "Remarks by the President on Education" (discurso, Departamento de Educação dos EUA, Washington, DC, July 24, 2009), Casa Branca, http://www.whitehouse.gov/the_press_office/Remarks-by-the-President-at-the-Department-of-Education.

Pg. 23 *os professores "não têm pontuação; têm confiança"*: Sindicato dos Professores de Chicago, *The Schools Chicago's Students Deserve: Researched-Based Proposals to Strengthen Elementary and Secondary Education in the Chicago Public Schools* (Chicago: CTU, 2012), http://www.ctunet.com/blog/text/SCSD_Report-02-16-2012-1.pdf

Pg. 23 *equivale a toda a força de trabalho da Apple no mundo*: "U.S. Jobs Supported by Apple", Apple.com, http://www.apple.com/about/job-creation, acessado em 27 de julho de 2013.

Pg. 23 *professores (3,7 milhões)*: Deborah Loewenberg Ball, "The Work of Teaching and the Challenge for Teacher Education" (palestra, Universidade de Vanderbilt, 11 de setembro de 2008). Dados baseados em uma análise dos números anuais domésticos do Escritório de Estatísticas do Trabalho, feita por Francesca Forzani.

Pg. 23 *(números de americanos em diferentes profissões)*: essa apresentação foi feita em 2008. Os dados do último Censo ainda mostram que professores compõem o maior grupo ocupacional nos Estados Unidos. Ver Richard Ingersoll e Lisa Merrill, "Seven Trends: The Transformation of the Teaching Force", *CPRE Working Paper*, número #WP-01 (Filadélfia: Consórcio de Pesquisa das Políticas Públicas em Educação, 2012).

Pg. 23 *contratar mais de 3 milhões de novos professores entre 2014 e 2020*: William J. Husser e Tabitha M. Bailey, *Projections of Education Statistics to 2020*, 39a. Edição (Washington, DC: Centro Nacional de Estatísticas em Educação, 2011), http://nces.ed.gov/pubs2011/2011026.pdf. Ver tabela 16, p. 53.

Pg. 24 *o município ainda precisava de 600 novos professores*: Nancy Slavin (então diretora de recrutamento das Escolas Públicas de Chicago), entrevistas à autora em 4 e 18 de dezembro de 2009.

Pg. 24 *ingressam nos sistemas público e privado de ensino anualmente*: Husser e Bailey, *Projections of Education Statistics to 2020*, tabela 16, p. 53.

Pg. 25 *Não era confortável assistir alguém fazer isso*: Steven Farr, entrevista à autora em 18 de janeiro de 2010.

Pg. 27 *melhores condições de trabalho e flexibilidade*: Susanna Loeb, Linda Darling-Hammond e John Luczak, "How Teaching Conditions Predict Teacher Turnover in California Schools", *Peabody Journal of Education* 80, número 3 (2005): 47.

Pg. 28 *uma das dez maiores rendas médias familiares do país*: "2011 American Community Survey", Escritório do Censo dos EUA, http://www.census.gov/acs, acessado em novembro de 2011.

Pg. 28 *"a maior arte do mundo"*: Francis W. Parker, *Notes of Talks on Teaching,* registrado por Lelia E. Patridge (Nova York: E. L. Kellogg, 1891), 21, http://books.google.com/books?id=9aLsAAAAMAAJ&printsec=frontcover&source=gbs_ge_summary_r&cad=0%2522%20%255CI#v=onepage&q&f=false, acessado em 29 de dezembro de 2013.

Pg. 29 *e não pretendia desistir delas*: Ibid., xii.

Pg. 29 *Até um professor o chamou de tolo*: William Milford Giffin, *School Days in the Fifties: A True Story with Some Untrue Names of Persons and Places* (Chicago: A. Flanagan, 1906), 125, http://books.google.com/books?id=P449AAAAIAAJ&pg=PA63&dq=school+days+in+the+fifties+francis+parker&hl=en&sa=X&ei=z-HAUvikIdWvsQTK6ICYDg&ved=0CC0Q6AEwAA#v=onepage&q&f=false, acessado em 29 de dezembro de 2013.

Pg. 29 *"O público em geral era contra"*: Orville T. Bright, Homer Bevans e John Lancaster Spalding, "Addresses Delivered at the Memorial Exercises Given by the Public-School Teachers of Chicago and Cook County, Auditorium, April 19, 1902", *Elementary School Teacher and Course of Study* 2, número 10 (junho de 1902): 728.

Pg. 30 *destinado a observar sua terra prometida à distância*: William R. Harper et al., "In Memoriam. Colonel Francis Wayland Parker, Late Director of the School of Education, University of Chicago", *Elementary School Teacher and Course of Study* 2, número 10 (junho de 1902): 715.

Pg. 30 *permitir que o segredo dos grandes professores viva e morra com eles*: John Dewey, *The Sources of a Science of Education* (Nova York: Horace Liveright, 1929), edição para Kindle, http://www.archive.org/stream/sourcesofascienc009452mbp#page/n13/mode/2up, p. 10.

Pg. 30 *"possa ser comunicado a outros"*: Ibid., 11.

Pg. 30 *apesar de Parker e Dewey terem falecido antes de ver a "Palestina educacional"*: Harper et al., "In Memoriam. Colonel Francis Wayland Parker, Late Director of the School of Education, University of Chicago", 715.

CAPÍTULO 1

Pg. 31 *integrava o novo e prestigiado Escritório de Pesquisa Educacional*: David Berliner, "Toiling in Pasteur's Quadrant: The Contributions of N. L. Gage to Educational Psychology", *Teaching and Teacher Education* 20, número 4 (maio de 2004): 329-40.

Pg. 31 *ouvindo suas histórias em mesas de bar até tarde da noite*: a descrição que se segue, de Nate Gage como professor e acadêmico, é baseada na obra de David Berliner "*Toiling in Pasteur's Quadrant*" e em entrevistas à autora: David Berliner em 7 de fevereiro de 2012; Barak Rosenshine em 19 de fevereiro de 2012; Frank Sobol em 27 de fevereiro de 2012; Lovely Billups em 4 de fevereiro de 2012; e Garry McDaniels em 17 de fevereiro de 2012.

Pg. 32 *Não raro, um ou dois dormiam durante a sua fala*: Berliner, em entrevista à autora.

Pg. 32 *cor dos olhos, estilo de vestir e força do aperto de mão*: os estudos referenciados neste parágrafo estão resumidos na obra de Thomas L. Good, Bruce J. Biddle e Jere E. Brophy, *Teachers Make a Difference* (Nova York: Holt, Rinehart e Winston, 1975), 14, e em A. S. Barr et al.,"Wisconsin Studies of the Measurement and Prediction of Teacher Effectiveness: A Summary of Investigations", *Journal of Experimental Education* 30, número 1 (setembro de 1961), 103.

Pg. 32 *"cruéis, depressivos, antipáticos e depravados"*: citado em Egon G. Guba, "Review of Handbook of Research on Teaching, *by N. L. Gage*", *Theory into Practice* 2, número 2 (abril de 1963): 114.

Pg. 32 *inutilmente chamada de "habilidade para ensinar"*: Donald M. Medley, "Early History of Research on Teacher Behavior", *International Review of Education* 18, número 4 (1972): 431.

Pg. 33 *melhoramento de programas de formação de professores*: citado em Good, Biddle e Brophy, *Teachers Make a Difference*, 13.

Pg. 25 *"Acho que tem umas seis semanas disso aí"*: Geraldine Joncich, *The Sane Positivist: A Biography of Edward L. Thorndike* (Middletown, CT: Wesleyan University Press, 1968), 156.

Pg. 25 *Edward Thorndike, outro pioneiro*: David Berliner, "The 100-Year Journey of Educational Psychology", em *Exploring Applied Psychology: Origins and Critical Analyses*, organizadores Thomas K. Fagan e Gary R. Vanden-Bos. (Washington, DC: American Psychological Association, 1993), 193.

Pg. 25 *a tarefa era muito "chata"*: Joncich, *Sane Positivist*, 163, 230.

Pg. 25 *"Nada. Eu pediria demissão!"*: Ibid., 217.

Pg. 26 *"Não há melhor objeto de estudo psicológico do que um gato faminto"*: Edward Lee Thorndike, *Animal Intelligence* (Nova York: Macmillan, 1911), 54.

Pg. 26 *Mas ele não estudou os professores*: Ellen Condliffe Lagemann, *An Elusive Science: The Troubling History of Education Research* (Chicago: University of Chicago Press, 2000), 56-66.

Pg. 26 *Dewey deixou seu trabalho com educação de lado*: Ibid., 55-56.

Pg. 26 as instituições *naquela época simplesmente não contratavam judeus*: o retrato de Nate Gage neste parágrafo se baseia em uma entrevista da autora com David Berliner em 7 de fevereiro de 2012, bem como no artigo do mesmo autor, "Toiling in Pasteur's Quadrant: The Contributions of N. L. Gage to Educational Psychology", *Teaching and teacher Education* 20, número 4 (maio de 2004): 329-40.

Pg. 26 *revirando as listas de rejeitados dos outros departamentos de psicologia:* Barak Rosenshine, entrevistado pela autora em 19 de fevereiro de 2012.

Pg. 26 *um bom senso enorme*: citado em Arthur G. Powell, *The Uncertain Profession: Harvard and the Search for Educational Authority* (Cambridge, MA: Harvard University Press, 1980), 48.

Pg. 27 *"o Senhor nos fez a partir dela"*: citado em Willis Rudy, "Josiah Royce and the Art of Teaching", *Educational Theory* 2, número 3 (julho de 1952): 158-69.

Pg. 27 *o número de professores se aproximava de 1 milhão*: os números de candidaturas e contratações neste parágrafo foram extraídos de Thomas D. Snyder (organizador), *120 Years of American Education: A Statistical Portrait* (Washington, DC: Centro Nacional de Estatísticas de Educação, 1993), 34.

Pg. 28 *"ou Mendel cultivando suas ervilhas"*: A. S. Barr et al., "Report of the Committee on the Criteria of Teacher Effectiveness", *Review of Educational Research* 22, número 3 (junho de 1952): 261.

Pg. 28 *no caldeirão prático de uma escola*: ver, por exemplo, John Dewey, *The Sources of a Science of Education* (Nova York: Horace Liveright, 1929), edição para Kindle; e Lagemann, *Elusive Science*, 48-51.

Pg. 36 *para avaliar quais professores haviam explicado o texto melhor*: este parágrafo se baseia em N. L. Gage et al., *Explorations of the Teacher's Effectiveness in Explaining*, Relatório técnico, número 4 (Stanford, CA: Centro de Stanford para a Pesquisa e Desenvolvimento em Ensino, 1968).

Pg. 37 *"não sei se vocês já ouviram falar desse livro..."*: a descrição da pesquisa de Barak Rosenshine se baseia em Gage et al., *Explorations of the Teacher's Effectiveness in Explaining*, 48.

Pg. 37 *da mesma forma que um grande número de movimentos da direita para a esquerda*: Gage et al., *Explorations of the Teacher's Effectiveness in Explaining*, 39–40.

Pg. 38 *os únicos do congresso a apresentar trabalhos sobre esse tópico*: Berliner, "Toiling in Pasteur's Quadrant", 339.

Pg. 38 *a obra vendeu 30 mil cópias*: Ibid., 334.

Pg. 38 *esse excerto já tinha vendido 130 mil cópias*: Nancy J. Hultquist, "A Brief History of AERA's Publishing", *Educational Researcher* 5, número 11 (dezembro de 1976): 12.

Pg. 38 *converter suas conclusões em lições práticas para os professores*: Lovely Billups, entrevista à autora em 4 de fevereiro de 2012.

Pg. 39 *não apenas apoiar a pesquisa existente, mas transformá-la*: Richard Nixon, "Special Message to the Congress on Education Reform" (discurso, Washington, DC, 3 de março de 1970), American Presidency Project, http://www.presidency.ucsb.edu/ws/?pid=2895#ixzz1njSzPyoX.

Pg. 39 *"Minha missão era mudar a área"*: Garry McDaniels, entrevista à autora em 17 de fevereiro de 2012.

Pg. 39 *um jovem professor visitante da Universidade Estadual de Michigan chamado Lee Shulman*: a narrativa sobre o apoio do NIE à pesquisa em educação se baseia na entrevista de Garry McDaniels à autora em 17 de fevereiro de 2012.

Pg. 39 *"Será que o Nate não percebe que o behaviorismo está morrendo?"*: Lee Shulman, entrevista à autora em novembro de 2010.

Pg. 40 *a psicologia precisava reconhecer a cognição*: para aprofundamentos nas origens da ciência cognitiva, ver Howard Gardner, *The Mind's New Science: A History of the Cognitive Revolution* (Nova York: Basic Books, 1985).

Pg. 41 *Lee sempre foi fascinado pelo pensamento, pelo raciocínio*: o retrato de Lee Shulman exposto neste capítulo se baseia em entrevistas à autora em novembro de 2010, janeiro de 2011 e fevereiro de 2012, assim como em registros mantidos pelo projeto Inside the Academy, da Universidade Estadual do Arizona. Ver http://insidetheacademy.asu.edu/photo-gallery-lee-shulman e http://insidetheacademy.asu.edu/lee-shulman.

Pg. 41 "sente o frio; mas ele pensa mesmo é nas nuvens e numa provável chuva": John Dewey, *How We Think* (Boston: Heath, 1910), edição para Kindle.

Pg. 41 *"Sem um problema, só tateamos no escuro"*: John Dewey, *Logic: The Theory of Inquiry* (Henry Holt, 1938), edição para Kindle.

Pg. 43 *bem mais complexo do que o apresentado nos manuais*: a descrição da pesquisa de Lee Shulman sobre diagnósticos médicos se baseia na obra de Arthur S. Elstein, Lee S. Shulman e Sarah A. Sprafka, *Medical Problem Solving: An Analysis of Clinical Reasoning* (Cambridge, MA: Harvard University Press, 1978); e em Lee S. Shulman e Arthur S. Elstein, "Studies of Problem Solving, Judgment, and Decision Making", *Review of Research in Education* 3 (1975): 3-42; e em entrevistas da autora com Shulman (novembro de 2010, janeiro de 2011 e fevereiro de 2012) e Elstein (6 de fevereiro de 2012).

Pg. 43 *Só não sabia exatamente a transformação que seria*: além do trabalho sobre raciocínio de professores que a pesquisa sobre diagnóstico médico de Lee Shulman inspirou (descrita em seguida neste capítulo), Shulman também escreveu, junto com Arthur Elstein, um artigo examinando mais diretamente as implicações do antigo trabalho na pesquisa em educação durante aquele ano em Stanford: Lee S. Shulman e Arthur S. Elstein, "Studies of Problem Solving, Judgment, and Decision Making: Implications for Educational Research", *Review of Research in Education* 3 (1975): 3-42.

Pg. 44 *os chamou de "processadores de informação"*: Lee S. Shulman et al., "Teaching as Clinical Information Processing", organizador N. L. Gage, *Relatório do Painel* 6 (Washington, DC: Conferência Nacional sobre Estudos em Ensino, 1975).

Pg. 44 *"a partir daí, tudo era comentário e interpretação"*: Gary Sykes, entrevista à autora em 20 de fevereiro de 2012.

Pg. 45 *especialmente o estudo de Mary Budd Rowe sobre o "tempo de espera"*: ver, por exemplo, Mary Budd Rowe, "Wait Time: Slowing Down May Be a Way of Speeding Up!", *Journal of Teacher Education* 37, número 1 (1986): 43-50, http://jte.sagepub.com/content/37/1/43.abstract.

Pg. 45 *"bênçãos mergulhadas em ácido"*: Lee S. Shulman, *The Wisdom of Practice: Essays on Teaching, Learning, and Learning to Teach*, organizadora Suzanne M. Wilson (San Francisco: Jossey-Bass, 2004), 263.

Pg. 46 *"muito mais pertinente"*: Ibid., 258.

Pg. 47 *"e ele decide fazer outra coisa"*: Jerome Bruner, *Actual Minds, Possible Words* (Cambridge, MA: Harvard University Press, 1986), 17.

Pg. 47 *"ambas as palavras têm a mesma definição: professores"*: Shulman, *Wisdom of Practice*, 197.

Pg. 47 *"muito menos reproduzir ou prever"*: Shulman et al., "Teaching as Clinical Information Processing", 19.

Pg. 48 *"disse (o deputado por Connecticut Abraham) Ribicoff"*: United Press International (UPI), "Was School Racial Report Buried?", 18 de agosto de 1966. Versões do relatório foram publicadas em diversos jornais, incluindo o *Boston Globe*.

Pg. 49 *não ajudava os estudantes pobres e negros a superar os obstáculos de suas comunidades*: James S. Coleman et al., *Equality of Educational Opportunity* (Washington, DC: Departamento Americano de Saúde, Educação e Bem Estar, 1966).

Pg. 49 *"por que continuamos injetando mais e mais dinheiro para tentar melhorá-las?"*: Eric Hanushek, entrevista à autora, 31 de março de 2009.

Pg. 49 *relacionando 93 variáveis*: Richard John Murnane, *"The Impact of School Resources on the Learning of Inner-City Children"* (dissertação de PhD, Universidade de Yale, 1974), 22-23.

Pg. 49 *informações de um distrito escolar da Califórnia*: Eric A. Hanushek, *Education and Race* (Lexington, MA: Heath, 1972), 36.

Pg. 49 *determinar se os professores, individualmente, tinham algum impacto*: Richard John Murnane, "The Impact of School Resources on the Learning of Inner-City Children", 26, explica as limitações dos dados do Relatório Coleman.

Pg. 50 *de acordo com as notas médias das provas*: um resumo das conclusões está em Eric A. Hanushek, *"Throwing Money at Schools"*, Journal of Policy Analysis and Management 1, número 1 (1981): 29.

Pg. 50 *parece um problema solúvel*: a descrição da Meritocracia Docente está em Hanushek, *Education and Race*, 115.

Pg. 50 *Hanushek batizou seu método de "valor agregado"*: até onde sei, a primeira menção ao termo *valor agregado* apareceu em uma nota de rodapé em Eric A. Hanushek, *"Education Policy Research—An Industry Perspective"*, Economics of Education Review 1, número 2 (1981): 8.

Pg. 51 *processo de lecionar e aprender na sala de aula*: Hanushek, *Education and Race*, 15.

CAPÍTULO 2

Pg. 53 *"Eu entrei na sala, com aquele cheiro de giz, e me senti em casa"*: a narrativa que se segue é baseada em entrevistas da autora com Mindy Emerson em 30 de março de 2012 e em 17 de julho de 2012.

Pg. 55 "Do escritório de Jessie J. Fry": a história da carreira de Deborah Loewenberg Ball contada neste capítulo se baseia nas várias entrevistas da autora com Ball, de abril de 2009 a novembro de 2013, assim como em registros do período obtidos junto a Ball e a Jessie Fry (agora conhecida como Jessie Storey-Fry), incluindo fotografias, material didático e planos de aula.

Pg. 57 *E por que o livro-texto recomenda que alunos da terceira série plantem feijões em algodão?*: Deborah trabalhava com um currículo de ciência experimental desenvolvido pelo Estudo do Melhoramento do Currículo de Ciências, que era financiado por verbas da Fundação Nacional de Ciência desde os anos 1960.

Pg. 58 *escreveu Deborah em um ensaio sobre sua experiência*: Magdalene Lampert e Deborah Loewenberg Ball, *Teaching, Multimedia, and Mathematics: Investigations of Real Practice* (New York: Teachers College Press, 1998), 14.

Pg. 58 *enquanto ela pensava que estavam aprendendo?*: Ibid.

Pg. 58 *um novo currículo experimental para matemática no ensino fundamental*: o professor da Universidade Estadual de Michigan que Ball consultou foi Perry Lanier. O currículo que ele apresentou a ela se chamava Comprehensive School Mathematics Program - CSMP [Programa de Matemática da Escola Completa]. Sua criação foi muito influenciada por dois educadores belgas da matemática, Georges Papy e Frederique Papy-Lenger.

Pg. 59 *para iniciar uma aula sobre números negativos*: *CSMP Mathematics for the First Grade: Teacher's Guide* (Aurora, CO: Instituto McREL, 1992), http://ceure.buffalostate.edu/~csmp/CSMPProgram/Primary%20Disk/FGRADE/TOTAL.PDF, p. 4-473.

Pg. 60 *E subtrair (por exemplo, 3 menos -5)?*: Ball narra sua forma de ensinar números negativos por meio do problema do elevador em Deborah Loewenberg Ball, "With an Eye on the Mathematical Horizon: Dilemmas of Teaching Elementary School Mathematics", *Elementary School Journal* 93, número 4 (1993), 378-81.

Pg. 61 *"mental e emocionalmente aniquiladora na pior"*: Deborah Loewenberg Ball, *Knowledge and Reasoning in Mathematical Pedagogy: Examining What Prospective Teachers Bring to Teacher Education* (dissertação de PhD, Universidade Estadual de Michigan, 1988), 1, http://www-personal.umich.edu/~dball/books/DBall_dissertation.pdf.

Pg. 62 *e de repente tudo fazia sentido*: a descrição da experiência de Ball nas aulas de Joseph Adney se baseia em entrevistas da autora com Ball em setembro de 2010, assim como na descrição da própria Ball em Lampert e Ball, *Teaching, Multimedia, and Mathematics*, 16.

Pg. 63 *O que Deborah deve fazer na aula de amanhã?*: a descrição do curso de verão se baseia em entrevistas da autora com Ball (setembro de 2010 e 26 de maio de 2012), assim como em Lampert e Ball, *Teaching, Multimedia, and Mathematics*, 16-18.

Pg.63 *garantir que os alunos não se tornassem vítimas do experimento*: Lampert and Ball, *Teaching, Multimedia, and Mathematics*, 17.

Pg. 63 *enquanto Deborah pedia a uma turma da sexta série para observar um retângulo como este*: a descrição de um dia no Laboratório de Matemática Fundamental que se segue é baseada nas observações pessoais da autora em 23 de julho de 2012.

Pg. 64 *uma menina chamada Ana*: os pseudônimos nessa cena foram definidos pela tradutora.

Pg. 68 *Deborah incluiu esse problema no início da aula*: as observações da autora sobre o Laboratório de Matemática Fundamental foram respaldadas por vários participantes. Essa descrição se baseia especialmente nas reflexões de Hyman Bass, Catherine Ditto e Brian Cohen.

Pg. 68 *"Como podemos chegar nisso?" Bibiana perguntou a Janaína*: os pseudônimos nessa cena foram definidos pela tradutora.

Pg. 68 *"Um, dois, três, quatro segundézimos. Quer dizer, meios"*: Deborah Loewenberg Ball, "Halves, Pieces, and Twoths: Constructing and Using Representational Contexts in Teaching Fractions", em *Rational Numbers: An Integration of Research*, organizadores T. P. Carpenter et al. (Hillsdale, NJ: Erlbaum, 1993), 192.

Pg. 69 *ela aplicou um teste, um conjunto de problemas pedagógicos que professores de matemática deveriam saber responder, a formandos em educação*: a descrição que se segue é baseada em Ball, "Knowledge and Reasoning in Mathematical Pedagogy: Examining What Prospective Teachers Bring to Teacher Education".

Pg. 71 *Uma professora chamada Raquel*: Ball, "Knowledge and Reasoning in Mathematical Pedagogy: Examining What Prospective Teachers Bring to Teacher Education", 52.

Pg. 71 *a combinação perfeita dos dois*: Lee S. Shulman, *The Wisdom of Practice: Essays on Teaching, Learning, and Learning to Teach*, organizadora Suzanne M. Wilson (San Francisco: Jossey-Bass, 2004), 203.

Pg. 73 *Os oito restantes nem conseguiram responder*: Ball, "Knowledge and Reasoning in Mathematical Pedagogy: Examining What Prospective Teachers Bring to Teacher Education", 65.

Pg. 74 *"Esse Tipo de Ensino" funcionaria*: a primeira vez que ouvi o termo "Esse Tipo de Ensino" e sua abreviatura (ETE) foi de Sharin Feiman-Nemser, hoje professora de educação judaica do Mandel Center na Universidade Brandeis. De acordo com Feiman-Nemser, o termo foi desenvolvido por ela e seus então colegas no Centro Nacional de Pesquisa em Formação de Professores da Estadual de Michigan, como parte do projeto da universidade chamado Formar Professores e Aprender a Ensinar. "Esse Tipo de Ensino" também aparece em Lampert e Ball, *Teaching, Multimedia, and Mathematics*, 31–35. Apesar de nem Magdalene Lampert, nem Deborah Ball usarem o termo ETE hoje em dia, eu o usei ao longo deste livro em prol da clareza. Para uma descrição da posição dos professores da Universidade Estadual de Michigan na época a respeito do "ensino para a compreensão", ver David K. Cohen, Milbrey W. McLaughlin e Joan E. Talbert, organizadores, *Teaching for Understanding: Challenges for Policy and Practice* (San Francisco: Jossey-Bass, 1992).

Pg. 74 *seu modo de ensinar era uma espécie de evidência, prova viva*: Magdalene Lampert, "When the Problem Is Not the Question and the Solution Is Not the Answer: Mathematical Knowing and Teaching", *American Educational Research Journal* 27, número 1 (primavera de 1990), 36.

Pg. 76 *e escrevendo sobre sua experiência, tudo ao mesmo tempo*: o colega, em cuja combinação única de objetivos Magdalene Lampert inspirou sua própria carreira, é Marvin Hoffman, um professor de longa data, educador de professores, atualmente diretor associado do Programa de Formação de Professores da Universidade de Chicago e diretor-fundador da escola charter UChicago de North Kenwood/Campus Oakland Charter.

Pg. 76 *bastava apertar um botão*: Magdalene Lampert, *Teaching Problems and the Problems of Teaching* (New Haven, CT: Yale University Press, 2001), 39.

Pg. 77 *em quais fariam anotações*: uma descrição da metodologia do projeto está em Lampert e Ball, *Teaching, Multimedia, and Mathematics*, 38-60.

Pg. 78 *"Era uma história irresistível"*: Kara Suzuka, entrevista à autora, julho de 2012.

Pg. 78 *"desenvolver incentivos diretos de performance"*: Eric Hanushek, "Throwing Money at Schools", *Journal of Policy Analysis and Management* 1, número 1 (1981): 19.

Pg. 79 *uma sala de aula à primeira vista normal*: a narrativa que se segue, de uma cena na sala de aula de Deborah Ball e a experiência de Hyman Bass observando-a, se baseia em entrevistas da autora com Bass (julho de 2012) e com Ball (também em julho de 2012) e em fitas de vídeo e transcrições obtidas junto ai Projeto Ensinando Matemática e Aprendendo a Ensinar, da Universidade de Michigan.

Pg. 79 *viu seu plano ser arruinado por um menino alto chamado Daniel*: os pseudônimos nessa cena foram inventados pela tradutora.

Pg. 79 *"requeridos pela atividade de ensinar"*: Hyman Bass, "Mathematics, Mathematicians, and Mathematics Education", *Bulletin of the American Mathematical Society* 42, número 4 (2005): 429.

Pg. 79 *ele mostrou a Deborah (para seu desespero) que tampouco outros matemáticos tinham*: Deborah Loewenberg Ball, Heather C. Hill e Hyman Bass, "Knowing Mathematics for Teaching", *American Educator*, outono de 2005, 14.

Pg. 79 *resolviam um novo caso toda semana*: um arquivo documentando *Square One TV* está disponível em http://www.squareonetv.org, acessado em 27 de outubro de 2013.

CAPÍTULO 3

Pg. 87 *uma alternativa às faculdades que proliferou no começo do século XX*: uma excelente reconstituição da história das escolas normais está disponível em Francesca M. Forzani, *The Work of Reform in Teacher Education* (dissertação de PhD, Universidade de Michigan, 2011), 16-71.

Pg. 89 *"atração preliminar antes da luta principal"*: Judith Taack Lanier et al., *Tomorrow's Schools of Education: A Report of the Holmes Group* (East Lansing, MI: Holmes Group, 1995), 17.

Pg. 89 *"qualquer coisa, menos escolas de pedagogia"*: Harry Judge, *American Graduate Schools of Education: A View from Abroad: A Report to the Ford Foundation* (New York: Ford Foundation, 1982), 42.

Pg. 89 *"com pelo menos mais um cargo simbólico em outro departamento também"*: Ibid., 10.

Pg. 90 *não ter de trabalhar com "professores retardados"*: Ibid., 31.

Pg. 90 *"Os departamentos de educação se tornaram quase uns depósitos de lixo"*: Ibid., 21.

Pg. 90 *raramente se apresentavam antes das dez da manhã*: Forzani, "The Work of Reform in Teacher Education", 191.

Pg. 91 *e muito menos discernir o que os fazia especiais*: Ibid., 179.

Pg. 91 *"um longo período de inconsciência"*: Judge, *American Graduate Schools of Education: A View from Abroad: A Report to the Ford Foundation*, 21.

Pg. 92 *"ajudar as crianças a se vestirem para o recreio"*: Forzani, "The Work of Reform in Teacher Education", 198.

Pg. 93 *um aumento de 25 por cento na verba da unidade*: o percentual é baseado em uma entrevista da autora com Lee Shulman em novembro de 2010. Em uma entrevista separada (setembro de 2013), Judy Lanier - hoje Judith Gallagher - não pôde confirmar se esse número está correto, mas confirmou a estratégia geral de cortar mais no curto prazo em prol de conquistar um orçamento maior, mais adaptado à sua visão de futuro.

Pg. 93 *manteve um cargo na Universidade Estadual de Michigan em paralelo a Oxford*: David Carroll et al., organizadores, *Transforming Teacher Education: Reflections from the Field* (Cambridge, MA: Harvard Education Press, 2007), 12.

Pg. 94 *"em vez de uma dedução racional"*: citado em Suzanne M. Wilson, *California Dreaming: Reforming Mathematics Education* (New Haven, CT: Yale University Press, 2003), 9.

Pg. 94 *"Está aqui, está ali, foi embora!"*: Alfred North Whitehead, *An Introduction to Mathematics* (New York: Holt, 1911), 7-8.

Pg. 94 *"a beleza e o poder da matemática"*: Wilson, *California Dreaming: Reforming Mathematics Education*, 13.

Pg. 95 *"decorar as frases do texto indicado"*: Larry Cuban, *How Teachers Taught: Constancy and Change in American Classrooms, 1880-1990*, 2a. edição (Nova York: Teachers College Press, 1993), 28-29.

Pg. 95 *diagnosticava "insensatez" no ensino escolar*: Charles Silberman, *Crisis in the Classroom: The Remaking of American Education* (Nova York: Random House, 1970), 10-11.

Pg. 96 *sem notar a diferença em relação a seu primeiro cálculo*: Terezinha Nunes Carraher, David William Carraher e Analucia Dias Schliemann, "Mathematics in the Streets and in the Schools", *British Journal of Developmental Psychology* 3 (1985): 6.

Pg. 96 *(softwares, games, telefonia celular)*: Linda Darling-Hammond, *The Flat World and Education: How America's Commitment to Equity Will Determine Our Future* (Nova York: Teachers College Press, 2010), 4.

Pg. 97 *achavam que um terço, por estar relacionado ao número 3, era menos do que um quarto, que remete ao número 4*: A. Alfred Taubman, *Threshold Resistance: The Extraordinary Career of a Luxury Retailing Pioneer* (Nova York: HarperBusiness, 2007).

Pg. 97 *pagam de novo por educação privada*: Ibid.

Pg. 97 *"não será exagero falar de um movimento por reformas educacionais"*: David K. Cohen e Heather C. Hill, *Learning Policy: When State Education Reform Works* (New Haven, CT: Yale University Press, 2001), 14.

Pg. 98 *e como aprenderiam?*: paráfrase de Magdalene escrevendo sobre Ruth Heaton em Ruth M. Heaton e Magdalene Lampert, "Learning to Hear Voices: Inventing a New Pedagogy of Teacher Education", em *Teaching for Understanding: Challenges for Policy and Practice*, organizadores David K. Cohen, Milbrey W. McLaughlin e Joan E. Talbert (San Francisco: Jossey-Bass, 1992), 53.

Pg. 92 *um enorme silêncio, sem ninguém pensando*: Ruth Mary Heaton, *Creating and Studying a Practice of Teaching Elementary Mathematics for Understanding* (dissertação de PhD, Universidade Estadual de Michigan, 1994), 130. Ver também Ruth M. Heaton, *Teaching Mathematics to the New Standards: Relearning the Dance* (Nova York: Teachers College Press, 2000).

Pg. 100 *o menino, chamado Ricardo*: os pseudônimos para todos os alunos de Ruth Heaton foram dados pela tradutora.

Pg. 100 *e ele respondeu novamente, "000, 111, 000"*: Heaton, "Creating and Studying a Practice of Teaching Elementary Mathematics for Understanding", 131-34.

Pg. 100 *"Parecia que eu estava boiando hoje"*: Ibid., 136.

Pg. 100 *(uma forma mais fértil de responder às ideias dos alunos)*: Heaton e Lampert, "Learning to Hear Voices: Inventing a New Pedagogy of Teacher Education", 55-58.

Pg. 102 *construir uma resposta que os entregue isso*: a narrativa deste episódio se baseia em entrevistas da autora com Ruth Heaton em agosto de 2012, e em Heaton and Lampert, "Learning to Hear Voices: Inventing a New Pedagogy of Teacher Education" 62-70.

Pg. 103 *calculando com um tabuleiro*: Ruth usava uma ferramenta de contagem chamada minicomputador para ajudar seus alunos a aprender a fazer cálculos de cabeça. Um conjunto de fichas de várias cores que as crianças distribuíam em um tabuleiro, o minicomputador permitia que os alunos usassem um número pequeno de cartões para dar conta de grandes números. Colocar os cartões em quadrados de diferentes cores significava diferentes números. Em outro tabuleiro, cada quadrado representava 10 vezes o valor, então a ficha roxa seria 40 e a vermelha, 20 - um total de 60. Era notável que, ao trabalhar com uma professora habilidosa, as crianças pequenas rapidamente adquiriam fluência no uso do minicomputador para somar, subtrair e multiplicar. O minicomputador foi criado pelo matemático e educador belga Georges Papy, que, com sua esposa Frederique Papy-Lenger, teve grande influência no currículo experimental que Ruth, Deborah e Magdalene adotaram na escola Spartan Village.

Pg. 103 *"Como faço para continuar assim?"*: a descrição deste episódio se baseia em entrevistas da autora com Ruth Heaton em agosto de 2012 e em Heaton, "Creating and Studying a Practice of Teaching Elementary Mathematics for Understanding", 173-224.

Pg. 104 *Era o que ela chamava de "facilitação"*: a descrição precedente do estilo de lecionar de Sylvia Rundquist se baseia em Deborah L. Ball e Sylvia S. Rundquist, "Collaboration as a Context for Joining Teacher Learning with Learning about Teaching", em Cohen et al., *Teaching for Understanding*, 13-37.

Pg. 105 *"Esse curso me revelou um mundo novo"*: Magdalene Lampert e Deborah Loewenberg Ball, *Teaching, Multimedia, and Mathematics: Investigations of Real Practice* (Nova York: Teachers College Press, 1998), 35-155.

Pg. 105 *ou "render-se a seus privilégios"*: Judith Lanier, *Tomorrow's Teachers: A Report of the Holmes Group* (East Lansing, MI: Holmes Group, 1986).

Pg. 106 *de universidades do país inteiro*: Frank Murray, entrevista à autora, 18 de fevereiro de 2010.

Pg. 106 *"Ele nunca havia imaginado que sua turma de quinta série conseguiria raciocinar de forma tão avançada"*: David K. Cohen e Deborah Loewenberg Ball, "Relations between Policy and Practice: A Commentary", *Educational Evaluation and Policy Analysis* 12, número 3 (outono de 1990): 333.

Pg. 107 *até aquelas que estavam obviamente muito longe da correta*: a descrição das aulas da Sra. Olvidada se baseia em David K. Cohen, "A Revolution in One Classroom: The Case of Mrs. Oublier", *Educational Evaluation and Policy Analysis* 12, número 3 (outono de 1990): 311-29.

Pg. 107 *"nunca vimos mudança radical"*: Wilson, *California Dreaming: Reforming Mathematics Education*, 207.

Pg. 107 *ela seguiu em frente*: Deborah Loewenberg Ball, "Reflections and Deflections of Policy: The Case of Carol Turner", *Educational Evaluation and Policy Analysis* 12, número 3 (outono de 1990): 250-51.

Pg. 108 *por folhas do livro antigo*: Wilson, *California Dreaming: Reforming Mathematics Education*, 207.

Pg. 108 *"Ensino para a incompreensão?"*: Cohen e Ball, "Relations between Policy and Practice", 331.

Pg. 109 *"permaneceram essencialmente iguais"*: Wilson, *California Dreaming: Reforming Mathematics Education*, 55.

Pg. 109 *não mencionou que os professores também precisam obter respostas corretas*: Ibid., 85-93.

Pg. 113 *aqui está o novo modelo. Boa sorte*: Cohen, "Revolution in One Classroom".

Pg. 113 *"o que era preciso em termos de produtividade para chegar a professor titular"*: citado em Forzani, "The Work of Reform in Teacher Education", 246.

Pg. 113 *"É pouca gente para fazer funcionar"*: Ibid., 253

Pg. 113 *graças à insistência de colegas que mais a tarde questionariam*: Judith Gallagher, em entrevista a Jessica Campbell (checadora deste livro), novembro de 2013.

Pg. 114 *"batendo com um martelo na cabeça dos colegas dela"*: Ibid., 257.

Pg. 116 *até que as reuniões eram só sobre as aulas e não sobrava tempo para falar dos "negócios" da escola*: a narrativa a seguir, sobre a luta da Spartan Village para manter suas reformas, é baseada em múltiplas entrevistas da autora com Jessie Storey-Fry entre abril e agosto de 2012; nos registros da época, fornecidos por Storey-Fry; e em entrevistas da autora com diversos ex-professores da Spartan Village.

Pg. 116 *Outros brincavam que estavam sendo "grampeados"*: uma fotografia fornecida por Jessie Storey-Fry registra uma declaração da sua equipe. "Obrigado por você nos guiar pelos tempos difíceis que temos pela frente. Estamos felizes de poder continuar a trabalhar em um ambiente livre de grampos", escreveram os professores.

CAPÍTULO 4

Pg. 119 *Ela abrira sua fala com um alerta*: para este capítulo, a autora se baseou em duas viagens a Tóquio, no Japão, em novembro-dezembro de 2011 e em abril de 2012, onde entrevistas e observações foram traduzidas pela intérprete Yvonne Chang.

Pg. 120 *pontuavam mais do que aquelas com as maiores notas de Minneapolis*: registrado em Richard Lynn, "Mathematics Teaching in Japan", em *New Directions in Mathematics Education,* organizadores Brian Greer e Gerry Mulhern (London: Routledge, 1989).

Pg. 120 *especialmente nas áreas de ciências e matemática*: para aprofundamentos nos estudos sobre desempenho internacional em matemática, ver Ina V. S. Mullis e Michael O. Martin, "TIMSS in Perspective: Lessons Learned from IEA's Four Decades of International Mathematics Assessments", em *Lessons Learned: What International Assessments Tell Us about Math Achievement*, organizador Tom Loveless (Washington, DC: Brookings Institution Press, 2007).

Pg. 120 *o aluno japonês médio pontuava tanto quanto os 1 por cento melhores estudantes do mundo*: T. Husen, *International Study of Achievement in Mathematics: A Comparison of Twelve Countries* (New York: Wiley, 1967).

Pg. 120 *melhor do que 98 por cento dos americanos*: Estudo Illinois-Japão de Matemática, relatado em Richard Lynn, "Mathematics Teaching in Japan", em *New Directions in Mathematics Education*, organizadores Brian Greer e Gerry Mulhern (London: Routledge, 1989).

Pg. 120 *o Japão era o primeiro colocado, e os Estados Unidos, o oitavo*: Associated Press, "Test Results 'Embarrass' U.S.", 12 de dezembro de 1983.

Pg. 121 *"da mesma forma que seu 'milagre econômico'"*: Edward B. Fiske, "Japan's Schools: Intent about the Basics", *The New York Times*, 10 de julho de 1983.

Pg. 121 *quando aplicaram às crianças testes de habilidade cognitiva*: Harold W. Stevenson, Shinying Lee e James W. Stigler, "Mathematics Achievement of Chinese, Japanese, and American Children", *Science 231*, número 4739 (14 de fevereiro de 1986): 695, 696.

Pg. 121 *"quem ensina são os professores"*: James Stigler, entrevista à autora, 30 de agosto de 2012.

Pg. 122 *incluindo a forma de conduzir as aulas*: James W. Stigler e James Hiebert, *The Teaching Gap: Best Ideas from the World's Teachers for Improving Education in the Classroom* (New York: Free Press, 1999), edição para Kindle.

Pg. 123 *"começamos a questionar se essa interrupção não era mesmo mais importante do que imaginávamos"*: Ibid., localização no Kindle 720-30.

Pg. 123 *Nenhuma aula no Japão era interrompida*: Ibid., localização no Kindle 814-17.

Pg. 124 *ou que outras questões vocês têm? (Nós)*: a descrição da aula se baseia na observação de uma turma de quarta série na escola de ensino fundamental Koganei, em 17 de abril de 2012.

Pg. 125 *nenhum dos americanos envolvia "checagem"*: o miniestudo de quatro aulas está registrado em James W. Stigler, Clea Fernandez e Makoto Yoshida, "Traditions of School Mathematics in Japanese and American Elementary Classrooms", em *Theories of Mathematical Learning*, organizadoras Leslie P. Steffe e Pearla Nesher (Mahwah, NJ: Erlbaum, 1996), 149–75.

Pg. 125 *no Japão isso acontecia em 40 por cento das aulas*: Stigler e Hiebert, *Teaching Gap: Best Ideas from the World's Teachers for Improving Education in the Classroom*, localização no Kindle 901–3.

Pg. 126 *para mostrar por que faz mais sentido igualar os denominadores*: Ibid., localização no Kindle 1183.

Pg. 128 uma *lousa que exibisse a trajetória de 45 minutos de conclusões era mais útil*: Ibid., localização no Kindle 957-73.

Pg. 128 *"Agora, o sinal de igual. O que apareceu?"*: Ibid., localização no Kindle 1377-1379.

Pg. 129 *conselhos sobre como competir com os asiáticos*: John Holusha, "W. Edwards Deming, Expert on Business Management, Dies at 93", *The New York Times*, 21 de dezembro de 1993.

Pg. 130 *"Vim ao lugar errado"*: as falas de Akihiko Takahashi neste trecho são de uma entrevista à autora em 21 de dezembro de 2011.

Pg. 131 *matemática é igual no mundo todo*: Toshiya Chichibu, entrevista à autora, 27 de novembro de 2011.

Pg. 136 *"e não poder voltar"*: Akihiko Takahashi, entrevista à autora, 29 de novembro de 2011.

Pg. 137 *como os japoneses chamam os empregados menos competentes*: Harold Stevenson et al., *The Educational System in Japan: Case Study Findings* (Washington, DC: Instituto Nacional de Desempenho, Currículo e Exames Escolares, 1998), 201. Um diretor entrevistado também usou o termo *nimotsu*, significando "mala".

Pg. 139 *usar peças ou calcular mentalmente*: a descrição de um típico debate pós-classe inclui excertos registrados em Clea Fernandez e Makoto Yoshida, *Lesson Study: A Japanese Approach to Improving Mathematics Teaching and Learning* (Mahwah, NJ: Erlbaum, 2004), 110-112.

Pg. 140 *espontaneamente*: a descrição de um debate pós-classe é baseada na observação pessoal da autora na escola de ensino fundamental Wakabayashi, em Tóquio, em 7 de dezembro de 2011.

Pg. 140 *o mesmo raciocínio com a área*: o debate pós-classe sobre a aula sobre ângulos, observado pela autora, ocorreu na escola de ensino fundamental Hashido, em Tóquio, em 25 de abril de 2012.

Pg. 135 *não houve tempo para aprofundar a matemática*: o estudo da aula sobre ângulos, observada pela autora, ocorreu na escola de ensino fundamental Hashido, em Tóquio, em 25 de abril de 2012.

Pg. 146 *"Batata!"*: a autora observou a aula do Sr. Hirayama em 18 de abril de 2012, na escola de ensino fundamental Takehaya, uma das quatro escolas *fuzoku* afiliadas à Universidade Gakugei de Tóquio.

Pg. 148 *qual era o melhor jeito de compreender a operação*: Toshiakira Fujii, entrevista à autora, 25 de abril de 2012.

Pg. 150 *exatamente como nos Estados Unidos*: Heidi Knipprath, "What PISA Tells Us about the Quality and Inequality of Japanese Education in Mathematics and Science", *International Journal of Science and Mathematics* 8, número 3 (junho de 2010): 389-408.

Pg. 150 *como a Finlândia (onde as escolas-laboratório são chamadas "escolas de campo")*: evidências dos esforços de Singapura para aprender com os estudos de aula japoneses se baseiam em entrevistas com autoridades do Ministério da Educação de Singapura, em abril de 2012, e em palestras no congresso da Associação Mundial de Estudos de Aula, em 2011. A versão chinesa dos estudos de aula está descrita em Liping Ma, "Profound Understanding of Fundamental Mathematics: When And How Is It Attained", capítulo 6, em *Knowing and Teaching Elementary Mathematics: Teachers' Understanding of Fundamental Mathematics in China and the United States* (Mahwah, NJ: Erlbaum, 1999). As "escolas de campo"da Finlândia e seu papel nas recentes reformas educacionais do país estão descritas em Pasi Sahlberg, *Finnish Lessons: What Can the World Learn from Educational Change in Finland?* (Nova York: Teachers College Press, 2011), 17.

Pg. 1451 *o bolo de arroz perfeito*: ver *Jiro Dreams of Sushi*, dirigido por David Gelb (2012).

Pg. 151 *onde os estudantes levam muitos anos para dominar as muito específicas posições em cena*: Tokunaga Kyoko, "The Kabuki Actor Training Center", *Nipponia* número 22 (15 de setembro de 2002), http://web-japan.org/nipponia/nipponia22/en/feature/feature02.html.

Pg. 152 *"como motivo para realizar a pesquisa!"*: James Stigler, entrevista à autora, 30 de agosto de 2012.

Pg. 152 *"somar e subtrair frações sem denominador comum" em matemática na sexta série*: os exemplos de diretrizes são oriundos das Diretrizes para Língua Inglesa e Matemática do Estado de Nova York, publicadas em maio e março de 2005, respectivamente. Ver http://www.p12.nysed.gov/ciai/mst/math/standards.

Pg. 152 *chegaria a quarenta e oito*: Margaret A. Jorgensen e Jenny Hoffmann, *History of the No Child Left Behind Act of 2001*, Pearson Education, agosto de 2003 (revisão 1, dezembro de 2003), http://images.pearsonassessments.com/images/tmrs/tmrs_rg/HistoryofNCLB.pdf?WT.mc_id=TMRS_History_of_the_No_Child_Left_Behind, p. 5.

Pg. 153 *"nos conduzir na estrada da excelência"*: Stigler e Hiebert, *Teaching Gap: Best Ideas from the World's Teachers for Improving Education in the Classroom*, localização Kindle 130-37.

Pg. 153 *"descobrir como botar isso em prática para atingir os objetivos"*: James Stigler, entrevista à autora, 29 de setembro de 2011.

Pg. 153 *os professores inventaram novas palavras para descrevê-las*: o vocabulário aqui se baseia em entrevistas da autora com professores de Tóquio e em Fernandez e Yoshida, *Lesson Study*.

Pg. 154 *"de repente entra em um bom restaurante"*: Deborah Ball, entrevista à autora, 16 de maio de 2012.

CAPÍTULO 5

Pg. 156 *"Ele escreve como um menino da quarta série"*: as citações de Doug Lemov nesta passagem são oriundas de uma entrevista à autora em 10 de novembro de 2009.

Pg. 157 *"significa que a revolução começou"*: Jane O. Reilly, "The Housewife's Moment of Truth", *New York Magazine*, 20 de dezembro de 1971.

Pg. 158 *a dificuldade de sua colega de quarto, que veio do Bronx, para acompanhar os colegas em Princeton*: Wendy Kopp, *One Day, All Children . . . :The Unlikely Triumph of Teach For America and What I Learned along the Way* (Nova York: PublicAffairs, 2003), edição Kindle, localização 114-15.

Pg. 159 *"o mesmo problema que estavam criando"*: Irving Kristol, "The Best of Intentions, the Worst of Results", *Atlantic Monthly*, agosto de 1971.

Pg. 159 *"o fim da assistência como a conhecemos"*: Jason DeParle, "President Would Not Limit Welfare Plan's Public Jobs", *The New York Times*, 13 de junho de 1994.

Pg. 160 *"mas a principal é a ignorância"*: citado em David K. Cohen e Susan L. Moffitt, *The Ordeal of Equality: Did Federal Regulation Fix the Schools?* (Cambridge, MA: Harvard University Press, 2009), 45.

Pg. 160 *passando de 2.835 para 7.933 dólares*: Centro Nacional de Estatísticas em Educação, *Digest of Education Statistics*, tabela 191 ("Total and Current Expenditures per Pupil in Public Elementary and Secondary Schools: Selected Years, 1919-20 through 2008-09"), http://nces.ed.gov/programs/digest/d11/tables/dt11_191.asp.

Pg. 161 *ela se comprometeu a enviar a verba que a APR tivesse recebido por aquele aluno para a escola onde ele quisesse estudar*: Charles A. Radin, "Charter School Offers a Guarantee: If Student Fails, Parents Get Tuition Free", *Boston Globe*, 7 de abril de 1998.

Pg. 162 *eram feitas em pé*: esta narrativa da Academy of the Pacific Rim se baseia em entrevistas da autora com meia dúzia de pessoas da equipe à época, assim como em entrevistas com ex-alunos.

Pg. 165 *"(afinal, é divertido)"*: George L. Kelling e James Q Wilson, "Broken Windows: The Police and Neighborhood Safety", *Atlantic Monthly*, 1o. de março de 1982.

Pg. 168 *o modelo da "cela de instrução"*: Dan C. Lortie, *Schoolteacher: A Sociological Study* (Chicago: University of Chicago Press, 1975), 15.

Pg. 1672 *"Mostre que as ordens importam ficando parado, e verá a resposta"*: Doug Lemov, *Aula Nota 10: 49 Técnicas para ser um Professor Campeão de Audiência* (São Paulo: Da Boa Prosa, 2011), 19.

Pg. 173 *"como nas aulas de linguagem"*: Jay Altman, entrevista à autora, 1 de outubro de 2011.

Pg. 173 *"procuramos as escolas charter de Massachusetts"*: Linda Brown, entrevista à autora, 13 de setembro de 2012.

Pg. 173 *apenas vinte e duas escolas tinham sido abertas até então*: *The Massachusetts Charter School Initiative* (Malden, MA: Massachusetts Departamento de Educação, 2001), http://web.archive.org/web/20061019161538/http://www.doe.mass.edu/charter/reports/2001/01init_rpt.pdf, p. 62.

Pg. 173 *que ele chamou de "startup educacional"*: Po Bronson, *What Should I Do with My Life?: The True Story of People Who Answered the Ultimate Question* (Nova York: Random House, 2002), 338-39.

Pg. 173 *todos seguiram para a universidade*: Katherine Boo, "The Factory", *New Yorker,* 18 de outubro de 2004.

Pg. 174 *testes de proficiência em matemática e ciências*: Sam Allis, "Closing the Gap", *Boston Globe*, 27 de junho de 2004.

Pg. 174 *"ainda estaríamos na fase das audiências públicas"*: Maria Newman, "Newark School Shows Off Educational Approach", *The New York Times*, 30 de março de 2000.

Pg. 175 *Por que a Leila trabalha tão bem com figuras bidimensionais e com tempo, mas não com dinheiro?*: os nomes dos alunos nesta descrição são pseudônimos dados pela tradutora, baseados nos nomes usados por Doug Lemov em uma apresentação sobre como aplicar dados de diagnóstico, usando o exemplo e uma turma fictícia de garotas de segunda série.

Pg. 175 *um congresso sobre educação em 2006*: as lâminas da apresentação estão disponíveis em http://www2.ed.gov/admins/tchrqual/learn/nclbsummit/lemov/edlite-slide002.html.

CAPÍTULO 6

Pg. 179 *Voltando de Syracuse*: este capítulo é baseado em entrevistas da autora com Doug Lemov e com atuais e ex-alunos e colegas dele, realizadas entre 2009 e 2013.

Pg. 182 *podiam dar um passo além*: a narrativa da viagem de carro entre Syracuse e Albany se baseia em entrevistas da autora com Doug Lemov (16 de dezembro de 2009) e Karen Cichon (27 de janeiro de 2010), assim como em anotações fornecidas por Karen Cichon.

Pg. 193 *pede que todos anotem as respostas em seus cadernos*: Doug Lemov, *Aula Nota 10: 49 Técnicas para ser um Professor Campeão de Audiência* (São Paulo: Da Boa Prosa, 2011), p. 157.

Pg. 193 *com o objetivo de repreender o erro de outro*: Ibid., p. 233.

Pg. 195 absolutamente específicos sobre o que queriam: Ibid., p. 199.

Pg. 196 *era menos desanimador e tomava menos tempo*: Ibid., p. 212.

Pg. 198 *crescera de cerca de quinze para mais de uma centena*: Linda Brown, entrevista à autora, 13 de setembro de 2012.

CAPÍTULO 7

Pg. 199: *ele era alguém que verdadeiramente acreditava*: a passagem que se segue é baseada em longas entrevistas da autora com Rousseau Mieze entre agosto e dezembro de 2013.

Pg. 199 *o lugar mais intelectualmente estimulante em que já havia pisado*: este capítulo se baseia em dúzias de entrevistas da autora com professores e líderes de escolas charter "Sem Desculpas", assim como em diversas visitas às escolas e em observações realizadas pessoalmente.

Pg. 200 *porque a obediência serve a seus alunos*: Doug Lemov, *Aula Nota 10: 49 Técnicas para ser um Professor Campeão de Audiência* (São Paulo: Da Boa Prosa, 2011), p. 196.

Pg. 201 *que dava arrepios*: Distrito Escolar Unificado de Fresno, Autoridade Charter, *"Notice to Cure and Correct"* enviado a Nolan Highbaugh, Conselho Geral, KIPP da Califórnia, 11 de dezembro de 2008.

Pg. 202 *"como ser chicoteado"*: comentários publicados em um relatório de pesquisa reservado preparado para a Academy of the Pacific Rim no ano escolar de 2002/2003, obtido pela autora.

Pg. 202 *afeição paradoxal: "amor e ódio"*: Millisent Fury Hopkins, entrevista à autora, setembro de 2013.

Pg. 203 *ante 58 por cento no ano anterior*: Academy of the Pacific Rim Charter School, *"Relatório Anual 2002–03"*, 2.

Pg. 203 *8 por cento entre alunos negros*: Rebecca Gordon, Libero Della Piana e Terry Keleher, *Facing the Consequences: An Examination of Racial Discrimination in U.S. Public Schools* (Oakland, CA: Centro de Pesquisa Aplicada, 2000), http://www.arhsparentcenter.org/files/Racial-Discrimination-in-US-Public-Schools.pdf, p. 29.

Pg. 204 *"a professora deduziu que fiz de propósito"*: Chimel Idiokitas, entrevista à autora, 20 de setembro de 2013.

Pg. 204 *mas eram azul-turquesa*: Kevin Thai, entrevista à autora, setembro de 2013.

Pg. 204 *"Só repita e repita e repita"*: comentários publicados em um relatório de pesquisa reservado preparado para a Academy of the Pacific Rim no ano escolar de 2002/2003, obtido pela autora.

Pg. 204 *"muitas das regras não têm sentido"*: Ibid.

Pg. 204 *"obediência relutante"*: Jere Brophy e Mary McCaslin, "Teachers' Reports of How They Perceive and Cope with Problem Students", *Elementary School Journal* 93, número 1 (setembro de 1992): 14.

Pg. 205 *tentava imitar seu exemplo de devoção aos alunos*: Kevin Thai, entrevista à autora, setembro de 2013.

Pg. 206 *"emoções contraproducentes ao aprendizado"*: George G. Bear, "School Discipline in the United States: Prevention, Correction, and Long-Term Social Development", *School Psychology Review* 27, número 1 (1998): 14–33.

Pg. 206 *sendo que três deles haviam entrado na escola depois, na nona série*: estatísticas baseadas nas recordações de dois membros da primeira turma que se formou na APR: Millisent Fury Hopkins e Kevin Thai.

Pg. 206 *para trinta e quatro que chegaram à nona*: Rousseau Mleze, entrevista à autora, 23 de setembro de 2012.

Pg. 206 *21,6% dos alunos que entraram no ensino médio no ano 2000 não se formaram*: *"Boston Public Schools 2007–2008: Student Dropout"*, Escritório de Pesquisa, Exames e Avaliações, fevereiro de 2009, http://www.bostonpublicschools.org/files/Dropout%20Rate%202007-08.pdf.

Pg. 207 *"compensaria ficar na escola"*: Chimel Idiokitas, entrevista à autora, setembro de 2013.

Pg. 207 *E então partiam*: a pesquisa empírica sobre adesão nas escolas charter é ambígua. Um estudo, com alunos do Texas, mostrou que o abandono de escolas charter, por estudantes de todas as raças e níveis de renda, é muito maior do que das não charter, apesar de a pesquisa não ter investigado as razões para as desistências. Eric Hanushek ET al., "Charter School Quality and Parental Decision Making with School Choice", *Journal of Public Economics* 91 (2007): 823–48. Entretanto, outros estudos não encontraram diferenças significativas entre a adesão em escolas charter e convencionais. Ver, por exemplo, Scott A. Imberman, "Achievement and Behavior in Charter Schools: Drawing a More Complete Picture", *Review of Economics and Statistics* 93, número 2 (maio de 2011): 416–35; e Ira Nichols-Barrer et al., *Student Selection, Attrition, and Replacement in KIPP Middle Schools*, Mathematica Policy Research Working Paper, setembro de 2012.

Pg. 207 *relatórios de mau comportamento no ônibus Sem Limites*: a descrição da Rise Academy que se segue é baseada em múltiplas visitas da autora à escola e em entrevistas da autora com Drew Martin, Shannon Grande, Ranjana Reddy e mais de uma dúzia de outros professores e alunos da Rise Academy, realizadas entre dezembro de 2010 e fevereiro de 2013.

Pg. 210 *"pode acabar em uma armadilha"*: Ronald Wright, *A Short History of Progress* (Nova York: Carroll & Graff, 2004), 5.

Pg. 211 *"quebrar elos saudáveis com os adultos"*: American Psychological Association Zero Tolerance Task Force, "Are Zero Tolerance Policies Effective in Schools? An Evidentiary Review and Recommendations", *American Psychologist* 63, número 9 (dezembro de 2008): 852-62.

Pg. 211 *"o tempo e a oportunidade de obter uma boa educação"*: Jay Mathews, *Work Hard. Be Nice.: How Two Inspired Teachers Created the Most Promising Schools in America* (Chapel Hill, NC: Algonquin, 2009), edição para Kindle, localização 2745.

Pg. 212 *tragédia de 11 de setembro*: entrevista da autora com a educadora.

Pg. 213 *"não interagiam socialmente com outras crianças"*: Ranjana Reddy, entrevista à autora, 10 de novembro de 2012.

Pg. 217 "ele se acalmava e seguia em frente": descrição das lições de Shannon Grande baseada em visitas à sala de aula dela em junho de 2011, setembro de 2012 e fevereiro de 2013, bem como em entrevista de Shannon à autora em outubro de 2011.

Pg. 218 *encaram mais desafios que as brancas*: Paul Tough, *How Children Succeed: Grit, Curiosity, and the Hidden Power of Character* (Boston: Houghton Mifflin Harcourt, 2012).

Pg. 219 *"dar-lhes ferramentas para que possam se resolver"*: Mariel Elguero, entrevista à autora, fevereiro de 2013.

Pg. 220 *"me dar um sermão e me mandar para casa"*: Kevin Thai, entrevista à autora, setembro de 2013.

Pg. 221 *para enriquecer as conversas culturais*: o currículo KIPP e a pesquisa que o embasa são descritos no livro de Paul Tough, *How Children Succeed: Grit, Curiosity, and the Hidden Power of Character.*

Pg. 221 *Chi então mudou – assim como seu colega*: Chi Tschang, entrevista à autora, 28 de setembro de 2012.

Pg. 222 *isso era muito mais difícil*: David Levin, entrevista à autora, 18 de dezembro de 2013.

Pg. 223 *"Esperar o que antes não parecia possível"*: Mariel Elguero, entrevista à autora, abril de 2012.

Pg. 225 *abordagens racionais e emocionais para lidar com desafios interpessoais*: Bear, "School Discipline in the United States: Prevention, Correction, and Long-Term Social Development".

Pg.225 *"se orientar diante de obstáculos"*: Carol D. Lee, *Culture, Literacy, and Learning: Taking Bloom in the Midst of the Whirlwind* (Nova York: Teachers College Press, 2007), 28.

Pg. 225 *uma aluna, chamada Daiane*: "Daiane" é um pseudônimo.

Pg. 225 *a edição daquele dia do jornal* Chicago Sun-Times: a narrativa a seguir é baseada em Lee, *Culture, Literacy, and Learning*, 132–41.

Pg. 228 *e como as três podem ou não se cruzar*: Ibid., 118-23.

Pg. 228 *aspecto "ético e moral" do ensino*: Ibid., 128.

Pg. 228 *"estratégias de cópia mal adaptadas"*: Margaret Beale Spencer et al., "Vulnerability to Violence: A Contextually-Sensitive, Development Perspective on African American Adolescents", *Journal of Social Issues* 59, número 1 (2003): 33–49.

Pg. 229 *"uma pessoa que pode ter ideias"*: Magdalene Lampert, *Teaching Problems and the Problems of Teaching* (New Haven, CT: Yale University Press, 2001), 265–72.

Pg. 230 *sem ter de perguntar à professora o que fazer*: Ibid., 278.

Pg. 230 *"solícitos com seus pares, sem constrangê-los"*: Ibid., 279.

Pg. 231 *trabalhar de forma "produtiva e positiva"*: Lemov, *Aula Nota 10*, p. 170.

CAPÍTULO 8

Pg. 233 *"Ganhei uma nova turma de quarta série"*: a descrição da carreira de Seneca Rosenberg em sala de aula e na pesquisa é baseada em entrevistas à autora em janeiro, fevereiro e março de 2013 e em trocas de e-mail com a autora em 1 de julho de 2013.

Pg. 235 *buscavam professores com características diferentes*: Brian A. Jacob e Lars Lefgren, *What Do Parents Value in Education: An Empirical Investigation of Parents' Revealed Preferences for Teachers*, NBER Working Paper, número 11494 (Cambridge, MA: National Bureau of Economic Research, 2005), http://www.nber.org/papers/w11494.pdf?new_window=1.

Pg. 235 *não precisariam abrir mão do trabalho*: Jason A. Grissom e Michelle Reininger, "Who Comes Back? A Longitudinal Analysis of the Reentry Behavior of Exiting Teachers", *Education Finance Policy* 7, número 4 (outono de 2012): 446.

Pg. 235 *"inconsistência" da "orientação didática"*: D. K. Cohen e J. Spillane, "Policy and Practice: The Relations between Governance and Instruction", *Review of Research in Education* 18, número 1 (janeiro de 1992): 17.

Pg. 235 *"variabilidade", ou, mais diretamente, "incoerência" geral*: David K. Cohen, "Standards-Based School Reform: Policy, Practice, and Performance", em *Holding Schools Accountable: Performance-Based Reform in Education*, organizadora Helen F. Ladd (Washington DC: Brookings Institution, 1996), 108–9.

Pg. 237 *"Você está absolutamente certa!"*: Lee S. Shulman, *The Wisdom of Practice: Essays on Teaching, Learning, and Learning to Teach*, organizadora Suzanne M. Wilson (San Francisco: Jossey-Bass, 2004), 102.

Pg. 238 *mais de 14 mil distritos escolares*: "School Districts," Escritório do Censo dos EUA, http://www.census.gov/did/www/schooldistricts, acessado em novembro de 2013.

Pg. 238 *quase 100 mil escolas*: "Educational Institutions," Centro Nacional de Estatísticas e Fatos da Educação, http://nces.ed.gov/fastfacts/display.asp?id=84, acessado em novembro de 2013.

Pg. 238 *"volte a fazer aquilo em que acredita"*: Lovely Billups, entrevista à autora, 4 de fevereiro de 2012.

Pg. 239 *como prédios, pontes e eletricidade*: *The American Heritage Dictionary of the English Language*, 5ª ed. (Boston: Houghton Mifflin Harcourt, 2011-13).

Pg. 239 *ensinar exatamente o que os alunos precisam aprender*: David K. Cohen e Susan L. Moffitt, *The Ordeal of Equality: Did Federal Regulation Fix the Schools?* (Cambridge, MA: Harvard University Press, 2009), 3-4.

Pg. 239 *"que abranja ensino, aprendizado e conteúdo acadêmico"*: Ibid., 4.

Pg. 239 *conjunto de "procedimentos padrão" de boas práticas*: David K. Cohen, *Teaching and Its Predicaments* (Cambridge, MA: Harvard University Press, 2011), 56-57.

Pg. 240 *"um roteiro diário, semanal e anual para atingir esses objetivos"*: Peter Meyer, "The Common Core Conflation Syndrome: Standards & Curriculum", CUNY Institute for Education Policy at Roosevelt House, 12 de junho de 2013, http://roosevelthouse.hunter.cuny.edu/ciep/the-conflation-continues-or-bring-on-the-comfederal-stational-curstandalums.

Pg. 241 *"servia como uma espécie de exoesqueleto"*: Cohen e Moffitt, *The Ordeal of Equality: Did Federal Regulation Fix the Schools?*, 10.

Pg. 241 *mais de 10 mil membros*: Greg Toppo, "Teach For America Turns 15", *USA Today*, 6 de outubro de 2005.

Pg. 243 *o equivalente a um mês de aulas extras, segundo uma estimativa*: Paul T. Decker, Daniel P. Mayer e Steven Glazerman, "*The Effects of Teach For America on* Students: Findings from a National Evaluation", *Mathematica Policy Research*, 9 de junho de 2004, 31.

Pg. 243 *mais de dois meses e meio, de acordo com outra*: Melissa A. Clark et al., *The Effectiveness of Secondary Math Teachers from Teach For America and the Teaching Fellows Programs* (Washington, DC: Instituto para os Estudos Educacionais, Centro Nacional para a Avaliação da Educação e Assistência Regional, 2013).

Pg. 243 *os afiliados da TFA não atrapalhavam*: Steven Glazerman, Daniel Mayer e Paul Decker, "Alternative Routes to Teaching: The Impacts of Teach For America on Student Achievement and Other Outcomes", *Journal of Policy Analysis and Management* 25, número 1 (inverno de 2006): 75-96.

Pg. 243 *"se ela fosse resolvida em breve ou facilmente"*: Cohen e Spillane, "Policy and Practice: The Relations between Governance and Instruction", 24.

Pg. 243 *o que ameaçava seus esforços*: Cohen e Moffitt, *The Ordeal of Equality: Did Federal Regulation Fix the Schools?*, 172.

Pg. 244 *totalizava cerca de 7 mil pessoas*: Toppo, "Teach For America Turns 15".

Pg. 244 *menos de 1% dos 3,6 milhões de professores que então trabalhavam nas escolas americanas*: Centro Nacional de Estatísticas de Educação, *Digest of Education Statistics*, tabela 69 (*"Public and Private Elementary and Secondary Teachers, Enrollment, and Pupil/Teacher Ratios: Selected Years, Fall 1955 through Fall 2020"*), http://nces.ed.gov/programs/digest/d11/tables/dt11_069.asp.

Pg. 244 *quase 48 milhões nas escolas públicas tradicionais*: Ibid., tabela 108.

Pg. 245 *entrevistas formais com quarenta e uma pessoas*: Seneca Rosenberg, *Organizing for Quality in Education: Individualistic and Systemic Approaches to Teacher Quality* (dissertação de PhD, Universidade de Michigan, 2012), viii.

Pg. 245 oportunidades *de orientação que, para Seneca, tinham aparecido por acaso*: Steven Farr, *Teaching as Leadership: The Highly Effective Teacher's Guide to Closing the Achievement Gap* (San Francisco: Jossey-Bass, 2010).

Pg. 245 *sessões semanais de debates ao estilo jugyokenkyu para os professores*: Ibid., 136-41.

Pg. 245 *sistema formal de orientação*: Ibid., 148.

Pg. 245 *"olha, é assim que você deve fazer"*: Ibid., 246-47.

Pg. 247 *"uma versão daquilo que os Estados Unidos nunca - ou quase nunca - tiveram"*: David Cohen, entrevista à autora, 26 de fevereiro de 2013.

Pg. 247 *"poderia ser nos Estados Unidos"*: Rosenberg, "Organizing for Quality in Education", 183.

Pg. 248 *ela nunca teve tempo de fazê-los compreenderem totalmente*: Ibid., 170.

Pg. 249 *"não sabe como as crianças vão se sair"*: Ibid.

Pg. 250 *"Eles desenhavam outro plano que funcionasse em menos tempo"*: o diálogo descrito é baseado em recordações compartilhadas por Magdalene Lampert com a autora em abril de 2012, julho de 2012, fevereiro de 2013, abril de 2013 e agosto de 2013, e em gravações em vídeo fornecidas por "Standards for National Testing and Exams", *C-SPAN Video Library*, 19 de julho de 1991, http://www.c-spanvideo.org/program/Exams.

Pg. 252 *"ensinar enquanto os alunos trabalham sozinhos"*: Magdalene Lampert, *Teaching Problems and the Problems of Teaching* (New Haven, CT: Yale University Press, 2001), 121.

Pg. 253 *dos 248 milhões de dólares que o NewSchools investiu*: NewSchools Venture Fund, "Relatório Anual 2012", http://issuu.com/nsvf/docs/2012annualreport?e=7139272/2303874, acessado em fevereiro de 2013.

Pg. 253 *Achievement First recebeu mais de 6 milhões*: "Venture Snapshot: Achievement First," NewSchools Venture Fund, http://www.newschools.org/venture/af, acessado em fevereiro de 2013.

Pg. 254 *a Uncommon Schools, mais de 7 milhões*: "Venture Snapshot: Uncommon Schools", NewSchools Venture Fund, http://www.newschools.org/venture/uncommon-schools; "Venture Snapshot: Roxbury Preparatory Charter School", NewSchools Venture Fund, http://www.newschools.org/venture/north-star; e "Venture Snapshot: North Star Academy Charter School of Newark", NewSchools Venture Fund, http://www.newschools.org/venture/roxbury-preparatory-charter-school, acessados em fevereiro de 2013.

Pg. 254 *e a KIPP, mais de 6 milhões*: "Venture Snapshot: KIPP Foundation", NewSchools Venture Fund, http://www.newschools.org/venture/kipp-foundation; "Venture Snapshot: KIPP D.C.", NewSchools Venture Fund, http://www.newschools.org/venture/kipp-dc; "Venture Snapshot: KIPP MA", NewSchools Venture Fund, http://www.newschools.org/venture/kippma; e "Venture Snapshot: TEAM Charter Schools", NewSchools Venture Fund, http://www.newschools.org/venture/team-charter-schools, acessados em fevereiro de 2013.

Pg. 254 *"Ele é incrível"*: Magdalene Lampert, em e-mail à autora, 14 de fevereiro de 2013.

Pg. 255 *em matemática, eram até piores*: carta de Jesse Solomon a amigos da Residência para Professores de Boston, 14 de dezembro de 2011. O estudo foi conduzido pelo Centro de Pesquisa de Políticas em Educação da Universidade de Harvard, a pedido da RPB.

CAPÍTULO 9

Pg. 258 *se ainda não tivesse escolhido o que beber?*: Magdalene Lampert e Filippo Graziani, "Instructional Activities as a Tool for Teachers' and Teacher Educators' Learning", *Elementary School Journal* 109, número 5 (2009): 497.

Pg. 258 *e eles começavam outra vez*: Ibid., 499-500.

Pg. 258 *lembretes e sugestões sobre como proceder*: Ibid., 499-500.

Pg. 258 *incentivar um debate que leve à ideia matemática-chave*: Magdalene Lampert et al., "Using Designed Instructional Activities to Enable Novices to Manage Ambitious Mathematics Teaching", em *Instructional Explanations in the Disciplines*, organizadores M. K. Stein e L. Kucan (Nova York: Springer, 2010), 136.

Pg. 260 *lista das 500 piores escolas de ensino intermediário e médio do país*: Michele McNeil, "*Tight Leash Likely on Turnaround Aid*", *Education Week*, 2 de setembro de 2009.

Pg. 260 *uma professora com quinze anos de estrada*: Ilene Carver, entrevista à autora, 23 de abril de 2013.

Pg. 260 *A aula começava*: a descrição da aula é baseada em um vídeo fornecido por Magdalene Lampert e em entrevistas da autora com Magdalene Lampert (abril de 2013), Ilene Carver (23 de abril de 2013) e Sabine Ferdinand (23 de abril de 2013).

Pg. 268 *"não é bem assim":* as citações de Heather Kirkpatrick neste trecho foram extraídas de entrevista à autora em 23 de janeiro de 2013.

Pg. 272 *"é por isso que esse argumento é tão importante!"*: a descrição de modelagem baseia-se nas observações da autora em um workshop de POLE para professores, conduzido por Pam Grossman, Michael Metz e outros colegas em San Francisco, em 14 de março de 2013.

Pg. 273 *entre as vizinhanças de Watts e Compton*: Yvonne Divans Hutchinson, "About My School and My Classroom", *Inside Teaching*, um projeto do Centro de Apoio à Excelência em Ensino de Stanford, http://insideteaching.org/quest/collections/sites/divans-hutchinson_yvonne/teachingcontext.html, acessado em novembro de 2013.

Pg. 273 *"Eu quero acrescentar algo ao que (nome da pessoa) disse"*: Yvonne Divans Hutchinson, "Promoting Literate Discourse in the Classroom", *Inside Teaching*, http://insideteaching.org/quest/collections/sites/divans-hutchinson_yvonne/promlitdis.html, acessado em novembro de 2013.

Pg. 274 *"são muito mais capazes de se envolver na discussão"*: Yvonne Divans Hutchinson, entrevista em vídeo, http://insideteaching.org/quest/collections/sites/divanshutchinson_yvonne/cleanwlfc.mov, acessado em novembro de 2013.

Pg. 275 *pedir mais comentários sobre o argumento de um aluno*: Lisa Marie Barker, *Under Discussion: Improvisational Theatre as a Tool for Improving Classroom Discourse* (dissertação de PhD, Universidade de Stanford, 2012), 16.

Pg. 277 *rapidamente notificar um aluno sobre seu erro*: Doug Lemov, *Aula Nota 10: 49 Técnicas para ser um Professor Campeão de Audiência* (São Paulo: Da Boa Prosa, 2011), p. 286.

Pg. 278 *para os quais não havia uma correspondência na história das corridas*: K. Anders Ericsson, William G. Chase e Steve Faloon, "Acquisition of a Memory Skill", *Science 208*, número 4448 (junho de 1980): 1181-82.

Pg. 278 *uma solução que corresponda àquilo que já sabem sobre o funcionamento dos números*: Thomas P. Carpenter et al., *Children's Mathematics: Cognitively Guided Instruction* (Portsmouth, NH: Heinemann, 1999).

Pg. 279 *um modelo mental abstrato*: Renee Baillargeon, "Physical Reasoning in Infancy", em *The Cognitive Neurosciences*, organizador M. S. Gazzaniga (Cambridge, MA: MIT Press, 1995), 190.

Pg. 283 *"totalmente normais e saudáveis no processo de aprendizado"*: Lemov, *Aula Nota 10*, p. 241.

Pg. 284 *apenas 4% dos alunos de escolas públicas nos Estados Unidos*: Centro Nacional de Estatísticas em Educação, *Digest of Education Statistics*, tabela 108 ("Number and Enrollment of Public Elementary and Secondary Schools, by School Level, Type, and Charter and Magnet Status: Selected Years, 1990-91 through 2010-11"), http://nces.ed.gov/programs/digest/d12/tables/dt12 108.asp.

CAPÍTULO 10

Pg. 283 *"O que você realmente quer fazer?"*: Deborah Ball, entrevista à autora, junho de 2013.

Pg. 285 *o que os alunos precisam aprender*: David K. Cohen e Susan L. Moffitt, *The Ordeal of Equality: Did Federal Regulation Fix the Schools?* (Cambridge, MA: Harvard University Press, 2009), 3-4.

Pg. 285 *contra 65 mil apenas vinte anos antes*: Richard Ingersoll e Lisa Merrill, *Seven Trends: The Transformation of the Teaching Force*, CPRE Report, número RR -79 (Filadélfia: Consórcio para a Pesquisa em Políticas Educacionais, Universidade da Pensilvânia, 2012), http://www.cpre.org/sites/default/files/workingpapers/1506_seventrendsupdatedoctober2013.pdf, 9.

Pg. 285 *agora se resumia a um*: Thomas G. Carroll e Elizabeth Foster, *Who Will Teach? Experience Matters* (Washington, DC: Comissão Nacional pelo Ensino e o Futuro da América, 2010), http://nctaf.org/wp-content/uploads/2012/01/NCTAF-Who-Will-Teach-Experience-Matters-2010-Report.pdf, p. 10.

Pg. 286 *e poucas de Robert E. Lee*: Lynne Cheney, *"The End of History"*, *The Wall Street Journal*, 20 de outubro de 1994.

Pg. 286 *uma meta de leitura ficava para a terceira série em vez da primeira*: Phyllis Schlafly, *"School-to-Work and Goals 2000"*, *Phyllis Schlafly Report* 30, número 9 (abril de 1997), http://www.eagleforum.org/psr/1997/apr97/psrapr97.html.

Pg. 286 *importantes para ensinar crianças a ler*: National Reading Panel, *Teaching Children to Read: An Evidence-Based Assessment of the Scientific Research Literature on Reading and Its Implications for Reading Instruction* (Washington, DC: Painel Nacional de Leitura, 2000), https://www.nichd.nih.gov/publications/pubs/nrp/Documents/report.pdf.

Pg. 286 *Algumas discordâncias inevitáveis persistiam*: para uma visão das primeiras resistências às diretrizes Common Core, ver Stephanie Banchero, "School-Standards Pushback", *The Wall Street Journal*, 8 de maio de 2012.

Pg. 286 vinte *e sete Estados haviam se comprometido a adotar o padrão*: Tamar Lewin, "Many States Adopt National Standards for Their Schools", *The New York Times*, 21 de julho de 2010.

Pg. 287 *"tornar a preparação acadêmica dos professores mais sólida intelectualmente"*: Francesca Forzani, *The Work of Reform in Teacher Education* (dissertação de PhD, Universidade de Michigan, 2011), 206–22.

Pg. 289 *"Obrigado por estarem sempre conosco. Amo vocês"*: Charles Sposato, recado gravado em 2007 por Venecia Mumford e exibido à autora durante uma entrevista, junho de 2008.

Pg. 290 *a loucura virou a regra*: Eric Hanushek, entrevista à autora, 25 de outubro de 2012.

Pg. 290 *a cada trinta professores, demitir dois*: Eric A. Hanushek, "Teacher Deselection", em *Creating a New Teaching Profession*, organizadores Dan Goldhaber e Jane Hannaway (Washington, DC: Urban Institute Press, 2009).

Pg. 291 *"é difícil imaginar que possa ser de utilidade prática"*: o ensaio completo está em Thomas J. Kane, *"Improving Educational Quality: How Best to Evaluate Our Schools?"* em *Education in the 21st Century: Meeting the Challenges of a Changing World: Conference Proceedings*, Conference Series (Federal Reserve Bank of Boston), número 47 (Boston: Federal Reserve Bank of Boston, 2002). Ver também http://www.bostonfed.org/economic/conf/conf47/conf47p.pdf, acessado em novembro de 2013.

Pg. 291 *a lei "provavelmente será um fiasco"*: Thomas J. Kane e Douglas O. Staiger, *"Rigid Rules Will Damage Schools"*, The New York Times, 13 de agosto de 2001.

Pg. 292 *"seria suficiente para eliminar essa diferença de pontuação nos testes"*: Robert Gordon, Thomas J. Kane e Douglas O. Staiger, "Identifying Effective Teachers Using Performance on the Job", Hamilton Project Discussion Paper 2006-01 (Washington, DC: Brookings Institution, 2006), http://www.brookings.edu/views/papers/200604hamilton_1.pdf, p. 8.

Pg. 293 *"porque eles podem salvar nossas vidas"*: Tom Kane, entrevista à autora, 17 de abril de 2013.

Pg. 293 *"É o seu professor"*: Barack Obama, "Our Kids, Our Future" (discurso, Manchester, NH, 20 de novembro de 2007), American Presidency Project, http://www.presidency.ucsb.edu/ws/?pid=77022.

Pg. 294 *"ou com os professores"*: Nicholas D. Kristof, "Our Greatest National Shame", *The New York Times*, 14 de fevereiro de 2009.

Pg. 294 *desempenho dos alunos nos testes*: Robert Gordon, Thomas J. Kane e Douglas O. Staiger, "Identifying Effective Teachers Using Performance on the Job", Hamilton Project Discussion Paper 2006-01 (Washington, DC: Brookings Institution, 2006), http://www.brookings.edu/views/papers/200604hamilton_1.pdf, p. 7.

Pg. 295 *Nenhuma exceção significativa emergiu*: Jonah E. Rockoff et al., *Can You Recognize an Effective Teacher When You Recruit One?*, NBER Working Paper, número 14485 (Cambridge, MA: Escritório Nacional de Pesquisa Econômica, 2008), http://www.nber.org/papers/w14485.

Pg. 295 *menos de 1% já tinham sido avaliados como de desempenho insatisfatório*: Daniel Weisberg et al., *The Widget Effect: Our National Failure to Acknowledge and Act on Differences in Teacher Effectiveness*, 2ª. edição (Brooklyn, NY: The New Teacher Project, 2009), http://widgeteffect.org/downloads/TheWidgetEffect.pdf.

Pg. 296 *rendimento extra total de 169 mil dólares ao longo da carreira profissional de cada um desses alunos*: Gordon, Kane e Staiger, "Identifying Effective Teachers", 14–15.

Pg. 296 *250 mil dólares por turma*: Raj Chetty, John N. Friedman e Jonah E. Rockoff, "Measuring the Impacts of Teachers II: Teacher Value-Added and Student Outcomes in Adulthood", NBER Working Paper, no. 19424 (Cambridge, MA: Escritório Nacional de Pesquisa Econômica, 2013), http://www.nber.org/papers/w19424.

Pg. 296 *"depois que começassem seu trabalho, e não antes"*: Malcolm Gladwell, "Most Likely to Succeed", *New Yorker*, 15 de dezembro de 2008.

Pg. 297 *uma queda de 5 pontos percentuais no ranking de desempenho acadêmico*: Gordon, Kane e Staiger, "Identifying Effective Teachers", 8.

Pg. 297 *uma nova professora aprenderia a ajudar seus alunos*: Donald J. Boyd et al., "Teacher Preparation and Student Achievement", *Educational Evaluation and Policy Analysis* 31, número 4 (dezembro de 2009): 416–40.

Pg. 297 *a taxa de aprovação no exame de certificação de professores em 2009 foi de 92%*: John Hildebrand, "New Schools Chief Calls for Tougher Teacher Standards", *Newsday*, 27 de julho de 2009.

Pg. 297 *a taxa do exame de certificação em cosmetologia foi de 59%*: entrevista da autora com um funcionário do Departamento de Estado de Nova York, Divisão de Serviços de Licenciamento, 2009.

Pg. 298 *cerca de 10% em tempo dedicado ao aprendizado dos professores*: *A New Vision for Teacher Professional Growth & Support: Six Steps to a More Powerful School System Strategy* (Watertown, MA: Education Resource Strategies, 2013), http://www.erstrategies.org/cms/files/1800-gates-pgs-white-paper.pdf, p. 33.

Pg. 298 *"não alguém, um grupo de pessoas muito cuidadosas, fez isso"*: Joe Negron, entrevista à autora e a Emma Sokoloff-Rubin, abril de 2013.

Pg. 299 *uma paródia da música "Sexy and I Know It", de LMFAO, chamada "Sei Tudo de Fração"*: uma versão da música está disponível em *Fractions and We Know Them*, no YouTube, http://www.youtube.com/watch?v=lUygYN6tgyI, acessado em outubro de 2013.

Pg. 300 *"ter ótimos professores era a verdadeira chave"*: Bill Gates, "Mosquitos, Malaria and Education" (TED Talk), TED 2009, fevereiro de 2009, http://www.ted.com/talks/bill_gates_unplugged.html.

Pg. 300 *"Tudo de que precisamos são esses 25% de professores"*: Ibid.

Pg. 301 *desenvolvimento de melhores sistemas de avaliação de professores*: Vicki Phillips, entrevista à autora, 14 de outubro de 2013.

Pg. 301 *"que não estão à altura do trabalho"*: Barack Obama, "*Remarks by the President on Education*" (discurso, Departamento de Educação dos EUA, Washington, DC, 24 de julho de 2009), Casa Branca, http://www.whitehouse.gov/the_press_office/Remarks-by-the-President-at-the-Department-of-Education.

Pg. 302 *"baseado em performance", o que significava avaliação*: ver, por exemplo, Estado de Nova York, "Race to the Top, Panel Review by Applicant for New York", Phase 1, http://www2.ed.gov/programs/racetothetop/phase1-applications/score-sheets/new-york.pdf, acessado em setembro de 2013.

Pg. 302 *desqualificando estados que banissem a avaliação dos professores por meio dos resultados dos testes dos alunos*: Departamento de Educação dos EUA, "Final Priorities, Requirements, Definitions, and Selection Criteria", *Federal Register* 74, no. 221 (novembro de 2009): 59692.

Pg. 302 uma *restrição que levou diversos estados a revisar suas leis*: Associated Press, "States Change Laws in Hopes of Race to Top Edge", 10 de janeiro de 2010.

Pg. 302 *os piores podiam ter a estabilidade negada ou ser demitidos*: Corinne Herlihy et al., "State and Local Efforts to Investigate the Validity and Reliability of Scores from Teacher Evaluation Systems", *Teachers College Record* (a ser publicado).

Pg. 302 *"as pessoas certas diante da turma"*: Gordon, Kane e Staiger, "Identifying Effective Teachers", 5.

Pg. 303 *"esse professor não deve ser empregado"*: Herlihy et al., "State and Local Efforts", 17.

Pg. 303 *"feedback bem específico e executável aos professores"*: Ibid.

Pg. 303 *depois que seus professores começaram a receber avaliações pontuais*: Eric S. Taylor e John H. Tyler, "Can Teacher Evaluation Improve Teaching?" *Education Next*, outono de 2012.

Pg. 304 *as habilidades que os alunos precisavam desenvolver em uma aula de inglês*: a descrição das conclusões do grupo de pesquisa do POLE se baseia em Pam Grossman et al., "From Measurement to Improvement: Leveraging an Observation Protocol for Instructional Improvement" (artigo apresentado na reunião anual da American Educational Research Association, 20 de abril de 2013).

Pg. 306 *pode fazer as palavras cantarem*: a sequência narrada se baseia em entrevistas da autora com Lorraine McLeod em março de 2013 e em observações durante suas aulas.

Pg. 306 *a média de pontuação no POLE havia aumentado significativamente*: Grossman et al., "From Measurement to Improvement", 12-17.

Pg. 308 *fosse matemática, inglês, história ou ciência*: Heather C. Hill e Pam Grossman, *"Learning from Teacher Observations: Challenges and Opportunities Posed by New Teacher Evaluation Systems"*, Harvard Educational Review 83, número 2 (verão de 2013): 379.

Pg. 309 *as estratégias que os estudantes precisam dominar*: Elizabeth Green, "Gates Foundation Study Paints Bleak Picture of Teaching Quality", *GothamSchools,* 6 de janeiro de 2012, http://gothamschools.org/2012/01/06/gates-foundation-study-paints-bleak-picture-of-teaching-quality.

Pg. 309 *criar uma boa representação de divisão de frações*: Barbara Scott Nelson, Virginia C. Stimpson e Will J. Jordan, "Leadership Content Knowledge for Mathematics of Staff Engaged in Key School Leadership Functions" (artigo apresentado na reunião annual do University Council of Education Administration, novembro de 2007).

Pg. 309 *outros 25%, apenas de forma superficial*: Lynn T. Goldsmith e Kristen E. Reed, "Final Report: Thinking about Mathematics Instruction", *NSF grant EHR 0335384* (em preparação), citado em Hill e Grossman, *"Learning from Teacher Observations"*.

Pg. 309 *escores pareciam ser proféticos quanto ao desempenho dos professores*: Jonah Rockoff et al., "Information and Employee Evaluation: Evidence from a Randomized Intervention in Public Schools", *American Economic Review* (a ser publicado).

Pg. 310 *teria perdido quase 400 professores destinados à eficácia*: tais cálculos se baseiam em Sean P. Corcoran, *Can Teachers Be Evaluated by Their Students' Test Scores? Should They Be? The Use of Value-Added Measures of Teacher Effectiveness in Policy and Practice*, Education Policy Action Series (Providence, RI: Annenberg Institute for School Reform at Brown University, 2010).

Pg. 310 *"políticas públicas com alto nível de demanda e de apoio, que [...] ajudem os professores a aprender"*: Hill e Grossman, "Learning from Teacher Observations", 382.

Pg. 312 *Eles precisam testar*: Deborah Loewenberg Ball e Francesca Forzani, "The Work of Teaching and the Challenge for Teacher Education", *Journal of Teacher Education* 60: 497-511.

Pg. 312 *"é uma coisa particular, trabalhe nisso, dê um jeito"*: observações de Deborah Loewenberg Ball durante a inauguração da Faculdade de Educação Sposato, Boston, MA, 21 de setembro de 2012.

Pg. 313 *o poder do "feedback" e da orientação somados às avaliações*: Bill Gates, "Teachers Need Real Feedback" (conferência, TED Talks Education, maio de 2013), TED, http://www.ted.com/talks/bill_gates_teachers_need_real_feedback.html; Colleen Walsh, "Changing How Teachers Improve: Emphasis on Bettering Performance Rather Than Simply Rating Success", *Harvard Gazette*, 3 de fevereiro de 2011, http://news.harvard.edu/gazette/story/2011/02/changing-how-teachers-improve.

Pg. 314 *"deixá-los serem eles mesmos"*: Philip K. Howard, "Free the Teachers", *New York Daily* News, 8 de novembro de 2010.

Pg. 314 *fundo que apoiaria a implementação das novas diretrizes*: Brian Smith, "Common Core Standards Funding Officially Blocked in New Michigan Budget after Senate Vote", *MLive.com*, 4 de junho de 2013.

Pg. 314 *"eu não sei o que é"*: Sher Zieve, *"Common Core Forcing Marxism/Nazism on America's Children"*, *Canada Free Press*, 9 de maio de 2013.

AGRADECIMENTOS

"A maneira de ensinar sobre a qual escrevo neste livro não é só minha", declara Magdalene Lampert na abertura de seu livro *Teaching Problems and the Problems of Teaching*. Plagiando-a mais uma vez, este livro não é só meu.

Obrigada àqueles que abriram seus corações, mentes e salas de aula e se tornaram meus professores tanto quanto minhas fontes. A lista é liderada por – mas de forma nenhuma limitada a – Deborah Loewenberg Ball, David Cohen, Pam Grossman, Magdalene Lampert, Doug Lemov, Drew Martin, Rousseau Mieze e Akihiko Takahashi. Vocês me deram um presente incrível, e eu dei o melhor de mim para retribuí-lo a todos que lerem este livro.

Obrigada a Aaron Pallas por ter me apresentado a Deborah Ball, e a Norman Atkins e David Levin por terem me apresentado a Doug Lemov.

Obrigada às muitas pessoas que garantiram o tempo, o espaço e os recursos que este projeto demandou. Foi Paul Tough quem me deu a pauta que se tornaria este livro, e depois empenhou o brio que é sua marca registrada para me ver terminá-lo, apesar dos tantos momentos em que desistir teria sido muito mais fácil. Paul também me apresentou a Vera Titunik, outra editora magnífica que deixou sua marca aqui. Minha agente superstar, Alia Hanna Habib, junto com David McCormick, me fez enxergar que o que começou como uma reportagem de revista poderia se transformar em livro, e para isso me deixou em boas mãos. As mãos eram de Tom Mayer, cujo conhecimento e habilidade – derramados em inúmeras reuniões de edição – serão analisados em nossa próxima colaboração, *Building a Better Editor*. Obrigada também a Louise Brockett, Erin Lovett, Ryan Harrington, Stephanie Hiebert e o resto da equipe incrível da W. W. Norton.

Obrigada a LynNell Hancock, Nicholas Lemann e às outras mentes brilhantes por trás da Spencer Fellowship, uma organização de jornalismo de educação da Faculdade de Jornalismo de Columbia. Obrigada a Mike McPherson e à Fundação Spencer por apoiar este projeto não uma, mas duas vezes, sem contar o apoio a boa parte das pesquisas graças às quais este livro foi possível. O apoio da Abe Fellowship, do Social Science Resource Council, foi inestimável por me enviar ao Japão e garantir que tudo desse certo por lá; sou especialmente grata a Nicole Restrick, Fernando Rojas e Takuya Toda-Ozaki. Akihiko Takahashi e Toshiakira Fujii generosamente possibilitaram muitas visitas a salas de aula em Tóquio que mudaram a minha vida. Também em Tóquio, Yvonne Chang foi tradutora, intérprete, guia e ótima companhia.

Obrigada à equipe da Chalkbeat, especialmente Philissa Cramer, Alan Gottlieb, Sue Lehmann e Gideon Stein, por assegurar que eu não precisasse desistir de um sonho por outro. Também estou em dívida com Jill Barkin, Daarel Burnette II, Geoff Decker, Scott Elliott, Todd Engdahl, Anna Phillips, Maura Walz e às tropas sempre crescentes de parceiros de cruzada, que ajudaram a segurar a onda quando eu estive fora. Vocês todos me ensinaram muito, e são uma inspiração para mim todos os dias.

Obrigada aos generosos amigos e colegas que leram este livro nas primeiras e últimas etapas e o tornaram melhor com seus comentários – Drew Bailey, Jessica Campbell, David Cohen, Philissa Cramer, Rachel Dry, Nick Ehrmann, Alia Hanna Habib, Ryan Hill, Tomothy Pittman, Andy Snyder, Emma Sokoloff-Rubin, Ira Stoll, Paul Tough e Maura Walz. Também estou em dívida com Elana Eisen-Markowitz, Nitzan Pelman e Dale Russakoff pelas conversas que deixaram uma ótima impressão.

Obrigada a Jessica Campbell. Sua ajuda com pesquisa e checagem melhorou este livro do começo ao fim.

Obrigada a meus professores, especialmente (em ordem de entrada) Lesley Wagner, Ralph Bunday, Nanette Dyas, John Mathwin e Darra Mulderry, que foram de valor imensurável.

Obrigada aos meus amigos, que mantiveram meus pés no chão e entenderam todas as vezes em que não pude sair de casa.

Obrigada à família Epstein pelo apoio incondicional e tantas salas de estudo silenciosas.

Obrigada a meus avós – incluindo, entre eles, três da primeira geração de diplomados, um aluno da escola normal, um empreendedor de mídia sem fins lucrativos e um ex-professor de matemática.

Obrigada a Andrea Weiss, John Green, Daniel Green e Benjamin Green, meus primeiros e melhores professores, leitores, checadores e amigos.

Finalmente, obrigada a David Epstein, que ensina pelo exemplo e olha para mim com amor no coração.